远去的王者

魏宏伟 / 主编　李　鹏 / 著

北京工业大学出版社

图书在版编目(CIP)数据

远去的王者 / 李鹏著.—北京：北京工业大学出版社，2010.10
（追随系列 / 魏宏伟主编）
ISBN 978-7-5639-2508-7

Ⅰ. ①远… Ⅱ. ①李… Ⅲ. ①心理励志－人生哲学－世界
Ⅳ. ①K817

中国版本图书馆 CIP 数据核字(2010)第 181469 号

追随系列：远去的王者

出版人	郝 勇	主 编	魏宏伟
著 者	李 鹏	插 图	孟 丹（琥珀视觉）
责任编辑	康 路	封面设计	蒋宏工作室
责任校对	刘 畅	版式设计	杨利伟

出版者 北京工业大学出版社
（北京市朝阳区平乐园 100 号 北京工业大学校内 邮编：100124）
发行者 北京工业大学出版社(电话:010-67392308 67391106)
经 销 全国各地新华书店
制 版 远流图文工作室
印刷者 辽宁星海彩色印刷有限公司

开 本 700mm×1000mm 1/16
印 张 27
字 数 356 千字
版 次 2010 年 10 月第 1 版
印 次 2010 年 10 月第 1 次印刷

标准书号 ISBN 978-7-5639-2508-7
定 价 58.00 元

前　言

追随是一种提升

追随是一个人的官能。它是你的触觉——在困顿无助之际扶到一根坚实的砥柱；它是你的听觉——在人声鼎沸之处辨听穿越时空的箴言；它是你的视觉——在暗淡无光之所发现一道希望的曙光；它是你的嗅觉——在茫然失措之时闻到出口的花香；它是你的味觉——在酸甜苦辣之中品享独特的人生。

因此，追随就是一个人的本能——当你不能独立的时候，它就是一种模仿；追随就是一个人的技艺——当你要实现某个目标的时候，它就是一种学习；它更是一个人的品格——当你要塑造和实现自我的时候，它就成为一项事业。

我们每个人从呱呱坠地就开始了追随。追随我们的父母，我们的师长，我们的朋友，我们的偶像……追随就成了我们每个人一生的宿命：它让我们用自己的脚步，循着历史的痕迹去印证。在历史的泥土里，总会有一些深沉、坚定的足迹，风沙不能掩埋，岁月不能消磨，记忆不能腐蚀。那串足迹不仅仅是路标，更是人类智慧取之不尽的宝藏、用之不完的珍存。它属于每个人，却注定只有少数人才知道它的珍贵。

这串足迹就是支撑起人类文明的伟大的名字，就是亘古常新的传奇，就是代代相传的故事，就是铭刻青史的符号。这串足迹的主人，有开疆拓土、文治武功的王者，有驰骋商海、纵横财富王国的英雄，有守护高贵、播种思想的圣徒。正是这样一群人，放大了我们作为追随者的意义，使得我们的追随超出了偶然选择，而内化为人生孜孜以求的必然命运。

追随他们，就是要我们学会模仿——学会模仿就是学会谦卑，在高贵的精神面前我们必须学会低下自己的头颅；追随他们，就是要我们学会学习——学会学习不是记住简单的结论，而是学会认识自己，以人为镜，照出自己的缺失；追随他们，就是要我们学会完善自我——就是学会把自己的一生当成严肃的事业来经营，没有任何一项工作和一个职业能比得上这项事业。

当我们走在这条追随的路上时，我们会发现这既是一条康庄大道，也是一条布满荆棘的坎途。那一个又一个伟人和他们的成就，既给我们的前行树立了路标和指灯，又给我们的行进设置了障碍和阻挠。他们代表着高远的目标、执著的追求、不折的毅力、坚强的意志，同时也代表着严苛的标准、超凡的要求。他们是狂风暴雨，涤荡我们的灵魂，也摧折我们的信心；他们是迷狂的烈酒，催化我们的勇气，也醉惑我们的清醒。我们聆听他们的训教，也经受他们的考验。只有在这种双重的洗礼中，我们才能获得纯粹的升华。

记住那些伟大的名字吧！他们尽管情趣各异，个性分殊，生活在不同的时代，说着不同的语言，却都有一个共同的本质，那就是他们都是人类文明历史上的伟人和丰碑！他们是为了崇高的目标而奋斗的人，是切实地影响和塑造了我们人类文明的人，是指明了历史前进方向的人，是让自己的影响力深入人心的人，而在这之中最重要的又是，他们都是有坚定信仰的人，是能够为了信仰献身的人，是献身而不求名利的人，是不求名利而自能流芳千古的人。

今天，信仰似乎离我们越来越遥远并且变成了一个模糊的词，听起来甚至显得有些空洞，但如果这真的是我们今天的现实写照，那么可以断言：这样的生活将越来越卑微而琐碎，这样的社会将越来越功利而无情，这样的文明将越来越暗淡而失去光彩。

无论对于一个人还是对于一个民族，甚至人类世界，信仰都将是洞彻千古、烛照四方的“太阳”，它照亮心灵，也照亮历史和文明。缺乏信仰的头脑就犹如没有蜡烛的灯笼，丧失信仰的文明也将犹如神像缺位的裸庙。

在朝向信仰的路上（这里信仰远远超出了宗教的范畴），他们举步维艰，但却从未放弃目标和行走，每一步都那么坚定，每一步都那么深沉，在历史的长河中激荡着永久而凝重的回音，像轰鸣来自寂静的远方……

作家普鲁斯特说过：“幸福的岁月是失去的岁月。”同样，最值得我们追随的人就是那些逝去的先贤。像云追随着风，像小溪追随着海洋，我们追随着人类历史上最伟大的人，追随着信仰，最终会找到我们心灵的家园，找到我们理想的终点。

追随是一种改变，追随是一种提升，追随是一种超越，追随是一种……

目录

001 阿提拉——有血性的神

阿提拉，匈奴最后一位单于。他的身上流着狼的血液，散发着男人原始的血性。他用“战神之剑”劈开了欧洲所谓的文明世界，将那里搅得鸡犬不宁，他将匈奴人的血性和冒险精神发挥到了极致，也把这个伟大的民族在历史舞台上最后的表演推向了高潮。

014 亚历山大大帝——伟大梦想的缔造者

亚历山大，一个与神齐名的人。他不信奉任何神灵与宗教，他将制约自己雄伟抱负的一切障碍统统推倒。亚历山大，他用自己的名字来命名所征服的城市，他用自己的名字来标榜人类的伟大，他用自己的一生实践了亘古不变的信念——人定胜天！

026 列奥尼达——斯巴达精神之王

列奥尼达，斯巴达的国王，同时也是一位普通的斯巴达战士。和其他的斯巴达战士一样，他用自己的躯体阻挡薛西斯的大军如洪水般疯狂的进攻，用盾牌抵挡敌人刺来的长矛，用士气证明了斯巴达人的勇敢与坚韧。他是斯巴达精神的代表，他以鲜血捍卫正义，以牺牲换取永世不朽的荣光。

035 拿破仑——无须神化的英雄

对于那个时代来说，拿破仑是一个冬天的神话；对于现在这个时代来说，拿破仑是一个不老的传说；对于以后的时代来说，拿破仑是一首不朽的史诗。也可以把他看作是一个艺术家，他以后的历史便是他的作品！

047 汉尼拔——坚韧成王

汉尼拔的伟大从不因其悲剧的失败而被消磨半点。在罗马人看来，汉尼拔是一个任何人都难以与之匹敌的英雄。他那高贵的品行正如浴火重生的凤凰，借助身躯的死去而达到了永续的传颂。

062 伊巴密浓达——崇尚光荣的战士

和斯巴达人一样，底比斯人生来也是优秀的战士，但命运之神更眷顾底比斯人，她赐予了底比斯人前所未有的最伟大的将军——伊巴密浓达。那个时代的人都众口一词地称颂他，后世的许多希腊名人都以他为榜样。伊巴密浓达用光荣的死告诉世人，英勇的光荣之处在于奋斗而非得胜。

072 图特摩斯三世——胸怀壮志的大征服者

他是古埃及最伟大的战士，一位从未打过败仗的军人，一位可以和任何伟大征服者相媲美的将军，一位缔造了埃及历史上最强大帝国的国王。史学家们称图特摩斯三世为“埃及的拿破仑”，因为他与拿破仑一样，有开疆辟土的雄心壮志，深谙领军之道，还喜欢攻城略地，但这位善战的法老也许并不愿意接受这个称号，因为拿破仑曾经一败涂地，而他却从未打过一场败仗，甚至在 17 场战役中毫发无伤！

081 大卫王——因苦难而永生的帝王

大卫，一个介于神话与尘世间的英雄，一个被上天推举为国王的人，他的错误和他的功勋一样醒目，因为神对他的厚爱和管教一样沉重。大卫，只是一个被神管教的孩子，神让他经受苦难，面对现实的磨砺，正视自己的七情六欲，也正是这些煎熬和痛苦、混沌和困惑最终使他获得更深刻和更丰富的快乐。

090 所罗门王——顿悟人生的智慧之王

所罗门王开创了以色列国有史以来的黄金盛世，然而这个盛极一时的王国在它的缔造者去世之年土崩瓦解。这位伟大的智慧之王用无奈的感叹告诉人们，人生的极致并非享尽荣华富贵，只有铅华洗尽之后，看到的才是人生的真谛。

101 伯里克利——崇尚美德的君主

有人说雅典造就了世界，而伯里克利造就了雅典。他以刚正不阿、廉洁奉公的品性，深厚的学识修养，再加上他的坚毅冷峻、器宇不凡，创造了一个时代，后人将雅典的这个时代称为“伯里克利时代”。

115 秦始皇——仰靠自我的伟大征服者

秦始皇，一个统一了互相混战的国家的征服者，他用自己全部的生命能量建立了一个矗立于天地间的多民族统一的帝国，他以自强的精神为亘古不衰的华夏奠下了一个辉煌的根基，缔造了自强不息的泱泱中国。他的生命就是一首史诗，在那里我们看到的不仅是开天辟地的霸气，还有对自我的另一种征服。

125 居鲁士——一个文明的崇拜者

居鲁士大帝，一个受命解救一切被奴役者的人，被人称为“王中之王”。他征服了巴比伦，释放了被尼布甲尼撒掳掠来的四万多犹太人；他曾把巴比伦强征豪夺的各城邦神像归还其主；他尊重巴比伦自身的信仰；他对失败的巴比伦末代君主予以优待和宽容。他是历史舞台上一个真正精彩的主角。、

135 阿育王——向善迈进的精神帝王

在这个世界上，几乎没有哪一人能永远地完全控制住不义的尺度。阿育王用一生证明了一点：残暴的种子会结出仇恨的果实，仁慈的种子则会收获心灵的光明与平静。

145 汉武大帝——大汉精神的传承者

在中国历史上曾经有这样一位帝王，他建立了一个国家前所未有的尊严；他给了一个族群挺立千秋的自信；他的国号成了一个伟大民族永远的名字，这个人就是汉武帝——大汉精神的传承者。

155 恺撒大帝——古罗马的勇毅者

他是一个最高贵的罗马人。除了他一个人以外，所有叛徒们都是因为嫉妒恺撒而下的毒手；只有他才是基于正义的思想，为了大众的利益，而去参加他们的阵线。他一生良善，交织在他身上的各种美德，可以使造物肃然起立，向世界宣告：“这是一个汉子！”

166 庞培——永不妥协的古罗马战神

绝没有任何一个罗马人具有人类的美善意志和全情投入比得上庞培，在贯穿命运的所有波折中更加热诚，更早地萌芽生发，随着事业的繁荣更稳定地增长，在逆境中更加坚忍不拔。在庞培身上，有许多原因有助于使他成为人们爱的对象，他的节制，他的作战才能，他的雄辩、正直的思想和言谈举止的谦恭有礼。没有人曾经更温和地寻求帮助，或者更仁慈地向他人施以援手。他付出时不求回报，而他却收获到了高贵和光荣的名声。

177 马可·奥勒留——审视人生的罗马皇帝

自古以来，有操守、有修养的哲学家历代不乏其人，位居至尊、叱咤风云的皇帝也是史不绝书的，但是以一世英主而身兼苦修哲学家者则除了马可·奥勒留恐怕没有第二人。

188 亚瑟王——骑士精神之王

他不仅有天赋的神力，而且有远大的志向：他缔造了不列颠帝国，并且奠定了骑士精神——忠诚、平等、尊重女性，成为后人奉行的准则；他的骁勇善战和超凡气魄令优秀的骑士们为之折服，纷纷加入他的队伍之中，成为著名的“圆桌骑士”——并且从此开始了一场令人目眩神迷的寻求圣杯之旅，他就是骑士精神的代表，传说中的亚瑟王。

198 李世民——中国帝王的楷模

李世民代表着常人不可企及的伟人梦，但同时代表着常人可以接近的英雄梦。他那醇厚的仁爱襟怀是由常人习性中培植起来的，他的身上那种纯净得几乎没有杂质的阳刚之美，是真诚的追求者可以逐渐接近的。

209 查理大帝——西方世界的救世主

查理大帝，一个欧洲古典文化的“挽救者”、西方世界的“救世主”，甚至被后人看做圣骑士的化身，他身上体现了一个帝王所具有的一切品质，他的天赋智慧和他那种不论在顺境和逆境时的坚定意志，令他成为一个神话般的英雄。

222 理查一世——霸气狮心王

狮心王理查一世以盖世的勇猛著称于世，过于傲慢的态度令他的同盟者对其咬牙切齿，但却赢得了对手萨拉丁的钦佩。凭借天生的霸气，他也深得英格兰民众的敬佩。理查一世转战数十载，最终以一个失败者的角色离开了世界政治舞台。他死后不久，他的王国便四分五裂，然而，正如一位历史学家所说：他的勇敢、敏锐和耐心，使他成为那个时代最突出的一位统治者。

233 萨拉丁——浪漫骑士的精神楷模

萨拉丁的慷慨和仁慈不仅令部下万众归心，也得到了对手的由衷敬佩。他不仅在伊斯兰世界是一位了不起的英雄，而且他还以高贵的气度和宽厚的性格赢得了西方人的尊敬。萨拉丁用一生的言行向世人证明，刀剑无法化解世间的仇恨，只有宽容才能化解，以良知磨合争端、以“为民”为最高道义。

247 成吉思汗——依循本性生活的天之骄子

真诚与狡狯、高傲与谦恭、仁慈与残忍、雄狂与谨慎、大度与褊狭，相反相成的侧面，构成一代天骄成吉思汗的复杂性格，又揭示了其赫赫武功背后的精神力量。他也正是依靠着这种力量影响了整个蒙古民族，甚至丰富和发展了中华民族的草原文化。

259 奥托大帝——最具勇气的帝王

尘世的一切荣光，奥托大帝早已厌倦。对于他来说，没有什么东西能比一顶华美的王冠与强者的身份相称。既然一开始教皇未曾召唤其到罗马接受加冕，他便决定依靠自己的力量成为帝国皇冠的拥有者。为了宣示自己对教皇和罗马教廷握有的权威，奥托大帝数次挑战罗马教皇的权威，迫使教廷服从自己的意志，他因此也成为最具勇气的帝王。

270 腓特烈大帝——教会普鲁士坚韧的铁血君王

腓特烈二世是普鲁士霸业的缔造者，是普鲁士王国真正的创立人；腓特烈是欧洲近代最开明的封建君主，在他的统治下，普鲁士民智开化，社会贤明，经济发达。腓特烈是欧洲近代集权统治的集大成者，他所建立的社会秩序，他所遗留的普鲁士军官团，都升华成了普鲁士精神，这个国王也以“战神”的形象留在青史之中。

283 忽必烈——胸怀世界的众汗之汗

忽必烈的先辈们从不曾有过他那种统一并统治整个已知世界的梦想，后继者中再也没有人有过这样的襟怀。这位胸怀世界的众汗之汗以一种超乎人们想象的力量和精神，开拓了一个世界帝国，同时也被后人所铭记。

294 伊丽莎白一世——精神女王的完美典范

献身是一种人生追求完美的崇高力量，这种力量在伊丽莎白一世身上得到了最完美的体现。这位终生未嫁的女王将自己的一生献给了英格兰，以及她的人民，这位以事业作为生命从而有着献身精神的女王，在事业的延续中获得生命的永恒。

305 康熙大帝——勤奋成就的帝王

天下太平是康熙的治国目标，勤奋则是他的为君之道。康熙皇帝一生都在遵循这样一个真理：凡事皆在人为，绝不用“天命”之类的话语来掩饰自己的庸碌无为。他深知没有一劳永逸的宝座，唯有勤奋才能成就永世的帝王。

315 彼得大帝——帝王改革家

历史书里面毫不掩饰地说：“俄罗斯民族是在彼得大帝的肩膀上壮大起来的。”彼得大帝，这个为追赶欧洲强国的现代化步伐曾以学生身份四处寻师问道的帝王，凭借自己大刀阔斧的激进改革，将俄罗斯扩张成为地跨欧亚两大洲的大帝国。这位俄罗斯历史上思想最开放、最富有改革精神的帝王，用一生的作为明示后人：只有改变才能创造奇迹。

325 路易十四——期许伟大的帝王

路易十四，不是一个帝王，而是一个敢于期许伟大的普通人，一个对光荣和荣誉充满强烈渴望的男人，一个不肯向传统世俗低头的绅士。他用一生向我们昭示着这样一个真理：一个敢于做自己命运的主人的人，永远值得人们去缅怀他的伟大。

337 叶卡捷琳娜二世——征服自己的女皇

意志，这个被人视做血性代名词的东西，这个被人奉若神灵的词汇，在沙俄女皇叶卡捷琳娜二世的身上得到了完美的体现。她不甘寂寞而积极地用实际行动来改变自己的命运，生性让她以最彻底的方式来填补生命中的缺憾。所以有人说，叶卡捷琳娜二世在征服了那些皇宫贵族、政客之前，她首先征服了自己。

347 丰臣秀吉——终生向上的平民英雄

丰臣秀吉，这位日本历史上的平民英雄用自己的一生向我们证明，谁也无法将时光倒流，教我们再投胎到豪门望族，成为一个幸运的二世祖，但任何人都可以扭转劣势，从零做起，石破天惊地开创一番事业。

357 德川家康——最伟大的“忍”者

强者的强大在于他们骨子里的精神，也在于他们对强者的态度。有些人对于强者，更多是崇拜，既不过分向往也不嫉妒仇视，还有一些人对于强者，则是先屈服，后学习，最终超越他。德川家康的一生就可以概括成两句话——在忍耐中学习，在坚持中崛起。

366 乔治·华盛顿——人类精神的完美楷模

华盛顿具有一种阿巴拉契亚山脉的气势，就像是美国结出的第一个真正的果实，也像是这个国家的化身。从来没有人像他担任公职时那样正直清廉，以致没有一点自私的情感；他血管里奔流的是对国家的热忱，他心中回荡的是对人类深深的同情，他脑中是深邃的思想，他是集责任、荣誉和国家信念于一身的典范。

377 玻利瓦尔——追求自由的革命者

这位毕生都在追求自由的革命者，始终怀着一种带有平等意识的使命感，在许多场合耐心地向美洲大众灌输自由意识，并孜孜不倦地教诲他们走向自由的途径，这已经成为他毕生的使命。这种强烈的使命感构成了玻利瓦尔的活法和品行——他放弃了衣着光鲜地活着，而选择了衣不遮体的死。

388 圣马丁——懂得放弃的战士

何塞·圣马丁，这位世人称道的英雄人物在他事业的巅峰之时，在世人的一片不解和讶然之声中抛弃了自己荣誉的桂冠，悄然隐退。这种高尚也正是圣马丁人格中的光辉亮点，正是他被世人所赞扬的原因。这位南美洲的“解放者”把自身作为南美洲自由的奠基石，他的品德和他的功绩一样不朽。

399 俾斯麦——实干的宰相

德意志因俾斯麦而突然崛起于欧洲，但是，由他一手缔造的帝国仅仅在他死后二十多年就化为乌有，可他的功绩却成为不朽，他本人也获得了永世的名誉。这位伟大的奋斗家、斗士一生都在与停滞和无所作为做斗争。正如他自己所说的：“有创造的生活，是从奋斗中得来的，无斗争则无生活”。

阿提拉 Attila

有血性的神

（406年—453年）

阿提拉，匈奴最后一位单于。他的身上流着狼的血液，散发着男人原始的血性。他用“战神之剑”劈开了欧洲所谓的文明世界，将那里搅得鸡犬不宁，他将匈奴人的血性和冒险精神发挥到了极致，也把这个伟大的民族在历史舞台上最后的表演推向了高潮。

世界上曾经有这样一个民族，他们自称是狼的后代，刚烈、凶猛、沉着、果断、坚韧、冷峻，并且充满狼一样的冒险精神；他们没有姓氏，出生后由父母随便取一个俗名，一直用到死为止；他们没有文字，一切皆由口头传递，但他们对自己说过的话十分看重，常常言出必行，说一不二；他们是一群大地之子，逐水草而居，他们拥有强烈的占有欲，终其一生都要让自己在开阔的地方生活，并为之不惜一切地去厮杀，让人觉得他们就是为战争而生的；他们同样勇敢地去追求荣耀，享受荣耀……

法国历史学家勒内·格鲁塞曾这样形容过他们：“当他们站在地上时，他们确实矮于一般人，当他们跨上骏马，他们是世界上最伟大的人。”没错，他们就是匈奴人。英国历史学家阿诺德·汤因比形容他们是“一股从西域雪山倾泻下来的雪水，他们渴望流入中原这个‘水库’中，找到一个立足之地”。

阿提拉就是这个民族最伟大的领袖，被人称为“匈奴最后一位单于”，欧洲人称他为“上帝之鞭”（意即上帝遣来惩罚自己的人）。他一生东征西战，曾经风光一时勇猛的罗马人也为之胆战心惊，面对阿提拉铺天盖地的军队，西罗马帝国怯懦的瓦林提尼安皇帝竟然吓得抛弃了易守难攻的拉文纳，跑回几乎不设防的罗马。甚至曾经是勇敢代名词的日耳曼人，在听到阿提拉的名字时也闻风丧胆。阿提拉的身上流淌着一种刚烈的血性，这位草原孤狼的后代用血腥的杀戮和征服将这种脾性发挥到了极致。

崇拜英雄，依赖英雄，是草原民族文化的特点。阿提拉，作为匈奴西迁后最伟大的英雄，创建了庞大的匈奴帝国，成就了匈奴帝国的强盛崛起，其暴亡也使匈奴史在高潮中戛然收尾。从阿提拉时代的终结开始，震荡欧洲大陆的西迁匈奴人逐渐归于沉寂，直至在民族融合中淡出历史、人间蒸发。

匈奴最后一位单于

匈奴帝国首领阿提拉，是匈奴的最后一位单于，也是匈奴历史上走得最远的一位单于。这个充满血性的男人，在古代欧洲曾经实现了波澜壮阔的征服与统治。阿提拉死后留下了一个庞大的帝国，这个帝国的地域之大、种族之多，超过之前的任何一个帝国。这个帝国随着阿提拉的死，也随即轰然倒塌。匈奴，这个历史上的民族再次销声匿迹，沉没在历史的长河之中。

阿提拉大约生于公元406年，历史上关于他的童年记述很少。但可以肯定的是，阿提拉从小便是一个勇敢的战士和优秀的领袖。

阿提拉的祖父——乌尔丁在公元 408 年入侵巴尔干的过程中，因部下日耳曼人的叛变而惨遭失败，从此在历史上销声匿迹。从此，阿提拉家族分裂成两个部落，阿提拉的两个伯父——鲁瓦和奥克塔各自统治着。阿提拉的生父门祖克在当时默默无闻，如果不是有布列达和阿提拉这两个儿子的话，我们很可能根本不知道他的名字。

公元 418 年，年仅 12 岁的阿提拉，作为议和条约中的人质之一被送到罗马宫廷。同时，匈奴人亦获得了埃提乌斯作为人质交换。埃提乌斯这个贵族子弟比阿提拉年长 5 岁，此时已经算是经验丰富的外交人员了。他很快掌握了匈奴人的语言，赢得了胡王鲁瓦的信任和友谊，还提高了自己骑马和射箭的技巧，这为他日后的飞黄腾达打下了坚实的基础。而作为友邦的王子阿提拉，他的生活待遇是十分优越的，不仅在罗马宫廷接受了良好的教育，同时也从那里学习到罗马人的传统和习俗，还有他们奢华的生活方式。

公元 432 年，匈奴人各部落在鲁瓦的领导下完成了统一。两年后，他便死去。他的两个侄子阿提拉和布列达随即继承了王位，两人共同统治着匈奴人。布列达获得了多数领土和人民，但阿提拉并不满足于给自己的兄长担任副手的角色。于是，阿提拉在 436 年将布列达杀害，并开始独揽大权。在吞并了兄长布列达的领土和部属之后，阿提拉此时已经成为当时最有势力的人。他的帝国疆域西至莱茵河、阿尔卑斯山，东至里海，北至波罗的海，南至多瑙河——黑海——高加索山脉，总面积 400 多万平方公里，比同时期中国南北朝的总和还要大。无数民族匍匐在他的脚下，东、西罗马帝国、波斯萨珊帝国和周边无数的小国都必须向他年年进贡，岁岁来朝。他的军队号称“控弦五十万”，而这还不包括仆从民族的盟军。作为“一个生来就是要震撼所有的民族，恐吓所有的国家的伟人”，阿提拉自己也是志得意满，打算首先消灭南方的三大帝国，然后统一全世界。

一些西方的历史学家将阿提拉形容得过于粗鄙，一位叫约丹勒斯的人就曾这样形容他：“他身材矮小，胸部很宽，上面顶着一颗硕大的头颅，灰色的小眼睛，鼻子扁平，皮肤黝黑，留着稀疏的胡须。他发怒时令人害怕，他用他让别人产生的这种恐惧作为政治武器。确实在他的身上有着与中国史学家们所描述的六朝时期的匈奴征服者一样的自私和狡猾。他说话时，故意带着重音和含混不清的威胁性语调，是他战略的第一步；他所进行的系统征服和大屠杀的最初目的是想教训一下他的对手们。”

不过也有一些历史学家把阿提拉形容得极其刚烈："在他的人民中，他是公正和廉洁的法官，对其臣民慷慨大度，对那些真正臣服于他的人很和气。与那些过奢侈生活的蛮族同伴相比，他仍过着简朴的生活，用木制的浅盘子，而其余的同伴们使用金碟子……在战争中，他首先是一位指挥官而不是一员大将。所有这些品质加上他那奇特的、墨守成规的特点与符合习俗的特点，以至于似乎在任何时候正义都在他一边。”

无论历史学家如何形容阿提拉，可以肯定，阿提拉具备了许多王者的素质。他严肃认真，待人和善，宽宏大量，不苟言笑；虽然身材矮小，但走路和骑马的样子却令人肃然起敬。在布列达死后，阿提拉并没有按着自己民族的传统迎娶自己的嫂子们，而是把她们安排到一个隔离的村子里，又送去许多仆人，让她们在那里过着富裕的寡居生活，这与其他匈奴单于截然不同（当然这并不代表他是一个清心寡欲之徒）。

公元 441 年，雄心勃勃的阿提拉开始了他征服世界的梦想，他首先将矛头对准了东罗马帝国，对多瑙河北岸的城市不断进行骚扰，之后又渡过多瑙河，横扫巴尔干半岛。阿提拉的出现在欧洲掀起了一股飓风，史书中记载，阿提拉大军所经之地“杀戮无数，血流成河。他们抢劫教堂和修道院，遍杀修士与修女……他们彻底摧毁了色雷斯，使其不可能再恢复过去的旧貌了”。

公元 447 年 1 月，东罗马帝国首都君士坦丁堡和色雷斯等省区发生强烈地震，阿提拉趁机大举进攻东罗马。东罗马皇帝狄奥多修斯二世只好乞降，阿提拉开出了每年缴纳 6000 磅黄金的和平条件。

从此，东罗马的财政几乎濒于崩溃。而阿提拉获得了“上帝之鞭”的称号，他几乎成了罗马人和日耳曼人的梦魇，那些勇敢的欧洲战士只要听见阿提拉的名字，便会闻风丧胆；即使是坐在王座上的皇帝也会坐立不安，他们对这位匈奴王充满了恐惧。

东罗马皇帝狄奥多修斯二世去世后，他的儿子继承王位。这位新国王登上王位之后便摆出强硬的姿态，拒绝再向阿提拉纳贡。但阿提拉的目标已经转向西罗马帝国，在他看来，东罗马已经一文不值了。

公元 451 年初，阿提拉对西罗马发动了有史以来规模最大的一次战争。他的军队是一个庞大的匈奴联军，有东哥特人、日耳曼人、勃艮第人、阿兰人和法兰克人，据说有 70 万之众。可见阿提拉的雄心，他是要一举将西罗马端掉。匈奴人之所以能够在战场上无畏地拼杀，因为他们的骨子里有一种血性，那是一种战士品格。阿提拉正是这种品格的代表，他要取得更大的胜利，内心充满了冲动，征服罗马的想法就像一锅被烧开的沸水一样，没有什么可以阻止他前进的脚步。

阿提拉的大军抵达莱茵河畔。为了造渡船和木筏，他们几乎砍光了周围的森林。4 月初，大军从科布伦茨附近渡过莱茵河，占领了美因茨。他下一个目标就是兵家必争之地——高卢。随着阿提拉的军队向前开进，恐惧也随之在高卢城内蔓延开来。阿提拉很快又占领了莱姆斯、斯特拉斯堡、科隆、沃姆斯和特里尔在内的城市，并将那里洗劫一空。

阿提拉率领匈奴大军以迅雷不及掩耳之势直捣高卢的心脏——奥尔良。奥尔良的军队已经抵挡不住阿提拉的大军，很快就被匈奴联军围困在城中，一动不动。欧洲人开始恐惧了，这个从未被他们瞧上眼的野蛮民族，竟然如此凶狠，令他们一时间不知所措。不过，欧洲人经过精心策划，组织了一支同样强大的联军来迎击阿提拉，并推举罗马大将埃提乌斯为总指挥。埃提乌斯因在罗马衰败之时的勇敢行为，而被人称为“最后一个罗马人”。埃提乌斯和阿提拉小时候是互为人质在对方的王庭中长大的，没想到两人多年以后居然在战场上相见。埃提乌斯为保卫自己的帝国，做了许多艰苦的工作。他首先要把一个个软弱无能的罗马皇帝扶稳，不要让他们被强大的匈奴吓得从王座上摔下来。可以说，在当时除了埃提乌斯，没有第二个人能勇挑拯救罗马的重任。

阿提拉首先发起了进攻，他受到了西罗马联军有力的抵抗。就这样，西方军事史上参战人数极多、厮杀最惨烈、战略起到最高决定性意义的战役——奥尔良战役爆发了。阿提拉遇到了一生中最强大的对手，他心中有一丝不祥的预感，他的血性和冒险精神受到了前所未有的煎熬。最后，阿提拉在这场大战中惨败，这是阿提拉一生中唯一的一次败仗，但他保住了自己的性命和大部分军队。

阿提拉仅仅用半年时间便得以恢复，两年后，他汇集了更大的力量再次进攻意大利。这一次，他的目标是吞下整个亚平宁半岛。阿提拉带着他的部队，轻而易举地翻越过阿尔卑斯山，出现在亚平宁半岛，以摧枯拉朽之势将意大利的北部夷为平地，那些恐惧的罗马人这样形容阿提拉大军："凡是阿提拉马蹄践踏过的地方，草将永不生长。"

西罗马皇帝瓦林提尼安三世贪生怕死，逃回罗马城，西罗马帝国的总司令埃提乌斯居然成了光杆司令。西罗马帝国惧怕阿提拉的进攻，不得不派出由教皇利奥一世、元老院首席议员阿维努斯及禁卫军统领特里杰久斯等显赫人物组成的议和使节团，阿提拉最后接受了西罗马帝国的议和条件，班师回朝。

公元 453 年初，回到自己皇宫的阿提拉又迎娶了一位新娘，然而就在新婚第二天的早上，阿提拉便死在自己的床上。听到阿提拉的死讯之后，他的战士们纷纷剪下自己的一撮头发，并用剑在自己的脸上刺下伤口。他们认为，"最伟大的战士是不应以女性的哀号和泪水，而应以战士的鲜血来哀悼的"。匈奴人哀悼阿提拉的挽歌被保留了下来："阿提拉，门祖克之子，神圣的伟人，匈奴人的统帅，勇士的君主啊！你以无人能及的伟大力量，独立统治着西徐亚草原和日耳曼尼亚；你威胁着两个罗马帝国，征服了它们无数的城市；为了保证其城市的安全，它们全部向你纳贡称臣。在获得了所有这些成就之后，你最终既不是由于仇敌的陷害，也不是由于下属的背叛，而是在最为快乐的幸福中，在你民族的辉煌中，毫无痛苦地离开了人世。既然没有凶犯可以让我们为你复仇，那又有谁能说这是你生命的结束？”

阿提拉死后留下了一个庞大的帝国，东起里海、莱茵河和阿尔卑斯山、南抵多瑙河、北到波罗的海。这个帝国的地域之大、种族之多，超过之前的任何一个帝国。然而，这个帝国随着阿提拉的死，也随即轰然倒塌。为了纪念这个无畏的民族，匈奴人的青铜雕像至今仍屹立在匈牙利首都布达佩斯的英雄广场上。

血性阿提拉

阿提拉将匈奴人的血性和冒险精神发挥到了极致，也把这个伟大的民族在历史舞台上最后的表演推向了高潮。是血性和冒险精神造就了阿提拉，让他成为一位杰出的匈奴王，一位开创历史的人。

在西方人的词汇里，匈奴人是极端凶恶的人的代名词。他们来自落后的地区，而且缺少文明，所以西方人习惯称他们为“蛮族”，但当西方的城市被掠夺，建筑被无情地摧毁，高贵的东西被凌辱，乃至文明被撞击得摇摇欲坠时，西方人便惊呼：“上帝之鞭”出现了。今天，在当年匈奴人曾经统治过的土地上，人们仍然敬仰和怀念阿提拉的英雄气概。至今在匈牙利和土耳其，阿提拉仍然是男孩子们用的名字，甚至有人自称是阿提拉的后代。

阿提拉只是匈奴这棵大树历经近千年的融合、分裂、迁徙之后才结出的一颗伟大的果实。普里斯科斯的传记中唯一没有提到的是阿提拉的长相，但他对阿提拉的性格分析很到位：“他傲慢地走过来，眼睛炯炯放光。通过他的举止，人们可以感觉到他的权力的存在。虽然他喜爱战争胜过一切，但他行事还是再三考虑的，大部分情况下都是受理智支配。在别人乞求他时，他表现出对他们的同情。对所有臣服于他的人，他都宽宏大量。他既充满智慧又心存狡猾。当他威胁别人时，从不让人感觉到他的威胁。”

从阿提拉身上，我们看到了许多匈奴人的影子。他的果敢、刚烈，甚至是一意孤行的行为，全来自于这个古老民族的血性。他们怀有伟大的梦想，用疯狂的行动去完成他们的设想。他们充满野性，但却散发着无法阻挡的力量。这股力量不仅影响他们的信念和意志，同时还决定了他们的命运。可以说，从古至今，匈奴人自始至终都被刚烈的血性左右着，只要他们想去做一件事，他们便率性而为，在充满危险的道路上艰难勇敢地前行，同时也在这种冒险的过程中体会着兴奋和快乐。

阿提拉为世界带来战争和死亡，而后又重新为其布局，他用行动把诸多“不可能”变成了“可能”。他坚强的信念引领着他去完成伟大的事业，他高举的“战神之剑”就是最好的证明。当一个牧人发现在他的牛群里有一头小牝牛跛着脚行走的时候，他发现了那头小牛在吃草时不慎踏到一把剑。他赶忙挖出了那把剑，并呈献给阿提拉。阿提拉认定这就是传说中的“战神之剑”，认为这是上天指定他要统治世界的象征，并会使他在往后的征战中无往不利。

阿提拉为什么要攻打罗马？要知道，当时的罗马可是欧洲一座无人撼动的大山。但在阿提拉的眼里，罗马帝国只是他征服世界的前站。从某种意义上讲，当阿提拉准备进攻罗马的时候，他已经不是自己了，蛮横、残忍的血性左右着他的思维，冒险精神影响着他的行为。他让自己变成了一个“精神上的阿提拉”，变成了另一个自己，甚至是一个浑身充满由匈奴血性铸就出来的神。正因为此，阿提拉才敢于挑战罗马，他将罗马的同盟看做是乌合之众，说“罗马人手里的武器轻得就像灰尘一样，一点小伤就足以使得他们士气低落”。

同时他也大声询问自己的士兵，“是谁为我们的祖先打开了从亚速海到这里的通路？是谁在保佑我们的军队上百年来所向披靡？是谁在正牙牙学语的你们的腰间别上刀剑？又是谁把正蹒跚学步的你们扶上马鞍？是那永生之神，我的勇士们！”

阿提拉告诉士兵们，只要用我们“习惯的耐力去战斗”就会胜利，“这世界上还有什么东西，比战争更让你们感到熟悉呢？对一位勇敢的武士来说，又还有什么事情，比亲手复仇更加甜美呢？满足自己复仇的欲望，是自然母亲赐予我们人类的伟大礼物。所以，让我们立即向敌军发动猛烈的攻击吧……拿起你们的武器来！谁要是受伤了，就要用敌人的死亡来回击！谁要是还没有挂彩，就要用敌人的血肉填饱自己的饥肠！”

阿提拉的话显得那么坚定不移，他将匈奴人的血性和冒险精神发挥到了极致，也把这个伟大的民族在历史舞台上最后的表演推向了高潮。是血性和冒险精神造就了阿提拉，让他成为一位杰出的匈奴王，一位开创历史的人。

做个有血性的人

血性并不是我们普通人难以企及的至高道德，血性原本就深植于我们每一个人的内心。血性，是一种来自生命本原的张力，一种游走于心性间的渴望！

什么是血性？血性不是争强斗狠逞匹夫之勇的一时冲动，不是心胸狭窄动辄拳脚相向的小肚鸡肠，不是为朋友两肋插刀的江湖义气，也不是以生命为注决斗拼命的生死赌博……真正的血性，是路见不平拔刀相助的侠肝义胆；是急人所难、济困扶危的古道热肠；是不畏强敌敢于亮剑的英雄气概；更是国难当头挺身而出置生死于度外的献身精神！血性更是一种光芒、一种精神、一种品德，是刚强的浩然正气，是热血沸腾、自强不息的奋斗精神，人生中不可缺失的正义力量！

有学者认为人的自然性和社会性的冲突使人生一开始即成为一场战斗，一场本能的甚至是矛盾的战斗。在这场战斗中，有人坚定地维护了自己的自然人性；也有人屈服于物质世界的压力，丧失了本来的血性。再看看我们今天所处的时代，这是一个温情甚至滥情的时代，是个浪漫而又暧昧的时代。我们从小所受的教育多是柔性的教育，幼儿园里是清一色的女性老师，孩子们从小所受的教育就是嗲声嗲气的“乖孩子，听话”之类。温柔乡里是培育不出有血性的人的。曾经有人说过，我们所处的时代是个诗意缺失的时代，现代通讯手段淹没了“家书抵万金”的狂喜与浪漫。其实，我们缺失的岂止是诗意，我们缺失的还有血性！

古罗马的历史学家阿米阿努斯·马尔塞利努斯在《历史》一书中这样形容匈奴人：“四世纪中叶，在伏尔加河流域出现了一个游牧部落，他们不事耕种，四处漫游，没有法律，没有国王，但受‘大人物’的松散统治；他们整天骑在马上，行动迅速，使用带有磨制的骨镞的投标、剑和套索等武器，被罗马人视为最可怕的敌人。”

被欧洲“文明人”形容为“蛮族”的匈奴人有一种强大雄浑的“血性意识”，几百年来他们一直依从这种意识行事和战斗，血性意识不仅让他们成为罗马人最可怕的敌人，还让整个欧洲都为之震颤。这些匈奴民族身处草原，抱朴守拙，朴素的爱憎观使他们不去过多地纠缠权谋和研究策略，他们知道自己生活在一个弱肉强食的世界里，各种生物置身在这个巨大的食物链中，都摆脱不了吃或被吃的命运，当然也包括他们自己。要想占据“食物链”上端的有利位置，就必须在残酷的现实中磨炼自己的神经，造就卓越的品质。因为草原残酷的生存状态就是“不是你死，就是我亡”，生存的法则就是“弱肉强食”。于是，他们将自己比喻成狼的后代，因为在几千年的时间里，草原狼能够顽强地活下来，靠的就是那股血性。这些匈奴人从狼的身上，学会了顽强不屈、桀骜不驯、决不屈服。

当然，血性不是粗鲁与野蛮，不是残暴，不是粗糙的皮肤和浓密的胸毛。血性绝不是杀戮的代名词，更不是嗜血成性的暴戾。而是人们生来就该有的一种性格：不屈服、不言败、不被世事所奴役驱使。血性是摒弃软性文化及脂粉文化的骨气，是敲得响的铮铮铁骨，是坚贞不屈的气节，是博大而文明的内心世界。

为了国家和民族的利益不惜抛头颅洒热血，是血性；藐视困难，力挽狂澜，知其不可为而为之，是血性；不盲从，不苟且，敢于挑战权威，敢于开创风气，是血性。

每个有血性的人都有“英雄情结”，这是一笔财富，也是一种高贵的品格。这种品格在一个士兵的身上出现，那么他就会成为战斗中的英雄。第二次世界大战中的名将，被人称为“血胆将军”的巴顿，在有人问他在开战之前是否感到恐惧时，他说：“有，我常常在重要的战斗前，甚至在交战中发生恐惧。但是，我决不向恐惧屈服。”巴顿是一个有血性的将军，他的部下也是一群有血性的士兵。那是一种原始的厮杀：拼刺、砍削、生命的对撞与关照、瞬间的存活及湮灭——飞溅的是殷红的血液，弥漫的是腥膻的死亡，昏暗的是阴霾的天空，张扬起的是一种血性的威严。在胶着中，在生与死直接的对抗中，战争与战役理念上的意义在以肉体作出诠释，肉体的激荡所折射出的是一种信念的较量。这就是血性，一种来自生命本原的张力，一种游走于心性间的渴望！

每个时代都不乏有血性的人，如“富贵不能淫，威武不能屈”，傲岸坚贞的孟子，破釜沉舟背水一战，敢作敢为的西楚霸王，“苟利国家生死以，岂因祸福避趋之”，果决选择的林则徐，“我自横刀向天笑，去留肝胆两昆仑”，舍生取义的谭嗣同……有血性的人敢于担当重任，他们身上有一种来自血液里的道义和发自秉性里的刚强、果断！

可惜的是，一部分现代人的“血性”已被“男性阴柔、女性野蛮、明哲保身、追逐财色”等等所替代了，很少有人去谈论气节、自尊和血性，反之的是安逸无忧地嚼着口香糖，吃着汉堡，放纵自如地搭着各种流行风，朝着未知的方向漫漫走去。

做一个有血性的人吧，做一个有血性的人，才可以叫做人。血性并不是我们普通人难以企及的至高道德，血性原本就深植于我们每一个人的内心。

拿起你们的武器来

——阿提拉在卡泰隆尼战役之前对士兵的讲话

军人们！在击败了那样多的民族，征服了那么广阔的土地之后，你们终于有资格站在这块原野上了。因此我感觉，自己在现在这种环境下，还想用演说再进一步激励你们的行动，显得有些多余和愚蠢，好像你们还不明白，目前我们面对的是怎样的情况。嗯，对一位新入伍的士兵，或一支从未参过战的部队来说，这可能还会起点作用。事实上，我也的确想不出什么你们乐意听的话了。

这世界上还有什么东西，比战争更让你们感到熟悉呢？对一位勇敢的武士来说，又还有什么事情，比亲手复仇更加甜美呢？满足自己复仇的欲望，是自然母亲赐予我们人类的伟大礼物。所以，让我们立即向敌军发动猛烈的攻击吧！哪一方首先开始战斗，就说明他们比敌人更勇敢，而两军相逢勇者胜。

让我们蔑视这些乌合之众吧！依靠同盟的力量保护自己，恰好是他们懦弱的证明。甚至在我们的攻击开始之前，他们的心中就会满怀恐惧。瞧，他们现在正忙着占领丘陵和高地，并为自己贸然下到开阔地带和我们作战而后悔呢！你们知道，罗马人的武器轻得就像灰尘一样，一点小伤就足以使得他们士气低落，而且这还是在他们保持着阵形，高举着盾牌的时候！

用你们习惯的耐力去战斗吧，不要去关心敌人兵力的多寡！让我们冲垮这些阿兰人，压碎这些西哥特人！在这敌军主力所在的核心地带，我们最容易迅速地赢得战争的胜利。当我们的第一条弓弦被拉断的时候，他们的队伍就必然会开始动摇，敌军阵形的骨架就支撑不住它的躯干了。这便是你们运用你们的勇气，发泄你们熟悉的怒火之时！

胡人们，我阿提拉请求你们，拿起你们的武器来！谁要是受伤了，就要用敌人的死亡来回击！谁要是还没有挂彩，就要用敌人的血肉填饱自己的饥肠！胜利者是永远不会被敌人击中要害的，那些战死者在和平时期反正也一样会死。是谁为我们的祖先打开了从亚速海到这里的通路？是谁在保佑我们的军队上百年来所向披靡？是谁在正牙牙学语的你们的腰间别上刀剑？又是谁把正蹒跚学步的你们扶上马鞍？是那永生之神，我的勇士们！

我在你们的面孔上为什么看到了不安和恐惧？如果天神自己并不准备把胜利赐予他人的话，为什么胡人多年来百战百胜的幸运之路又要在这里结束呢？你们知道，胡人犀利的目光向来是其他民族所不能承受的，而神谕也已经作出了对我们有利的裁决。

今天你们脚下的这块战场，已经许诺给予我以如此辉煌的胜利。你们不要让我为与胜利擦肩而过而懊丧，请速速把敌军主将的首级提来见我！让敌人的财富填满你们的钱袋，让敌人的骷髅装饰你们的胸膛吧！

愿苍天和众神和你们在一起！我阿提拉和你们在一起！我本人将首先向敌人射击。如果有谁胆敢在阿提拉作战的时候犹豫观望，他就将第一个丧失自己的生命！

亚历山大大帝
伟大梦想的缔造者

（前356年—前323年）

亚历山大，一个与神齐名的人。他不信奉任何神灵与宗教，他将制约自己雄伟抱负的一切障碍统统推倒。亚历山大，他用自己的名字来命名所征服的城市，他用自己的名字来标榜人类的伟大，他用自己的一生实践了亘古不变的信念——人定胜天！

亚历山大，一个信奉人定胜天的男人，一个终其一生都在开疆辟土的帝王，一个立志要成为与诸神齐名的人。他犹如一只追逐梦想的雄鹰，永不疲倦地向着梦想的极限快马加鞭。他有着和太阳一样光芒万丈的理想，像阿喀琉斯（又译阿基里斯）和赫拉克勒斯一样去征服世界，他毕生都在追求永恒的光荣与不朽。

那些所谓的安逸生活、金钱与女人对他来说都毫无吸引力，即便是巴比伦与波斯帝国的巨大财富、奢华的宫廷也无法牵绊他继续远征世界尽头的脚步。也许是他的梦想太大了，以致于这位雄心万丈的男人因再也找不到可以征服的对象而哭泣。正如他自己所说的那样："世界如此之大，事实上我还未征服过任何一个地方。"

有人说，亚历山大之所以伟大是因为他用武力开辟了一个时代，而这个时代的意义却远远超出了武力的界限。亚历山大对世界的征服绝不仅是野蛮的征服，他用文明滋养了荒蛮，用高雅哺育了粗野，用美德改变了陋习，并带给那里的人以重生的希望，然而，与他的这些丰功伟绩相比，由他创立的精神帝国更为弥足珍贵，亚历山大本人也因此而成为人间的“神”，成为后来者顶礼膜拜的偶像。

亚历山大的领导才能和无比勇气受到了将士们乃至他的敌人们的敬佩，甚至他的战马布塞弗勒斯也被众人崇拜不已。当古罗马帝国最伟大的皇帝之一奥古斯都·屋大维在瞻仰他的石像时，不由得发出这样的感慨：他在30岁之前已经成为驰骋天下的世界霸主，而自己同样的年纪却只有在伟人的塑像前长吁短叹。仿佛这个伟人永远属于一个人不可触摸的“世界尽头”，而其他人全是跟随在他荣耀身后提供点缀、衬托的芸芸众生。

亚历山大死后300多年，希腊人阿里安在他所著的《亚历山大远征记》中这样说道：“我确信无疑，全世界没有哪一个种族、哪一个城市或哪一个人没有听到过亚历山大这个名字。”的确如此，在远征埃及的战事中，亚历山大被尊崇为法老和神明的化身，成为埃及传统上的双冠王，人们甚至还称颂他为“阿蒙的儿子”；在崇尚英雄的罗马人的眼中，亚历山大是一个不可企及的榜样，一个超人般的“大帝”；在中世纪欧洲基督教的神性空间中，亚历山大成为耶稣的儿子，基督教人士认为他征服世界也为世界带来《福音书》；耶路撒冷的犹太教信徒对他敬若神明，穆斯林把他看作先知……亚历山大是勇士当中最英勇的勇士，国王当中最伟大的国王，统帅当中最英明的统帅，太阳底下最伟大的英雄。

无法企及的功勋

“他如同美好的晨星漫入大洋中，连维纳斯也抛弃众星和他来亲近。他抬起圣洁的面庞，能把漫天乌云涤净”。对于一个人这样毫无保留的褒扬，对于古罗马最伟大的诗人维吉尔来说，也许是空前绝后，绝无仅有的。他所称颂的正是马其顿帝国的君主亚历山大大帝。这位旷古少有的军事天才很早就开始了他的事业，当他还是一名少年时，就已经在追随他在全世界作战的名将中间树立了威信；命运对他的特殊眷顾，使他完成了许多帝王无法企及的功勋。

在亚历山大的父亲腓力二世还未成为马其顿的国王之前，马其顿只是位于希腊北部边陲一个贫瘠落后、默默无闻的城邦，在希腊人的眼中，马其顿人只不过是一群没有教养的“乡巴佬”。公元前359年，腓力二世成为马其顿国王。这位世界霸主的父亲是一位杰出的政治家和军事家，他高瞻远瞩，野心勃勃，立志要结束希腊各国的内战，实现统一，建立一个马其顿领衔的大帝国。为了改变马其顿人文化落后的形象，腓力二世以重金聘请希腊知名人士到马其顿讲学，此外，腓力二世还进行了一系列的军事改革。就这样，马其顿渐渐强大起来。

就在腓力二世成为马其顿国王的三年后，也就是公元前356年，他的儿子亚历山大在马其顿的首都培拉降生了。在亚历山大出世之前，他的母亲奥林匹亚梦见雷电，而培拉市区内有一座女神殿失火焚毁，附近的居民人心惶惶，许多占卜师都认为这是大灾难来临的前兆，而其中一位却不这么认为，他说：“女神殿的焚毁日，已有一个男孩在同日诞生，此儿以后将要统治全世界。”

腓力二世对自己的儿子十分看重，他深知只有希腊最著名的学者才有资格做他的老师，于是他从希腊众多精英中挑选了柏拉图的学生亚里士多德。腓力二世给亚里士多德写了一封信，信中写道：“我有一个儿子，我感谢神灵赐我此儿。我希望您的关怀和智慧将使他配得上我，并无愧于他未来的王国。”腓力国王向亚里士多德许以丰厚报酬，把他的家搬到马其顿偏僻的小镇米尔扎，潜心教授亚历山大。在米尔扎附近的宁芙斯庙，亚里士多德教授年轻王子地理、动物学、政治和医学等各方面的知识。亚里士多德给予他完整的口才和文学训练，并且激发了他对科学、医学和哲学的兴趣。亚历山大对亚里士多德十分尊敬，他曾这样说道：“生我身者是父母，生我智慧者是亚里士多德。”

亚历山大童年时期就显示了在音乐和马术上的才华。据普鲁塔克记载，公元前344年，腓力国王以13塔兰特（古希腊重量货币单位，1塔兰特相当于27公斤黄金）的重金购得一匹叫“布塞弗勒斯”的黑色神驹。这匹马性子十分暴烈，马其顿所有英勇的战士都未能驯服这匹烈马，而年仅12岁的亚历山大却成功地驯服了那匹马。见此情景，腓力国王高兴地说：“我的孩子，你必须建立一个更大的王国实现自己的抱负，马其顿对你而言太小了。”

随着亚历山大一天天长大，他的天才也开始一天天显露出来。16岁时他代父统治马其顿，并率领部队镇压了马其顿北部的起义；18岁，他在切罗尼埃战役中指挥马其顿军队，一举歼灭了底比斯城邦最精锐的部队——底比斯圣队。此时的亚历山大已经在军队与民众之中树立起极高的威望，他的才学出众，能力高强；他的荣耀不沾疵瑕，这都为他登上马其顿的王位作好了铺垫。

公元前336年，20岁的亚历山大理所当然地登上了王位。两年之后，年轻的亚历山大便迫不及待地组建了一支庞大的军队，准备远征波斯。在出发之前，亚历山大将自己所有的地产收入、奴隶和畜群全部分赠他人。当时他的部下迷惑不解地问道：“陛下，您把所有的东西分光，把什么留给自己呢?”“希望!”亚历山大干脆利落的答道，“我把希望留给自己！它将给我带来无穷的财富!”就这样，亚历山大怀着对征服世界的渴望，离开故土，踏上了千里迢迢的征程。

关于亚历山大的丰功伟绩无需过多陈述，从公元前336年到公元前323年，在短短的10余年中，年轻的国王亚历山大和他率领的远征部队，几乎征服了印度河以西直到地中海东岸的整个地区。其中既包括幼发拉底河和底格里斯河的两河领域美索不达米亚，也包括了此前已经被波斯征服的埃及。这个地区的“霸主”起初是亚述人和巴比伦人，后来是波斯人，如今则变成了希腊化的马其顿人。亚历山大将巴比伦作为首都，他建立了一个庞大的帝国。它的版图西起亚得里亚海，东到印度河流域，南临尼罗河第一瀑布，北至多瑙河。

公元前 323 年 6 月，亚历山大突然患恶性疟疾，从发病到生命结束仅 10 天时间。他匆匆离开了世界。由于死亡的突然降临，亚历山大未明确他的接班人，导致争夺王权的激烈斗争。在斗争中，他的母亲、妻子与儿女都被反对党杀死。将领们纷纷拥兵自立为王，横跨欧亚非三洲的马其顿王国从此分裂为若干个希腊化的国家。亚历山大庞大的帝国只存在了短短的 13 年。

古罗马史家普鲁塔克认为，亚历山大大帝不是通常意义上的野心家，他绝非专权嗜血之徒，他的伟大之处就在于“毕达哥拉斯、苏格拉底、阿尔塞西拉斯，还有卡尔内亚德这些哲学家，都没有多年征战的经验，更不曾向蛮族王公传播文明，没有在未开化民族的领地上建立希腊城邦，也不曾教育过那些不知法律与和平为何物的民族。但凭亚历山大的言行与教化实绩，我们却可以说，他是一位当之无愧的哲学家。”亚历山大教希尔卡尼亚人婚姻之礼；教阿拉科西亚人耕地；说服粟特人奉养父母，而不是将其杀害；要波斯人尊重自己的母亲，而不要娶她为妻。这些都是亚历山大的“教化实绩”，好像那些民族原本竟不知如何生活，要等他来手把手地指导似的。普鲁塔克严正宣告：“远征的目的，就是哲学家的目的。”在他看来，亚历山大就如同柏拉图理想中的哲学王，在用战争的方式传播理念。

王者的梦想

亚历山大是天生的王者，他是被钢铁和苦难打造出来的，他是用美德与智慧熔炼出来的。他是美德与罪恶的结合体，他不可能处处都按照正义的规则来施展鸿图，他的罪恶来自于命运，而美德却来自天性。亚历山大自诩为神，但他毕竟不是宙斯的儿子，可他梦想超越阿喀琉斯（即阿基里斯）和赫拉克勒斯。事实上他做到了，也最终实现了英雄的梦想……

如果亚历山大的远征仅为了掠夺与统治的话，那么他只不过是一个被后世历史学家嘲讽的、充满野心的战争贩子，伟大这个词绝不可能与他有任何关联。亚历山大的志向显然不是为了无穷的财富、至高的权力，他要做一名不受时空限制的最伟大的勇士，更梦想超越希腊历史上最伟大的两位英雄——阿喀琉斯和赫拉克勒斯。

财富、权力对他来说都毫无吸引力，他至死不变的远大理想与野心，是把地中海东部地区融铸成一个文化的总体，然后以日渐扩展之希腊文明，来统辖它、启迪它……他希望通过伟大的征服，来瓦解城市与城市之间的对立，根除民族与民族之间的仇视，而把他们联合起来成为一个单独的城市，他想使人与人之间建立一种和谐的关系，使四海之内皆兄弟。所以当亚历山大抛下一切财产，骄傲而又意味深长的宣布留给自己的唯一“希望”时，他以一个神的形象开始了自己的征服。

我们吃惊于为何那么多人愿意追随他抛妻弃子，如果刚开始是为了财富，被他的激情感染，但能从马其顿追随到印度七年无间断地与敌人和疾病抗争，恐怕只有一个原因了：亚历山大的梦想如此伟大，让很多追随者愿意成为伟大理想的一部分和见证者。

然而，士兵不可能理解他的希望。当铁蹄踏上印度的土地时，亚历山大看到的不再是他的子民欢欣鼓舞的笑脸，而是宫闱争斗和众将离心，为何？只因梦想，亚历山大的梦想根本不是手下的将领能够了解的。打胜仗——抢钱抢女人——回家享福，这才是将军们的真正目的，即便有那么几个稍微有点雄心壮志的，他们的梦想也不可能与亚历山大相提并论。

而自从年轻的亚历山大从老师亚里士多德那里看到当时所谓世

界地图开始，探索并征服那些没有标上任何地名的灰色的土地，就成了他毕生的目标。兴都库什的雪山上，如刀的冷风切割着马其顿军团的躯体。当亚历山大被迫宣布撤军时，他痛彻心扉，眼前的将士们山呼万岁，手舞足蹈，全然忘记了恶劣的天气，憧憬着巴比伦城热气腾腾的面饼和肤如凝脂的波斯女子。

亚历山大能责怪他们吗？不能，你可以责怪蝇营狗苟的政客和贪生怕死的懦夫，而这些人，勇猛无畏的马其顿战士们，他们与王者的区别，只不过就是梦想的差距罢了。

“命运眷顾大无畏者”，真正推动亚历山大前进的力量就是梦想——这是他带给我们的东西，而且我们也相信，正是由于他的梦想，才推动着他成就别人永远无法成就的丰功伟绩。有人则认为亚历山大将一半以上的人生都用在与阿喀琉斯和赫拉克勒斯抗争中，最终还是输在了对将士们的诺言的遵从上，因为他的梦想已经超越一个凡人所能承受的程度，已经达到了一个极限，永远都不会得到满足，也许他是神，跟随着他的人却不是。而这正是王者与常人的区别，悉数世间的伟人又有谁满足于眼前的成就呢，亚历山大只不过是他们其中的一员。

无论人们怎样去评价这位征服者，都不妨碍他成为一个伟大的人。亚历山大的伟大之处，正是根源于他有一个伟大的梦想，并勇于实现这个梦想。

有梦想的自由

亚历山大与第欧根尼的对话，是人类在精神方面所经历的艰险，不是征服外界而是征服“内界”的战绩。它是千万生灵的一面镜子，是古今中外英雄圣哲的一部简短的札记，英雄就是做他能做的事的人。

公元前 323 年，亚历山大大帝在巴比伦英年早逝，年仅 33 岁。同一天，第欧根尼在科林斯寿终正寝，享年 90。这两人何其不同：一个是武功赫赫的世界征服者，行宫遍布欧亚，被万众呼为神；另一个是靠乞讨为生的穷哲学家，寄身在一只木桶里，自称为“狗崽子”。相同的是，他们都名声远扬，是当年希腊世界最有名的两个人。

亚历山大大帝在铁蹄溅血欧亚非之后，带着他的卫队，穿越闹市视察他新的王国，他在科林斯造访了这个自称为“狗崽子”的人。当伟大的亚历山大来到喧闹的街市，走到第欧根尼面前时，第欧根尼正懒散地躺在地上。亚历山大向他走过去，微笑着伸出手。亚历山大说：“尊敬的第欧根尼，我是国王亚历山大！你可以向我提出任何要求，我都可以满足你。”

时间在此刻静止。卫士们的斧钺和铠甲在阳光下闪烁出沉默的光，仪仗们在这位伟大王者的身后肃立。等待，人们都在等待，等待着这位哲学家的回应。

第欧根尼说话了，他说话的时候，眼皮撩都没撩一下。

他对亚历山大说：“我没有任何要求，我只希望你能往边上站开一点，你挡住了我的阳光！”

一阵惊愕的沉默。慢慢地，亚历山大转过身，久久无语。几分钟后，他对着身边的人平静地说：“假如我不是亚历山大，我一定做第欧根尼。”

今天，亚历山大的文治武功被时间的灰烬掩埋，然而，有关两个人的会面及对话却神奇地传承下来，尤其是亚历山大的感叹引发人们无穷的思量。作为第一个横跨欧亚非帝国的缔造者，亚历山大从第欧根尼身上对“自由”有了更深刻的理解，他看见了自由的可贵，懂得了自由的含义。纵横四海、驰骋一生建立起庞大帝国的亚历山大和局促在一只木桶里的第欧根尼可谓各自代表了人生价值的两极，可在人类心智的维度上，他们却从截然相反的方向抵达了同样的高度。

其实，我们每个人又何尝不是终其一生追求精神的自由？只不过我们可能在这一过程中，被沿途一些虚妄的东西所困，从而迷失本性，终生疲于奔命！任何人都无法忍受无意义的生活，对生活意义的寻求仍是我们内心深处无法拒绝的内在渴求，然而，当代人却陷入了意义的丧失和价值的颠覆之中。在这个理想与现实、精神与物质分裂与对立的时代，我们不可能做第欧根尼，也不可能成为亚历山大大帝。我们大多数都是一名现实主义者，或许也可称为一名物质主义者，对物质的追求成了生活的中心。“梦想”与“自由”似乎早已被我们遗忘，甚至连“爱好”都成了一种奢侈品。我们很少去思考自己存在的意义，甚至为了逃避对生活意义的追问，把自己投到连续不断的感性娱乐的生活中。感性娱乐使我们的生活成为“刺激与厌倦之间的交替”，“没有前后相继的持久性，有的只是消遣”。我们如《飞越疯人院》里麻木的病人，或是《肖申克的救赎》中肖申克监狱里的“犯人”，已经习惯了在一个隐形牢笼中生活，白天干活、晚上睡觉，生活中充满了一段又一段的例行公事，甚至我们的人生简单得可以归结成两个选择：不是忙着活，就是忙着死。

严峻的现实束缚住我们身体上的自由，模式化的东西束缚住我们精神上的自由，但唯有一样东西是绝不可以放弃的，那就是希望。失去希望的生活是灰暗的，没有自由的，甚至是没有意义的。也许我们的生活中需要像《飞越疯人院》里的麦克墨非，或是《肖申克的救赎》里的安迪这样的人。希望像麦克墨非对病友说的那样提醒我们——“天，我是说你们一直抱怨这个地方，但是你们却没有勇气走出这里？你们以为你们是疯子吗？不，你们不是！你们跟街上的混蛋没有什么两样。”或者像安迪鼓励瑞德一样鼓励我们——“不要忘了，这个世界穿透一切高墙的东西，它就在我们的内心深处，他们无法达到，也接触不到，那就是希望。”可我们应该想到，每个人都是自己的上帝。如果我们自己都放弃自己，还有谁会救你？或许我们该像亚历山大那样，把希望留给自己。

亚历山大回国前对士兵们的演讲：

马其顿同胞们，联军们，我发觉你们现在不再愿意以你们当初的那股热情跟我去冒各种危险。我把你们召集到这里来，是为了说服你们继续前进；不然就是我被你们说服，那咱们就向后转。假如在你们至今为止所经受的劳累中确实可以找到什么差错，或者在带着你们忍受这些劳累的人，即我自己身上真的可以发现什么问题的话，那我再多说也无益。

不过，假如说由于你们大家的辛苦，现在爱奥尼亚已经是在我们手里，赫勒斯滂、上下福瑞吉亚、卡帕多西亚、帕失拉高尼亚、利地亚、卡瑞亚、利夏、潘菲利亚、腓尼基、埃及、利比亚的希属部分、阿拉伯的一部分、叙利亚低地、美索不达米亚、巴比伦、苏西亚、波斯、米地亚以及所有臣服波斯和米地亚的各国和未曾臣服过他们的各国，也都是属于我们的了；假如说里海附近各关口以外的地区、高加索山以外各地区、塔内河彼岸一带、巴克特利亚、赫卡尼亚和赫卡尼亚海都已属于我们；假如说我们已经把西徐亚人赶到荒凉的地方。

假如说，除了这一切之外，印度河已经是在我们的领土上奔流，希达斯皮斯河，阿塞西尼斯河和希德拉欧提斯河也都是这样，那么，你们为什么不把希发西斯河彼岸的各部族也并入咱们马其顿帝国的版图呢？你们为什么犹豫？是害怕剩下的那些部族在你们进军面前把你们顶住吗？明摆着的现成的事实是：他们有的主动投降，有的逃跑后又被抓住，有的把他们的国家放弃后逃跑而留下领土任凭我们处理。我们已经把这些土地交给我们的盟国和主动归顺我们的人。

我认为，一个有志之士的奋斗是不应当划出一条什么界线的，只是那些导致崇高业绩的奋斗本身可能有自己的极限。不过，如果想知道我们目前正在进行的这场战争的界限究竟在哪里，我倒可以这样回答：在我们到达恒河和东海以前，剩下的地方已经不太大了。我向你们保证，你们将会发现这个东海是和赫卡尼亚海相连的，因为伟大的海洋是包围着整个大地的。是的，我还要向马其顿部队和联军讲清楚，印度湾和波斯湾也都是连成一片的海水，赫卡尼亚海和印度湾也是这样。

我们的舰队将从波斯湾起航绕到利比亚（译者注：非洲曾被认为是亚洲的一部分。请参见卡瑞和瓦明顿所著《古代探险家》一书），直至赫丘力士石柱，而且从石柱往里的整个利比亚地区（译者注：即非洲所有已知部分，亦即直布罗陀至埃及之间的部分）都将是我们的。甚至全亚洲和在亚洲的帝国边界（那些边界都是上帝给全世界划的）也都是这样。

但是，如果你们现在就退缩，那么，在希发西斯河彼岸直至东海之间，将留下很多好战的部族；从这一带地方一直伸展到赫卡尼亚海以北的地区还有许多这类部族；离这些地方不远还有许多西徐亚部族。因此，如果我们现在就向后转，那就会有理由担心，即便是现在已被我们占领但还未巩固的地区，也会被那些还未被占领地区鼓动起来造反。这样，我们大量劳苦果实可就要千真万确地付诸东流；或者我们就得再从头开始，承受更多的劳累，冒更多的险。

马其顿同胞们，联军同事们，最好大家坚持到底。只有不怕艰苦、敢于冒险的人才能完成光辉的业绩。生时勇往直前、死后流芳千古，岂非美事？难道大家不知道，我们的先辈（译者注：指赫丘力士）如果在提任斯或阿戈斯停下来不再前进（甚至在到达伯罗奔尼撒或底比斯时停下来），就不可能得到如此至高无上的荣誉，也不会从过去的人变成今天人们都承认的神。即使是比赫丘力士还高一级的神狄俄尼索斯，也曾经历尽了千辛万苦。而我们实际上已经越过了奈萨和阿尔诺斯山，连赫丘力士都未能拿下来的这个阿尔诺斯山寨，我们都已经拿下来了。现在，再把亚洲剩下的地方加到你们已经占领了的地方上边，这只不过是把小数加到大数上而已。

确实，假如我们当初只是坐在马其顿，认为只要不费气力地守住我们的家乡，仅仅降服边界上的色雷斯人、伊利瑞亚人或特利巴利人，甚至对我们可能并无多大用处的希腊人，就算够了，那我们怎么能创造出我们已经创造出来的这些伟大而崇高的事业呢？

再说，假如当你们在我的指挥下历尽艰险的同时，你们的领袖，即我自己却一不劳累二不冒险的话，那你们心里就会理所当然地感到厌恶，因为只有你们自己千辛万苦，而由此获得的果实却都给了别人。

但事实并非如此。我和你们是苦累同受、祸患同当、福禄同享。因为所占的土地都是你们的，是你们在各处当总督或督办；大部分财宝也是到了你们手里。而且，当我们得到全亚洲之后，到那时候，我向老天起誓，我绝不会只是满足你们，你们那时得到的将要远远超过你们每个人对好事最高的要求。我将把所有愿意回家的人都送回老家，也许由我自己带着他们回去。那些愿意留下的，我会让他们受到那些回去的人们的称美。

列奥尼达

斯巴达精神之王

(?一前 480 年)

列奥尼达，斯巴达的国王，同时也是一位普通的斯巴达战士。和其他的斯巴达战士一样，他用自己的躯体阻挡薛西斯的大军如洪水般疯狂的进攻，用盾牌抵挡敌人刺来的长矛，用士气证明了斯巴达人的勇敢与坚韧。他是斯巴达精神的代表，他以鲜血捍卫正义，以牺牲换取永世不朽的荣光。

斯巴达人，一个尚武的民族，一个强悍的城邦，他们用血与肉铸造生命，用矛与盾捍卫尊严，用坚韧与勇敢面对苦难，用只有他们自己能理解的行为保卫国家。今天，斯巴达人的坚韧、刚毅与勇敢已经成为勇士与战神的象征，“斯巴达”一词也成为坚韧与献身的同义词。在这群斯巴达人中，有一个被后人永远铭记，他就是古希腊斯巴达国王，古希腊抗击波斯入侵的英雄——列奥尼达。

斯巴达城国王的王位没有世袭之说，只能从成千上万的竞争者中通过努力证明自己的实力和永不言败的精神获得。列奥尼达从小就接受了严酷的地狱式训练，10 岁开始被动挨打，随后学会了还击，多年的不间断训练，不但练就了他强壮的铮铮铁骨，同时也使他获得了超强的武艺和强烈的团队合作技能。列奥尼达经历了独身非人的野外生存考验，经历了与野狼对峙终将其杀死的严酷挑战，最终他胜利了，成为了统领斯巴达城邦的国王。

公元前 480 年温泉关战役爆发，列奥尼达仅率领 300 名勇敢的斯巴达战士抵挡薛西斯的数十万大军。铺天盖地的飞箭射不穿斯巴达人厚重的盾牌，奔驰而来庞大的怪兽冲不破斯巴达人坚固的方阵，薛西斯强大的军团打不散列奥尼达 300 勇士的固守；所有斯巴达人都战斗到最后，悲壮地死去。人们为了纪念三百名斯巴达的勇士，在温泉关矗立一道纪念碑，上面刻着："异乡的过客，请带话给斯巴达人，说我们踏实地履行了诺言，长眠在这里。"

民间思想家摩罗曾这样给 300 壮士下过定义：英雄是精神的，300 壮士以他们的激情，以他们的荣耀创造了温泉关的奇迹，他们绝对是英雄。温泉关之战是与命运和历史的搏斗，在今天看来，这场著名的战役与其说是希波战争中的关键一役，不如说是一场列奥尼达一个人对抗波斯侵略的战争。列奥尼达不是勇士，而是勇士之上的人。

勇士之上的人

列奥尼达天生的勇敢与坚韧，来自于斯巴达人祖先大力神赫拉克勒斯的精神，他和所有斯巴达人一样，都是"宣誓的希腊人（希腊诸城邦为抵御薛西斯的侵略组成的同盟的名字）"。列奥尼达是一个永不屈服的男人，用鲜血和勇气捍卫着正义。勇士的骸骨不能复活，却成就延续至今的神话。如今希腊国旗上 9 条蓝白相间的长条，其含义就是"不自由毋宁死"，两千年来一直延续着列奥尼达精神。

公元前 11 世纪—前 2 世纪，古希腊有座城市名叫斯巴达，生活在那里的人们的生存目标只有两个：用血气捍卫正义、为荣誉随时牺牲自己。在那个时代，斯巴达以拥有最凶猛而又纪律性最强的战士而举世闻名。

历史上的斯巴达位于伯罗奔尼撒半岛的南端，虽然这里土地肥沃，但却没有发展工商业的地利，因而斯巴达逐渐成为诸城邦中最大的农业奴隶制国家。斯巴达境内的所有居民都被分为三个等级：最高统治者是斯巴达人，是正式公民且属于贵族阶层，但人数极少；被征服的当地居民——希洛人地位最低，且全部是奴隶，人数众多；处于中间阶层的是居住在边境地区的庇里阿希人，他们是自由民，有人身自由但无政治权利，主要是戍边，并从事简单的工商业劳动。统治者与被统治者悬殊的人数比例，使得斯巴达人不得不实行全民皆兵的责任军事化管理，可以说，整个斯巴达社会就是一个管理严格的军营，所有的斯巴达人终身的职业就是战士。

每一个斯巴达人的后代都是这个古老国度的共同财产，当他们的孩子呱呱落地时，都要由部落的长老检查其身体状况。只有健康的才有权被留下来，而那些体弱病残的婴孩则会被无情地扔到荒山野外，任其死去，因为他们不可能成长为一名良好的战士。斯巴达人从小就注意培养孩子们不哭、不挑食、不吵闹、不怕黑暗、不怕孤独的习惯。7 岁后的男孩，全都要被编入团队过集体的军事生活。他们要求对首领绝对服从，要求增强勇气、体力和耐性，他们练习跑步、掷铁饼、拳击、击剑和格斗等。

为了训练孩子的服从性和忍耐性，他们每年在节日敬神时都要被皮鞭鞭打一次。他们跪在神殿前，火辣辣的皮鞭如雨点般落下，但不许求饶，不许喊叫。除此之外，他们还将被送到野外磨炼他们的意志和生存能力。在那里，斯巴达的年轻人通过严格的军事体育训练，强制的道德灌输和严酷的身心磨炼，成为勇敢、坚韧的爱国战士。

斯巴达人特有的残酷与野蛮造就了真正的战士，列奥尼达从小就经过了这种艰苦的训练最终成为斯巴达的国王，荒原中与野狼的搏斗注定了他将成为宁死不屈的一个英雄。这不仅仅是列奥尼达的经历，许多斯巴达人都受到了同样残酷的训练，所以他们也命中注定将成为像列奥尼达这样的英雄，也命中注定将陪伴着列奥尼达走到生命的终结。

公元前 480 年，刚刚登上王位不久的波斯王大流士之子薛西斯，为了实现父亲的遗愿，发誓要踏平雅典，征服希腊，他发动了著名的第二次希波战争。参加远征的士兵来自臣服波斯的 46 个国家，100 多个民族，号称有 500 万之众。波斯大军走到赫勒斯邦海峡（现在叫达达尼尔海峡），薛西斯下令架桥。这支波斯大军用了整整 7 天 7 夜才全部渡过海峡。

当波斯大军入侵希腊，希腊各城邦纷纷向波斯献出“土地和水”，希腊危在旦夕，仅有列奥尼达亲率 300 名皇家卫戍部队重装士兵，赶赴温泉关阻击奔袭而来的波斯大军。列奥尼达飞蛾扑火自杀式的阻击战是为了给战前的政敌雅典赢得更多的时间，而温泉关是通往雅典的必经之路，虽然只赢得 3 天时间，后来证明这 3 天成就了今天的西方历史。

作为这支先遣部队的统帅，斯巴达的列奥尼达国王广受尊敬。古希腊历史学家希罗多德写道：列奥尼达清醒地认识到这次出征是一次必死的行为，他统领的这支部队数量微小，根本无法取得最后的胜利，因此他从军队中挑选了那些已经育有儿子的精锐战士，将他们编入出征队伍。普鲁塔克在他的《斯巴达妇女的话语》一书中，提到出征前当列奥尼达的妻子鼓励完她的丈夫，最后问到还有什么嘱咐时，列奥尼达简单地回答道：“嫁个好人，养群好孩子。”

列奥尼达率领着自己的部下与波斯人展开了殊死搏斗。敌人来了，他们就用长矛猛刺，长矛折断了就拔出佩剑，佩剑断了就抢过敌人的武器继续战斗。斯巴达的勇士们杀退了敌人的四次进攻，拼死保护自己的土地。他们用勇气与坚韧实现了斯巴达人古老的誓言：“人墙设防的城市比砖墙设防的城市更难攻破。”但是，他们的人数越来越少，逐渐被压缩到一个小山丘上。杀红了眼的波斯人，将残余的斯巴达人死死围住，在口令声中将标枪雨点般投向他们，直到最后一个斯巴达人倒下。至此，温泉关才最终被攻占了。

斯巴达 300 壮士走了，他们的历史却留下了，这些勇士用生命和鲜血捍卫尊严与自由。后人为纪念列奥尼达和他手下的勇士，在希腊德摩比勒隘口温泉关战役纪念碑上，镌刻了这样一段铭文："异乡的过客，请带话给斯巴达人，说我们踏实地履行了诺言，长眠在这里。"

斯巴达精神

英雄能产生足够与整个世界抗衡的力量，当列奥尼达等人面对数十万的波斯军队的时候，不仅仅是勇武，他们的精神与自由的信念显得更加可贵，这才是希腊人在希波战争的最后获得胜利的根本。

斯巴达是古希腊除了雅典之外另一个势力庞大的城邦，然而，斯巴达人与雅典人却过着完全两样不同的生活。雅典人的生活是多姿多彩的，人们聚集在广场上，拥进剧院，自由而快乐。而在斯巴达，一切都是那么的简单，这里没有哲学家、艺术家、音乐家和诗人，只有一种人——战士。

斯巴达人为战斗而生，他们不需要哲学与艺术，他们是天生的战士，他们每天都在进行着无休止的军事训练。可以说，整座斯巴达城邦就像是一台战争机器，同时，这还是一座充满阳刚气质的城邦、一个诞生英雄的城邦。

有人说斯巴达人是野蛮的民族、他们杀人成性，实则不然。每一个斯巴达人都富有一种高贵的斯巴达精神，这种精神的高贵之处就在于凶猛而不野蛮，强悍而不残暴，冷酷而不麻木。每一个斯巴达人都具备一个希腊人的所有优秀品质：智慧、勇敢、节制、正义。更重要的是，他们身上特有一种对荣誉的无限崇尚，正是这种荣誉感孕育了他们的勇敢，使得他们在战场上所向披靡。

列奥尼达正是这种斯巴达精神的体现，当所谓的神谕告诉列奥尼达只能率领 300 人奔赴战场的时候，当所谓的议会还在争论着降与战的时候，列奥尼达和他的勇士们已经上路了，这 300 名勇士早已作好准备去迎接死神的考验。赴死者称不上英雄，绝望而让命运主宰自己的人更不是英雄。于是，我们看到了列奥尼达向所有战士传达的那种胜利的信念，虽然渺茫，但绝不是自欺欺人。为荣誉而战，这便是英雄，即便在最困难的时候，也要完成心中最伟大的宏愿。

这种信念在薛西斯看来，又是什么呢？当薛西斯得知斯巴达只派了 300 人抵挡他的数十万大军时，愤怒地割下战死的斯巴达国王列奥尼达的首级。薛西斯随后审问了一些希腊阿卡狄亚城邦战俘。薛西斯问道："你们希腊人到底想干什么？为什么只派出这么一点军队来防守?"这些战俘说其他人都去参加奥林匹克运动会了。当薛西斯问道如果在运动会上得了冠军，获胜者会得到什么时，战俘答道获胜者将会被授予一个橄榄枝编成的头冠。听到这些，站在一边的波斯将军提格兰尼斯忍不住对波斯统帅玛多尼斯说："我的老天，玛多尼斯，你这几天面对的都是些什么人啊？他们竟然仅仅为了这些虚幻的成就去作战，而不是为了钱!"也许只有薛西斯才会明白提格兰尼斯所说的"虚幻的成就"指的是什么。

美国著名的古典文学家依迪斯·汉密尔顿在《希腊精神》一书中这样总结道："斯巴达人对战争的看法是从情感上，而不是从利益上考虑的……那些斯巴达的年轻人所受的训练就是要使他们明确，他们的使命就是保持城邦的威力，并放弃任何与这个目的没有直接关系的东西。"

这就是斯巴达无上的尚武精神。斯巴达人也靠着这种精神击退了波斯人的入侵，也使斯巴达后来战胜了雅典，更为伟大的希腊文明加入了一股强悍之气。这种精神不仅在列奥尼达身上得到了完美的体现，更表现在亚历山大大帝的身上，更表现在之后的罗马人身上，这些人正是靠着斯巴达精神征服了世界。

雅典代表了理性的希腊，斯巴达则代表了感性的希腊。我们甚至可以说，斯巴达和雅典共同成就了古老的希腊文明，但是，每天优哉快乐的雅典人却无法守卫自己的文明，而在荒野中成长的斯巴达人用自己的鲜血不仅捍卫了自己的尊严，还使希腊精神变得更加完美。列奥尼达和他的手下用牺牲换来了雅典有序大撤退和作好海战的整备，当薛西斯攻占雅典时，雅典已经是一座空城了。之后雅典海军在萨拉米斯海战中彻底打败了波斯，波斯从此丧失了在爱琴海的制海权。同时，300 勇士的牺牲重新唤起全希腊 30 多个城邦的觉醒，斯巴达法律的“永不撤退，永不投降”成为希腊战时法律。由于大小战役的不断胜利，终于在公元前 449 年，第二次希波战争以双方签订卡里阿斯和约而告结束，波斯帝国从此承认小亚细亚希腊城邦的独立地位。

雅典也曾在战场上败给斯巴达，当雅典城陷落时，斯巴达人要求彻底摧毁这座城市，“连一根直立的柱子也不留下”。就在摧毁行动的前夜，斯巴达人召开盛大的庆功会，一位雅典人朗诵了欧里庇得斯的一段诗歌。出席宴会的都是那些勇敢的斯巴达战士，但在聆听了那动人的诗篇后，他们忘记了复仇，并一致认为，一个能产生这样伟大诗人的城市绝对不应该遭到毁灭——这便是斯巴达高贵的战士。在他们强健的胸膛里，跳动着一颗属于希腊的高贵的心。

做斯巴达的后人

太多的苛刻条件和意外让仅存的斯巴达战士成了世界上最可怕的军队，他们的精神也一直被人传承。今天，斯巴达人这个神秘的族群早已消失，但我们的内心依然听得见自己对荣耀的渴求，对精神至高的追求。人就该活得轰轰烈烈、坦荡、真诚。你，敢做一名战士吗？你敢用生命去战斗吗？你敢应和自己内心的召唤吗？如果你敢，那么你也是斯巴达的后人！

雅典被誉为“西方文明的摇篮”，在这里曾经住着伯里克利、柏拉图、阿里斯托芬、梭伦、欧里庇得斯，还有那位咄咄逼人的苏格拉底。在今天我们仍可以想象，这些伟大的哲学家与公民辩论的情景。除此之外，雅典名人的雕像在城市的露天场所和博物馆随处可见。与雅典相反，斯巴达人不像雅典人那样重视文化和艺术，斯巴达也没有留下任何遗迹。作为历史上最著名的民族之一，他们的武力一旦消退，就渐渐被人们所遗忘。除了温泉关战死的列奥尼达国王，有谁能轻易想起第二个斯巴达人的名字？尽管如此，所有人都对斯巴达人怀有一种崇敬。普通的希腊人都把斯巴达视为是一座严肃与纯朴之美的殿堂，一座有如多利亚神殿那样庄严的多利亚城邦，那比他自己的居处要高贵得多，只不过住进去却并不那么太舒服罢了。其他的希腊人对斯巴达感到敬仰的原因之一，是斯巴达的稳固。

在一个很长的时期里，斯巴达人在他们的主要目标方面，在创造一个无敌战士的种族这方面，是成功的。温泉关之战虽然技术上是失败了，却或许是最能表明他们的勇敢的例子。

——哲学家　罗素

“所有其他的希腊城邦都有过革命，但是斯巴达的宪法几百年来却屹然不曾变动过”。不仅只有柏拉图这样说，历史学家都对斯巴达人作过这样的评价：斯巴达人之所以能够赢得所有人的尊敬，并不是仅仅因为温泉关战役所表现出的英雄主义，而是他们一贯的斯巴达精神。

斯巴达人一直过着清苦，丧失享乐的尚武生活，他们对自己极为苛刻，他们给自己的生活强加了一种形式，并为此舍弃很多。这种生活方式对于每一个斯巴达人来说是一种理想。

虽然斯巴达人没有雅典人那样丰富和自由，斯巴达也没有科林斯城邦豪华，但斯巴达人却觉得自己的生活拥有一种意义，并为此而感到自豪。在当时，几乎每一个希腊人都对斯巴达人的理想抱有一种羡慕，甚至是崇敬。

斯巴达代表的是一种精神，一种已经被我们逐渐遗忘的精神，做人应有的精神！责任、荣誉、勇气、自由、忠诚、尊严……这些神圣的词语似乎与我们离得越来越远，缺乏信仰的人一定会说它们只不过是几个浮夸的词、一句空洞的口号。每一个迂腐的学究，每一个蛊惑人心的政客，每一个玩世不恭的人，每一个伪君子，每一个惹是生非之徒，还有那些浑浑噩噩的人，一定企图贬低它们，甚至对它们进行愚弄和嘲笑，但这些词庄严地指明了斯巴达人的为人准则、道德标准和努力方向。它们也帮助着斯巴达人不断地成长，在他们勇气即将消失的时候鼓起勇气，信念即将动摇的时候恢复信念，希望渺茫的时候重燃希望。我们每个人都需要一种斯巴达精神，矢忠死守，哪怕粉身碎骨也要全力把自己的努力谱写在每个必要的过程之中，把结果交给未来阐释。

曾经有这样一个故事，一位斯巴达年轻人因女神赐给自己的宝剑不如别人的长而闷闷不乐，可他的母亲却告诉他说："孩子，当你向前一步，剑不是就变长了吗？"在这个世界上，有多少人携带着长剑，又有多少人携带着短剑呢？人生就是这样，没有绝对的"短剑"，也没有绝对的"长剑"，就看你如何对待手中的"剑"。当薛西斯的使者告诉列奥尼达，波斯人的军队多得数不清，光是射出的箭矢就能把太阳遮住。列奥尼达的回答是："那太好了，我们将在阴影中战斗。"这就是斯巴达人，这就是斯巴达精神：坚韧、勇敢、不背叛、不服输。

太多的苛刻条件和意外让仅存的斯巴达战士成了世界上最可怕的军队，他们的精神也一直被人传承。今天，斯巴达这个神秘的民族早已消失，但我们的内心依稀听得见自己对荣耀的渴求，对精神至高的追求。人就该活得轰轰烈烈、坦荡、真诚。你，敢做一名战士吗？你敢用生命去战斗吗？你敢应和自己内心的召唤吗？如果你敢，那么你也是斯巴达的后人！

(1769 年—1821 年)

拿破仑 Napoleon Bonaparte

无须神化的英雄

对于那个时代来说，拿破仑是一个冬天的神话；对于现在这个时代来说，拿破仑是一个不老的传说；对于以后的时代来说，拿破仑是一首不朽的史诗。他是一个艺术家，他以后的历史便是他的作品！

“翻开尘封的史册，综观古今英雄人物，只有你能吸引我的双眸，震撼我的心灵。”歌德曾经这样评价一个人，他就是拿破仑。

拿破仑不仅是时势造就的英雄，还是人类高尚精神的代表，“战争中奇迹的创造者”，是“西方之皇”，更是“世纪巨人”。拿破仑是个伟人，同时也是个凡人。法国人民曾经这样评价这位英雄：“他当然有污点，有疏忽，甚至有罪恶，就是说，他不是神，他是一个人。但他在疏忽中仍是庄严的，在污点中仍是卓越的，在罪恶中也还是雄才大略的。”

拿破仑一生叱咤风云于疆场、飞黄腾达于官场，但也积下不少恩恩怨怨于情场。拿破仑的一生是伟大的一生，也是平凡的一生。他是一位超人，并非一位神人。他以自己辉煌的业绩创造了一个以自己名字命名的时代——拿破仑时代。他锐意进取，意志刚强，勇敢果断，提倡科学，讲求效率；他曾顺应历史潮流，保存和巩固了法国大革命的主要成果；他挥舞利剑为资本主义的发展杀出一条血路；他冲击了欧洲大陆封建制度的基础，促进了各国民族的觉醒和振奋。但他也冷酷自私，野心勃勃，贪婪狡诈，鄙视人民，专横跋扈；他还逆历史潮流而动，穷兵黩武，涂炭生灵，给法国和许多国家的人民带来了深重灾难；他用自己的双手为波旁王朝的复辟铺平了道路。

拿破仑是一位杰出的人，但也是一位复杂的人。有人曾将拿破仑比作“暴君”，更有人称他为“科西嘉吃人的妖魔”，还有人称他为“世纪的巨人”、“法国革命的体现者”，而黑格尔甚至称他为“马背上的世界灵魂”。

拿破仑死了，但“拿破仑传说”却在逐渐形成。“拿破仑一年比一年高大起来，他的历史在慢慢地形成”，他是一位“同亚历山大和恺撒一样的天才人物”，“在 25 年里，他使法兰西民族成为最伟大、最光荣的民族”，人们如此评论。1848 年，法国的大地上出现了“共和国万岁”和“拿破仑万岁”的口号。拿破仑被看成是大革命的代表、继承人和传播者，是民族原则的捍卫者，是民族天才的体现，是传统和秩序的象征。

拿破仑是个了不起的人，总是那样富于悟性，那样头脑明晰而富于决断力。他的一生走的是从一次战争接着一次战争，从胜利走向胜利的半神式的道路。可以准确地说，他始终处于“开悟”的状态之中。正因为是这样，才形成他那前无古人后无来者的辉煌的命运。

——爱克曼《与歌德的谈话》

没有伟大的人物出现的民族，是世界上最可怜的生物之群；有了伟大的人物，而不知拥护、爱戴、崇仰的国家是没有希望的奴隶之邦！拿破仑不信奉任何宗教，一生中不相信什么显灵奇迹！他把自己的一切成就，归之于人类健全的理解力、勇敢、组合能力、理解人的心理与想象力！在今天，人们更加重视他的能力而不是他的出身背景，锦绣前程又将展现在那些才能卓越者面前。而在这些方面，拿破仑正是我们的榜样与楷模！

科西嘉的英雄

拿破仑代表了欧洲的一个时代，这位千年一遇的非凡人物，用他的一生写成了一部悲剧。一个人凭借自信与勇气，凭借激情与幻想，凭借勤奋与意志所能得到的一切，拿破仑全得到了。人们曾这样评述过他：这个最终把无数人的向往和思念引向圣赫勒拿孤岛的人，必将永远立于人类历史上英明永存者的最前列。

拿破仑 1769 年出生在科西嘉岛的阿雅克肖城，他的家族是一个意大利贵族世家。父亲卡洛·马里亚·波拿巴是城里的一名律师，虽然卡洛是一位文人，但却喜欢冒险，爱好玩乐。他对从祖上继承下来的土地一点儿也不感兴趣，对政治倒是十分专注。拿破仑的母亲是一位头脑灵活、意志坚强的家庭主妇，尽管忙碌、繁重的家务与她的身份不太相称，但她必须这么做，因为尽管她出身贵族家庭，但家境并不十分富裕。

夫妻二人对拿破仑的教育是十分严格的，为了他的前途，卡洛在 1778 年亲自将拿破仑送到法国的奥顿，进入当地的一所中学学习法语。第二年 5 月，凭着贵族的身份，拿破仑进入了法国东部的布里埃纳军事学校。烦闷的课程并没有给拿破仑带来多少知识，更多的情况下，他是依靠自己不倦的广泛阅读来满足自己的求知欲。拿破仑看书又快又多，尤其擅长数学。

不过，寒酸的打扮和蹩脚的法语，使拿破仑受尽了同学们的嘲讽。有一次，他在家书中写道：“人人都说我除了几何之外一无所长，人人都不喜欢我，我干枯得就像一张纸。”但拿破仑并没有因此而屈服，他决定要用自己的方式在同学间争得应有的位置。不久，他就用拳头让折磨他的人尝到了科西嘉人的厉害。

1784 年，拿破仑以优异的成绩毕业于军校。他和 4 位同学作为士官生被推荐进了巴黎军事学院。该校直属法国王室，拥有第一流的教员。拿破仑在这里如饥似渴地吸收各种知识，也就是在这里，拿破仑对炮兵学产生了浓厚的兴趣。

拿破仑在意大利语中的意思即“荒野的狮子”。自 1785 年起，这头“荒野的狮子”小心翼翼地迈出踏上辉煌的第一步。20 多年后，即使是这只狮子的一声低吟，也会使整个欧洲地动山摇。

1785 年 2 月，拿破仑的父亲病逝。由于他的哥哥怯懦无能，拿破仑毅然挑起全家的重担。微薄的薪水令他体验了无限快慰和苦涩的贫困生活，这段受苦的日子，给拿破仑留下了许多难忘的记忆。

1789 年法国大革命爆发后，拿破仑回到科西嘉，希望推动科西嘉独立，但遭到亲英反法的保利集团排挤，最后全家逃往法兰西共和国。那段时间，拿破仑已心甘情愿地做一个法兰西人了。1792 年，拿破仑第二次回到故乡，针对保王党内部顽固分子企图对革命反攻倒算，拿破仑采取了果断而有力的措施予以打击，并深得罗伯斯庇尔的赏识，同时被任命为少将、炮兵司令长。后来他以 6000 人成功地平息了拥有将近 4 万兵力的保王党分子的暴乱。赢得土伦战役和镇压保王党战役，使拿破仑名声大震，法国国民革命政府对拿破仑委以重任。1793 年，法国南部重镇土伦的保皇党人击溃了当地的革命政权，攻克土伦，势在必行。此时的拿破仑展现出出色的军事才能，一举攻克土伦。伴随着振奋人心的巨大胜利，拿破仑这个名字迅速传遍四方。此后，拿破仑开始在政界崭露头角，不断的胜利为他带来了荣誉和威信。

1796 年 3 月 2 日，拿破仑获得了企盼已久的意大利军团总司令的职位，很快就投入了与反法联盟军的战斗中。不过，他所领导的意大利军团只是一个空架子，被人称作“叫花子军”。这支军队由于管理不严，贪污腐化之风盛行，早已破败不堪，士兵们个个都是衣衫褴褛，简直就像一群土匪，巴黎供给这支军队的微乎其微的物资，很快就被士兵们肆无忌惮地偷盗一空。饥饿的军队到处抢劫和偷盗，反抗和开小差不时发生，士气十分低落。

拿破仑刚刚接管这支队伍之后便立即着手整顿军纪。拿破仑不能容忍在他的军队中有任何反对他的思想，谁胆敢与他作对，不论其职位高低，脑袋必须搬家，这是他一直遵守的原则。他还无数次地发表具有煽动性的演讲来激励这支队伍的士气，第一次他就这样说道："士兵们，你们缺吃少穿，共和国亏欠你们很多，但是国家还没有力量还债。我是来带领你们打进天下最富庶的平原去的。丰饶的省区、富裕的城镇，全都任凭你们处置。士兵们，你们面临这样的前景，能不鼓起勇气坚持下去吗？"

拿破仑在凯拉斯科又一次向士兵们发表了鼓舞人心的演说，他说道："你们什么都缺少，却补充了一切。你们没有大炮，而打了胜仗，没有桥梁而渡了河，没有鞋而快步急行，没有酒和经常没有面包……士兵们，祖国期望你们去取得重大成就，你们不会辜负祖国的期望吧？你们还有许多仗要去打赢，许多阵地要去夺取，许多河要去渡过。你们当中是否有人勇气低落了呢？没有！我们所有的人都要确立光荣的和平……我们所有的人都希望，在回到自己村子的时候，能说上一句：我曾经在战无不胜的意大利军团作过战。"

对德国来说，拿破仑并不像他的敌人所说的那样是一个专横跋扈的暴君。他在德国是革命的代表，是革命原理的传播者，是旧的封建社会的摧毁人。

——恩格斯

士兵们的尊严和荣誉感被激发起来了。这支曾经是衣衫褴褛、半饥饿、士气低落和纪律涣散的军队，在拿破仑的带领下，已成为一支所向无敌的优秀军队了。现在军中再也无人怀疑拿破仑的权威和指挥能力，将领们最初对拿破仑的妒忌和不信任也一扫而空，拿破仑获得了部下充分的信赖。

自从拿破仑粉碎了第一次反法联盟之后，便赢得了法国人民的信任与尊重。当时只有 28 岁的拿破仑以十分安详的表情接受了自己应得的荣誉。鲜花、掌声、赞美词对于这个雄心勃勃的将军来说，实在是太微不足道了，在他那好思考的头脑里，在他那无畏的心里，一个行将影响欧洲命运的计划正在诞生。

早在洛迪战役之后，拿破仑就产生了一种要开创伟大事业的强烈欲望，他不再把自己看做是一名普通的将军，而把自己看做一个注定要对一个国家的人民的命运起决定影响的人，他要在欧洲这个政治舞台上出色地扮演一个主角。他曾直言不讳地说："正是在洛迪附近的那天晚上，我相信自己是一个非常人物，我充满着干一番伟大事业的功名心。"

> 拿破仑不仅是非凡的，而且是无与伦比的；从他的气质、本能、特性、想象力、情感、道德精神来看，他似乎是用另一种金属组成、在不同于他的本国人和同时代人的独特的模子里浇铸出来的。显而易见，这不是一个法兰西人，也不是一个 18 世纪的人；他是属于另一个种族和另一个时代的人；乍一着眼，就可以在他身上辨别一些外国的东西——意大利的和另外的某种东西，难于类比或全不相似的东西……
>
> ——泰纳

1799 年，30 岁的拿破仑登上了法国权力的巅峰，将一个异常强大的欧洲新兴共和国掌握在自己的手中。1804 年 4 月 30 日，拿破仑加冕为帝，拥有世袭权力。5 月 18 日，拿破仑黄袍加身，宣告自己为法兰西第一帝国的皇帝，称号为"拿破仑一世"。

这是一位同亚历山大和恺撒一样的天才人物，善于指挥军队，善于治理被征服的地区，他是一位政治家，还具备立法家的才能，法国有意把权力交给他，比之他要求掌握权力更急切。他用《民法典》来组织法国。几年之后，这位伟大的人物疯狂了……自信和野心终于导致了他的失败，使得 100 万人的生命毁灭在战场上，激起整个欧洲来反对法国，20 年胜利的果实被剥夺一空。

1821 年 5 月 4 日夜是拿破仑临终前的最后一夜。他不停地呻吟，显得异常痛苦。他喃喃自语："谁在后退……军队首领……冲锋……"这天夜里，岛上掀起了最猛烈的风暴，狂风拔起了大树，刮走了小屋，震动了朗伍德别墅。第二天，当晨光照亮了狭小的房间时，风暴平息了，拿破仑已僵硬得如同一座横卧的雕像，眼角边还挂着一颗泪珠。不过，医生还可摸到他那一息尚存的脉搏。下午5点50分，一声炮响划破长空，太阳落山了，拿破仑也停止了呼吸。

19年后，法国七月王朝的路易·菲利普派军舰到圣赫勒拿岛接回了拿破仑的遗骨。1840年12月15日，巴黎人民满怀悲伤之情举行了隆重的接灵仪式。数不尽的人们冒着严寒、迎着风雪，护送着灵柩前往塞纳河畔的荣军院。从此，拿破仑的遗愿得到了实现，他以一个老兵的身份安息在塞纳河畔，安息在他热爱的法国人民中间。

新的普罗米修斯

拿破仑的时代是一个英雄的时代，在硝烟弥漫的战场上，凭一己之力就可以指点江山。历史中那些令人备感尊崇、畏惧、喜爱或鄙夷的杰出人物，激起了我们的雄心，也常常使我们陷入深深的焦虑之中，他们发出的光线忽明忽暗，照耀我们前行，将我们引入歧途。就像卡莱尔所说的，伟人从不过时，身处任何时代的任何人都可以从他们身上得到想要的东西。

在西方的历史上没有哪个人能像拿破仑这样拥有如此长久的赞誉。这头荒野中的雄狮在狂奔着、咆哮着，欧洲在他的脚下颤抖。革命使拿破仑登上了历史的舞台，而他以自己的方式使革命扩展到整个欧洲，将欧洲人从沉睡中唤醒。拿破仑以个人非凡的努力，从普通的科西嘉岛农民，成为法兰西的皇帝，叱咤欧洲20余年。他所建立的荣耀使得法兰西人在欧洲赢得前所未有的尊敬。他的伟大，不仅在于他所创造的业绩的永恒与深远影响，还在于他在创造这些业绩中投入的是无法比拟的，神奇雄伟的巨大力量。

在一部分人的眼里，拿破仑是个“暴君”、“侵略者”、“吃人魔王”、“科西嘉的怪物”、“篡位者”、“战争的祸源”、“法国革命的扼杀者”……但他不是无情的魔鬼，他是一位有血有肉、有情有义、有喜怒哀乐、经历过悲欢离合的人。他在奥斯特里茨战报中这样写道：“从来没有比这更可怕的战场了，从浩瀚的大湖中心，人们还能听到成千上万的人惨叫声，可是人们却难以挽救他们。心在痛苦地流血……”一次在意大利战场上，他看到一只狗在主人的尸体旁嚎叫。“这只可怜的畜生，好像要找人为主人报仇，或是求人帮助。狗的痛苦深深地感动了我。那时我很愿意饶恕敌人。我懂得了为什么阿喀琉斯把赫克托耳的尸体扔给哀泣的普里阿摩斯”。瓦格拉姆战役后的第二天，拿破仑跑遍硝烟未灭的战场，检查伤员是否都被抬走。他所到之处，只要发现伤兵，他就和他们说话，并让人抢救他们。拿破仑称自己的士兵为“我的孩子”，而在士兵心目中，拿破仑仿佛就是他们的“父母”。甚至我们可以说，拿破仑是人民的孩子，人民与他血肉相连。

“我是一位新的普罗米修斯，我被钉在悬崖绝壁的一块大石上，一只秃鹫啄食我身上的肉。是的，我从天上窃取了火种，作为一份礼物，奉献给了法兰西。火种已经升到原来的地方，我却一直被钉在这里！爱、光荣如同撒旦架在混沌上面的一座桥，使地狱能通往天堂。光荣把无边无际的深渊隔开的过去和将来联系起来了”。的确，他为法兰西付出了所有，也失去了一切。正如他所说的：“我留给我儿子的只有我的名字。”滑铁卢战役之后，他为了法兰西的利益让出了自己的皇位。为了法兰西，他让自己的生命成了悲剧的史诗。

拿破仑，一个伟大的英雄，他的斗志与激情最终都伴随着他的尸骸埋藏于大西洋上圣赫勒那岛的一个小山谷里，他的历史永远如他的名字一样在世人心中铭记。拿破仑的野心埋葬了他，但正是由于拿破仑的这种野心才赋予了他独特的人格魅力。他不仅仅是一个好将领，还是一个战斗的好伙伴。当拿破仑在圣赫勒那岛辞世时，瑞典国王评论拿破仑说："拿破仑并不是被世人征服的。他比我们所有人都伟大！由于他只依靠自己的力量，所以上帝才惩罚他。"这的确是一篇中肯的墓志铭。他的惨败的确是个悲剧，但正是因为有了这个悲剧才让我们感受到了拿破仑的真实与可爱。

埃及艳后克娄巴特拉曾说过："英雄之所以是英雄，重要的一点就是他们总有缺点……所以我们才会觉得他们既可敬又可爱，既高大又实在，就生活在我们的身边。至于那些没有缺点的，不是人，而是神。"拿破仑是个英雄，他的名字必将被铭记！

假如历史可以倒流，假如拿破仑可以再选择一次，拿破仑的命运依旧不会改变。他是汹涌澎湃的一汪海洋，不是安闲宁静的一潭湖水。如果再让他选择，他也定会再一次无悔地踏上同样的道路。他的个性决定了他奔波讨伐，力图争霸欧洲的命运；也正是因为这种个性，才铸就了这位英雄的伟大。

伟大的人生启蒙者

英雄不是"时代的宠儿"，而一开始就是时代的"另类"。他们和平常人一样，在未建功立业之前都经历过一段充满恍惚、错乱和悖谬的时光。大多数人在坚固的谎言包围下，获得了一种恶俗的安全感，而他们在克服庸人共性的过程中形成了独特的人格魅力，他们在奋进与懒惰的博弈中，赢得了意志和性格的胜利。

英雄是制造规则的人，他们的出现不仅改变了历史，还改变了人类。英雄对历史的介入，使我们无法假设另外一种情况，因为英雄总是相信自己会给历史满意的答复。他们在遵从人性基本法则的基础上，强烈地表达着个人的生命意志。在严峻的现实中，在沉默的氛围中，英雄的出现激起了人类走向真理的努力。

英雄是历史应该奔向何方这一问题的提出者和求索者，这并不意味着他们比大多数人“先知先觉”，只不过是他们在大多数人过得还算舒坦的时候，感到了困惑和危机。英雄和我们平常人一样，在未建功立业之前都经历过一段充满恍惚、错乱和悖谬的时光。大多数人在坚固的谎言包围下，获得了一种恶俗的安全感，而英雄在看到庸碌者的冷漠或满足时，却感到痛苦和恶心。

> 我们发现，拿破仑·波拿巴在读书期间并不像现在人们所说的那样是一个优等生，但他却成就了辉煌的一生。
>
> ——拿破仑军事史专家
>
> 阿兰·皮雅尔

任何一个人要想从生活的强大惯性中摆脱出来，对现实秩序进行重新组合和安排，都是一种极具冒险性的行为。覆盖在生活表层的厚厚伪饰，足以耗尽一个人的全部能量，所以，英雄的可贵之处并不是他们卓越的洞察力，而是他们与浅薄、无知、盲目和麻木苦苦周旋的耐性。正是这种渐进的坚持，从不屈服于现状的精神赋予了英雄坚强品格，它是一种超越言词的内在力量。

有人说，英雄是“时代的宠儿”。实际上，英雄一开始就是时代的“另类”。托马斯·卡莱尔曾说：“在那些平庸的时代，由于人们没有信仰、苦恼和困惑，软弱无能地陷入更深的困境而走向崩溃，所有这一切，我把它们比作干枯的柴火，正等待上帝的点燃。”英雄之所以恰好顺应了历史的潮流和大众的期待，是因为他们的不屈从和反抗已成为一种必须。无论是谁，在他还未成就一番事业之前，都要经受一段令人窒息的压抑。正是这种巨大的压抑，酝酿和培育了强烈的爆发。英雄的生成就是最好的证明，他们在奋进与懒惰的博弈中，靠意志和性格赢得了胜利。

对英雄的崇拜，绝不是对某个符号、某种概念的崇拜，而是对有血有肉的人的崇拜。英雄的力量绝不是上天赐予的，他在克服庸人共性的过程中形成了独特的人格魅力。伟人一个重要的品质就是：他本身是伟人，他这个人是伟大的。拿破仑的诗才和他的奥斯特里茨战役一样辉煌，假如命运让拿破仑干别的行当，他还是最杰出的人物。

当然，我们不能过于夸大英雄的个人能量，美国政治学家利奥·施特劳斯就曾说："一个人凭借其自然天性，具备着至高无上的德行才干，从而受到具体的必然情势所驱策，然而，如果他没有施展的机会场合，能够以对于人们来说尽可能最为完美的方式去采取行动的话，那么，他就不能按照他的意图，对他手中的质材加以塑造，或者不能主宰他自己的命运，不能主宰他同胞的命运，不能以最为完美的方式去采取行动。"

可以说，英雄的出现主要是因为他以无与伦比的洞察力看透了事物的本质，顺应了历史发展的潮流。英雄奥丁、先知英雄穆罕默德、诗人英雄但丁、莎士比亚、教士英雄马丁·路德、诺克斯、文人英雄彭斯、卢梭以及帝王英雄克伦威尔、拿破仑，都是这样的人。

其实，英雄的闪耀代表了精神的一种极致，而这正是历代人们所热切需要的。拿破仑之所以能够触动我们，也许正是其在精神上的某种特质：或是他那积极进取的心态；或是他那不知疲倦，永不懈怠的精神；那非凡的想象力，敏锐的洞察力和坚定的自信心……总而言之，他那极具魅力的精神内涵犹如一颗炽热的恒星，而他所缔造的功勋和所取得的荣耀就恰恰如恒星所散发出来的光芒，绚丽而华彩，照亮他人生的全程，甚至在他被囚于圣赫勒拿岛乃至死亡时，这种光芒犹未消亡，而是化作漫天星辰，永悬于苍穹。

即使我身后什么也没有留下，即使我所有的业绩全部毁灭，我的勤奋和我的荣誉，在我死后仍将足以鼓舞千秋万代的青年。

——拿破仑·波拿巴

面对拿破仑式人物，我们面临的永恒尴尬是，当世界由他们主宰时，灾难将与光荣一样显赫；而他们缺席时，我们又感到了生命缺乏意义与光彩，我们通过爱戴或反对他们来获得鼓舞。在今天，我们更愿意将拿破仑理解成一位伟大的人生启蒙者。

正如拿破仑自己所说的那样："即使我身后什么也没有留下，即使我所有的业绩全部毁灭，我的勤奋和我的荣誉，在我死后仍将足以鼓舞千秋万代的青年。"今天他在召唤具有时代精神的人。那些能够被唤起的，就是他的斗士；那些麻木的，就是他的俘虏；那些不屑一顾的，只能是形同路人。

汉尼拔 Hannibal

坚韧成王

247 年一前 183 年或前 182 年)

汉尼拔的伟大从不因其悲剧的失败而被消磨半点。在罗马人看来，汉尼拔是一个任何人都难以与之匹敌的英雄。他那高贵的品行正如浴火重生的凤凰，借助身躯的死去而达到了永续的传颂。

古希腊历史学家波利比乌斯在他的历史巨著《罗马帝国的崛起》开篇这样问道：“世上又有什么人如此低贱、可悲，以至于根本不想了解，罗马人到底是通过怎样一种政治体制和什么手段能够在短短五十三年间征服了整个已知世界？”波利比乌斯在这里所说的“五十三年”，指的是公元前 220 年至公元前 167 年，即从第二次布匿战争爆发开始，到第三次马其顿战争结束为止。

公元前 220 年，罗马仅仅占据意大利半岛和西西里、撒丁（撒丁尼亚）等岛屿，罗马军团除了几次短暂的远征以外，极少踏足意大利之外；公元前 167 年马其顿国王柏修斯战败投降时，罗马已经确立了在整个地中海地区的霸权，罗马军团的足迹遍及西班牙、北非、阿尔巴尼亚和希腊，所向披靡，威震四方。是什么原因使罗马人突然迸发出如此惊人的能量？答案可以归结于一个人的名字——汉尼拔。

汉尼拔·巴卡是西方历史上的一位悲剧英雄，他和亚历山大、恺撒、拿破仑并称欧洲四大战神。历史学家却一直坚持认为，仅凭汉尼拔在逆境中百折不挠、刚毅坚定的精神，他就足以成为有史以来最伟大的将领。他的那些被客观地载入史册的业绩，恰恰是通过他敌人的眼睛所看到的。汉尼拔统领乌合之众万里悬军，数十年进行无后方作战而未尝一败。可以说，他几乎是单枪匹马向古代最强盛、其政治、军事基础最坚实的罗马帝国提出了挑战，并且几乎将它摧毁，这似乎是令人难以置信的。

从根本上看，罗马是一个远较迦太基强大的国家。汉尼拔的军队从未具备过堪与罗马最精锐的部队相匹敌的素质。在数量上，他几乎总处于劣势，然而，此人却在整整 16 个年头里率领着一支由多种族、多民族组成的缺衣少食、装备不良的部队纵横整个意大利，如入无人之境。最能证明其天才的一点就是——他在上述劣势条件下始终能够使其军队保持团结。另一个甚至更加有力的明证是——远较迦太基军兵多将众的罗马军队在汉尼拔手下遭到其历史上最惨重的失败，以后有整整 14 年对汉尼拔敬畏复加，唯有退避而已。

伟大的罗马在他面前颤抖，就连他的敌人罗马人也尊称汉尼拔为“战略之父”。罗马人利维对汉尼拔的评价就可以证实这一点：他以最大无畏的气概进入险境，在危险中举止自如，完全置生死于度外。没有任何困难能劳其体，伤其志。他耐暑热、忍冬寒，饮食仅以自然需要为度，而不受享乐欲望的支配。其作息时刻并无昼夜之分，他用以休息的时间只是公余之暇而已。即使是所谓休息，也没有柔软的床铺与安静的环境可言。

没有什么人能左右汉尼拔的方向，也没有什么地方曾让他流连忘返，他率领军队游荡在意大利腹地，不知疲倦痛苦，因为他具备了坚忍不拔的毅力和吃苦耐劳的精神。他胆识过人，善于用兵。平日里，他生活简朴，与士兵同甘共苦；战斗时，他身先士卒，深受士兵的拥戴。有人曾这样描写他："没有一种劳苦可以使他的身体疲乏或精神颓丧。酷暑也好，严寒也好，他一样受得了。无论在骑兵还是步兵里，他总是把其他人远远地抛在后面，第一个投入战斗，交战之后，最后一个退出战场。"

一个军人对于一个具有高度文明的强大民族表现出了如此巨大的战斗精神，智力与技术优势，这在人类历史上是无与伦比的。更重要的是，汉尼拔以自己独特的人格魅力和桀骜性格创造出一个传世佳话。汉尼拔勇往直前的勇气，吃苦耐劳的精神，坚韧不拔的毅力，沉稳的性格，机敏的头脑，不仅是他战无不胜的理由，更是他为什么值得我们景仰的缘故。

名垂千古的汉尼拔誓言

两千多年前，在今天的北非突尼斯和摩洛哥的土地上，曾经有一个强大的奴隶制商业帝国，并盛极一时，那就是古迦太基帝国。它流芳百世并不仅因为那里曾经创造过灿烂的文明，拥有过巨大的财富，而且因为它曾经孕育了一位盖世英雄——汉尼拔·巴卡，世人给予了他高度评价，尊称他为"迦太基雄狮"。也正是汉尼拔，在一定程度上塑造了古罗马军团的辉煌，激发了曾经称雄世界的古罗马文明的出现。罗马人也给予了他"战略之父"的美称，能赢得对手的称赞是每个战略家的无上荣耀。

古迦太基是一个航海技术非常发达的贸易国家，人民的生活非常富裕。到了汉尼拔的父亲哈米尔卡生活的那个年代，由于罗马共和国在海上的扩张，双方发生了冲突。迦太基在海上的垄断地位受到了严重的威胁，但富裕的生活已经消磨了多数迦太基人的意志，他们对这种情况视而不见。公元前 247 年，第一次布匿战争（古迦太基人还被称作布匿人）还在进行中，此时的迦太基丢失了西西里、科西嘉和撒丁等地中海岛屿，元气大伤。此时，迦太基名将哈米尔卡·巴卡（Hamilcar Barca）挺身而出，为迦太基重整河山。

哈米尔卡的姓氏“巴卡”，在希伯来语中是“雷霆”的意思。他三个优秀的儿子汉尼拔、哈斯朱拔和马戈被史学家们称为“雷霆之子”。公元前237年的一天，一个伟大的人开始了艰难的戎马生涯。迦太基远征军的将士，正在神庙中进行祭神仪式。只有九岁的汉尼拔跟着哈米尔卡·巴卡将军来到了祭台前。

根据古历史学家波利比乌斯的记载，汉尼拔曾经有过这样的一段话：“先父即将远征伊比利亚（西班牙）之际我恰好九岁。他向神灵供奉祭品时我正站在离祭坛不远的地方……他把我叫到他身边慈爱地问我是否愿意随他一起出征。我迫不及待地表示愿意，并且充满男孩子气地热切恳求他准我同行。他拉着我的右手把我领到祭坛跟前，吩咐我把手放在刚献祭的祭品上对天起誓：我决不与罗马为友。”

我们固然无从得知是否真有其事，然而毫无疑问，汉尼拔确实从小就在他父亲哈米尔卡·巴卡的教育下形成了对罗马的仇恨。此后，汉尼拔在意大利纵横驰骋16年，即便拥有数倍于迦太基人的军队，罗马也再无人敢掠其锋。在这16年里，罗马损失了四分之一的人口，平均每个罗马家庭都至少有一名精壮男子死在汉尼拔的铁蹄之下，汉尼拔成了罗马人的噩梦，汉尼拔的誓言也因此名垂千古。

长期的戎马生涯，汉尼拔成了一个卓越将领，他具备了一个优秀将领应具备的所有品质。有人曾这样描写过他：“没有一种劳苦可以使他的身体疲乏或精神颓丧。酷暑也好，严寒也好，他一样受得了。无论在骑兵还是步兵里，他总是把其他人远远地抛在后面，第一个投入战斗，交战之后，最后一个退出战场。”

公元前218年，罗马人又挑起第二次布匿战争。罗马军队兵分两路，一路开赴西班牙攻打汉尼拔，一路渡海进攻北非的迦太基本土。罗马人以为，汉尼拔一定会放弃西班牙，驰援北非本土。他们做梦也没有想到，汉尼拔竟然置本土于不顾，率军长途奔袭罗马的后背——意大利北部。

这年 4 月，汉尼拔亲率由九万步兵、一万两千骑兵、三十八头战象组成的大部队，从西班牙出发，跨越阿尔卑斯山，进入意大利腹地。一天，部队行进在阿尔卑斯山中的一条山路上时，一道巨大的岩壁挡住了去路。岩壁的一边是陡峭的山坡，一边是万丈深渊。开路的士兵使出浑身的力气，也只在山壁上凿出一些浅浅的白点。汉尼拔让士兵们砍来一些树木，靠在山壁上焚烧，一直烧到冰层融化、山壁发红时，再用水浇洒。一阵嗞嗞的声响过后，岩壁的表层崩裂了，他又叫士兵用大锤把岩壁砸碎，然后开出一条道来。这条穿越阿尔卑斯山的通道，后来被人称为“汉尼拔通道”。

汉尼拔的部队历经艰难险阻，遭受了巨大的人员伤亡，终于在公元前 218 年 9 月底走出深山，到达意大利的波河地区。这时，他的部队只剩下两万步兵、六千多没有马的骑兵和一头战象了。

汉尼拔出其不意地越过阿尔卑斯山，使罗马人大吃一惊，急忙调来大军阻挡他。第二年的 6 月，汉尼拔采取迂回战术，绕过有罗马重兵防守的阵地，在一片三面环山、背后临湖的峡谷地带设下埋伏，把四个罗马军团引入了其中。接下来的战斗中，三万罗马军队被包围在湖边。趁着清晨的浓雾，埋伏在附近的迦太基士兵杀了出来。不到三个小时，战斗便结束了，罗马士兵几乎被全歼，这就是著名的特拉西梅诺湖之战。

汉尼拔的一生经历了无数次这样的胜利，无论是特雷比亚战役，还是特拉西梅诺湖战役，都无法与坎尼战役相媲美。特雷比亚战役和特拉西梅诺湖战役的胜利，让汉尼拔控制了意大利北部的大部分地区，同时高卢人也和他联合起来，希望能够重新践踏罗马。

然而，迦太基的元老院对这个年轻统帅的胜利不屑一顾，尽管在他们中间根本没有人有能力获取这样的成功。汉尼拔将大量的战利品运送回国，并请求元老院给他补充战士和供给时，元老院腐朽的元老们嘲笑他的使者：“既然汉尼拔取得了这样大的胜利，那么还需要什么士兵和补给啊。”迦太基元老院的腐朽，贵族统治的腐化，从布匿战争一开始就决定了战争的结局，以及汉尼拔悲剧的命运。

汉尼拔需要更大的胜利来证明他的实力，实现他的诺言，不仅仅给意大利各邦看，同时也给迦太基元老院看。公元前 216 年，罗马人把军队指挥权交给了两位新的执政官保卢斯和瓦罗，刚好这一年的春天，汉尼拔攻占了意大利南部的坎尼城。坎尼是罗马的粮仓，罗马人不能轻易放弃。这一年的 8 月，汉尼拔终于迎来了他期待已久的会战。

这次会战罗马人投入了全部的八万步兵和六千骑兵，都是精锐之师，并且休整了很长时间，斗志旺盛。而迦太基一方只有步兵一万九千、骑兵一万以及并不可靠的高卢同盟一万六千人，并且他们在异国他乡长期奔波，已是疲惫之师，但是，罗马人仍未阻止汉尼拔继续赢得胜利。战役的结果令人难以置信，八万罗马大军几乎被全歼，执政官保卢斯战死，而汉尼拔总共只损失了六千人。据说汉尼拔的军队从敌人手指上收集的金戒指就有三斗之多。汉尼拔在意大利南征北战十几年，一次又一次地战胜了罗马，从来也没有失败过，但是始终没有把罗马征服。

公元前 202 年，罗马名将大西庇阿入侵迦太基，在扎马战役中决定性地击败了汉尼拔，这场大战被看成是汉尼拔的千古绝唱。扎马战役之前，汉尼拔与大西庇阿进行了一次会面。罗马历史学家弗洛鲁斯（公元 1—2 世纪）曾记载了当时的场景：“两位一向闻名的将军，一个在意大利战场屡次得胜，一个在西班牙战绩辉煌……两位统帅本人就达成和平条件会晤谈判。他们长时间相对无言，一动不动，彼此流露出对对方的仰慕之情。由于没有达成和平协议，军号又吹响了。两人都证实，指挥作战不可能这样善于运筹帷幄，在作战中不可能如此斗志昂扬。大西庇阿公开这样讲，他指的是汉尼拔的军队；而汉尼拔讲的则是大西庇阿的军队。”

史书上记载，宴席过后汉尼拔与大西庇阿两人一起在花园散步，汉尼拔有意无意地抢到大西庇阿左边，也就是所谓的“上手”位置，大西庇阿一笑置之。两人于是聊起古今的名将，大西庇阿请汉尼拔排个座次。汉尼拔不假思索，说道第一当属亚历山大，其次是皮鲁斯，他自己可以排第三。大西庇阿又问，“如果扎马之战你打赢了我，你又如何评价？”汉尼拔沉吟片刻，说道：“那么我就应该是古今头一号名将。”可见汉尼拔虽然高傲，内心深处对大西庇阿也还是带有几分敬佩。而大西庇阿对汉尼拔的感情十分复杂：既仇视，又迷恋，还有几分敬仰。他似乎早已明白，打败汉尼拔的唯一的方法，就是像他那样行事。

大战前夕，汉尼拔看着自己的士兵说道：“我谨希望各位，能够为了保卫养育我们的祖国，迦太基的光辉以及大家深爱的女人，将仅有的一点勇气，投入到明天的残酷战斗中去。是的，我们也许会输——你，我，他，可能会独自死去，但一定会有人活着离开战场。很多年后，人们在谈到今天的我们时会赞美迦太基的第二次复苏。同样，人们也会为我们的明天落泪，为迦太基感慨。不过我更相信人们望着那片沙地，他们高歌、他们欢笑，他们会说：‘看哪，那个俊美的小子回来了，满载着战利品、罗马人的鲜血，还有一个真正军人的荣耀！’”

然而，这支军队不再都是那些当年随着他征战西班牙、阿尔卑斯山和意大利的老兵们了，十余年的征战让老兵们损失惨重，现在这支军队的主力已经是从北非招募的新兵，他们只是凭热情而不是纪律作战，最后汉尼拔失败了，并开始了他的逃亡生涯。

但历史不愿意放弃他，罗马人害怕再次面临险境。公元前 183 年，汉尼拔逃到了小亚细亚，罗马人追踪而至，他的士兵劝说他再次逃亡，汉尼拔放弃了，他说：“罗马人等待一个老头的死亡已经等得太久了，如果罗马人连一个 70 岁的老人都惧怕的话，那就让我来帮助他们消除恐惧吧！”英雄汉尼拔不愿意成为俘虏而遭受屈辱，在罗马人攻入之前，汉尼拔服毒自杀了。一代英雄就此结束了其悲剧及漂泊的一生。迦太基，这个汉尼拔为之作战一生的母邦，却终究没能成为他的安息之地。

最伟大的统帅

汉尼拔是一个战士，一个将军，而不是一个政客。他要的是快意恩仇，而不是源源不断的利益。无论是勇往直前的勇气，吃苦耐劳的精神，坚忍不拔的毅力，还是沉稳的性格，机敏的头脑，都成为他战无不胜的理由，也许就是这样一个驳斥文明、酷爱野蛮的人，却的的确确是一个天生的将军。

汉尼拔出生于迦太基，被称为“旷古未有的最伟大的统帅”，与亚历山大、恺撒、拿破仑并称欧洲四大战神。如果单以拓土略地，百战百胜，建立不世武功而论，四大伟人中无疑亚历山大大帝居首，汉尼拔敬陪末座；可是如果单纯比较军事指挥上的技巧，特别在其中的一项上——在逆境中百折不挠、刚毅坚定——汉尼拔是超绝古今的。汉尼拔的一生充满了神话色彩，但历史不是一部浪漫作品，它所需要的是人们不带幻想地对它加以深思，将它从各种被神化了的状态中剥离出来。

我们很难去评价这样一个将军，甚至我们怀疑是否该称他为暴徒。因为战争从小被埋下仇恨的种子，当这颗种子发芽之后，他就不顾一切地开始攻击。他走出了一条几乎不可能完成的行军路线而出奇制胜，在面对罗马的投降士兵时，他又从未表现出一丝丝仁慈。人命在他眼里似乎真的成了草芥，战争也只是他的消遣。迦太基的元老们说他会打赢战争，却不懂得利用战争，不会用胜利谈条件，而只懂得一次又一次地延续杀戮。

不过要知道，汉尼拔只是一个战士，一个将军，而不是一个政客。他要的是快意恩仇，而不是源源不断的利益，他的战争屠戮绝非带有政治目的。也许就是这样一个驳斥文明、酷爱野蛮的人，却的的确确是一个天生的将军。无论是勇往直前的勇气，吃苦耐劳的精神，坚忍不拔的毅力，还是沉稳的性格，机敏的头脑，都成为他战无不胜的理由，难怪拿破仑都视他为偶像。

汉尼拔之所以被人称为那个时代中西方世界最伟大的战争英雄，完全是出于他本人坚韧的性格。他是一名迦太基人，但他不像同族人那样过于吝惜生命。每次战斗时，他永远冲在最前面，“以最大无畏的气概进入险境，在危险中举止自如，完全置生死于度外”。

关于这一点，法国历史学家米切雷就曾对迦太基人有一段精彩的描绘：“迦太基人工于算计，他们可以把各个民族一条人命的价值精确计算到个位数，总之希腊人比罗马人值钱，而罗马人又比西班牙人和高卢人值钱。他们认为一个成功的迦太基商人的性命太贵重，不值得去牺牲，打仗这种事只要找西班牙人或高卢人代替就行了。对迦太基人来讲，战争如同商业投机，开战的目的无非是为了打开新的市场。打仗的关键是钱，钱越多，能收买的雇佣军就越多，胜算就越大，如此而已。”而这些在汉尼拔的身上显然是没有的。

汉尼拔拥有巨大的凝聚力。他手下的迦太基军队，就是一些北非和西班牙各地的雇佣军。这些乌合之众操着多种多样的语言，信仰不同的宗教，所惯用的战术也是五花八门，唯一的共同点就是唯利是图，然而，汉尼拔视这些人为手足、为兄弟，他把俘获的奴隶分给这些人。更重要的是，汉尼拔让这些人知道了什么叫荣誉，什么叫勇气。汉尼拔高声说道：“撇开罗马徒有其表的显赫名声，它还有什么可与你们相比的？默默地回顾你们 20 年来以勇敢和成功而著称的战绩吧，你们从赫拉克勒斯石柱，从大洋和世界最遥远的角落来到这里，一路上征服了高卢和西班牙的许多最凶悍的民族……我作为你们英雄气概的目击者，能列举每一个人勇敢作战的具体时间和地点……不论我把眼光转向何处，我看到的都是斗志旺盛，精神饱满的士兵，一支由各个最英勇的民族组成的久经战阵的步兵和骑兵。你们，我们最可靠、最勇敢的盟军，你们，迦太基人，即将为你们的国家并出于最正义的愤恨而出征。我们是战争中的攻击者，高举仇恨的旗帜进入意大利，将以远远超出敌方的胆量和勇气发起进攻，因为攻击者的信心和骁勇总是大于防卫者。”

当汉尼拔率军翻越阿尔卑斯山后，准备向意大利出击时，汉尼拔就明确指出当时的形势是背水一战，“你们必须获胜，否则便是死亡。命运使你们不得不投身于战斗”。汉尼拔以巨大的热情和坚定的意志，鼓励将士们奋勇作战。演说完毕后，将士们齐声高呼，“要么胜利，要么死亡。”

此外，迦太基国民和军队的诸多弊病更衬托出汉尼拔无与伦比的领导才能。他把这支东拼西凑的军队组织起来，灌输以严格的纪律和对统帅的忠诚。经汉尼拔精心调教的这支军队所体现出来的战斗力令人叹为观止，使曾经不可一世的罗马军团屡战屡败。在十五年的征战中，汉尼拔的军队无论面对怎样的逆境都没有哗变过一次，他们追随着汉尼拔一直到生命的最后一刻。

公元前三世纪，汉尼拔率领一支八万多人的军队，从西班牙的新迦太基城出发，开始了他的远征。这也是历史上最具勇气和冒险精神的一次远征。在经历了几次战斗之后，他来到了比利牛斯山，并翻越比利牛斯山进入高卢地区（今法国），在这里他避免与罗马军队纠缠，快速前进，以最快的速度翻过阿尔卑斯山，出现在米兰平原上。这时他的全部军队是一支由多种族、多民族组成的缺衣少食、装备不良、远离后方的部队，而罗马帝国却拥有大量的训练有素的精良部队。仿佛胜负已经注定，然而，他用他的勇气告诉我们没有什么困难是不能战胜的，勇气加智慧可以改变一切！拿破仑这样评价汉尼拔的这次远征：“历史上从没有哪一个人执行过这样庞大、这样广泛的作战计划。亚历山大的远征要比他这次远征逊色不少。”

一个人对于一个国家和民族，从来没有如此重要过，迦太基因为汉尼拔的存在而青史留名，因为他的离去而彻底消亡！假如他在翻越阿尔卑斯山时失败会怎样？假如他在亚平宁半岛上被打败会怎样？假如他像亚历山大、拿破仑那样，作为国家元首，可以调动全国之兵一战又会怎样？但历史不会重来，历史也不会有第二种选择。

今天，汉尼拔的远征已经很少有人提及，然而一个国家、一个企业以及每个人，都在进行着自己的远征。无论进展得如何，困难总是在眼前展现，挫折和彷徨也常伴左右，能否成功只在于我们是否有勇气面对——让我们在软弱中变得更加坚强！

伟大取决于足够的坚韧

伟大的品质从来不会在顺境中出现，越是艰难、困苦的境遇越能孕育高贵的精神。正如人世间幸福的使者凤凰，每隔五百年，它就要背负着积累于人世间的所有不快和仇恨恩怨，投身于熊熊烈火中自焚，以生命和美丽的终结换取人世的祥和和幸福；同样在肉体经受了巨大的痛苦和轮回后，它们才能得以更美好的重生。

汉尼拔一生参加过许多次战役和战斗，并从中学会了战争艺术的应用；他能说一口流利的希腊话，而且善读会写，对希腊战史也颇有研究；他身体干瘦却很强健；他擅长击剑和骑马，同时他又是一个赛跑能手；他的头脑极为灵敏，善于计算，能把一切复杂的情况条理化；他具有超人的勇气，坚忍不拔的毅力和吃苦耐劳的精神，敢于冒险和犯难，即使在危难的时刻，他也能表现出准确的判断能力。这位叱咤风云的军事统帅，个人生活极为简单，他从不贪玩、好色，且能与士兵同甘共苦，具备了一个优秀军事统帅的品质。

英雄是时代的终结者和开创者。汉尼拔既是开创者，又是终结者。准确地说，他是一个悲情英雄。汉尼拔出征的理由注定了他后来的命运，他的目标只有一个，那就是复仇。为了这个目标，他没有花太多时间巩固自己的后方，没有在迦太基本土争取到更多的政治支持，甚至没能打开海路，但却以其超人的勇气，坚忍不拔的毅力，敢于冒险，奋力一搏。汉尼拔的抉择就像阿喀琉斯的抉择一样：如果出征则必死，那么不出征则无名于历史，因而没人敬仰射杀阿喀琉斯的人，英雄从不因为殒没而失去光彩。

悲情英雄的悲剧在于不论怎样伟大，终究不能逃脱失败的命运，但汉尼拔的伟大从不因其悲剧的失败而被消磨半点。在罗马人看来，汉尼拔是一个任何人都难以与之匹敌的英雄。他“训练”了罗马军团，教会了他们如何使用战略，如何进行战争。曾几何时，战功赫赫、威震三大洲的罗马军团在他面前丢掉荣誉，并彻底丧失信心。正是因为汉尼拔，为罗马的崛起和日后的扩张积累了军事力量和军事技能，甚至可以说，古罗马辉煌文明的出现也有汉尼拔的一份功劳！汉尼拔，这柄寒光闪闪高悬于罗马头上的利剑坠落了，古罗马时期闪米特文明的最后堡垒崩塌了。而在许多世纪之后，罗马人在国家安全受到威胁或吓唬小孩时仍然会说——汉尼拔来了！

当然，我们也不能忽略罗马人不可匹敌的勇气，他们同样渴望荣誉与胜利，同样具备了高度的组织纪律性和坚忍不拔的民族品质。汉尼拔与罗马人之间的战斗验证了这样一个真理：对于一个强大的人来说，劲敌就是对自己最好的鞭策。在面对如此强大的对手时候，汉尼拔依靠自己的智谋和敏锐的军事眼光，使得罗马先后有四位执政官毙命，并且让意大利半岛的财富被抢掠一空。而罗马人也凭借同样的精神，取得了战争的最后胜利。无论是哪一方，都值得我们敬仰。

伟大的品质从来不会在顺境中出现，越是艰难、困苦的境遇越能孕育高贵的精神。正如人世间幸福的使者凤凰，每隔五百年，它就要背负着积累于人世间的所有不快和仇恨恩怨，投身于熊熊烈火中自焚，以生命和美丽的终结换取人世的祥和和幸福；同样在肉体经受了巨大的痛苦和轮回后，它们才能得以更美好的重生。同样，卓越的人在面对不利和艰难的时候总能百折不挠。诗人但丁曾说：“我推崇勇气、坚韧和信心，因为它们一直帮助我，对付我在人世生活中所遭遇的困难。”

世上只有两条路能通往成功的目标并成就伟大的事业，那就是力量和坚韧。力量并不属于大多数人，它是少数人的特权；然而，坚韧确是所有人都可以拥有的品质。坚韧从来不负众望，因为它沉默的力量将随着时间的推移一天天壮大，直到所向披靡无可与抗。

很显然，汉尼拔所表现出的百折不挠与刚毅坚定的精神，给我们作出了最好的证明。

汉尼拔率军翻越阿尔卑斯山后，准备向意大利出击时作了一次著名的战前演讲，这次伟大的演讲最能体现汉尼拔的无畏气概和必胜信心。

要么胜利，要么死亡

士兵们：

你们在考虑自己的命运时，如果能记住前不久在看到被我们征服的人溃败时的心情，那就好了；因为那不仅是一种壮观的场面，还可以说是你们的处境的某种写照。我不知道命运是否已给你们戴上了更沉重的锁链，使你们处于更紧迫的形势。你们在左面和右面都被大海封锁着，可用于逃遁的船只连一艘都没有。环绕着你们的是波河，它比罗纳河更宽，水流更急；后面包围着你们的则有阿尔卑斯山，那是你们在未经战斗消耗、精力充沛时，历经艰辛才翻越过来的。

士兵们，你们已在这里同敌人初次交锋，你们必须战胜，否则便是死亡；命运使你们不得不投身战斗，它现在又站在你们面前。如果你们战胜，你们就能得到即使从永生的众神那儿也不敢指望得到的最大报酬。我们只要依靠勇敢去收复敌人从我们先辈手里强夺去的西西里和撒丁尼亚，我们就会得到足够的补偿；罗马人通过多次胜利的战斗所取得和积聚起来的财富，连同这些财富的主人，都将属于你们。在众神的庇护下，赶快拿起武器去赢得这笔丰厚的报酬吧。

你们在荒凉的卢西塔尼亚和塞尔蒂韦里亚群山中追逐敌人为时已久，历经如许艰辛危难却一无所获；你们跋山涉水，转战数国，长途劳顿，现在是打响夺取丰富收获的战役，为你们的劳苦取得巨大报酬的时候了。这里命运允许你们结束辛苦的努力，这里她将赐予与你们的贡献相称的报酬。你们不要着眼于这场战争表面上的巨大规模，而担心难于取胜。敌对双方受藐视的一方往往坚持浴血抗争，而一些著名的国家和国王却常被人并不费力地征服。

撇开罗马徒有其表的显赫名声，它还有什么可与你们相比的？默默地回顾你们20年来以勇敢和成功而著称的战绩吧，你们从赫拉克勒斯石柱（译者注：指直布罗陀海峡东口南北二岬，即直布罗陀海峡和杰贝勒穆萨山），从大洋和世界最遥远的角落来到这里，一路上征服了高卢和西班牙的许多最凶悍的民族。如今你们将同一支缺乏经验的军队作战，它就在今年夏天曾被高卢人击败、征服和包围过，至今它的统帅还不熟悉他的军队，而军队也不知道它的统帅。要把我同他作一比较吗？我的父亲是最杰出的指挥官，我在他的营帐中出生、长大，我荡平了西班牙和高卢，我不仅征服了阿尔卑斯山诸国，还征服了阿尔卑斯山本身；而那个就任仅6个月的统帅是他的军队里的逃兵。如果把迦太基人和罗马人的军旗拿掉，我敢肯定他不知道自己是哪一支军队的指挥官。

你们中每一个人都看到了我的累累战功，同样的，我作为你们英雄气概的目击者，能列举每一个人勇敢作战的具体时间和地点。士兵们，我认为这一点很重要。我在成为你们的指挥官以前是你们大家的学生，我将率领曾千百次地受过我表彰和犒赏的士兵，阵容威武地阔步迎击那支官兵互不熟悉的军队。不论我把眼光转向何处，我看到的都是斗志旺盛，精神饱满的士兵，一支由各个最英勇的民族组成的久经战阵的步兵和骑兵；——你们，我们最可靠、最勇敢的盟军，你们，迦太基人，即将为你们的国家并出于最正义的愤恨而出征。我们是战争中的攻击者，高举仇恨的旗帜进入意大利，将以远远超出敌方的胆量和勇气发起进攻，因为攻击者的信心和骁勇总是大于防卫者。此外，我们所受的痛苦、损伤和侮辱燃烧着我们的心：它们首先要求我、你们的领袖，其次要求曾围攻过萨贡托的你们大家去惩罚敌人；如果我们畏缩怯战，它们将使我们受到最严厉的折磨。

那个最为残暴、狂妄的民族认为，一切都应归它所有，听它摆布；应当由它决定我们该同谁交战、同谁媾和；它划定界限，以我们不得逾越的山脉河流把我们封锁起来，却不遵守自己规定的界限。它还说，不得越过伊比利亚半岛，不得干预萨贡托人；萨贡托在伊比利亚半岛，你们不得朝任何方向跨出一步！拿走我们最古老的省份——西西里和撒丁尼亚是件小事吗？你们还要拿走西班牙吗？让我从那里撤走，以便你们横渡大海进入阿非利加吗？

我说他们要横渡大海，是不是？他们已经派出本年度的两个执政官，一个派往阿非利加，一个派往西班牙。除了我们用武器保住的地方外，他们什么地方都没有给我们留下。有后路的人可能成为懦夫，他们可以通过安全的道路逃跑，回到自己的国土家园请求收容，但你们必须勇敢无畏。你们在胜利和覆灭之间绝无回旋余地，或者战胜，或者死亡。如果命运未卜，与其死于逃亡，毋宁死于沙场。如果这就是你们大家确定不变的决心，我再说一遍，你们就已经战胜了；这是永生的众神在人们夺取胜利时所赐予的最有力的鼓励。

伊巴密浓达

崇尚光荣的战士

(约前420年—前362年)

和斯巴达人一样，底比斯人生来也是优秀的战士，但命运之神更眷顾底比斯人，她赐予了底比斯人前所未有的最伟大的将军——伊巴密浓达。古人都众口一词地称颂他，后世的许多希腊名人都以他为榜样。伊巴密浓达用光荣的死告诉世人，英勇的光荣之处在于奋战而非得胜。

历史上关于伊巴密浓达的记述很少，虽然希腊哲学家普鲁塔克曾写过关于伊巴密浓达的生平，但现已遗失。这个被所有历史学家很少提及的人，好像不那么知名，特别是与同时期的马其顿君主亚历山大大帝相比，其知名度更是逊色不少。但这丝毫没有影响伊巴密浓达的伟大，古今的历史学家们都将他誉为古希腊最伟大的军事家和政治家。

古罗马著名哲学家西塞罗更将伊巴密浓达看做是古希腊的第一人，“其他的杰出人物总是靠某一方面的成就赢得声誉，而伊巴密浓达却将所有优秀品质和才能收于一身。不论是身体的力量、高超的辩术、卓越的头脑、对金钱的蔑视、惊人的自制力，还是在战争艺术中展现的巨大勇气和睿智判断，以及公正、仁慈、高贵的心灵，都使他超越了所有人，成为希腊历史上最伟大的人物”。

17 世纪西班牙思想家巴尔塔沙·葛拉西安也曾说道：“伊巴密浓达是一位杰出的领袖、优秀的公民和伟大的哲学家，他比诗人维吉尔更被人称道，因为他比维吉尔有更多的真实，但是作为一个杰出的领袖的伊巴密浓达和作为优秀诗人的维吉尔是一样了不起的，因为，在诗的领域，前者和后者一样真实。”

著名哲学家蒙田甚至将伊巴密浓达看做是比亚历山大和恺撒还要伟大的人，他说：“以他的美德来说，我的意见是绝不输于亚历山大和恺撒；因为，虽然他在战场上不是百战百胜，战绩也不是那么辉煌，但是从战功本身结合一切环境因素来考虑，也不可以等闲视之，在军事上的胆略与计谋并不亚于亚历山大与恺撒。希腊人众口一词，称颂他是国内第一人；但是希腊第一人，也很容易成为世界第一人。”

美国的巴顿将军也认为伊巴密浓达“毫无疑问是最出色的希腊人之一，他没有野心，极富天赋，本性善良，热爱国家，在他所生活的那个时代，他几乎是一个完美的人”。

伊巴密浓达这个曾师事毕达哥拉斯学派吕西斯的哲学家，依靠自己的力量，出色的军事才能推翻了斯巴达的统治。他到哪里，胜利像影子似的跟到哪里。底比斯的威风凛凛的气势以他开始，也以他结束。底比斯随他一起昌盛，也随他一起衰亡。古人云“国以一人兴，以一人亡”。在古希腊，仅仅少数人有能力做到这点：如雅典的伯里克利，斯巴达的来山德和阿格西劳二世，还有就是底比斯的伊巴密浓达。

全希腊的英雄

伯罗奔尼撒战争之后，斯巴达成为希腊的霸主。然而，斯巴达

的霸权也未能长久，这只因为一个人，以及他对战争科学和艺术所作的贡献。这个人被古今的历史学家们誉为古希腊最伟大的军事家和政治家，他就是希腊城邦底比斯的统帅伊巴密浓达。他不仅仅是底比斯的英雄，更是全希腊的英雄。

伊巴密浓达出生在一个贵族家庭，从小就接受了极佳的教育。他的老师无一不是当时最优秀的人，尤其是他的哲学老师吕西斯为毕达哥拉斯学派的重要代表。伊巴密浓达很尊敬这位哲学导师，也因此对哲学产生了浓厚的兴趣，而且他还能言善辩，精通韬略。不过，青年时期的伊巴密浓达并不热心于政治，而是热心于从军习武，其酷爱军事，花了很多时间锻炼体魄，为将来的战斗作准备。

伊巴密浓达是一个谦虚、谨慎的人，同时也是一个勇敢的战士。大约在公元前 385 年，在曼提尼亚附近的一次小冲突里，伊巴密浓达冒着生命危险，救出了其日后最重要的战友佩洛皮达，这使得两人结为生死之交。普鲁塔克评价佩洛皮达是一位“充满斗志、勤勉、热情、举止高贵”的领导者，尽管这样，他的名声还是没有伊巴密浓达那样响亮。两人是最要好的朋友，同样享有荣光，但在生活上却形成了鲜明的对比。佩洛皮达生活极为简朴，但他十分富有；伊巴密浓达声名卓著，始终生活贫困。在古代的历史学家的记载里，伊巴密浓达是完美的。同时代的人称赞其轻视物欲，与朋友分享所得，并拒绝贿赂。其中一位毕达哥拉斯学派的传人，其自身为苦行僧，亦称赞伊巴密浓达为全希腊的榜样。

伊巴密浓达生活在希腊与底比斯动乱的时代。当时正值伯罗奔尼撒战争结束后，斯巴达正着手在希腊建立霸权统治，在与斯巴达人战争的前期，底比斯人屡战屡败。公元前 382 年，斯巴达将领弗比达斯公然占领了底比斯的卫城，这一事件对希腊世界的震动极大。

据狄奥多罗斯记载，斯巴达很快就因此事声名狼藉了。即使一向亲斯巴达的史学家色诺芬也指出：“你们（斯巴达人）总是说，各邦应该自治，可是你们自己却是他们自治的最大障碍。”这一事件为伊巴密浓达崭露头角提供了机会。在底比斯被斯巴达人占领期间，伊巴密浓达一直被看成是一位隐居的学者，每日除了到体育馆锻炼，就是讲授哲学课程。对城内刺杀亲斯巴达的底比斯人的活动，他不赞同，也不参与。斯巴达人占领底比斯期间，一切反对斯巴达的派系都被驱逐。但是伊巴密浓达却获准留了下来，因为斯巴达人认为一位贫穷的哲学家对他们的统治并不构成威胁。令他们没有想到的是，正是这位贫穷的哲学家带领底比斯人推翻了他们的统治。

那些被斯巴达人赶走的底比斯人来到了雅典，并在那里偷偷集结，试图有一天能够重新夺回底比斯。在公元前 379 年，由伊巴密浓达和佩洛皮达领导的武装起义爆发了，他们刺杀了由斯巴达扶植的政府的领袖。第二天，伊巴密浓达来到民众面前，号召底比斯人为自由而战。当底比斯人起义的消息传至斯巴达后，斯巴达国王阿格西劳二世亲率大军去征服这个经常叛变的城邦。伊巴密浓达命令军队避免与斯巴达军队正面冲突，尽管斯巴达军队屡战屡胜，但却没有达到任何目的。底比斯人也为自己赢得了时间，组建了维奥蒂亚（旧名彼俄提亚）同盟，同时也建起了历史上著名的“神圣军团”。

连年的征战，不得不使希腊各邦坐下来和谈。公元前 371 年，希腊各邦派出代表来到斯巴达，共商和平大计。这其中就有伊巴密浓达，此时的伊巴密浓达已因哲学与博识享誉希腊。与会期间，伊巴密浓达冷眼观望着各城邦的代表蜷伏在斯巴达国王——阿格西劳二世脚下极献殷勤，他独自保持了一位外交使节的尊严，并基于这种独立而矜傲的精神，代表全希腊而不仅仅是他的母邦底比斯发表了演说。

伊巴密浓达指责在全希腊连绵多年的战争中只有斯巴达欣欣向荣，日益兴盛，而希腊的人民普遍遭受了战火的煎熬和折磨。因此他迫切要求新的和平协议应在平等和正义的基础上达成，并且一劳永逸地解决所有问题，而这样的一个协议的成功签署，除了使各城邦地位平等之外别无他途。阿格西劳知悉这一演说深得其他希腊代表的关注与好感，立即向伊巴密浓达发问：他是否认为使维奥蒂亚各邦得到事实上的独立属于上述公正与平等的一部分？

伊巴密浓达镇定地反问道：斯巴达王是否认为将自由与平等给予拉哥尼亚（Locania，斯巴达统治地区）各邦也理所应当？素以冷静、节制闻名的阿格西劳立即从座位上站起，命令伊巴密浓达马上回答是否维奥蒂亚应该获得独立，当伊巴密浓达再次以同样的反问回应时，阿格西劳不再询问，而是将底比斯的名字从联盟中剔出并当即对其宣战。

斯巴达立即向维奥蒂亚进军了，尽管当时很多占卜预示了不祥之兆，但国王阿格西劳二世执意不从，斯巴达国王的不理智的冲动超越了冷静的判断。斯巴达人最终在留克特拉遭到了重创，许多勇敢的斯巴达人命丧疆场，再也不能回到自己的祖国。出乎意料的噩耗传回斯巴达，这个自莱克格斯（斯巴达法典制订者）时代即享有全希腊最英勇和贤明的名声的国家，顿时陷入了悲哀情绪之中。

伊巴密浓达一战成名，他成为底比斯乃至全希腊的英雄，一时间荣誉和赞扬达到了顶点。可他风光没多久，妒忌者们的政治诽谤中伤就向他袭来，各种捕风捉影或凭空捏造的谣言蜂拥而来。政敌指控他拥有权力时间过长，事实也是如此；众法官最后是笑着说出判词：“伊巴密浓达应被底比斯人处以死刑，这是因为其带领底比斯在留克特拉战役里大败斯巴达，在其之前，没有任何一个维奥蒂亚人敢于在战场上挑战斯巴达。而其在不止一场战役里拯救了底比斯，并维护了全希腊的自由，其后更开发了迈锡尼，让斯巴达失去霸权。”

伊巴密浓达并没有被判以极刑，而是被迫交出兵权，脱下盔甲，拿起扫帚去清扫大街。对此，伊巴密浓达却很坦然地说：“如果清道夫这个职业不能带给我荣誉，那我就把荣誉带给这个职业吧。”当然，最后控罪还是被撤销了，伊巴密浓达亦再度当选为维奥蒂亚代表。

在留克特拉战役后十年内，无数的前底比斯同盟叛变至斯巴达同盟，甚至与其他敌对城邦结为同盟。在公元前 364 年，伊巴密浓达最好的战友佩洛皮达战死沙场。两年后，伊巴密浓达发动了最后一次对伯罗奔尼撒半岛的进攻，在曼提尼亚展开了他一生中最后一场战役。在这场战役中，伊巴密浓达再一次展现了他出色的军事才能，结果一如留克特拉战役一样，底比斯获得了最后的胜利，然而伊巴密浓达却受了重伤。

伊巴密浓达在稳操胜券的情况下，被一只长矛刺中了胸膛。他的倒下使得他的军队大为惊愕，虽然敌人已经四处逃窜，但他们却停下脚步，呆呆地站在原地望着这位伟大的人。伊巴密浓达最后被抬离战场，他的胸口上还插着枪头，他很高兴地知道战斗已经取得胜利。历史学家迪奥多鲁斯讲述了他的死亡过程："被长矛刺中的伊巴密浓达被医生告知，如果将矛头从胸口取出，他就会死去。在平静地和朋友们告别后，伊巴密浓达说'现在是我离开的时候了，你们一定要寻求和平'。随后他命令朋友们帮他拔出了长矛，随着鲜血的涌出，伊巴密浓达的生命也结束了。"底比斯又一次战胜了敌人，但是伴随着最伟大的领导者伊巴密浓达的死，胜利也终止了。

古希腊历史学家色诺芬总结了这场战役："几乎全部希腊城邦联合起来反对卓越的伊巴密浓达的统治，虽然如此，战局并不明朗。众人皆知胜者为王，败者为寇，只在等待结局的出现。但神却使双方表面上都可宣称其获胜，而实际是两败俱伤，双方均没有取得更多领土或盟友。此战后，希腊世界从此变得更为混乱。"

真正的光荣

伊巴密浓达在他的盛年最辉煌的时候，以一种壮烈的死法与一切作了彻底的了断。他一生所一直追求的荣耀，在他以这种方式结束生命的时候也终于实现了，因为他知道，英勇的光荣之处在于奋战而非得胜。

蒙田曾说：“不少人一世的声誉都是以付出生命的代价换来的。”耶稣死于十字架之上，但这种死亡并不是悲剧性的死亡，却是他使命中的最高峰。当有人问伊巴密浓达，在卡布里亚斯、伊菲克拉特和他本人中他最重视谁，伊巴密浓达作出这样的回答：“只有等到死时才会知道答案。”他说得没错，假如要评价伊巴密浓达的一生，那就必须要包括他死时的荣耀和伟大，否则就是对他很多伟业的抹杀。伊巴密浓达在临死之前，只说了一句“现在是我离开的时候了，你们一定要寻求和平”。伊巴密浓达的死并未改变希腊，城邦之间的斗争仍在持续着，但他却给后人留下了一座丰碑。几乎所有古代的历史学家都认为伊巴密浓达是完美的，并称赞他是全希腊的榜样。

古罗马诗人贺拉斯曾说：“人的幸福要等到最后，在他生前和葬礼前，无人有权说他幸福。”伊巴密浓达知道，一个人生前的名声并不重要，只有在死后人们才能对他作出最终的结论；所以他从不受野心的驱使，而是靠智慧和理性的指导行事；他“时时处处洋溢德操和学问；在人生的任何阶段从不做有损于人格的事；不论公务还是私生活，和平时期还是战争岁月，不论是生还是死，做人都讲究光明磊落”。

伊巴密浓达出生于一个贫穷而古老的家族，这使得他拥有他的家族的所有最优秀的品质，同时也使得他无论是从肉体上还是心智上都远离了那些成为了底比斯人所共有的，使他们堕落的不好的东西。通过研究哲学和追求其他的知识，他的思维已经超越了低级的迷信，也不再对自然现象作出小心翼翼的、胆怯的解释，而在那个时代，即使是一些领袖人物看到最普通的自然现象，也会猜测它的预兆是什么。

底比斯人通常不太擅长雄辩术，而伊巴密浓达在这方面则非常出众。他的学识也和他的品德相配。他虽然雄辩，但是为人谨慎；虽然贫穷，但是既不贪婪也不腐败；他非常坚定、勇敢，但是他反对残忍、暴力和血腥；他是一个爱国者，但没有丝毫的个人野心；

他也不屑于那些哗众取宠的小伎俩。

伊巴密浓达终生未娶，但他留下了两个“女儿”。他说：“我为希腊留下了两个不朽的女儿，一个是留克特拉，一个是曼提尼亚。”他曾在这两个地方两次击败不可一世的斯巴达人，创造了一个奇迹。底比斯人没有意识到他们能够获得如此辉煌的资本仅仅是一个人，仅仅因为伊巴密浓达的存在，他们才能够得以跻身为霸主的候选者。伊巴米浓达一死，他们的霸业也随之消逝。

著名哲学家蒙田这样评价伊巴密浓达：“论光荣，他远远不及其他两位（苏格拉底和亚历山大大帝）；论果断和勇敢，那也不是受野心驱使的人的那种果断和勇敢，而是受智慧和理性指导的人的那种果断和勇敢。他思想有条有理，到了随心所欲的境界……至于他的学识，早有这样的定论流传至今：从来没有人知道得像他那么多，对自己又说得像他那么少。他是毕达哥拉斯派，凡是他说的东西，无人比他说得更好。他是个杰出的演说家，很会打动人心。

“他的道德和觉悟，远远超过所有管理国家大事的人。……伊巴密浓达在这方面不输于任何哲学家，包括苏格拉底在内。在伊巴密浓达身上，清白是他固有的本质，始终如一，不可动摇。相比之下，亚历山大在这方面显得不完整、不坚定、不纯、软弱和有偶然性。”

伊巴密浓达在他的盛年最辉煌的时候，以一种壮烈的死法与一切作了彻底的了断。与他这种结束生命的方式相比，他规划的宏伟蓝图显得黯淡许多。他无需费多大周折就抵达了他理想的彼岸，况且他所采用的方式也较他所设想的要光荣、伟大得多。他一生所一直追求的荣耀，在他以这种方式结束生命的时候也终于实现了，因为他知道，英勇的光荣之处在于奋战而非得胜。

光荣来自死后

对美名的渴求是人类最高尚的追求之一，但不要让“名缰利锁”锁住人生。请记住，光荣不是来自生前，而是在死后。

孟德斯鸠曾说：“人类对于光荣的企求，和生物所同具的保全生命的本能，其间并无区别。能将自己的生命寄托在他人记忆中，生命仿佛就加长了一些；光荣是我们获得的新生命，其可珍可贵，实不下于天赋的生命。”

“光荣”在现实社会中是一个渐失光环的词，替代它的词是“名声”。名声与美德、成就一样，是人最高层次的追求。对美德与名声的追求合二为一，便成了对美名的追求。对美名的渴求，是人类最高尚的追求之一。即使是那些杰出的人物，他们大多崇拜英雄人物或伟大的人物，决心要成为像他们一样伟大的人物。古希腊的亚历山大大帝崇拜传说中的英雄阿喀硫斯；恺撒又以亚历山大为偶像；古罗马名将西庇阿效法古波斯征服者居鲁士；麦克阿瑟崇尚成吉思汗的功绩；拿破仑以古罗马英雄格拉古和布鲁图为榜样；爱因斯坦崇拜牛顿；莎士比亚希望自己的作品能够不朽；托尔斯泰专心追求美好的名声；贝多芬终生崇拜英雄，决心要当世界上伟大的音乐家……

人人都渴望名声，但却从未想过到底是什么造就了伟人的光荣与荣誉。雨果生时为文坛领袖，死后化不朽精灵，他活得光辉灿烂，令你不能不钦佩崇仰。虽然他生于贵族之家、将军之门，但却毫无权贵浮华傲人、装腔作势的习气，一生为摧毁人间的不平事，为推翻当时那个荒谬的悲惨世界而奔走呼号，奋笔疾书。

雨果自愿身处悲惨，眼见悲惨，他自愿与之拼搏战斗，他要控诉和捣毁人间种种的不公平不公正不人道，为创建一个公正光明的时代而努力；贝多芬在音乐上才能十分卓越，但他外貌丑陋，身材矮小，体弱多病，性情暴躁，在情场上屡屡失意，但他并没有因此绝望，而是化失望为力量，把积压在心中的能量与活力倾注在他的作品上，他在失恋后写出了传世的音乐作品；自称是“文学上的拿破仑”的巴尔扎克，不满足于让生命缓慢地死气沉沉地流逝，而要它像激流那样呼啸着向前奔腾……诸多优秀的品质造就了这些伟人不朽的光荣与荣誉。

其实，我们无需追寻名声。如果我们应该得到名誉，用不着寻找，它会自动来到我们面前。蜜蜂被鲜花所引而酿蜜，但是花朵却从未邀请蜜蜂。当伊巴密浓达被判必须交出兵权，去清扫大街时，他肯定是没有考虑到名声的，所以伊巴密浓达才能坦然地说出“如果清道夫这个职业不能带给我荣誉，那我就把荣誉带给这个职业”的话来。

伟人们从不计较名誉，当他们受到批评和诬蔑时，他们不躁不恼，因为他们不是为了名声而服务，也从来不主动追求名声。至于名誉、荣光，当他们死后，后人会给出最公正的评价。欧里庇得斯是继埃斯库罗斯和索福克勒斯之后古希腊的三大悲剧诗人之一，他一生写了 90 多部剧本，留下剧名的有 81 部，完整地保留下来的有 19 部。他生前名声并不大，他 25 岁首次参加悲剧比赛就败下阵来，但他死后却赢得了极大的荣誉，他的影响远远地超过了他的两位前辈。

我们生活在一个崇尚名声同时又是一个充满机遇的时代里，也许有一天当我们名闻遐迩之时，我们一定会因此而感到快乐。但是，我们必须认识到这一点，名声、荣誉和辉煌统统归至坟墓，它们最终会消失在虚空之中。生命没有永远的光荣，死亡终究不可逃避。不要让“名缰利锁”锁住我们的一生。请记住，光荣不是来自生前，而是在死后。我们应以人本来的样子生活，人生对于我们来说，不是对身外之物的占有和享受，而是一个自我实现的过程。在这个过程中我们会很艰苦，同时我们也会乐在其中。

图特摩斯三世

胸怀壮志的大征服者

(?—前 1450 年)

他是古埃及最伟大的战士，一位从未打过败仗的军人，一位可以和任何伟大征服者相媲美的将军，一位缔造了埃及历史上最强大帝国的国王。史学家们称图特摩斯三世为“埃及的拿破仑”，因为他与拿破仑一样，有开疆辟土的雄心壮志，深谙领军之道，还喜欢攻城略地，但这位善战的法老也许并不愿意接受这个称号，因为拿破仑曾经一败涂地，而他却从未打过一场败仗，甚至在 17 场战役中毫发无伤！

他是世界上第一个建立具有真正意义帝国的人，他也是第一位世界英雄。他不仅使人对他的时代产生了一个世界广泛性的印象，而且更产生了一个新秩序的印象。他的伟大使那些可怜的叙利亚君主们都为之黯然失色，像强风扫除阴霾，使东方政治的空气为之澄清。他的铁腕使米坦尼人保持着恐怖的记忆达三世之久。直到他的帝国瓦解后的几个世纪中，都还有人追忆他的英名，把他的名字写在护身符上，当做权力的象征。直到如今，这位国王的两个最伟大的纪功碑——他的希里波里坦方尖塔，仍纪念着这位世界上第一个帝国的缔造者——图特摩斯三世。

图特摩斯三世，这位3000多年前的伟大帝王，拥有一名伟大统治者所应具备的全部品格：天才型的军事家，非凡的领导者，完美的骑手、弓箭手、运动家，极具鉴赏力的艺术庇护者。清除了哈特舍普苏女王留下的全部铭记之后，他的王朝成为歌舞升平、情趣高雅的乐园。

而图特摩斯三世并没把时间浪费在不切实际、自我放任的夸夸其谈上。所有的记录都表明他是个诚实公正、头脑清醒的男子汉。他在巴勒斯坦、叙利亚和努比亚先后进行过十七场战役，胜利之后总是仁慈地对待被征服者。在他死后很长时间，一直被视为埃及的民族英雄，埃及人民的神，埃及人民的骄傲，更是埃及人民的自豪！殿内的文武百官无不敬仰和仰慕他；举国上下的女子无不对他倾心仰慕；他令同性人妒忌得发疯却又必须恭敬尊崇。

图特摩斯三世在位期间，埃及的疆域北抵叙利亚北端的幼发拉底河上的卡赫美什，南达努比亚的第四瀑布，以后的埃及都没有达到这样的水平。即使在古埃及行将没落之际，他的名字仍不无震慑力，历史学家都称他为“古埃及的拿破仑”。

胜利之王

在今天的尼罗河畔，巍峨壮观的卡纳克神庙（又译凯尔奈克神庙）第四塔门前，高高耸立着两座3400多年前建造的巨大花岗岩圆柱，柱身上装饰着代表下上埃及的栩栩如生的莲花和纸莎草花浮雕，这是古埃及著名法老图特摩斯三世文治武功的象征。图特摩斯三世在位期间，古埃及达到了鼎盛时期，他也自称“胜利之王、诸国之王”，他在卡纳克神庙树立纪功柱，还在神庙壁上铭刻其远征的年代纪事，颂扬自己一生的功绩。

图特摩斯意为生于透特神，是智慧神，也是众神中无所不知、无事不晓的神明。图特摩斯三世被历史学家称为“古埃及的拿破仑”，他自幼登基，年幼时却被他的姑妈，也是他王后的母亲哈特舍普苏篡权，这一夺权使图特摩斯三世晚了整整 15 年才成为埃及真正的主人。

孩童时期的图特摩斯三世在底比斯度过了他的大部分光阴，他在那里学习如何管理埃及。在那个年代，卡纳克神庙中的阿蒙祭司负责教授年青的王子们如何成为法老。在卡纳克，图特摩斯三世学习了几乎所有的知识，从传统文化到艺术，从军事到领导技巧。年青的图特摩斯三世不久就学会成为一个出色的管理者和领导者，而且他还是一个勇敢的将军和武士。他经常在公众面前表演他的射箭术与骑术，而且还夸耀在他的伙伴中没有人能比他更勇敢，更强壮。

大约在公元前 1480 年，哈特舍普苏神秘死亡。从此以后，图特摩斯三世才成为埃及真正的统治者。图特摩斯三世掌权后，开始大规模地毁坏哈特舍普苏的纪念碑，用图特摩斯一世、二世以及他自己的名字替换神庙中哈特舍普苏的名字。总之，图特摩斯三世试图让哈特舍普苏的名字从历史上消失。这也是他在位期间做的唯一一件消极的事情。

图特摩斯三世在位期间总共赢得了 17 场的战役，从未尝过败绩。关于图特摩斯三世描述最多的就是麦吉多战役，后人都是从一个叫做 Tjaneni 的古代军事书吏官的记录以及卡纳克的阿蒙神庙的墙上的壁画中获知的。公元前 1479 年，位于巴勒斯坦的卡迭什国王在米坦尼帝国的军事支持下，带领周边国家组成迦南联军反对埃及。为此，图特摩斯三世率领埃及军队攻打卡迭什。此时的米坦尼人在公元前 15 世纪早期，在这个地区就已经拥有了很多附属国。

在《圣经》中，麦吉多被描写成是上帝的军队与魔鬼的军队最后决战的战场。《圣经》中哈米吉多顿（Armageddon，即世界末日善恶决战的战场）本意就是麦吉多山。麦吉多是一座军事要地，它坐落在一个高原上，不仅是通往黎巴嫩和幼发拉底河的主要交通要道，也是从阿如那通道通往埃斯德腊仑平原的必经之路。

在麦吉多战役爆发之前，卡迭什国王和他的盟军已经占领了麦吉多。从图特摩斯三世统治时期开始，麦吉多就正式出现在历史的记录中并向人们展示它不可忽视的重要性。直到20世纪，麦吉多始终是各国战争中最主要的战场之一。第一次世界大战的时候，英国人就是在麦吉多出其不意地击败了土耳其人，而英国人的战略思想也与3000年前的图特摩斯三世所采用的战略有异曲同工之处。

为了镇压迦南联军，图特摩斯三世制定了周密的作战方略。当时到达麦吉多有三条可能的行军路线：中间的一条是阿如那通道，这是一条非常狭窄的甬道，所以行军时就意味要“人和马都必须一个接一个地走”，而这样的行军方式对军队来说意味着是种灾难，如果敌人提前在此地设下埋伏，埃及的军队将完全暴露在敌人的面前。另外，分别在南北方向还有两条路线可以到达麦吉多，但是行军路线较长，所以不容易被敌人设防。

鉴于选择阿如那通道有着极大的风险，图特摩斯三世的将军们力劝法老选择南北两条看似比较安全的道路行军。“现在有另外两条道路摆在我们面前。一条通往塔阿那克赫；另一条是靠近德垓弗提北边的道路，如果选择它，我们可以抵达麦吉多的北部。请让我们战无不胜的主人选择这两条道路中的一条吧！这会令他的心感到满意。千万不要让我们前往那条难以行走的通道啊！”

然而，睿智的图特摩斯三世却不这么认为，他派人对迦南联军侦察并发现迦南联军已经将主力集结在了另外两条通道的出口处，如果埃及人从那儿出现，他们就一定会遭到迦南联军的痛击。于是，图特摩斯三世决定选择走阿如那通道。事实证明，埃及军队通过三天的行军于傍晚到达麦吉多南部的琴纳河边，途中他们没有遭遇任何敌人。而迦南联军的主力由于判断错误也刚刚从南北两条路线撤回麦吉多，匆匆忙忙地在埃及人的战线前摆好阵势。

图特摩斯三世站在他的金色战车上，头戴蓝色王冠“就像穿着战神盔甲的荷露斯神再现”。可他的敌人数量庞大，有300多个迦南国王率领了他们的军队来参战。可以说，埃及人站在了“漫山遍野的敌人”的面前。不过，埃及军队在图特摩斯三世率领下更具备骁勇善战的本性，他们的攻击最终给敌人带来了毁灭性的灾难，恐惧像浪潮一样席卷了迦南联军。

一名埃及书吏这样描写当时的情景：“国王手持利剑亲自领军，他犹如燃烧的烈焰横扫敌阵；国王单枪匹马勇往直前，他将挡在他面前的野蛮人砍杀殆尽。国王俘获了敌人的王子们，将他们变成了奴隶；国王夺得了敌人的黄金战车，他飞身跳上敌人的战马，让不羁的马儿温顺地臣服于他手中的缰绳。”

图特摩斯三世最终攻占了麦吉多城，这次战争带来了数量巨大的战利品。此后，图特摩斯三世一共发动了 16 场战役，从未失败。最后一次战役的时间是图特摩斯三世统治第 42 年，此时的法老已经成为一名七十多岁白发苍苍的老人。在这一年，他镇压了一场来自图尼坡和卡迭什的反叛。这次回国后，图特摩斯三世在卡纳克建造了一座新的建筑，在这座建筑的墙上详细记录了他所有的军事战役。这些记录使图特摩斯三世成为埃及最伟大将军之一。

从古王朝时期（约前 3000 年—前 2890 年）始至约公元前 332 年，亚历山大大帝征服埃及为止，埃及共经历了三十一个王朝，其间虽然经历过内部纷争和短暂的外族入侵，但总的来说政治状况比较稳定。其国力在十八王朝图特摩斯三世时，军事和疆土达到巅峰。亚述、巴比伦、赫梯、米坦尼等国的国王，一个个向他称臣纳贡。他南侵努比亚，把南部边界推进到纳帕塔。跨亚非两洲的大帝国最后形成。亚述、巴比伦、赫梯、米坦尼等国的使者经常到埃及首都底比斯履行公务，底比斯成了“世界性的城市——百门之都”，而图特摩斯三世也自称为“胜利之王、诸国之王”。在埃及人民的心中，他被视为人民的神。

诚挚与公正的王者

图特摩斯三世亲政以后，这个穷兵黩武的勇士便以祖父图特摩斯一世为榜样，他要让整个西亚都感受到这个可怕的战士的怒火。连尼罗河也无法消除的战争之火在他的身上得到了展现，他就是孟图在人间的化身，从努比亚高原到安纳托利亚高原，从顺流的尼罗河到逆流的幼发拉底河，从西方的利比亚沙漠到东方阿拉伯半岛上的沙漠，从红海边的蓬特到大海上的塞浦路斯，所有人都臣服在一个人的脚下，所有人都高呼着一个伟大的名字——图特摩斯！

今天，只要我们谈起埃及的法老，图特摩斯三世名字总是最先被人提起。图特摩斯三世是很多人钟爱的法老，这个生活在三千多年前的帝王，无数次地被历史学家所赞扬。

美国学者查尔斯·阿斯特·布里斯特德就曾在他的《剑桥古代史》中这样评价图特摩斯三世："他是第一个人曾经建立了一个真正意义上的帝国，他也是第一个世界英雄。他不仅使人对于他的时代，产生了一个世界广泛性的印象，而且也更产生了一个新秩序的印象。他的伟大影子，使那些可怜的叙利亚君主们的诡计阴谋都为之黯然失色，像强风扫除阴霾，使东方政治的空气为之澄清。他的铁腕使米坦尼人保持着恐怖的记忆，达三世之久。直到他的帝国瓦解后的几个世纪中，都还有人追忆他的英名，把他的名字写在护身符上，当做是权力的象征。直到如今，这位国王的两个最伟大的纪功碑——他的希里波里坦方尖塔，也还树立在大西洋对岸上，纪念着这个世界上第一个帝国的建造者。"

尽管史料上对图特摩斯三世的记载很少，但绝大多数历史学家认定图特摩斯三世具备了一个伟大统治者应拥有的所有品质。在他的伟大业绩中，他从未在战争中失手；在行政管理上，他也超越了前人；他不仅是一位卓越的政治家，还是一个彻彻底底的骑师、射手、运动员和有眼光的赞助人。图特摩斯三世的统治因其自身的品位和善行，应该说是政绩显著，除他不顾一切地对哈特舍普苏加以反对之外。图特摩斯三世并不是一个华而不实、自我放纵的人。

图特摩斯三世在战争中为自己树立了威信，使自己成为民族英雄；对外侵略战争的胜利和掠夺大量财富、劳动力回国，使他成了统治阶级崇拜的偶像。他得到了几乎整个统治阶级的支持和拥护：军队拥护他，因为军队可以从每次胜利的战争中掠夺到许多战利品，并得到法老的慷慨赏赐。更重要的是，图特摩斯三世因他的丰功伟绩也获得了无人能及的荣誉。苏格拉底曾经说过，一个人若想获得荣誉最容易的办法就是力求成为自己希望被人们认为的那种人，但是如果一个人认为自己能用伪装、虚假的表现、伪善的言辞和外表来赢得持久的荣誉，那就大错特错了。想要赢得真正的荣誉，就必须履行公正所要求的那些责任。

在所有对图特摩斯三世的记载中，我们能感受到，他是一位诚挚、公正的国王。图特摩斯三世在位期间，他并不是独揽大权，而是将自己的权力适度下放，任命了许多行政官吏来帮助他管理王国，使这些官吏们可以充分施展自己的才干。图特摩斯三世还为这些官吏定下戒律：

勿忘法官执行审判是在实行正义，若有所偏差则为神明所憎恶，这就是戒律。

身为朝中官员，你应该专心于职务，不论与对方熟不熟识，也不分贫富贵贱，都该公平对待，一视同仁，如此才能永远公正地执行职务。

你应该要成为让民众敬畏的人，否则就不是成功的官员，但必须牢记：官员之所以令人畏惧，是因为在执行正义，否则他的作为必有偏差。众人寄托在你身上的是公平与正义，你应该随时反省，这就是神明所定下的戒律。

尽管埃及法老拉美西斯在战争中也很勇敢，但他却不是一个称职的将军——这不禁让人惊异于图特摩斯三世的业绩；尽管拉美西斯是埃及历史上最著名的皇帝，但他的实际行动与政绩却不能和图特摩斯三世相比。所有的埃及人对图特摩斯三世都冠以伟大的头衔，因为他给后人留下了一个强壮、繁荣的埃及。

傲骨雄心

在这个世界上，没有谁是天生的王者，没有谁是永远的懦夫，谁是王者谁是懦夫决定于这个人的本性。图特摩斯三世是世界历史上横扫天下的“大征服者”。然而在他未掌权之前，一直生活在继母哈特舍普苏的阴影之下，当他登上王位，他并未如历史学家推测的那样，把哈特舍普苏从人们的记忆中抹去，而是用更大的辉煌取代了她的辉煌。

综观世界历史，曾崛起许多以终生杀伐而横扫天下的“大征服者”，诸如亚历山大、恺撒、成吉思汗、拿破仑……若论年代最久远者，当属尼罗河畔一代英豪图特摩斯三世。然而，在图特摩斯三世未掌权之前，他一直生活在哈特舍普苏的阴影之下。

哈特舍普苏是人类历史上第一位伟大的女性，不但把持朝政 22 年，而且还曾正式戴上王冠，成为埃及第 18 朝帝王，她是世界上有史可考的第一位女帝王。在哈特舍普苏执政时期，埃及十分稳定、繁荣。女王曾派 5 艘大船组成探险船队，每艘船有 30 位桨手，船上满载商品，逆流上行 600 公里到达苏丹和埃塞俄比亚交界处的朋特，这是古埃及商船首次抵达被称为“上帝之邦”的非洲富饶地。船队带回大批象牙、香料、化妆品和药材等，为古埃及扩展了新市场。经济繁荣也极大推动当时的文化艺术，很多古埃及雄伟建筑在这时开工，其中最著名的就是她为自己建造的哈特舍普苏神庙。哈特舍普苏之所以获得如此巨大的成功，则全凭自己的智慧。史料上记载，她貌美而聪明慧黠，连父亲都让她三分。也许正是她特有的女性气质，改变了埃及的统治方式。

图特摩斯三世从小就生活在哈特舍普苏的阴影中，他对继母充满恐惧和敌视，但又带着几分崇拜。历史上有一种说法是，图特摩斯三世十分仇视哈特舍普苏，继而在其刚刚掌权之后，就将哈特舍普苏的神庙拆除，将她的塑像摧毁，试图将她从人们记忆中抹去。然而有些学者并不这样认为，法国国家科学研究中心的弗兰索瓦·拉尔施说："哈特舍普苏在重新整修的卡纳克神庙的宏伟建筑群中有一座红色小教堂。这座古迹墙壁上的浮雕显示出她和图特摩斯三世之间存在着一种和平的共同摄政的关系，他们一起出席宗教仪式，两人均为法老的形象。图特摩斯三世不必等到女王逝世就可以登上王位，而他也没有对女王进行报复的必要。"

图特摩斯三世对哈特舍普苏并非持敌对的态度，而是出于一种性别歧视。图特摩斯三世改写历史不仅仅是出于报复，而是他觉得有必要从男性的立场出发，将哈特舍普苏永远放回到她应该待的位置上。图特摩斯三世知道，要想真正把哈特舍普苏从人们的记忆中抹去，摧毁多少神庙都无济于事，只有用更大的辉煌来取代她的辉煌。雄心是需要能量和决心的，雄心更需要目标，有目标而没有能量就像坐在沙发上说："什么时候我会做一个成功人。"有能量而没有明确的目标，人就会把精力浪费在一个又一个漫无目的的项目中。历史上，图特摩斯三世是一个有雄心壮志的法老，他就曾这样说过，凡是太阳能照到的地方，都是他的国土！

图特摩斯三世的确也做到了这一点，他从未输掉过一场战争，他在巴勒斯坦、叙利亚和努比亚一共组织了 16 场战役，但他对待战俘的态度非常人道。他在执政期间建立了帝国的和平，巴勒斯坦和叙利亚都心甘情愿地臣服于他的统治。许多人称他为"古代的拿破仑"，他虽善战，但却不像拿破仑一样恋战。战争结束后，在和平年代中的图特摩斯三世将自己的兴趣爱好转向了艺术创作，他创作的一些艺术品都有着很高的艺术价值，被后世珍藏。也许这也是他独特的魅力所在，当然这也成了人们更加崇敬他的原因。

大卫王

因苦难而永生的帝王

约前 1043 年—前 973 年）

大卫，一个介于神话与尘世间的英雄，一个被上天推举为国王的人，他的错误和他的功勋一样醒目，因为神对他的厚爱和管教一样沉重。大卫，只是一个被神管教的孩子，神让他经受苦难，面对现实的磨砺，正视自己的七情六欲，也正是这些煎熬和痛苦、混沌和困惑最终使他获得更深刻和更丰富的快乐。

在以色列所有古代的国王中，大卫王被描述为最正义的国王。他不仅是一位优秀的战士和统帅，还是音乐家和诗人。大卫是《旧约》中性格最鲜明的人物，他不像亚当那样懵懂未开，不如摩西那样威严慑人，没有所罗门的庄严宏大，也不似以赛亚深沉渊博，但他比任何一个人都伟大。无论是犹太教、基督教，还是伊斯兰教，都视大卫王为他们的英雄。

在那个以神为人间主宰的遥远年代里，国王很难享受到唯我独尊、身为“人主”的感觉。国王只是神的侍者，是神管理人间的世俗工具。国王的职责就是指挥民众，引领百姓去信奉神的旨意。在神看来，这个工具若能保持永久的锋利，则可以长期使用，一旦生锈无用，将被神永远抛弃。至于高贵的权力能否世袭，也要听从神的意思。因此，即便是最低贱的人，有朝一日也可能被推举为王。

大卫正是这样一个人，他原本只是一个放羊的牧童，因击败了巨人歌利亚而获得伟大的名声。不仅民众们热爱他，就连扫罗王的儿女们对他也是大为倾倒，《圣经》中数次提到扫罗王的儿子约拿"爱大卫如同爱自己的性命"，公主米甲对大卫更是痴迷不已；而这引来了扫罗的嫉恨，大卫从此开始了颠沛流离的流亡生涯，也正是这段漫长的磨难造就了一个传奇国王的灵魂。

大卫的王冠如同荆冠，万般荣耀中却有着锥心之痛。他的命运几番起伏，一生充满磨难，他带着怅然若失的心登临光辉的顶端。他是牧童、国王、音乐家、军人，更是忠实的朋友、悲愤的逃亡者、伤心的父亲；他有勃然的兴起，他也达到了令人惊叹的顶峰，但他更有惶恐、无奈、迷茫和堕落……

大卫的一生布满危机，他不是一个完美的国君或完美的人，在他独处的那些年里，黑暗中的谦卑和永未终结的磨难造就了他坚强的意志；在挫折、痛苦中，他怀着一颗赤子之心，不断寻求人生的意义；在生命处于颠沛流离之时，大卫对生命的意义有着一番更深的探询和追求：人生的幸福是什么？生命的意义在哪里呢？一个完美的生命体现在哪里呢？大卫王用一生的探索，作出了极为简明的解答——他知道幸福和快乐是不同的。幸福是有赖于行为的稍纵即逝的情感，然而，快乐是有赖于存在的长期思想过程。对于大卫来说，那些煎熬和痛苦、混沌和困惑的岁月最终使他获得更深刻和更丰富的快乐。

一个被神管教的孩子

大卫只不过是一个放羊的牧童，幸运地被神选作以色列未来的国王，但他不是一个利欲熏心的政客，可以面不改色地跨越亲朋好友的尸体；他也不是一味贪欲始乱终弃的男人，他愿为来路不正的爱情饱受惩罚；他只是一个被神管教的孩子，他在战斗中获得称赞与荣誉的同时，也在苦难中获得了永生。

自从摩西带着犹太人走出埃及来到地中海东岸之后，犹太人就在这块土地上生生不息，并分化成北部的以色列部落和南部的犹太部落。在凶悍异常的“海上民族”腓力斯人一波又一波惊涛骇浪般的打击中，以色列部落和犹太人部落逐渐建立起严密的组织。为抵抗外敌，维护共同的利益，两大部落共同推举扫罗为民众的国王，从此犹太人进入了国王时代。

扫罗王是以色列联合王国的第一位君主，关于他的传奇都被记录在《圣经》中：扫罗生于小康之家，父亲叫基士，是个大能的勇士，住在基比亚。基比亚只是一个非常普通的村落，扫罗出身平凡，平素帮助父亲耕田赶牛，寻找失散的牲畜。扫罗为王之初，就表现出他的责任感和组织能力，动员 33 万兵丁，一举打败亚扪人，成为以色列的英雄。不过扫罗并不是一个称职的国王，他个人欠缺自制力，更重要的是他对神潜伏一种悖逆的心。因此，扫罗执政不久，神就透过撒母耳对他说，神弃绝他做王。

扫罗既然被神弃绝，必须有人补其空缺，为此，神吩咐撒母耳尽快找到候补者。按照神的指点，撒母耳来到伯利恒见到一个名叫耶西的人，撒母耳命他领子前来。耶西一共有 8 个儿子，只来了 7 个儿子，但每一个都被神否定了。当时最年幼的第 8 个儿子大卫，被留下看管家中的羊群。撒母耳坚持必须领他前来，而神也认为大卫正是他们要找的人。当时的大卫只有 15 岁，他在父亲与兄长们的注视下被神推举为以色列的第二位君王，尽管这距离他实际统治以色列还有很多年。

虽然大卫只是一个放羊的牧童，但他多才多艺，不仅熟悉音律，而且还是一个诗人。于是在被神推举为王之后，很快升为显要，成为扫罗的宫廷乐师。由于不是正式的军人，所以每逢农忙或扫罗出征的时候，大卫便会回家去帮父亲放羊。

有一年，腓力斯人东山再起，再次侵犯以色列人。双方的军队隔着山谷相互对垒，腓力斯人派了一个人站在两军之前的谷地里骂阵，这个人就是巨人歌利亚。《圣经》中记载，歌利亚高大无比，一张老虎口，身材伟岸，声音洪亮。他头戴铜盔，身穿铠甲，甲重5000舍客勒（当时犹太的重量单位），腿上有铜护膝，两肩之中背负铜戟，铜戟的杠粗如织布的机轴，铁枪头重600舍客勒。歌利亚对着以色列的军队站立，喊道："你们摆出队形来做什么？我不就一个人吗？你们也选一个人出来，和我比试比试，他若能与我战斗，将我杀死，我们就做你们的仆人；我若胜了他，将他杀死，你们就作我们的仆人，服侍我们。"扫罗和以色列全军听见这位腓力斯人的这些话，都惊慌失措，极其害怕。扫罗下令如有能杀歌利亚者，必重金加赏，免其赋税并嫁长女为妻。可是40天过去了，以色列仍然营门紧闭，没有人敢出去应战。

此时，大卫自告奋勇决定出战。扫罗只知道大卫会弹琴，认为他根本就不是歌利亚的对手，便拒绝了。但鉴于大卫的热诚与信心，扫罗最后还是同意他前往。令所有人都没有想到，大卫没有戴头盔穿锁甲，只携带日常惯用的武器——甩石的机弦与五块合用的石子。大卫只用了一颗石子，击中歌利亚的前额，歌利亚当场倒下，不省人事。大卫立刻奔向他，用歌利亚的刀割下了他硕大的头颅。大卫因这无比的勇气与信心，为扫罗与以色列人赢取了一场光荣的胜利，同时也为自己赢得了巨大的名声。

大卫英雄的美名传遍了以色列，所以他每到一个城市，那里的妇女们都出城迎接，她们欢欢喜喜，打鼓击磬，载歌载舞地唱道："扫罗杀死千千，大卫杀死万万。"无论到哪座城市，百姓们都唱着这首歌。没过多久，这首歌传到扫罗耳朵里，引起了扫罗的嫉恨。表面上，扫罗装作很赏识大卫，答应将女儿米甲许配给大卫，但要求大卫以100张腓力斯人的阳皮作为聘礼，扫罗这是要用腓力斯人的手杀死大卫。可规定的日期还没有到大卫就将200个腓力斯人的阳皮交给扫罗王。扫罗不得不把米甲给大卫为妻。米甲嫁给大卫以后，相亲相爱，米甲在事业上也成了大卫的帮手。

大卫在国王的部队中领兵作战，百战百胜，忌恨和恐惧又使扫罗精神失常，他胡言乱语，不思饮食。大卫为扫罗弹琴，帮他医治疾病。扫罗突然发作，拿起身边卫兵手中的枪，向大卫刺去，大卫一侧身，枪刺在墙上。这一次，大卫下了决心，非逃不可。从此，大卫开始了漫长的逃亡生涯。

扫罗王将大部分时间都耗在逮捕大卫之中，而大卫因与扫罗王关系的变更经受了诸多磨难，最主要的是内心挣扎。大卫知道自己曾经是国中的宠儿，是以色列常胜军的领袖，是为人所赞扬的，现在竟沦为逃亡者。他要面对新的生活方式，需要心理上的适应，实在不易。大卫躲过扫罗王的无数次追杀，直到扫罗王战死，才最终结束流亡生活，重返以色列。

重返以色列的大卫厚葬了扫罗王，并在公元前 1009 年成为犹大王。七年后以色列北部部落也接受他为王，他成为统一后的犹太国王。然而，当了国王的大卫并非一帆风顺，虽然他在位四十年，国力强盛，经济发展，贸易繁荣，但同大多数在位时间太长的帝王一样，他晚年逐渐变得昏聩自满。他对于儿子们过于娇纵，结果导致了诸子争位，骨肉相残的惨剧。

在大卫的众子中，押沙龙最得大卫宠爱。向来惜墨如金的《圣经》还用了两节铺张地描述押沙龙的俊美：“以色列全地之中无人像押沙龙那样俊美，得人的称赞。从脚底到头顶，毫无瑕疵。他的头发甚重，每到年底剪发一次。所剪下来的按王的秤称一称，重 200 舍客勒。”出色的外表，父王的宠爱，再加上精明的政治手腕，押沙龙开始不安分了。他结党营私收买人心，归附他的人越来越多，大有当年人们离开扫罗投奔大卫的势头。押沙龙对大卫推举所罗门为继承人很是不满，最后终于发动叛乱，企图夺取王位。大卫被迫去剿杀自己的儿子，最终取得了胜利。

大卫并没有因这场胜利而感到高兴，相反因为儿子被杀而受到很大刺激，一天天消沉下去。但大卫王家门的惨祸并没有画上句号，几年后又发生了他另一个儿子亚多尼雅企图发动政变的事件，结果是所罗门替父出征，并处死了自己的哥哥，然后又将对他有威胁的异母兄弟全部杀害，并逼大卫将实际权力移交给自己。大卫从此在黑暗的角落里了结自己的余生，那一年是公元前 973 年。

根植于内心的信念

大卫王用一生描绘了一幅彻底受煎熬和折磨的生活画面，却一直保持内心的罗盘总是指向“正确的北方”。我们大多数人寻求生活中基于外界环境的幸福，而大卫却发现了根植于内心自我的更深刻的喜乐。我们大多数人为外界一时的幸福而奋斗，大卫则教给我们走向更深刻的福祉，那里我们有信仰和希望。

大卫是那个击败巨人歌利亚的金发牧童，他还是那个充满智慧的犹大王，统一了以色列各部族并立国。古代的历史学家将大卫描述为勇猛的武士、机变的外交家和天才的音乐家。从世俗的角度来讲，大卫具备了一个人成为王者的所有资本：他外表出色，并且多才多艺，从小便被推举为国王，名声、财富、权力、战功、美人、运气，哪一样都不缺，然而，尽管他拥有无数个伟大的名衔，他的一生却颠沛流离，他的名望和伟大都源自那段极度煎熬和疑虑的时光。

《圣经》记载的大多是他的苦难和悲伤：他被扫罗憎恶驱赶，与挚友生离死别，亲眼目睹自己的孩子刚生下来便死去；他保住了王位，却失去爱子押沙龙；他和拔士巴的爱情招来了连绵的祸事；儿子所罗门用武力逼迫他交出王权……无数苦难都加在这个伟大的国王身上。

大卫的声名越大，扫罗对他的嫉妒就越深，最终精神失常，屡次拿起身边卫兵手中的枪向大卫刺去。扫罗压抑已久的嫉恨，最后还是变成了明目张胆的剿杀。大卫被迫终日奔波，常常数十天躲在死海边上的山洞里，此时的大卫真正开始面对一些生命中的难题。

当他独自在黑暗中或奔跑在敌人的领地上时，他敞开胸怀，诚实地分享他的想法、矛盾和恐惧。他不仅英勇面对现实历练，还能正视自己的七情六欲。在忧伤，缺乏，软弱，恐惧中，他迫切地渴慕神，求告神，仰望神，赞美神。在那个遥远的年代，神便是信仰，更是希望。也正因为这份忠贞的信仰，锻造了他的榜样性格和坚定信念。

大卫曾因上天对他生命的安排感到沮丧，他把这种沮丧写在他每日的祷告里。在漫无边际的荒野中，他首先让自己要忍气含怒，用爱心宽容一切磨难。扫罗不遗余力地想要杀死大卫，大卫却从未想过要找机会杀死扫罗。他告诉自己，要忍耐、要宽容；他时刻提醒自己，若不能自制，则无法保护自己与追随自己的人。

从大卫的诗歌中可见，他整个生命都是被宽容与慈爱所充满，而这也是他能写出这么多诗歌的原因。大卫的人生可谓喜乐的人生。在大多数的情况下，他的诗歌都是在喜乐的时候唱出的。这种喜乐不只是在外表，而是在心境上的；如果在心底里没有喜乐，又怎能唱出真正喜乐的诗歌？当然，大卫知道幸福和快乐是不同的。幸福是有赖于行为的稍纵即逝的情感，然而，快乐是有赖于存在的长期思想过程。对于大卫来说，那些煎熬和痛苦、混沌和困惑的岁月最终使他获得更深刻和更丰富的快乐。

大卫王用一生描绘了一幅受煎熬和折磨的生活画面，却一直保持内心的罗盘总是指向“正确的北方”。我们大多数人寻求生活中基于外界环境的幸福，而大卫却发现了根植于内心自我的更深刻的喜乐。我们大多数人为外界一时的幸福而奋斗，大卫则教给我们走向更深刻的福祉，那里我们有信仰和希望，这是外部现实无法达到的。大卫应该是我们在世为人的范本。当我们心头忧闷不安时，不要责备它，不要轻视它，不要抽打它。像大卫一样，将一切的重担与忧虑都交给信念，并从中获得信念的帮助。

苦难是孕育信念的母体

苦难不仅是最好的教育，它还是孕育信念的母体，而信念是我们灵魂的指南，它在经历饥饿、贫困、焦虑、劳苦、不得等挫折后，会变得历久弥坚。

人世之书十之八九皆为苦难之作，没有苦难就没有人类，没有苦难就没有文明。《圣经》是西方文学的源头著作，是一部关于生命灵魂的苦难书。里面所有的故事大都包含了两个字：苦难！圣书里没有天堂，只有人世的苦难。《圣经》还认为，苦难是最好的教育。这与中国孟子所说的“天将降大任于斯人也，必先苦其心志，劳其筋骨，饿其体肤，空乏其身，行拂乱其所为，所以动心忍性，曾益其所不能”，是同样一个道理。

大卫王逃亡时，曾在荒野中写下这样的诗篇：“神啊，你是我的神，我要切切地寻求你。在干旱疲乏无水之地，我渴想你，我的心切慕你。”其实不单单是大卫，每一个人，即使贵为君王，有一天也会陷在苦难中，这是人生不能逃避的事实。面对苦难，我们又将如何呢？世人说：“上帝关闭了你一扇窗，必定会给你打开一扇门。”

史前的那场大洪水中，诺亚一家人躲在自己建造的方舟中，等待命运的安排。方舟四面都是紧闭的，唯有朝天的窗开着。上天并不是要挪亚一家人观看周围的险恶环境与苦难，而是要他们身陷绝境、灾病、劫难之中时，学会仰望，靠着自己的信念竖立起人生的旌旗。

学会仰望，坚定信念，才是战胜苦难的关键。要知道，苦难并不总是导致伟大。相反，在很多情况下，它毁坏了人的尊严，伤害了人的心灵，扼杀了天才的创造力。不是所有的苦难都能转化为创造的动力，苦难转化为创造的动力是有条件的。这首要的条件就是苦难的承担者必须具有非凡的毅力，超人的心智，以及对自己牺牲较低价值换取更高价值这一信念的坚定不移。

苦难是一位考验我们意志的考官，它不断地提醒我们不要被骄傲打倒，不要在微不足道的成绩面前沾沾自喜，苦难让我们这些凡人在步履人生的幽谷时感受到信念的存在。

司马迁曾说："盖文王拘而演《周易》；仲尼厄而作《春秋》；屈原放逐，乃赋《离骚》；左丘失明，厥有《国语》；孙子膑脚，《兵法》修列；不韦迁蜀，世传《吕览》；韩非囚秦，《说难》、《孤愤》；《诗》三百篇，大抵贤圣发愤之所为作也。"贝多芬耳聋创作出天籁之音《命运交响曲》，至今演奏起来仍能震撼人心，唤醒沉睡或迷惘的灵魂。罗曼·罗兰将《名人传》的首席给予坚强与纯洁的贝多芬，理由就是希望那些"不幸的人，看到一个与他同样不幸的遭难者，不顾自然的阻碍，竭尽所能地成为一个不愧为人的人，而能借以自慰"。高尔基也说："在自然剥夺了人类用四肢走路的本领时，它就给予他一根拐杖，那就是理想。"而现代科学家霍金无疑为这句话作了最完美的诠释。

有信念在，就有希望在。有句俗话这样讲：哀莫大于心死。试想，这心已死的大悲哀，不是首先摧毁生命的盼望吗？人若没有了盼望，还妄谈什么希望呢？

苦难不仅是最好的教育，它还是孕育信念的母体，而信念是我们灵魂的指南，它在经历饥饿、贫困、焦虑、劳苦、不得等挫折后，会变得越来越坚定。一个信念坚定的人在经过患难之火洗礼后，就算他的生命还没有达到老练和丰盛的程度，也会因为生命遭遇苦难而变得异常坚强。

所罗门王
顿悟人生的智慧之王

(约前 973 年一约前 933 年在位)

所罗门王开创了以色列国有史以来的黄金盛世，然而这个盛极一时的王国在它的缔造者去世之年土崩瓦解。这位伟大的智慧之王用无奈的感叹告诉人们，人生的极致并非享尽荣华富贵，只有铅华洗尽之后，看到的才是人生的真谛。

几乎所有怀有伟大心智的王者都想获建立所罗门王那样的丰功伟绩，但从没有一个人能像他那样享尽天下所有的荣华富贵和无尽的富国尊荣。他富甲天下、博学多闻、足智多谋、慎思明辨、正直公平、果断坚决。上帝赐给犹太之王所罗门无尽的智慧、富足、权力、荣耀、成功以及享乐，他将上帝的天机密令著述成《箴言》、《所罗门智训》、《雅歌》、《传道书》四大千古传世秘籍，他不仅是一位伟大的君王，还是一位世界上最出色的科学家、思想家和诗人。他的超凡智慧在当时就已名扬四海，甚至引得远在千里之外的示巴女王的慕名拜访和极力赞扬。

所罗门继承父业，有说不尽的富国尊荣，意想不到的权力和令人难以置信的豪华奢侈生活。所罗门在位四十年，丰功伟绩得到了历史学家的高度认同。他留下了一个繁荣富强的以色列，留下了一大串可歌可泣的功勋与荣光，但他的伟大不仅在于开创了以色列国有史以来的黄金盛世，和“智断母子案”等等表现的判案的机智，作为文学艺术家而留下来的巨量箴言和诗篇，还在于他享尽荣华富贵之后，临终前对生命的顿悟。

所罗门告诉我们，生活、生命和存在的意义不在于追求享乐、追求富足、追求荣耀，人生的一切都是“虚无”。虽然所罗门没有给出最终答案，但我们能从他的身上领悟到些什么。我们每个人都在寻找其生命的意义，就如同在寻找自己失却的最重要的东西一样。如何对待自己的生活和目标，无非有两条路：其一，选择立刻过一种分分秒秒都有意义的生活，而不是只有在未来才可实现的所谓美好的理想；其二，选择绝对无谓的、时下流行的享乐、无信仰的生活。

天赐的智慧之王

所罗门向上帝祈求智慧，他知道唯有智慧才能成就更大的伟业。于是，上帝赐予他无尽的智慧与富足。所罗门依靠智慧建造圣殿和自己的宫殿，依靠智慧留下《箴言》、《传道书》、《雅歌》等千古名著，用智慧经营自己的帝国和人生。

大卫死后，所罗门登上王位。所罗门与大卫的统治形成了鲜明的对比，大卫只是一个放羊的牧童，在旷野中一天天长大，后来更经历逃亡生涯的艰辛；所罗门却一生平坦，而且过着极为奢侈豪华的宫廷生活，他被看成犹太民族历史上最伟大的君王，也是世界上最传奇的君王。

据《圣经》记载，所罗门在20岁登基后不久便做了一个梦。他在梦中向上帝祈求智慧，所罗门这样对上帝说：“求你赐我智慧，可以判断你的民，能辨别是非。不然，谁能判断这众多的民呢？”上帝说道：“你不为自己求寿、求富，也不求灭绝你仇敌的性命，单求智慧可以听讼，我就应允你所求的，赐你聪明智慧，甚至在你以前没有像你的，在你以后也没有像你的。你所没有求的我也赐给你，就是富足、尊荣，使你在世的日子，列王中没有一个能比你的。”上帝兑现了他的承诺，赐予所罗门无尽的智慧、富足、权力、荣耀、成功以及享乐，相传所罗门还将上帝的天机密令著述成《箴言》、《所罗门智训》、《雅歌》、《传道书》四大千古传世秘籍，此外，所罗门还对动物、植物有着广泛的研究。

从此，所罗门依靠着过人的智慧统治着自己的国土，靠智慧征服国人的的心。在《圣经》中曾记载了一件事：有两个同房间住的妇女，先后各生了一个孩子。一天晚上，其中一个妇女不小心将自己的孩子压死在床上，天快亮时被她发现，她就偷偷地将活孩子抱来，把死孩子换给另一个妇人，自以为得计。可是清早事发，两人从争论到告官，最后来到所罗门王面前。两人各自申诉，相持不下，一时似乎真假难分。所罗门沉思了片刻，就下令手下将活孩子当众一劈两半，两位母亲各取一份。此时只见其中一个妇女大声嚷道：“请王手下留情！我愿放弃，请将这孩子给她吧！”说完便伏在婴孩身上放声痛哭，而另一个则坚持要按王的判决去执行。到此为止，真假母亲当然不难分明。这个“智断亲子案”的故事显承了所罗门智慧的力量。

在所罗门的统治期间，国家达到了空前的繁荣。这个天赐的智慧之王既继承了广大的帝国版图，又对经营贸易事业亲力亲为，在这方面所罗门展现了非凡的能力，而且取得了巨大成功。所罗门的威名传遍世界各地，无论是邻国的国君，还是百姓，都想目睹一下所罗门的风采。

一次，邻国派来大臣向所罗门朝贡，使臣献上两个花篮的同时，也给所罗门出了个难题。这两个花篮一个是鲜花，另一个是人造花，使臣想让所罗门分辨出花的真伪。所罗门笑了笑便吩咐下人将两个花篮送到花园。花园里的鲜花盛开，姹紫嫣红、五彩缤纷、花香扑鼻，蜜蜂们嗡嗡地忙着采蜜。所罗门王瞥了瞥花园中的两只花篮，露出会心的微笑。他指着一个花篮说："这个篮子里的花格外美丽，可引不来蜜蜂。花儿要有蜜，才能引来蜜蜂，引来蜜蜂的才是鲜花。"所罗门王一眼就辨别出了真花假花。簇拥在所罗门王身边的臣子和邻国使臣无不叹服："真是智慧的国王啊！"

跻身于所罗门尊贵的国外来宾中，有一位是来自阿拉伯南端的示巴女王。据史学家判断，这个国家很可能就是今天的也门。示巴女王长途跋涉来到这里，一方面是她受到了商业利益的吸引，另一方面她也想目睹一下所罗门的风采。因为所罗门的财富与智慧早已传遍天下，于是示巴女王满载着臣仆、香料、宝石和黄金来到耶路撒冷觐见所罗门。会面时，她向所罗门王提了许多问题，所罗门王一一作了令她极为满意的回答。所罗门王的博学，其宫殿的豪华，其宴席的丰盛，甚至其臣仆的精美装束，均令她"诧异得神不守舍"。

由于示巴女王美丽而聪颖，所罗门王威武而机智，两人一见面，都为对方的容貌和才智所倾倒，油然而生爱恋之情。女王在回国途中生下一个混血儿子，命名为埃布纳·哈基姆，意为"智慧之子"。这个儿子后来继承王位，称孟尼利克一世。他知道自己的身世，登基后曾专门到耶路撒冷拜见自己的生父所罗门王。他离开耶路撒冷回国时，所罗门王派遣一些年轻的以色列人护送。这些以色列人后来定居示巴王国，并与当地人通婚。孟尼利克一世以及这些以色列人的后代成为"贝塔以色列"的祖先。

大卫与所罗门的时代，被称为以色列的"文学黄金时代"。大卫的艺术才能出类拔萃，所罗门跟他的父王一样，巧于写作。他们共同的趣旨则重于鼓舞他人发挥类似的天分。当时创作的一些诗篇被列为智能文学，其中最著名的代表之作就是《箴言》与《传道书》，相传这两本书都是由所罗门所写。此外，所罗门还写了《雅歌》，这是一本被列为半戏剧性的作品。总而言之，希伯来文《圣经》的第三部分，被称为“圣卷”，大多出自这个时代。

所罗门在位长达40年之久，与他的父亲大卫一样。那是一个富庶与安静的时代，也是一段真正辉煌的时刻。在所罗门的英明管理之下，以色列在当时成为近东众所周知的国家；除此以外，以色列也获得了艺术方面的非凡成就，特别是音乐与文学；再者，以色列国民在新圣殿向神真诚地敬拜，开始了一种与摩西律法之规条相吻合的生活方式与行为准则，这一切可以归功于所罗门，所罗门也因此成为以色列英明的统治者之一。

智者的代表

上帝赐予所罗门智慧，所罗门将智慧又赐予他的民族。正如所罗门所说的那样：“相信智慧吧，她可以帮你解决任何难题。”几千年来，伟大的犹太民族一直把这句话谨记在心。只要拥有智慧就会拥有一切，这也是为什么流亡之中的犹太人总喜欢说一句话：“什么都可以不带，但必须带上智慧。”

智慧是什么？《圣经》里给了我们最好的答案：“智慧就是追求成功的艺术，是为了获得所期望的结果而制订正确计划的艺术。”

所罗门是一个极富智慧的人，但他的智慧并非上帝所赐。根据《圣经》的描述，所罗门小时候是一个非常刻苦学习的孩子，他几乎对一切知识都充满了热爱，以至于成为了百科全书式的智慧高人。

所罗门从小就显现出非凡的智慧。有一位农夫的肚子饿极了，便向邻居借了一个煮鸡蛋，并且商定以后连煮鸡蛋的利息一起归还。过了几天，借蛋吃的农夫收到了一张账单，只见账单上写着：一年内鸡蛋会孵成小鸡，小鸡会长成母鸡。第二年，母鸡会生下18只小鸡，第三年，每只小鸡又会分别生下18只小鸡……接着生下去……农夫立刻表示不能这么算，可那人还找来证人，催着农夫还债。两人为了辨明是非，只好去找大卫王，请求他做出公正的判决。

大卫王判借出鸡蛋的人胜诉。农夫感到很冤屈，垂头丧气地走出城门，碰见因智慧而闻名遐迩的王子所罗门。农夫向所罗门王子哭诉了来龙去脉。所罗门听罢，微笑着对农夫的耳朵说了些什么。农夫回家后，带着一斗煮熟的黄豆下了地。他先翻了地，打成了垄，然后就撒播了熟豆。人们都很奇怪，觉得农夫一定是脑子出了问题。可是第二天，农夫还在往地里撒播着煮熟的豆子。村上的人闻讯赶来纷纷劝阻他，农夫对劝阻他的人说："怎么是白费劲呢？熟鸡蛋都能孵出小鸡，熟豆怎么不能发芽呢？"农夫的事很快传到大卫王那里，大卫王当即叫来那农夫审问。农夫说是所罗门王子的主意。大卫王豁然开朗，就重新给予了公正判决。大卫王因此非常喜欢所罗门，指定他为自己的王位继承人。

在犹太人看来，智慧不仅是理论性的，更是实践性的，其主要作用是辅助人在实际生活和工作中尽快达到所期望的结果。一个拥有智慧的君王可以开疆辟土，一个拥有智慧的军师能为君王出谋划策，一个拥有智慧的普通人能够从事文学创作，还能对自然万象广博了解。

当然，人类先天是具有智愚之分的，但犹太人认为，智慧是能从后天经验中获得。那些拥有智慧的人最大特点就是勤于思考和总结，并将之作为为人处世的准则。他们的智能都通过处理实际事务的超常能力表现出来，而不是抱残守缺或纸上谈兵，更不是表面性的哲理思考。

犹太人是世界上公认的最具智慧的民族之一，这在很大程度上得益于所罗门。所罗门被人称为智慧之王，他所做的最大贡献就是为犹太人注入了一种"智慧精神"。他推崇智慧，热爱智慧，同时也依靠智慧造就了一个伟大的时代、一个伟大的民族。他的子民因具备了智慧找到了幸福的生活，并养成了崇尚智慧的风气。这种精神使得世世代代的犹太人，具有了一种可贵的品质和巨大的精神动力。尤其是在经过苦难和厄运浸泡之后，这种智慧精神成为了一种强大的精神力量，它不仅带给历经磨难的犹太人生活的信心，同时也成了犹太人孕育希望的摇篮。

上帝赐予所罗门智慧，所罗门将智慧又赐予他的民族。正如所罗门所说的那样："相信智慧吧，她可以帮你解决任何难题。"几千年来，伟大的犹太人一直把这句话谨记在心。只要拥有智慧就会拥有一切，这也是为什么流亡之中的犹太人总喜欢说一句话："什么都可以不带，但必须带上智慧。"

所罗门的人生命题

从所罗门王的治国经商以及犹太民族的苦难历史看来，他们的智慧其实都来自于实践、创造和积累，因此，我们学习所罗门王和犹太民族的优秀智慧，更要注重现代生活的实践经验积累，从生活中创造属于自己的智慧，让自己成为自己的上帝！

所罗门到底有多少财富，无人知晓。《圣经·列王记》中曾有过这样的记载："所罗门的财富与智慧，胜过天下所有列王。"

事实也是如此，《圣经·启示录》中节描述到所罗门建造的新耶路撒冷，地砖都不是用石砖铺成的，而是用黄金。在邻国国君的耳朵里每天都塞满了关于所罗门富甲天下的传说：这位伟大的智慧君王所有的器皿乃至宫中的一切用具，都是用黄金制成的；他有一面重达600舍克勒（合6900克）的黄金盾牌；他的宝座也是用黄金和象牙制成的，有6层台阶，背后呈圆形，两边有扶手，每层近扶手处雕有两头栩栩如生的狮子，6层共12头狮子。

所罗门还修建了史上最恢弘、最豪华的圣殿，所用的石料全部是专门从黎巴嫩开采的，圣殿用名贵的香柏木点缀其中。不仅墙面全部贴着纯金金箔，就连圣坛、门扇都用纯金包裹起来，内殿的大门上还挂着金链子；所罗门拥有700个艳妃和300个丽嫔，为了提供一个供他和他的女人们尽情享乐的场所，他启动了以色列有史以来的最大的工程——建造所罗门王宫。这个工程的宏大和华丽甚至超过了伟大的圣殿，总共用了 12 年的时间建造，甚至比圣殿多花了 6 年的时间……至于银子，他根本就看不起。

在一些史料中显示，大卫王曾经为上帝建造圣殿准备了 10 万他连得（货币单位）的黄金，100 万他连得的银子，铜和铁多得无法计量。10 万他连得的黄金在今天换算的话相当于 5000 吨的黄金。直到 1823 年全球的黄金总储量大约是两万吨，但在三千多年前的大卫时代，大卫拥有的黄金几乎是全球所有黄金的一半，可见大卫拥有多少财富！

所罗门不单单拥有他的父亲大卫所拥有的财富，他还为自己堆积了更多财富。他在《传道书》中写道："我买了仆婢，也有生在家中的仆婢；又有许多牛群羊群，胜过以前在耶路撒冷众人所有的。我又为自己积蓄金银和君王的财宝，各省的财宝；又得唱歌的男女和世人所喜爱的物，并许多的妃嫔。"毫无疑问，所罗门是有史以来最富有的帝王，甚至现在的历史书里、电影里仍然时常会出现所罗门王宝藏的故事和传说。

在历史上，可能再没有第二个人比所罗门王更有资格谈论如何能够让内心得到他所要的满足与快乐。对所罗门而言，钱完全不是问题，他拥有的一切可以让他尽情地去享受。他追求快乐，他追求内心的满足，他能够满足所有身体的欲望，他可能有好几个星期、好几个月，甚至好多年的时间，只做一件事。

历史上很少有君王能获得如此的地位，大卫承担了所有建国时的艰辛工作，殷实的根基已经奠定，所罗门唯一的任务就是继承父亲的事业，便可以达到非凡的成就。由于经济发达和社会开放，带给所有国民富足与快乐，他们开始不断地追逐物质上的享受，无穷无尽各种新奇的产品时刻勾起他们的欲望，就在这舒服安逸的不知不觉中，所有人的信仰根基动摇了。而此时的所罗门已经老去，再也不能统治他的子民们了，他在执政四十年后溘然离去。

所罗门去世之后，新的国王不但没有过人的智慧和卓越的才能，反倒是充满了褊狭、固执和疯狂的品性。人们不满于新国王的统治，在原来所罗门时期的重臣耶罗波安的领导之下，率领北方的十个部族造反独立。从此，统一的以色列王国分裂了，进入到南北朝时期。北方的十个部族号称以色列国，而以南方犹大部族为主的地区依然效忠于罗波安（所罗门的儿子），号称犹大国。而这一切，是所罗门永远无法知道的结果。

晚年的所罗门在《传道书》中留下了这样一句话，说：“人一生虚度的日子，就如影儿经过，谁知道什么与他有益呢，谁能告诉他身后在日光之下有什么事呢。”所罗门的话值得我们深思：人生的意义到底是什么？

永生可靠的希望

没有永生可靠的希望，尘世的生活必定空虚。这就是所罗门用一生寻找的，关于生命意义的答案，同时这也是我们每个人都将体验的生命历程。

“凡我眼所求的，我没有留下不给他的；我心所乐的，我没有禁止不享受的。”用《传道书》中的这句话来描述所罗门的生活状态最合适不过了，在人类历史中，恐怕没有第二个帝王能像所罗门那样享尽荣华富贵。

人的本性历来是喜好享乐的。所罗门的生活不正是当下人们所追求并向往的吗？恰好，今天的我们生活在一个前所未有的繁荣时代，我们没有经历过战争，也没有忍受过饥荒，我们的特点是，对自己充满自信，对明天充满希望，尽管大多时候是盲目的。我们的欲望和享乐的视野被不断地拓展着，与此同时，很大程度上它们也在不断地被满足；父辈原来想都不敢想的目标一个一个地被轻易实现了。

我们依靠自己的智慧与劳动创造财富，丰富的物质环境使我们每一个人都成为彻底的追逐享乐的享乐主义者，甚至整个社会的文化也越来越成为不折不扣的享乐主义、消费主义的文化。想要万众瞩目吗？电视选秀节目和互联网可以使我们一夜成名；想要发财致富吗？无数商机可以使我们一夜暴富；想要享受世上最好的美食、去最有异国风情的地方旅游吗？只要我们有钱……我们生活在这样一个时代，究竟是好事呢，还是坏事？究竟是祝福呢，还是诅咒？

这个世代把我们打造成了越来越以自我为中心的、以肉体的安逸和享乐为毕生追求的享乐主义者。同时，我们也由此变成了世上潮流风俗、价值观的奴隶。我们想都不想，就做它要我们去做的一切事情，并且要做得出人头地。当我们满足了自己一个又一个的欲望的同时，我们也把自己的生命暴露在原本的虚空之下——我们所追逐的那一个个我们认为真正能带给我们满足和快乐的享乐目标，就好像包在生命真相外面的洋葱皮，当它们被得到的时候，也是它们开始变味、被剥离的

一切都将过去

一天，所罗门王要一个护卫去找一枚戒指，这枚戒指可以令忧伤的人喜悦，令喜悦的人忧伤，时限一个月。那个护卫寻遍了天下所有打铁铺和铁匠，没有人会打制这样一枚戒指。还有最后一天，护卫很沮丧，没有完成任务可能意味着杀头，他心急如焚！

当他在回城的路上痛哭的时候，有一个铁匠问他为何哭，他道出了事情原委。铁匠说可以帮他，便在自己的铺子里打了一枚普通的戒指然后在上面刻上了一句话！护卫一看便由忧伤而变得喜悦，他认为自己找到了！

当他回到城里的时候，所罗门王正在和大臣们饮酒狂欢！当所罗门王看到戒指时便立刻沉默了，似乎有些忧伤，当他把这枚戒指给大臣们看了之后，大臣们也沉默了，代喜悦以忧郁！

那枚戒指上刻的一句话是：这一切都会过去！从此，所罗门王一直带着这枚戒指，以时时保持警惕！

时候，因为我们最终发现，我们所追逐的东西没有一样能够给自己带来真正的满足、赋予生命存在的真正意义。

上帝赐予所罗门巨大的财富，他的内心得到满足了吗？所罗门一生追求快乐，最后得到的又是什么？所罗门一生都在追寻答案，最后他发现“我察看我所经营的一切事和我劳碌所成的功，谁知都是虚空，都是捕风，在日光之下毫无益处”，“都归一处，都是出于尘土，也都归于尘土”。即使是智慧也是一样——“智慧人和愚昧人一样，永远无人纪念，因为日后都被忘记；可叹智慧人死亡，与愚昧人无异”。

我们每个人来到这个世界上，都各有其价值，我们生来不是为了简单和无意义的死去。的确，人人都在抗议生命的平庸。我们需要有意义的生活和目标，那么，“生命的意义”到底何在？

所罗门是一个有所醒悟的人，是一个回头的浪子，晚年的他开始反省自己一生寻求快乐的历史。年轻时，他曾以自己肉体的欲望为人生的中心，喜爱宴乐与物质享受；年老后，他感觉到一切享乐只能给予了他空虚，物质的享受永远不可能满足他心灵的渴望。所罗门醒悟后发现，享乐不能满足人生，富足也不能满足人生，死亡更不能满足人生。人存在的意义不在享受中、不在财富中、也不单在有限的今生中。

他告诉我们“天下万物都有定时，凡事也必有定期”，让我们有永恒的意识，这是生活的意义；人仅有物质的富足不够，享受日光之下劳碌得来的好处时，还要发出善行，获得幸福感和价值观，这样才是满足的人生，这才是生命的意义；要摆脱虚空人生，找到生存的意义，进而充实生活的内涵，唯有依靠永生可靠的希望，这便是人存在的意义。

伯里克利

崇尚美德的君主

（约前 495 年—前 429 年）

在环绕地中海生活的人类世界里，公元前五世纪几乎可以说是“雅典的世纪”。因此，有人说雅典造就了世界，而伯里克利造就了雅典。他以刚正不阿、廉洁奉公的品性，深厚的学识修养，再加上他的坚毅冷峻、器宇不凡，创造了一个时代，后人将雅典的这个时代称为“伯里克利时代”。

伯里克利生活的时代，正处于希波战争和伯罗奔尼撒战争之间。他自公元前 466 年步入政坛之后，就始终如一地把一腔热血和全部精力，用在了雅典城邦的繁荣昌盛和民主政治的建设上。他一生的所作所为，处处体现了他作为一名雅典爱国者的伟大情怀。

为了雅典的经济繁荣，伯里克利推行扶植工商业的有利政策；为了雅典的文化昌盛，伯里克利实行奖励文化政策；为了雅典的强大，伯里克利对外推行一条大邦主义政策，锐意与斯巴达争夺希腊霸权。在伯里克利当政之时，雅典进入了最繁荣时期，不仅登上希腊霸主的宝座，而且成为“全希腊的学校”，历史学家把这段时间称为“伯里克利时代”。

在伯里克利时代，雅典奴隶主民主政治获得高度发展并臻于极盛。所有公民都获得了各级官职的选举权和被选举权，并且担任公职的公民开始得到货币津贴，公民都有平等权利来决定国家制度和管理国家。马克思曾说：“希腊的内部极盛时期是伯里克利时代。”希腊著名历史学家普鲁塔克在《伯里克利传》中写道：“没有谁像伯里克利那样，能够在严厉时做到适可而止，在温和之中不失威严，他那招人嫉妒的权力，曾被称为专制独裁，如今看来，都是政体中的中流砥柱……”伯里克利以其政治远见、对民主的坚定信念、廉洁勤政的个人魅力，成为卓越民主政治家，其所完善并有所创新的民主政体至今仍为世人所称道。

雅典的造就者

曾经的雅典群星荟萃，那些雅典的智慧儿女用其拳拳爱国之心、报国之志，把雅典建设成了整个希腊的中心。在无数的雅典智慧儿女中，伯里克利是最杰出的代表人物，他不仅造就了雅典的辉煌，更树立起人的精神和品格的丰碑。

伯里克利生于祖国危难之时，他是在希腊硝烟弥漫、战火纷飞，到处充满了械斗和仇杀，到处在流血牺牲的战争年代中诞生的。他出生的那一年（公元前 495 年），正值古代的“世界大战”——历时近半个世纪的“希波战争”进行到第五个年头。可以说，伯里克利来到人世后，第一次睁眼看到的就是你死我活的人间战争，第一次呼吸的空气里就充满了鲜血的味道。

伯里克利出身于雅典名门，他的父亲克桑梯波斯是公元前 479 年米卡尔海战雅典舰队的司令官，母亲阿加里斯特为雅典民主政治的奠基人克利斯提尼的侄女。当时，整个希腊正经历着波斯强敌的入侵，和雅典许多公民一样，他的父亲克桑梯波斯听从祖国的召唤，拿起武器，积极主动投入到保卫国家、抗击波斯侵略的战争中。父辈们报效祖国的精神，对伯里克利一生的作为，尤其是对他青少年时期远大政治抱负的确立和爱国主义思想的形成，产生了重大而深远的影响。

马拉松战役之后，雅典人赢得了全希腊人的尊敬，那些马拉松战役的英雄们成为人们学习的榜样。在雅典，乃至整个希腊处处都流传着这些人的故事，当时年仅 5 岁的伯里克利也深为雅典公民而骄傲和自豪。他似乎从这些雅典将士们的身上，看到了自己的未来，看到了作为雅典公民的伟大。虽然此时的他还不能理智地认识这场战役的深远意义，但是，他却本能地在其幼小的心灵中，点燃了为国争光的火炬。米太亚得、斐力庇第斯等英雄人物，成为他心中最为崇拜的偶像。

伯里克利从小就受到父母的熏陶，父亲克桑梯波斯于公元前 479 年亲自指挥了著名的米卡尔海战，并取得了胜利。克桑梯波斯不论是作为公民，还是作为父亲，均是伯里克利成长进步道路上的学习榜样。母亲阿加里斯特在分享丈夫胜利喜悦的同时，也分享着雅典政府给予他们的荣誉和尊敬。作为母亲，阿加里斯特有着细腻的感情和崇高的爱，她不仅关心政治，更关心伯里克利的成长，时常教育伯里克利，作为雅典公民要竭尽全力为祖国尽义务，还应以此为荣。伯里克利的父母教他发音说话，掌握流利的希腊语，教他学会关心他人，培养他的学习兴趣，还诱导他关心政治，劝导他成为政治家。

同时，父母还为伯里克利请来了希腊当时最优秀的哲学家阿纳克萨哥拉，担任他的哲学老师；还有雅典著名音乐家达蒙和泽诺，他们不仅是伯里克利的音乐教师，也是伯里克利的伦理道德的主要教育者。那时，希腊人都认为，善良的人就是美丽的人，而美德的主要品质就是勇敢、正直、适可而止，以及美。伯里克利就是在这样的环境下，逐渐长大成人。他在性格修养方面，学会了稳重而不急躁，畅想而不偏激；在无序中追求有序，在纷争中追求和谐，在显露个人才能时注意适当克制。而这些对于一个政治家应具备的素质来说，都是十分必要的。

除了向老师们学习文化知识外，伯里克利还刻苦学习雄辩术，提高自己的演讲表达能力。正如后人对他的评价所说的：伯里克利不仅是一位政治活动家，还是一位天才的演说家。

伯里克利天资聪明，好学上进。虽然出生在官宦富贵之家，但在他的身上看不出有丝毫的娇气，而是表现出特别能吃苦，对学习有着强烈的求知欲。而且他的个人爱好，几乎都和学习有关。他爱读书，几乎达到了痴迷的程度；他爱音乐，往往沉浸在音乐的海洋之中而忘返；他爱结识高雅的朋友和学界名人，希望从他们身上学到有用的知识，比如普罗塔格拉斯、希罗多德、菲迪亚斯等人，均是伯里克利交往甚密的好友。

随着伯里克利一天天长大成人，他开始对当时的雅典社会面临的两大社会问题有了自己的政治见解。他认为：对内应当一如既往地推进民主，反对由少数富有公民操持国政；对外应全力维护雅典强国的地位，实现霸权。公元前 472 年，23 岁的伯里克利因出资承办埃斯库罗斯所著的《波斯人》一剧的演出，而使他在社会上崭露头角，由此赢得了社会的赞誉。自此以后，伯里克利愈加关心公共利益，关心社会发展。对民众的同情和民主政治倾向的表露，使得他赢得了越来越多的政治支持者和拥护者。公元前 466 年，伯里克利步入雅典政坛，他追随厄菲阿尔特，成为雅典民主派的代表。由此开始了他有声有色的政治生涯，雅典最辉煌的时期也慢慢拉开帷幕。

希波战争胜利后，以战神山议事会为大本营的雅典保守势力有所抬头，其代表人物是客蒙。厄菲阿尔特和伯里克利不断揭发控告战神山议事会成员贪污腐化、滥用权力的行为，并于公元前 463 年左右弹劾客蒙在培索斯战争中接受马其顿王的贿赂。客蒙虽被判无罪，但贵族派势力受到了打击。公元前 462 年，客蒙不顾民主派的反对，率军援助斯巴达镇压黑劳士起义。厄菲阿尔特和伯里克利趁机掌握政权，进行政治改革。消息传来，斯巴达人对雅典援军猜疑不已，终于劝他们收兵回国。客蒙遭到碰壁，败兴而归，民主派与雅典公民更认为客蒙此行使雅典蒙受巨大耻辱。公元前 461 年，客蒙被放逐。不久，厄菲阿尔特遭暗杀，伯里克利遂成为雅典的民主派和国家政权的重要领导人。

从公元前 443 年到公元前 429 年，伯里克利每年连任雅典最重要的官职——首席将军，完全掌握国家政权。在伯里克利的领导下，雅典的奴隶制经济、民主政治、海上霸权和古典文化臻于极盛。正如史学家修昔底德所说的那样："在他主持国政的整个和平时期内，他英明地领导国家，保卫它的安全，雅典的全盛时代正是在他统治的时期。"

为了把雅典建设成为当时希腊世界上一流的城市，伯里克利不惜人力、财力和物力对雅典加以建设，甚至是雅典的敌人也不能不承认这样的事实："雅典的外观完全改变了。雅典在希波战争前是一个古老的半农村的城市，到了伯里克利时代，便一跃成为具有世界意义的大城市，豪华富丽，使希腊所有其余的城市为之失色。"一个与伯里克利同时代的人就曾这样写道："假如你未见过雅典，你是一个笨蛋；假如你见到雅典而不狂喜，你是一头蠢驴；假如你自愿把雅典抛弃，你就是一头骆驼。"

不仅如此，伯里克利在执政期间，主张扩大雅典海上势力和平民的权利；加强海军，扩建三层桨座舰达 400 艘；奖励学术，提倡文艺，一时雅典人才辈出，文化昌盛。同时，他进一步改革政治制度，规定一切官职向所有等级的公民开放，执政官用抽签法产生；公民大会成为最高的权力机构，十天召开一次会议，决定内政、外交、战争、和平等重大问题，凡年满 20 岁的男性公民都能参加；陪审法庭由每个部落在 30 岁以上公民中用抽签方式各选出 60 人，共 600 人组成，是最高的司法机关；将军则由公民大会举手选出，是最高的政府官员，统率军队，掌握实权。为了使贫穷公民出任官职，他规定"公职津贴"制度，并给一般公民"观剧津贴"，以吸引公民参加社会活动。

正当伯里克利的权势如日中天，繁荣强大的雅典呈现在世人面前的时候，伯罗奔尼撒战争爆发了。在这期间，一场可怕的瘟疫席卷雅典，伯里克利不幸染病身亡。此后，出任雅典最高领导者之人，几乎没有一个能与伯里克利相比。伯里克利死后，雅典的局面每况愈下，最后在公元前 404 年被迫接受了苛刻的屈辱条约，承认斯巴达在希腊世界的霸权。

优秀政治家的美德

伯里克利出身贵族，他有一种特殊的精神气质，而他的贵族气质主要来自教养，无论何时何地，他目光所传达的智慧、沧桑、悲悯、高贵都无法被遮掩。

一个优秀的政治家必须具有崇高的思想、纯正的情感、仁厚的德性和矢志不渝的信念；他的角色必须定位于现实的孩子、大众的仆人、历史的创造者和人类未来的指引者；他的操守必须具备甘为人仆、无私奉献、勤政廉洁和心无他物的高度；他的心中必须有纵横捭阖、处乱不惊、运筹斗室和决胜千里的智慧……很显然，伯里克利具备一个优秀政治家应具备的所有品格和气质。伯里克利是一个公正、清廉的政治家，他守正不阿，廉洁奉公，有眼光，善演说，坚毅冷静，气宇不凡。不仅如此，他还是古典希腊文化的推崇者和倡导者。他的理想和抱负是要使雅典不仅登上希腊世界霸主的宝座，而且成为“全希腊的学校”。

普鲁塔克说，年轻的伯里克利“相貌俊朗，但头部较长，不太合比例”，他的批评者也拿他的“长头”开玩笑。伯里克利在政治、音乐和文学方面都受过很好的训练，他是阿纳克萨哥拉和苏格拉底热情的学生，也是那个时代最开放的女人阿斯帕齐娅的丈夫。伯里克利以雄辩而著称，他的演讲比较平和，并不激情澎湃，但往往吸引着一些成熟的心灵。他“不被各种形式的腐败污染，也不很看重金钱”，由于他敬慕真理、清白自守，雅典的市民多次选举伯里克利为他们统治者。

最显赫的业绩不一定总能表示人们的美德和恶行，往往一件小事、一句话或一个笑话却更能清楚地显示人物的性格和趋向。美德是有吸引力的，它能使人立即产生身体力行的冲动，不仅模仿它能使“观看者”的性格得以形成，就连研究它也能提供行动的准则。史学家普鲁塔克曾这样描述伯里克利：举止庄重文雅，表情沉着严肃，说话声调柔和。他之所以被后人世代传颂，除了因为他那伟大的功绩之外，还因为他的美德。

普鲁塔克曾在《伯里克利传》记载了发生在伯里克利身上的一件事：有一次，伯里克利被一个毫无教养的人整天辱骂，他竟然忍耐着，一声不吭。到了傍晚，他从容不迫地走回家，那家伙仍在他后头，辱骂不休。他进屋时，天已经黑下来了，他就吩咐一个仆人打起火把，让他送那人回家去休息。

普鲁塔克对伯里克利的美德，给予了公正的评价：不谋私利，富有领导才能，能言善辩，机智过人，以及给雅典所带来的无人能及的建筑艺术成就。在伯里克利临终时，普鲁塔克的《伯里克利传》这样描写当时的情景：他的朋友们以为他已失去知觉，便开始历数他的丰功伟业和高贵品质，例如，他曾在九个敌对国的领土上建立了胜利纪念碑；例如，他在如此长久的时期内保持了雅典的繁荣，他们为失去这样一位英雄人物而感到悲痛。这时，在弥留之际，伯里克利听完这一切之后喊道：“你们忘记了我最杰出的荣耀，尽说那些主要取决于命运的寻常功绩。你们没有提到，从未有一位公民因我而披丧服。”这就是一位民主政治家所拥有的信仰，在如此长期的统治中，能够不为私利而牺牲自己，确实可贵。

伯里克利出身贵族，他有一种特殊的精神气质，而他的贵族气质主要来自教养，无论何时何地，都遮掩不住他那目光所传达的智慧、沧桑、悲悯、高贵。这位雅典民主派的领袖并没有专门的政治理论著作传世，他的思想主要见于三次演讲中。第一次是在伯罗奔尼撒战争爆发之前对斯巴达关于战争最后通牒的答复演说。第二次是在伯罗奔尼撒战争进行了一年之后一次阵亡将士国葬典礼上发表的演说。第三次演说发表在伯罗奔尼撒战争的第二年，当时在天灾人祸的打击下，雅典面临严重的困难，伯里克利招到了埋怨和指责，于是他发表了演说。

在演说中，伯里克利一方面为自己执行的政策作辩护，另一方面又鼓励人们克服暂时的困难，加强团结，坚定不移地为保卫雅典而战。伯里克利认为，在一定的物质基础上，战争的胜负取决于人的智慧和勇敢精神。他强调指出："人是第一重要的，其他都是人的劳动成果。"

针对战争中由于斯巴达军队入侵所造成的房屋和耕地损失，他告诫人们应当重视人的力量，而不要片面重视物质条件。他说："不要对这些东西过于重视，你们应当把这些东西和你们的力量的真正源泉比较一下，在比较中，你们知道这些东西的价值不过和那些与财富俱来的花园和其他奢侈品一样的。"

伯里克利认为，一个具有美德的人不仅追求个人的幸福，而且还要忠诚于城邦，维护城邦的尊严，关心城邦的整体利益。一个人只有具备这种美德，才不会贪生怕死，才能不被金钱所引诱，才能在危难之际保持气节而不背叛城邦。根据这些认识，伯里克利对体现这种美德的英雄行为给予高度评价，他说：为国捐躯的英雄是"生命的顶点，也是光辉的顶点"、"他们贡献了他们的生命给国家和我们全体，至于他们自己，他们获得了永远常青的赞美"。

在伯里克利看来，自由和幸福是相互联系的，人们追求幸福、愉快和欢乐的生命是合理、正当的，但是幸福的获得必须以自由为前提，"要自由，才能有幸福"。他指出所谓自由，是不受外国奴役的自由，是遵守城邦法律和道德秩序的自由。他尤其注重不受外国奴役的自由，他说："如果我们自己努力，保全自由的话，自由会使我们很容易恢复我们旧日的地位；但是如果屈服于他人的意志的话，这就意味着就是我们现在还有的东西也会丧失。”他认为“已有的东西被人剥夺比在新事业中的失败更为可耻”。

伯里克利的一生都在倡导这样一个真理，幸福不只是物质享受，更重要的还是精神上的满足。他说“一个聪明的人感觉到，因为自己懦弱而引起的耻辱比爱国主义精神所鼓舞而意外死于战场，更为难过”。他强调人们应享受幸福，但不赞成把荣誉和地位、财产等同起来，主张荣誉要以爱国主义为基础。正如他自己所说的那样：“我们把财富当做可以适当利用的东西，而没有把它当做可以自己夸耀的东西。至于贫穷，谁也不必以承认自己的贫穷为耻；真正的耻辱是不择手段以避免贫穷。”他又认为以贪生怕死而获得富裕是不可取的。

现在我们可以知道，当时希腊的强盛与雅典的繁荣都与伯里克利这位伟大的政治家分不开的。他以刚正不阿、廉洁奉公的品性，深厚的学识修养，再加上他坚毅冷峻、器宇不凡，创造了一个时代，后人将这个时代称为“伯里克利时代”。

美德造就人生

古希腊人把智慧、勇敢、节制与正义这四主德作为主要美德；中世纪基督教提倡信仰、希望和仁爱三种基本美德；中国古代儒家提出孝、悌、忠、信四种美德。无论哪个时代，或哪个民族，都视美德如璀璨的瑰宝，代代相传，正是依靠美德塑造了各个民族的灵魂，塑造了无数值得讴歌的形象。

无论什么时代，人们都不能失去崇高与真理的指引，否则必然落入世俗之中。在物质生活逐渐丰富的今天，人们为了更好地生存，利益的最大化似乎成了人们追求的方向，而美德成了等而次之的问题。

让我们回到曾经辉煌的“伯里克利时代”，在那一百年间，仅在雅典人中间，就有苏格拉底、柏拉图、伯里克利、地米斯托克利、亚里斯提泰、福尔米翁、埃斯库罗斯、索福克勒斯、欧里庇得斯、阿里斯托芬、修昔底德、色诺芬等“人杰”诞生。另外还有一些外邦人，他们虽然不是雅典人，但是在雅典取得了巨大成就。雅典吸引了他们，给了他们某种精神和文化氛围，给了他们以培养和展现自己才华的条件，他们也正是在雅典才能充分发挥自己的影响力，在这些意义上，我们可以说也是雅典造就了他们。罗素说：“无论在此以前或是自此而后，从来没有任何有同样比例的居民的地区曾经表现出来过任何事物足以和雅典这种高度完美的作品媲美。”

一种具有世界历史意义的兴盛——而不仅仅是强盛——必然也是精神的兴起。亦如基托所言，伯里克利时代肇始时期的精神也可以回溯到永恒的荷马，是他教给人们以心灵的习性，这是一种在任何一个社会阶层的人身上都能发现的美德，它要求将质置于量之上，高贵的斗争高于单纯的目的达成，荣誉先于财富。可以说，任何一个时代的兴起，都离不开美德。

什么是美德？凡是可以给一个人的自我增添力量的东西，我们都可以称之为美德，比如勇敢、自信等等。美德是一定时代的产物，每一种道德观都是这一时代的人们共同所遵从、崇尚的观念，即使是带有人类道德共性的传统美德，人们对它的认识层次也因时代的不同而存在差异。古希腊人把智慧、勇敢、节制与正义这四主德作为主要美德；中世纪基督教提倡信仰、希望和仁爱三种基本美德；中国古代儒家提出孝、悌、忠、信四种美德。实际上，每一种美德都各自成章，这些美德无疑是人类作为一个种群得以延续和发展的重要精神遗产。无论哪个时代，或哪个民族，都视美德如璀璨的瑰宝，代代相传，正是依靠美德塑造了各个民族的灵魂，塑造了无数值得讴歌的形象，然而，在今天美德这个词汇似乎离我们越来越远，它开始不被认为是最令人喜爱或者最高贵的。实际上，美德恰恰是最应博得人们尊重的。如果把美德推到极端，就是所有理智和德性的完美结合。这是最聪明的头脑和最美好的心灵的结合，是最高的智慧和最好的德行之间的结合。当苏格拉底被带到众人的审判台前，作出自己的申辩的时候，他试图表现的正是这样的一种结合。

对于现代社会和现代人来说，克服道德危机的唯一出路便是回归传统和历史，重叙美德。美德存在于传统之中，存在于丰富多样的道德共同体及其漫长的生活历史之中，并且，这传统和历史从来就不曾真正消失，也无法真正被人遗忘。

无论是希腊人，还是基督徒，或是中国古代儒家的观点，虽然涵盖了许多道德领域，但并不是所有的道德领域。我们每个人都应该努力地去具备如下这些美德：

在这些美德中，居首的是爱。爱远远超越了公正，爱在给予而公正却在要求。爱是为另一个人作出牺牲的良好意愿。怜悯、同情、善良、慷慨、服务、忠诚、爱国以及宽恕，这一切都构成了爱的美德。华盛顿·贾维斯在他的《爱和祈祷者》一书里这样写道：“爱，不希图回报的无私的爱，是宇宙当中最强大的力量。它对于施爱者和被爱者的影响都是无法估量的。”爱是一种要求很高的美德。

积极的人生态度也是我们应具备的美德。如果对人生持有消极的态度，那么会成为自己和别人的负担。如果态度积极，那么对自己和别人来说都会充满助益。我们所有的人，无论年轻还是苍老，都需要切记人生态度是可以由我们自己来选择的。正如亚伯拉罕·林肯说过的那样：“大多数人的幸福程度和他们自己愿意的差不多。”

勤奋也是我们必不可少的美德。在人的一生当中，工作没有替代品。伟大的篮球教练约翰·伍登曾说过：“你能否在世界上找出一个独一无二的人，他或她没有经过太多的努力就达到了个人事业的巅峰？我想你不能。”勤奋工作包含了进取心、勤勉、目标明确和随机应变。

除此之外，我们还应正直。正直使我们坚守了道德的基本原则，忠于我们的良知，信守诺言并维护我们的信仰。拥有正直意味着个人的“全面发展”，因此我们在不同情况下所说的话和所做的事是前后一致而不是互相矛盾的。正直不同于诚实，诚实是告诉别人真相，而正直是告诉自己真相。作家乔希·比林斯就认为：“最危险的欺骗形式就是自欺欺人。”

知道感恩也是我们不可或缺的美德。作家安妮·赫斯特德·伯利认为：“感激就像爱一样，不是一种情感，而是一种意愿产生的行为。我们选择去感激，就像我们选择去爱一样。”感激常常被描述为幸福生活的秘方。它提醒我们：我们所喝的水都不是从自己挖掘的井里取得的。战争中的英雄埃迪·里肯巴克曾经由于迷失方向乘坐一条救生筏在太平洋上漂泊了 21 天，当被问及在那段时间里吸取到的最大教益是什么时，他回答说：“那就是如果当你想喝水的时候就有纯净的淡水，当你想吃东西的时候就有食物放在你面前，那么你就绝不应该再抱怨什么。”

谦逊是最后一种美德，可以被视为整个道德生活的基础。谦逊对于收获其他美德是非常必要的，因为它能使我们意识到我们的不足，它能引导我们努力成为更好的人。教育家戴维·艾萨克这样写道：“谦逊不但可以使我们认识到自己的不足，还可以使我们认识到自己的能力所在，谦逊能督促我们去发挥才能而不是为了吸引别人的注意或赢得他们的掌声。”艾略特说：“世界上出现的一半错误得归因于那些想要显得重要的人。”我们该如何生活，简单地说就是要时刻怀着去改变自身的谦逊意愿，去生活。

要过有道德彰显的一生显然是困难的，但我们应知道，只有树立自己的美德、塑造自己的形象，在人生的道路上才可能找到我们最可能好的生活。

在为伯罗奔尼撒战争第一年中死去的战士们举行的公葬中，“雅典第一公民”伯里克利发表了这次演说，这篇被后人称为《在殉国将士葬礼上的演说》，其蕴涵的勇气和力量，深深地激励着整个雅典。

我们的政治制度不是从我们邻人的制度中模仿来的。我们的制度是别人的模范，而不是我们模仿任何其他的人的。我们的制度之所以被称为民主政治，是因为政权在全体公民手中，而不是在少数人手中。

解决私人争执的时候，每个人在法律上都是平等的；让一个人负担公职优先于他人的时候，所考虑的不是某一个特殊阶级的成员，而是他所有的真正才能。

任何人，只要他能够对国家有所贡献，就绝对不会因为贫穷而在政治上湮没无闻。正因为我们的政治生活是自由而公开的，我们彼此间的日常生活也是这样的。当我们隔壁邻人为所欲为的时候我们不至于因此而生气；我们也不会因此而给他以难看的颜色，以伤他的情感，尽管这种颜色对他没有实际的损害。在我们私人生活中，我们是自由的和宽恕的；但是在公家的事务中，我们遵守法律。这是因为这种法律使我们心悦诚服。

……

我们爱好美丽的东西，但是没有因此而至于奢侈；我们爱好智慧，但是没有因此而至于柔弱。我们把财富当做可以适当利用的东西，而没有把它当做可以自己夸耀的东西。至于贫穷，谁也不必以承认自己的贫穷为耻，真正的耻辱是为避免贫穷而不择手段。

在我们这里，每一个人所关心的，不仅是他自己的事务，而且也关心国家的事务；就是那些最忙于他们自己的事务的人，对于一般政治也是很熟悉的——这是我们的特点：一个不关心政治的人，我们不说他是一个注意自己事务的人，而说他根本没有事务。我们雅典人自己决定我们的政策，或者把决议提交适当的讨论，因为我们认为言论和行动间是没有矛盾的。最坏的是没有适当地讨论其后果，就冒失开始行动，这一点又是我们和其他人民不同的地方。我们能够冒险，同时又能够在进行这一冒险之前深思熟虑。他人的勇敢，是由于无知；当他们停下来思考的时候，他们就开始疑惧了，但是真正算得上勇敢的人是那个最了解人生的幸福和灾患，然后勇往直前，担当起将来会发生的事变的人。

我们结交朋友的方法是给他人以好处，而不是从他们方面得到好处。这就使我们的友谊更为可靠，因为我们要继续对他们表示好感，使受惠于我们的人永远感激我们，但是，受我们一些恩惠的人，在感情上缺少同样的热忱，因为他们知道，在他们报答我们的时候，这好像是偿还一笔债务一样，而不是自觉给予恩惠。在这方面，我们是独特的。当我们真正给予他人以恩惠时，我们不是因为估计我们的得失而这样做的，乃是由于我们的慷慨，这样做而无后悔的。因此，如果把一切都联系起来考虑的话，我可断言，我们的城市是全希腊的学校；我可断言，我们每个公民，在生活许多方面，能够独立自主；并且在表现独立自主的时候，能够特别地表现温文尔雅和多才多艺。

为了说明这并不是在这个典礼上的空洞的自我吹嘘，而是真正的具体事实，你们只要考虑一下：正因为我在上面所说的优良品质，我们的城邦才获得它现有的势力。我们所知道的国家中，只有雅典在遇到考验的时候，证明是比一般人所想象的更为伟大。

在雅典的情况下，也只有在雅典的情况下，入侵的敌人不以战败为耻辱；受它统治的属民不因统治者不够格而抱怨。真的，我们所遗留下来的帝国的标志和纪念物是巨大的，不但现在，而且后世也会对我们表示赞叹。

我，不需要荷马的歌颂，因为他们的歌颂只能使我们娱乐一时，而他们对于事实的估计不足以代表真实的情况；因为我们的冒险精神充溢着每个海洋和每块陆地；我们到处对我们的朋友施以恩德，对我们的敌人给予痛苦。关于这些事情，我们遗留了永久的纪念予后世。

(前 259 年—前 210 年)

秦始皇

仰靠自我的伟大征服者

秦始皇，一个统一了互相混战的国家的征服者，他用自己全部的生命能量建立了一个矗立于天地间的多民族统一的帝国，他以自强的精神为亘古不衰的华夏奠下了一个辉煌的根基，缔造了自强不息的泱泱中国。他的生命就是一首史诗，在那里我们看到的不仅是开天辟地的霸气，还有对自我的另一种征服。

在世界历史上，中国并不是最古老的国家；在今天的世界上，中国也不是疆域最大的国家；但是中国却在世界史上拥有独一无二的地位。因为，在今天世界上疆域最大的几个国家中，中国是唯一拥有历史悠久的稳定疆域的国家。我们拥有一项举世无双的遗产——统一，历史悠久的统一：统一的国家、统一的文字、统一的纪年，甚至统一的思想。这份伟大的遗产正是源自大秦，源自千古一帝秦始皇。

秦始皇是一个史诗般的理想主义英雄，扑朔迷离的传奇出身、大器早成的少年秦王、冷酷严峻的政治斗争、气吞山河的统一战争、改天换地的建国策略、不可思议的帝国崩溃……秦始皇在波澜壮阔的一生中，仅仅用二十多年的时间，就在世界东方建造了一个伟大的帝国。

对于秦帝国的横空出世和顷刻间灰飞烟灭的命运，历史学家们习惯于把几乎所有的功过加到秦始皇的身上。有人称他雄才大略，有人说他穷兵黩武，有人赞他丰功伟绩，有人批他专制独裁，后世人对他的一生是毁誉参半。

在人类历史的进程中，秦始皇深刻地影响着过去、现在与未来。李白曾充满激情地赞扬说："秦王扫六合，虎视何雄哉。挥剑抉浮云，诸侯尽西来。"大英博物馆馆长尼尔·麦格雷戈曾说："秦始皇改变了历史，创立了中国，领先世界上其他国家好几个世纪。当中国发生了改变，世界也改变了。他就像亚历山大、恺撒一样，是出色的政治家，是历史上最伟大的帝王之一。"

战国时代的铁血君王

秦始皇是一个雄心勃勃的征服者。从始至终，都体现了他对外部世界的不断征服。他征服了权力，扳倒了嫪毐、吕不韦等政治对手。他平六国，征南越，却强胡，体现了他"包举宇内，囊括四海之意，并吞八荒之心"。他巡游天下，寻找长生不老药，这不代表他害怕死亡，而是代表他对神仙和死亡发出的挑战。他修建陵墓，制作陶俑，是希望对死后的另一个世界依然保持征服的力量，是他为之后对冥界征服而下的大手笔。

秦始皇的父亲名叫异人，是秦昭王的孙子。当时，他是作为人质留在赵国邯郸的。孤身一人客居他乡，使他感到极度无聊和惆怅。吕不韦在邯郸经商时，结识了这个处境窘迫的秦国公子。吕不韦认定他不是一个寻常之人，不仅对其百般笼络，还把自己一位能歌善舞、长得漂亮的爱姬送给他作妻。后来，这位女子在邯郸生了个孩子，取名为政。因为秦、赵同祖，即同是黄帝的后代，所以姓赵氏，叫赵政。又因为秦是嬴姓，也叫嬴政。

公元前三世纪中叶，中国历史进入战国末年。此时赫赫有名的秦昭襄王寿终正寝，重病中的太子安国君即位称王，并立庶出的公子异人为太子，出身楚国王族的王后华阳夫人执掌了国政大权。然而，安国君在位时间很短，即位后仅仅三天便死了，庄襄王异人即位。公元前 247 年，刚刚 13 岁的嬴政便登上了秦王的宝座，因为年幼，政事便落入了吕不韦和赵太后之手。但此时的他已尽显一个伟大君王的气度与胸襟，他发誓要踏平诸侯六国，一统天下霸业。

嬴政当上秦王之后，吕不韦的权势越来越大，而且取得了“仲父”的称号，他食封大邑万户，还拥有上万名家僮，财富无数。除了吕不韦，还有一个人对嬴政的政权构成威胁，这个人就是赵太后身边的嫪毐。嫪毐的政治野心很大，曾预谋夺取秦国王位。嫪毐的胡作非为，把秦国的朝政搞得混乱不堪，使秦的统一事业处于停滞状态。公元前 238 年，秦王政年满 22 岁。

按照秦制，嬴政将在秦的旧都雍城举行加冕典礼，亲理朝政。这对吕不韦、嫪毐来说无疑是巨大的打击。这年春天，从国都咸阳到旧都雍城的大道上，千骑百乘，前呼后拥，嬴政去祭了祖宗，举行了加冕典礼，登上了国君宝座。嬴政深知，要想成就霸业，必须铲除一切阻碍，他铲除了欲夺王权的弟弟，诛杀了母亲的男宠，赐死了重权独揽的吕不韦。此后，这位伟大的帝王开始了他统一大业的征程。

人世间欲望的巅峰，无非是做一位显赫的帝王。公元前 238 年，22 岁的嬴政亲政后，夙兴夜寐、呕心沥血，倾全力投身于统一大业之中。他选拔了许多得力武将，继续用“远交近攻”的战略方针，对其他六国家施展分化离间、各个击破的策略，前后用了十年的时间，于公元前 221 年灭掉了最后一个国家，建立了中国历史上第一个中央集权的统一王朝。天下初定，39 岁的秦王政第一件急着想做的事，就是要重新给自己确定一个称号。秦国历代君主具有强烈的帝王意识，春秋战国，各国诸侯都被称为“君”或“王”。而秦始皇给自己创造了一个新的头衔，那就是皇帝。自此以后，“皇帝”成为中国国家最高统治者的称谓。

秦始皇称帝后马上开始实行许多重大改革。在他的身上，散发了一种以坚决的态度创造未来的倔强精神。开国伊始，他每天都日理万机，白天审理案子，晚上批阅公文，而且给自己定下了工作量：每天必须批完一石公文才能休息。一石在当时是 120 斤，相当于现在的 60 斤，可谓勤劳之极。

为了避免使周王朝覆灭的分裂重演，他决心要根除整个旧的封建体系。他把所辖的领土重新划为三十六个郡，每个郡的郡守都由皇帝直接任命。秦始皇下诏令郡守的官职不再实行世袭制。结果很快就实行了郡守任职几年后在郡与郡之间互相调换的方法，其目的是为了防止有野心的郡守建立自己的强大的势力范围。但是秦始皇并不仅仅满足于中国在政治和军事上的统一，他还要实行商业统一。他在全国建立了统一的度量衡体制，统一了货币，对各种农具实行规范化，使车轴长度标准化，以及监督公路和运河的建设。他还在中国建立了统一的法律体制，统一了书面语言。

秦始皇对外也是推行强硬政策。他在中国南方进行了广泛的征服，获得了成功，所吞并的地区最终都划入了中国版图。他的部队在北方和西方也是马到成功，但是他不能永久地征服当地的各个民族。为了防止这些民族对中国发动突然袭击，秦始皇把当时中国北疆存在的各个区域的城墙连接起来，筑成一道巨大的城墙，这就是留存至今的中国万里长城。修建这些宏大建筑工程和连年对外征战，依靠横征暴敛，使得秦始皇不得人心。不仅如此，秦始皇即位不久，就开始派人设计建造秦始皇陵。在统一六国之后，旋即修建豪华的阿房宫，最多时用工 72 万人。

尽管秦始皇一生殚精竭虑，他一心想递延千秋的秦王朝却只有

15 年寿命，像流星一闪，轰鸣而逝。

公元前 210 年，秦始皇第五次外出巡游，此次出巡仍是为秦始皇歌颂功德，然后祭祀神仙，寻求不老之药。由于秦始皇日渐衰老，所以求仙的愿望也比以往更加强烈。万万没有想到，秦始皇在此次巡游途中病重身亡。据史书记载，秦始皇享年 50 岁。秦始皇死后，公子胡亥继承王位，继续大修阿房宫和弛道，赋税徭役比以前更为繁重，从而引起农民起义。公元前 207 年 11 月左右，由秦始皇一手创立的秦王朝土崩瓦解，永远地淹没在历史的尘埃之中。

自强者为王

无论世人怎样评价秦始皇，我们都应该会同意这样的判断：这是一个坚强的人，骨子里有着超人的强悍。身处绝境中的他很小就领略了人性的黑暗、人情的冷暖真伪，明白了只有异常坚强的人才能在这个复杂多变的冷酷世界成功地生存下去。

在无限夸大秦始皇的历史地位的同时，历史学家们又常常无情抹杀秦始皇性格和能力中光辉的一面。在大部分读者眼里，秦始皇的性格只有一面：他刚狠暴戾，野蛮冲动，多疑猜忌，冷血无情，咄咄逼人。《史记》中的一段话千百年来不断被人引用：“始皇为人，天性刚戾自用，起诸侯，并天下，意得欲从，以为自古莫及己。专任狱吏，狱吏得亲幸。博士虽七十人，特备员弗用。丞相大臣皆受成事，倚辨于上。上乐以刑杀为威，天下畏罪持禄，莫敢尽忠。”这些记载在人们心中形成了这样一个印象：秦始皇是一个没有人情味的野蛮动物，自始至终，他都在用鞭子和刀剑在统治他的臣民，用权术和阴谋制御大臣。秦王朝的君臣关系完全是建立在暴力和算计的基础之上，是猫和老鼠的关系，没有一丝人情味儿。

在许多人的眼中，秦始皇更像一个符号式的人物，而不是一个活生生的可触摸的有血有肉的人。确实，这个人的所作所为，似乎离正常的人性人情太远：他专横强大，挥动巨剑，指挥铁血秦军在十年之内席卷宇内，完成了前无古人的统一大业。他冷血残暴，专以鞭子和屠刀统治天下，把天下变成一个巨大的监狱和刑场。他穷奢极欲，把全国百姓征发一空，日夜不停为他修建模仿天宫和宇宙的宫殿与坟墓，终因暴虐无度轻易断送了秦王朝的江山。他狂妄贪婪，一心寻找能让他长生的仙药，当听说海中有巨鱼阻碍了他的求仙之路，遂亲自出海射杀……他的举止，更接近上古时代共工、颛顼等半人半神的传说意味。

动荡的时代总能催生伟大的人物。狄更斯的那段名言用来描述战国时代十分合适：“这是最好的时代，这是最坏的时代；这是智慧的时代，这是愚蠢的时代；这是信仰的时期，这是怀疑的时期；这是光明的季节，这是黑暗的季节；这是希望之春，这是失望之冬；人们面前有着各种事务，人们面前一无所有；人们正在直登天堂，人们正在直下地狱。”春秋战国时代，国家的边界线每天都在变动，烽火接连出现在各国的天空，处处充满危机和阴谋，每个人都生活在动荡不安之中。在天下这个大棋局中，每个国家都绞尽脑汁，全力以赴，因为一招不慎，就可能亡国灭族；而对每一个人来说，这是一个机会和危险都空前多的年代，如果不竭力奋斗，很可能会一步之间，从天堂坠入地狱。

作为吕不韦的一个惊天大策划的产物，嬴政一出生，就嗅到了阴谋和烽火的味道。其时他的父亲异人正作为秦国的人质，被抵押于赵国。那个时代，亲情对铁血政治家们来说是一个微不足道的砝码，秦昭襄王在做出政治决断时根本不考虑做人质的亲孙子的安危。作为一个襁褓中的婴儿，嬴政还不明白为什么父母如此张皇失措。

经过吕不韦一番紧张活动，异人回到秦国。然而嬴政和他的母亲却不得不藏匿到外祖父家。由于长期营养不良，嬴政的发育状况不佳，以至于“蜂准，长目，鸷鸟膺，豺声”。更为让人难以承受的是，小嬴政和母亲数年之中不得不隐姓埋名，在赵国密探的搜索下生活得如同惊弓之鸟。周围的邻居都十分蔑视这个嫁给秦国人，而今又被秦国抛弃了的女人，把战争带来的痛苦归罪于这对母子身上，投给他们的目光，除了鄙夷，就是仇恨。

苦难从来都是大人物的奶汁。生命早期的这段经历，给了嬴政一生以决定性的影响。从一方面看，身处敌国的嬴政命运岌岌可危，随时都可能被赵人抓去处死；从另一方面看，作为秦国继承人的长子，他的身份又无比贵重，有朝一日还有可能独掌大权。王孙地位与囚徒身份合二而一，使得嬴政自小既自卑又自傲。身处绝境中的他很小就领略了人性的黑暗、人情的真伪，明白了只有异常坚强的人才能在这个复杂多变的冷酷世界成功地生存下去。

在挺过了寒冬般的童年之后，嬴政的命运发生了突然的转变：9岁成为王储，12岁登上王位，21岁亲政。无数大事突然撞入了这个不爱说话的男孩子的生命中。特殊的经历使秦始皇过早地成为政治机器的一个重要部件，秦国宫廷中充满血腥的气氛培养了他冷静、冷血、冷酷的性格。在正式握住权柄的那一天，他已经是一个天资超群、性格强毅、头脑清楚的一世英主。

秦始皇在统一战争中表现出来的才华是举世公认的。东周五百年剪不断理还乱的纷争，秦始皇仅仅用了十年时间就彻底终结。整个过程如同一场干净利落的拳击赛，秦始皇一击猛过一击，没出过一手缓着；秦军横扫千军如卷席，没有给对手以任何喘息机会。

此外，秦始皇用人的眼光、气度和手段，只有唐太宗可比，而远过于汉唐宋明其他君主。秦始皇用人求贤若渴，不拘一格。他与人相处，能屈能伸，有时候可以表现出相当浓的人情味儿。为了争取到尉缭，秦始皇不惜以帝王之尊，“与之抗礼”，“衣服饮食与之同。”（《史记·秦始皇本纪》）虽然尉缭对秦始皇的为人屡有微词，始皇帝也充耳不闻，继续大力笼络，其用人的胸襟气魄，远远超出一般庸主。

郑国（人名，韩国人）是敌国奸细，潜入到秦国被发现后，秦始皇不但没有诛杀，反而予以重用，让他主持完成了著名水利工程郑国渠，大大增强了秦国的经济实力。荆轲刺秦时的助手高渐离在荆轲失败后流亡民间，秦始皇爱惜他的音乐才华，“重赦之”，命他为宫廷乐师。如果高渐离不再次刺杀他，始皇帝是不会杀他的。秦始皇还能知错就改，从不文过饰非。在发出逐客令后，经李斯提醒，他能立即收回成命，并且因此对李斯另眼相看，予以重用。

秦始皇用人的最大特点是能放手。他用人不疑，只考察结果，不干预过程，给手下的那些将军们以极大自主权。他将20万大军交予李信，将60万大军交予王翦，将30万大军交予蒙恬，并没有设置各种限制他们权力的障碍，也不干预他们的作战过程。李信年轻气盛，率二十万大军攻楚，为楚所败。但秦始皇并没有追究他的责任，而是继续信任他，使他与王贲一起攻燕，让他有机会立下了俘虏燕王的功绩。

除了用人能力之外，秦始皇的自制能力同样突出。他是一个众所周知的工作狂，只以工作为乐，“以衡石量书，日夜有呈，不中呈不得休息”，每天不批阅完一百二十斤竹简绝不休息。他自律极严，为人行政处处守法，“不别亲疏，不殊贵贱，一断于法”，“事皆决于法”。他坚持有功才能封爵的商鞅原则，就连自己的皇子皇孙也不例外，直到临终时，仍然“无诏封诸子”。与严待自己亲人一样，他也极少任情越法，任意处理下民。章太炎针对这一点说：“世以秦皇为严，而不妄诛一吏也。”正是因为“庆赏不遗匹夫，诛罚不避肺腑”，“明断自天启，大略驾群才”，所以秦始皇才能高速、高效地完成了统一全国的大业，并且开创了一系列惊人的治绩。

作为一代帝王，秦始皇严于律己。这从皇冠的设计就可以反映出来，皇冠前后两端各缀珍珠12串。这些珠串在眼前脑后来回晃动，使他极不舒服，用意就在于提醒他必须具有端庄的仪态，不能轻浮造次。

无论世人怎样评价秦始皇，我们都应该会同意这样的判断：这是一个坚强的人，骨子里有着超人的强悍。中国历代王朝的帝王，大抵是一蟹不如一蟹，深宫之中，妇人之手，培养不出真正的男子汉。秦国传到嬴政，已经五百余年，数十代过去了。作为锦衣玉食中长大的天潢贵胄，能拥有如此坚韧强硬的性格，不能不说是历史的一个异数。

人生只能仰靠自己

秦始皇成就了中国最伟大的霸业，中华帝国在他身后延续两千年的辉煌。然而，真正强者的强大之处不在于他对外部世界的不断征服，更在于他内心的强大。

作为中国漫长的封建专制时代的开创者，秦始皇在残酷的古代战争中，历经空前激烈的竞争，而成为一个真正的强者。他成就了中国最伟大的霸业，中华帝国在他身后延续两千年的辉煌。然而，真正的强者不在于他对外部世界的不断征服，更在于他内心的强大。

战国时期，各诸侯国不断的战乱给人们带来了苦难的生活，此时，东方世界需要一个铁腕人物，一个政治、军事强人！在人们看来，一个平易近人、感情丰富，或者一个慈悲为怀、懦弱无能的君王，根本无从承担起这个重任。嬴政恰恰就是为终结乱世而生的人，少年时代苦难的经历，扭曲的家庭生活，父亲、母亲给他的尊严蒙上的耻辱，过早地对宫廷深处尔虞我诈的内幕的了解和把握……凡此种种，都肯定促使他相信一点，那就是只能依靠自己的力量才能实现抱负。

其实，在这个世界上，所有的生命体只要还一息尚存，就无法逃避和停止不断的竞争、淘汰，强者生弱者亡的现实和结局。如果你是强者，坎坷对于你，就像个吹火的鼓风机，只能是越吹火势越旺。如果你是个弱者，坎坷对于你，就像个害人的病魔，慢慢会置你于死地。历来谋大事者，不唯旷世之才，亦有不屈之志。他们知道，人行于世，如同丛林各色动物，要么忍气吞声不要抱怨甘心为兔，要么出人头地不惜代价成为虎狮！一切都在于自己所选所为。奋，未必胜，颓，则必败！

有人企盼“鸿运”的光临，因为它可以瞬间改变人的客观生活条件。然而，“鸿运”却不能改变一个人的内在。一只雄鹰正在万里长空自由翱翔，“嗖”的一声一支箭从它身边“跃”起，直冲蓝天。可是，箭的“荣耀”转瞬即逝，不一会儿，它便一头栽倒在地。箭问鹰：“你为什么能在高空自由而长久地翱翔？可我怎么……”鹰答道：“你是靠他人的帮助才飞上天空的，我凭的是自己的努力——要知道，自己的力量是最可靠的。”的确，自己的力量是最可靠的。可是，现实生活中，像“箭”那样的人却有不少。值得庆幸的是，现实生活中有比“箭”更多的“鹰”，他们凭借自己的力量，取得了很大的成就。企盼“运气”施舍的人是命运的奴隶，只有勇踏崎岖人生之路，勇攀人生高峰，敢于面对磨难的人，才能成为生活的强者。

拿破仑在一次行军途中，一名士兵不慎落水。他不停呼救，甚是可怜。拿破仑不但没派人去解救，反而举枪对准那人：“快自己游上来，不然我打死你！”那落水者求救无望，只好自己拼命挣扎着爬上岸来。在苦难的深渊中，我们都想抓住那根救命稻草，而从不在乎它是否坚韧。人多不足以依赖，要生存只有靠自己。自立自强是我们成功的基石，是我们安身立命的根本。在苦难的深渊里，要做自己的救世主，不要妄想别人成为我们的救命稻草！如果我们每个人的命运都掌握在别人的手中，那么人生还有什么意义呢？只有在困难中以自己的全部力量与命运抗争的人，才是生活中的强者。

有一位哲人曾说：“没有比掌握人生更难的艺术，因为其他的艺术和学问，都可以找到最好的老师。”请记住，人生只能仰靠自己。阻挡你的墙必有其存在的原因！这道墙并不是为了阻止我们，这道墙让我们有机会展现自己有多想达到这目标。这道墙是为了阻止那些不够渴望的人，它是为了阻挡那些不够热爱的人而存在的。

居鲁士 Cyrus
一个文明的崇拜者

（约前 599 年—前 529 年）

居鲁士大帝，一个受命解救一切被奴役者的人，被人称为“王中之王”。他征服了巴比伦，释放了被尼布甲尼撒掳掠来的四万多犹太人；他曾把巴比伦强征豪夺的各城邦神像归还其主；他尊重巴比伦自身的信仰；他对失败的巴比伦末代君主予以优待和宽容。他是历史舞台上一个真正精彩的主角。

公元前六世纪以前，波斯是什么样子人们无从知晓。在吕底亚的克王父祖辈时代，波斯人也没有什么高尚的名声。比起巴比伦人，亚述人，叙利亚人，他们似乎是一盘散沙。直到居鲁士的出现，波斯才成为世界上的最辉煌帝国之一。他所建立的帝国永远改变了古代世界的政治体系。居鲁士创建的国家疆域辽阔，从爱琴海到印度河，从尼罗河到高加索。在铭文中，他骄傲地说：“我，居鲁士，世界之王，伟大的王。”

居鲁士的伟大并不仅仅在于他赢得了许多次战斗的胜利，征服了许多领土，更重要的是他所建立的帝国永远改变了古代世界的政治体系。尽管波斯帝国领土广阔、历史悠久，但是它对历史的影响却远不如那些历史更悠久的帝国如罗马帝国和中国那样大，但是在评价居鲁士的影响时，人们应该记住要是没有他的话，他所完成的业绩或许永远也不会出现。在公元前620年（约在居鲁士出生前30年），没有谁会想到百年之内半个古代世界会是在一个来自伊朗西南地区、从前默默无闻的部落统治之下。即使回顾历史，波斯帝国的崛起看来也不是由于先前存在的社会或经济因素而迟早注定要发生的历史事件之一，因此，居鲁士是真正改变历史进程的罕见的人物之一。

更重要的是，居鲁士是一个伟大的领袖，他在统治上和其他的征服者很不同。他采取的不是亚述帝国的恐怖政策，而是一种宽容政策，即或者维持现状，或者加以融合。居鲁士是君主的典范，王座上的神灵。他每一次辉煌的军事胜利，几乎都被历史学家看成是一次道德胜利。比如，被他打败的亚美尼亚国王，成了他一个心存感激的随从。那些被征服者向他欢呼，亚美尼亚人拿出自己最好的东西奉献给他，称他是“救星”和“恩人”。

如果没有居鲁士，犹太民族可能在公元前5世纪就已经灭亡，因此犹太人称他是“涂着圣油的王者”。与他的舅舅、米底亚王居亚克萨勒相比，居鲁士就是美德的化身：睿智、克制、公正、高贵、人道……

仁慈的世界之王

在公元前3世纪以前，中东地区一直是世界文明发展的重心，这一地区的发展沿着从城邦到地区性王国到洲际大帝国的轨迹前进，波斯帝国是上古中东诸文明的集大成者，作为历史上第一个地跨亚非欧三大洲的大帝国，它的出现也是世界历史的一个篇章的总结。它的创立者居鲁士以其一生不断的征战、征服和他对被征服者的宽容而在历史上留下浓重的印记。

公元前10世纪左右，有两个部落来到伊朗高原，一个叫米底，一个叫波斯。米底人居住在里海以南，波斯人则住在米底人以南。公元前 7 世纪，米底人脱离了亚述人的统治，建立起王国，定都爱克巴坦那。不久之后，米底组织起强大军队，征服了波斯人，后来又和两河流域的迦勒底人一起，灭亡了称雄西亚、北非的大帝国亚述。这一下米底人名声大噪。到了国王阿斯提亚格斯当政时，米底的国王平安传了四代，统治着伊朗高原和亚述。

有一天夜里，阿斯提亚格斯在梦中突然一声惊叫，睁开两眼后，再也不能入睡。天一亮，便叫来会占梦的僧侣，告诉他昨夜梦见自己的女儿曼丹妮撒尿撒成滚滚洪流，不仅淹没了爱克巴坦那城，而且泛滥整个亚洲。那僧侣听后大惊失色，说这可是不祥之兆，您的女儿将来有危及国家的危险。从此，国王阿斯提亚格斯对女儿曼丹妮便怀了戒心。等到女儿长大后，他下令她不准嫁给米底的王公贵族，而把她嫁给一个温顺老实的波斯贵族冈比西斯。

曼丹妮出嫁后不出一年，国王阿斯提亚格斯有一天又梦见曼丹妮肚子里长出一支葡萄藤，逐渐枝叶茂盛，遮住了整个亚洲。醒来后，国王又把那占梦的僧侣召来。那僧侣预言，他女儿的后裔将会取代他成为国王。阿斯提亚格斯立刻派人去波斯探访，果然公主已经怀孕。他急令公主回宫，派人严加监视，准备等孩子一出世，便立即将他弄死，以除后患。

不久，曼丹妮生下一个男婴。这个男婴，就是居鲁士。阿斯提亚格斯一听到消息，便叫来王室总管哈尔帕哥斯，让他把曼丹妮的孩子带出宫杀死埋掉。哈尔帕哥斯没有亲手把这个孩子杀死，而是把孩子交给了国王庄园里的一个叫米特拉达铁斯的奴隶牧人。对他说："国王命令你把这孩子带到山上杀死，不杀死这孩子，你就会去死。"

牧人的妻子看着这个男婴，不忍心下手。夫妻二人于是留下了居鲁士，用自己的死婴顶替交差。牧人的妻子叫斯帕科，在米底语中是"母狼"的意思，因此日后有传说称居鲁士童年时曾得到母狼的哺育。

尽管在普通的牧人家庭中长大，但居鲁士从小便显示出了与众不同的气质，在他 10 岁的时候，和同村的孩子玩扮国王的游戏，居鲁士被孩子们推举为国王，他鞭笞了一个抗命的贵族之子。事情越闹越大，以至于国王阿斯提亚格斯亲自介入调查，阿斯提亚格斯看着居鲁士说：“你作为如此卑贱之人的儿子，怎么胆敢狂妄地侮辱我最喜欢的人的儿子?”而他这样回答说：“主人，我有权对他这样做。包括他在内的村里的男孩子们，把我推选为他们的国王，因为他们认为我最适合这个职位。其他的男孩都按我吩咐他们的去做了，但这个孩子却没有服从，而且一点都没在意，所以最后他获得了应有的惩罚。如果因为这个我遭到任何不幸，那么我就在这里站在您面前，不会逃避。”

一个 10 岁的孩子竟然能如此说话，引起了阿斯提亚格斯的注意，他意识到这个孩子脸上的轮廓和自己看起来很相像。这男孩的回答也似乎有些超出他的身份，而且他的年龄也与自己丢弃的外孙相吻合。最终居鲁士的身份被发现。宫廷祭司说，这个孩子已经在游戏中成为国王，不会再第二次成为国王了。阿斯提亚格斯终于也消除疑虑，将居鲁士送回波斯。

此后，居鲁士逐渐长大成人，他也是所有同年龄的人中最勇敢和最受爱戴的。居鲁士在公元前 559 年，成为波斯人的首领，并且统一了波斯的 10 个部落。公元前 553 年，居鲁士起义反抗米底。为了说服波斯人追随自己，他命令全体波斯人带镰刀集合，让他们在一天之内将超过 3 平方公里见方的土地开垦出来。在完成这项任务之后，居鲁士发出第二道命令，让他们在次日沐浴更衣后集合。居鲁士宰杀了他父亲所有的绵羊、山羊和牛，并准备了酒和各种美食犒劳波斯全军。第二天，波斯人聚集在草地上，尽情饮宴。此时，居鲁士问他们是喜欢第一天的劳苦还是第二天的享乐。听到大家都选择了后者，居鲁士说：“各位波斯人啊，如果你们听我的话，就会享受无数像今日这般的幸福；如果你们不肯听我的话，那就要受到无数像昨天那样的苦役。”波斯人奉居鲁士为领袖，起兵攻打米底。

征服米底的战争持续了3年，公元前550年，居鲁士终于攻克了米底都城，正式建立波斯帝国。阿斯提亚格斯在做了35年的国王之后，就这样从王座上跌了下来。由于他的残酷压迫，米底人从此成为波斯人的奴隶。从那时起，居鲁士成为亚洲的统治者。至于阿斯提亚格斯本人，居鲁士并没有伤害他，只是把他养到去世。居鲁士就是这样出生，长大并成为国王的。

公元前539年，居鲁士开始进攻巴比伦王国。半个世纪以前，巴比伦人曾经两次进攻耶路撒冷，焚毁了犹太教的圣殿，将犹太权贵和工匠虏回巴比伦，史称“巴比伦之囚”。当犹太人哀叹何时才能结束流亡生活的时候，却得到居鲁士的诏令，允许他们回耶路撒冷并重建圣殿。犹太人欣喜若狂，在《圣经》中，他们将居鲁士称作“上帝的工具”，上帝应许他“使列国降伏在他面前”，“使城门在他面前敞开”。

公元前530年，居鲁士出兵征讨里海东岸广阔草原上的马萨格泰人。他们由寡居的女王托米丽司统领。据历史学家推测，马萨格泰人属于古代游牧于欧亚大陆北部的塞种人的一支，他们身材高大，相貌有北欧白人的特征，语言和风俗习惯与波斯人截然不同。

居鲁士扎下营盘，只留部分军队守卫，自己带领大部队悄然后退。马萨格泰女王的儿子率部劫营，杀死留守的波斯军人后，在原地饮宴。居鲁士回兵歼灭敌军，俘虏了女王之子，王子羞愤自杀。女王派使者告诉居鲁士：“我凭着马萨格泰人的主人——太阳发誓，不管你多么嗜血如渴，我也会叫你把血喝饱的。”

这场大战是居鲁士一生经历过的最残酷的战斗。在双方弓箭手射完所有的箭之后，两军展开肉搏厮杀，最终的胜利属于马萨格泰人，波斯军队几乎全军覆没，居鲁士阵亡。马萨格泰女王找到居鲁士的尸体，割下他的头颅，放进盛满血的革囊。她以此实践自己的誓言，让居鲁士“饱饮鲜血”。

居鲁士死后，他的儿子冈比西斯二世，寻回了先父的尸首，将其安葬在伊朗故都帕萨尔加德。居鲁士得到了永久的尊敬。200年后，灭亡波斯帝国的亚历山大大帝从希腊东征到此，不仅没有毁坏他的陵墓，相反还下令加以修葺。居鲁士陵2500年来屹立不倒，在陵墓旁的一根柱子上，一段铭文至今仍清晰可见："我是居鲁士王，阿契美尼德宗室。"

文明的崇拜者

居鲁士大帝征服了那么多的国家，那么多的文明，但他们却没有因此而毁灭沉寂，反而发扬光大，而那些本已销声匿迹的文明也因此而得以重生，居鲁士大帝的行为已很难再用帝王心术来解释了。与其说他是一个武力的征服者，不如说他是一个文明的崇拜者。

拿破仑曾经说过："盛名无非是盛大的喧嚣而已，喧嚣越大，传得越远，什么都会消失，只有喧嚣声继续存在，并在后辈儿孙中传扬。"居鲁士大帝没有这样的喧嚣，他的盛名来自他的宽容。他击败了企图谋害他的外祖父，但却让他和自己住在一起，颐养天年；他打败了和波斯世仇的米底帝国，但仍把米底国王当做一个帝王对待，对国王的忠告言听计从；他征服了巴比伦，在这里他的宽容达到了古代世界的顶峰，他严令军队不许扰民，尊重当地的风俗习惯、宗教信仰。

更难能可贵的是，居鲁士大帝还把历代巴比伦国王掳掠来做奴隶的各民族的人释放，并派军队护送他们回故乡，并以人力物力支援他们重建他们的家乡和文明。这其中就有曾被称为巴比伦之囚的以色列先民，正是居鲁士大帝使他们回到了那块"流着奶和蜜的宝地——迦南"，也正是居鲁士大帝帮助他们重建了耶和华圣殿，重建了犹太教，居鲁士大帝的事迹也因此而载入《圣经》。在《圣经》

中，居鲁士被奉上“弥赛亚”和“耶和华的受膏者”的称号，在巴比伦发现的居鲁士刻在圆柱上的文字证明了他对异族人的宽容。他善待被占城市的民众，严禁军队烧杀掠夺。根据巴比伦陷落后第一天所写的楔形文字泥版记载，人们依然过着正常和平静的生活。

在他那个时代，征服者对待被征服者就是烧杀和掠夺，“没有钱的就要他的妻子，没有妻子的就要他的脑袋”。要是没有居鲁士，犹太民族至少在公元前 5 世纪就有可能会被彻底灭绝。史上恐怕没有如此宽容的征服者：不仅没有对被征服地区进行破坏，反而使其发扬光大，被征服民族的首领被优待，波斯帝国百年的基础就是在他宽容的统治下奠定的，以致在他死后波斯帝国还在继续扩张。

从公元前 6 世纪中期一直持续到公元前 331 年亚历山大大帝击败大流士三世，波斯帝国统治着当时已知世界的大部分地区，从尼罗河直到印度河。它将地中海和今天的阿富汗连接在一起。波斯国王们的财富超出想象，其权势无可争议，他们居住在苏萨和波斯波利斯的宏伟宫殿里进行统治，容许子民们信奉不同的宗教和文化，收获近东文明已有的果实——在他们征服之前这里已经有了文字和城市生活。这本应足够令他们在历史上永垂不朽了。

> 波斯人，你们与我们（贵族）生养在同一个国家，与我们有着同样的肉体和灵魂。然而，虽然我们是同样的人，你们却在祖国不能享有与我们平等的权力。造成这种状况的原因不在我们，而在于你们被迫处于其中的日常生活条件。现在不同了，向神保证，我想让你们拥有你们过去所没有的那些东西。你们，如果你们愿意的话，可以像我们一样拿起武器，与我们承担同样的风险，而且，如果有荣誉和利益随之而来，你们的行为就值得接受这样的奖赏。
>
> ——居鲁士

历史上一次次征服，无不伴随着哭声，泣声，坍塌声。征服者盛大的喧嚣背后，是一个个人类文明的沉寂。居鲁士大帝征服了那么多的国家，那么多的文明，但他们却没有因此而毁灭沉寂，反而发扬光大，而那些本已销声匿迹的文明也因此而得以重生。居鲁士大帝曾说：“我宣布，我将尊重我帝国之下各国传统、习俗和宗教，绝不容任何总督及其部下有鄙视侮辱之。我绝不允许任何人欺压他人，如有发生，我将剥夺他的权力，并加以惩罚。”居鲁士的行为已很难再用帝王心术来解释了。与其说他是一个武力的征服者，不如说他是一个文明的崇拜者。

居鲁士大帝没有什么盛大的“喧嚣”，但后来人却记住了他，称呼他时总要说居鲁士大帝。正如希腊人长期认为波斯帝国是对自己独立的主要威胁，即使这样，他们也认为居鲁士绝对是一位令人佩服的君主。

宽容是一种伟大的品性

宽容是一种伟大的品性，是一种智慧和力量，宽容是对生命的洞见。宽容不仅是一种文明、胸怀，更是一种人生的境界，宽容了别人就等于宽容了自己，宽容的同时，也创造了生命的美丽。

人类的历史实际上就是为宽容、为寻求自身解放而不懈奋斗的历史，宽容与专横之争贯穿了人类的整个发展史。在长达两千多年的人类文明史进程中，走出野蛮、摆脱野蛮的首要做法，却恰恰是历经野蛮。从土著人被白人的无情劫掠，到西方势力开始征服世界，从十字军攻打“异端教派”，到中世纪无所不在的精神的牢笼与肉体的控制，到近代社会对科学与理性思想的巨大恐惧与残酷迫害，一切臭名昭著的行径都可以用“不宽容”三个字来概括。古希腊“微笑的哲学家”德谟克里特曾提出一条法则：“只有能够给绝大多数人提供最大幸福和最小痛苦的社会，才是有价值的。”近代德国哲学家费尔巴哈也说：“人活着就是为了让自己幸福。”可是，不宽容的结果，就是疏离文明，永守愚昧。

苏格拉底说：“世界上谁也无权命令别人信仰什么，或剥夺别人随心所欲思考的权力。”这个鼻梁塌陷、衣冠不整、朴实的矮老头，白天在街头巷尾与无业游民争执，晚上则洗耳恭听妻子的唠叨。可是面对民主法庭的宣判，这位老人不得不永远关闭智慧的闸门。70岁的苏格拉底，义无反顾地饮下毒鸩。临刑前，他手指天空，还和朋友做最后的交流，要他们多关注精神世界，而不是物质世界。在不宽容的时代，那些探索真理与自由的先行者的命运，大多如同《宽容》序言里那位漫游者一样：被“无知山谷”的人们用乱石砸死。

古希腊“智者学派”普罗塔哥拉宣布，“人是衡量世界万物的尺度，生命犹如昙花一现，因此全部精力应该用来使生活更美好更愉快。”可是“更美好更愉快”的生活不是上帝的恩赐，不是统治者的良心发现，需要无数人用智慧和勇气去博取。

我们不禁追问：今天你“宽容”了吗？是谁折断了宽容的翅膀？又是谁让我们放弃自由地飞翔？卢梭说：“放弃自己的自由，就是放弃自己做人的资格，就是放弃人类的权利，甚至就是放弃自己的义务。”更多的时候，很多人不是被迫放弃自己的自由，而是主动加盟“不宽容”的团队，把不宽容当做自我保护的法则，却不知也把自己送进了历史的黑洞。

“不宽容”如流行性感冒在肆虐。从火刑柱下的累累白骨，到断头台上的滚滚头颅；从恐怖的宗教裁判所，到“向书开战”的“禁书目录委员会”……我们看不清历史的暗角，却期盼着历史的拐点。法国哲学家爱尔维修断言：“人们在一种自由的统治下，是坦率的，忠诚的，勤奋的，人道的；在一种专制统治下，则是卑鄙的，欺诈的，恶劣的，没有天才也没有勇气的。”“不宽容”无疑是寄生在专制（或政治，或神学）肌体上的恶性肿瘤。“不宽容”的轮回上演，一幕幕，一场场，经久不衰，封闭的围墙之内做舞台，专制独裁是永远的主角，恐怖便是它永恒的主题，愚昧、迷信、盲从、懦弱、偏见、固执是它忠实的观众。“封闭”是“不宽容”滋生的温床，相反，“开放”则是宽容飞翔的天堂。

我们无需了解多少哲理和思想，只需做到“宽容”本身即可。纪伯伦曾经说过：“一个伟大的人有两颗心：一颗心流血，一颗心宽容。”一个懂得宽容的人，他的天地一定更加广阔；一个懂得宽容的人，他的精神一定更加充实；一个懂得宽容的人，他的心灵一定更加纯洁；一个懂得宽容的人，他的灵魂一定更加美丽。

阿育王 Ashoka

向善迈进的精神帝王

（约前 304 年—前 232 年）

在这个世界上，几乎没有哪一人能永远地完全控制住不义的尺度。阿育王用一生证明了一点：残暴的种子会结出仇恨的果实，仁慈的种子则会收获心灵的光明与平静。

公元前 4 世纪末到公元前 2 世纪是一个英雄辈出的时代，无论是西方的亚历山大，还是东方的秦始皇，都是通过武力称霸一时，但在公元前 3 世纪的印度出现了一位远远超越他所处时代的伟大君王——阿育王，他被许多历史学家称为人类历史上最伟大的君王。

初登王位的阿育王，为继承祖父和父亲的未竟事业，大肆扩张。他取得一个又一个胜利，但浓重的血腥气把阿育王从胜利的狂热中惊醒，他为自己制造的杀戮、死亡和驱逐而陷入了深深的悔恨之中，在岩石上刻下了永恒的忏悔录，意识到只有“精神的征服”才是“真正的征服”，随后被感化而皈依佛教。

阿育王的一生充满传奇，他从一个凶残暴戾的君王变成了一个笃信佛教的信徒。放下屠刀立地成佛之间的大彻大悟是经过怎样的心理转变？顿然的彻悟，抛释一切的任性和洒脱，使其成为人类历史上最贤明的国王。他说："所有地方的所有人都是我的孩子。"这位信仰佛教并且以仁爱著称的君主的话，包含着一种人道主义精神，善良、体恤、仁慈、关爱之情尽显无疑。他告诉人们要有慈悲之心，孝敬父母，善待亲朋好友及其他人，对动物也要尊重它们的生命，因为它们也是"众生平等"的一部分；对待仆人和穷苦的人，要乐善好施；要多做有助于大众的事，更要怀有宽容的心……

在这个世界上，几乎没有哪一人能永远的完全控制住不义的尺度。权力，财富，荣誉，仇恨等驱使着个别野心的膨胀与发展，但真正的智者会在恍然醒悟之后选择抛弃欲望和专横，重新令自己和他的臣民们回到善待生活的安全庇护中，取得了心灵的平静。而阿育王，就是一个最鲜明的例子。

善恶阿育王

世上有两个阿育王：一个是"黑"阿育王，残忍狂暴，嗜杀成性；一个是"白"阿育王，宽厚仁慈，弘扬佛法。阿育王善恶的转变，使其成为印度历史上最伟大的君王。他以佛学治世治己，并获得了不朽的名声。

公元前 327 年，马其顿帝国的亚历山大大帝横扫欧亚，而且将印度卷入到血腥争斗之中。由于亚历山大大帝的士兵们厌倦了常年的征战，这位伟大的君王不得不班师回朝。四年后，亚历山大在巴比伦病逝。此时，在印度地区又崛起一位伟大的人，他就是阿育王的祖父旃陀罗笈多·毛里亚，传说他出身于一个饲养孔雀的家族。公元前 324 年，旃陀罗笈多将当时古印度最大王国男陀王朝推翻，建立了一个根据其家族名称而命名的新王朝——孔雀王朝（公元前 324 年—前 187 年），定都华氏城。古印度由此进入了帝国时代。

阿育王的父亲宾头娑罗是孔雀王朝的第二代国君，在位期间大肆推行对外扩张政策，他曾消灭了16个大城君主，将其土地并入自己的版图。宾头娑罗凶残暴虐，被古希腊人称为“阿米特拉加塔”，意思是“杀人者”。宾头娑罗子嗣众多，阿育王只是宾头娑罗王众多王子中的一个。

传说阿育王从小生得丑陋，个性粗暴骄纵，并且还有皮肤病。虽然勇猛聪明又努力，却始终得不到父亲的欢心。他父亲对他的偏心从小到大就很明显，始终钟爱着长子修斯摩。在宾头娑罗的心中，长子修斯摩才是继承王位的最佳人选。阿育王长大以后，宾头娑罗害怕他会成为修斯摩的劲敌，因此当北方亚历山大帝国旧属地德叉尸罗发生暴乱时，宾头娑罗王派遣阿育前去平乱，但不准携带武器，心中盼望他战死沙场。

令所有人没有想到的是，天性聪明的阿育王不仅平定叛乱，而且还受到人民的尊敬，威权大振。同时，年轻的阿育王因其不同凡响的才能而受到一帮同父异母兄弟的嫉恨，都欲除之而后快。在母亲的苦苦劝说下，阿育王离开了险恶的皇宫，开始了自己苦行僧式的云游生涯。在这期间，阿育王又遭遇到刺客的攻击事件，刺客的攻击没能成功除掉阿育，但竟将他的母亲给杀死了。

公元前273年，宾头娑罗王病逝。不久，为了夺取王位，王子和公主们进行了残酷的内战，其中最为激烈的是阿育王和长兄修斯摩之间的战争。传说中阿育王杀死了99个兄弟才坐稳宝座，这当然只是夸张之说，但王位争夺的残酷激烈由此可见一斑。经过4年拼杀，阿育王终于登基，举行了灌顶仪式。

阿育王即位后，为了追随祖父旃陀罗笈多的事业，开始不断向外扩张。为此他发动一系列战争，首先征服湿婆国。据史料记载，在阿育王发动战争规模最大的一次远征孟加拉海岸的羯陵伽国。羯陵伽是孟加拉湾沿岸的一个强国，拥有步兵6万，骑兵1万，战象几百头。这个国家不仅在军事上很强大，而且由于海外贸易发达，在经济上也很富庶，这就引起了阿育王的野心。在他举行登基典礼后的第八年（约公元前262年）开始向羯陵伽大举进犯，但他遭到了当地居民的顽强反抗。

经过无数次的鏖战，阿育王终于攻下羯陵迦的首都，他手下的勇士叫喊着冲进城去，举起钢刀斩杀城里的人，顷刻之间，整座城市都陷入了一片血海之中。第二天，当阿育王面带着胜利者的微笑进城巡视的时候，他被伏尸成山、血流成河的场面震撼了，深感痛悔！一夜之间，一座美丽的城市变成了废墟，大街小巷，横尸相枕，血流成河，婴儿啼哭，寡妇哀叫。传说中，有 15 万羯陵伽人被俘虏，10 万人被杀。

胜利后的阿育王返回华氏城，他没有举行庆功宴会，也没有陶醉于胜利的欢乐之中，而是陷入了深深的苦恼。在他的脑海中时常浮现出这场战争的惨景，十多万屈死的亡灵时常在他的睡梦中叫喊，他没有睡过一个安稳觉，他的良心受到了极大的谴责，困惑不已。

为了寻求解脱罪恶之途，阿育王决意改变祖辈军事征服的残酷手段，放下屠刀，和善待民。经过两年多的苦心求索，他终于在一位高僧的感召下，从佛教那里找到了脱离苦海的最佳途径，摸索出以“虔诚感化”的方法来教诲人民，治理国家。阿育王向全国的人民宣布：“战鼓的响声”沉寂了，代替它的将是“法的声音”。

这场羯陵伽战争成为阿育王生平的转折点，阿育王也由昔日的冷面暴君变成了一位温和慈善的圣主。他把自己的人民称作自己的孩子，处处以仁慈为怀。他十分坦诚而热忱地向百姓讲授佛法，明示佛祖所言都是尽善尽美的真理。他教诲臣民要多行善事方可升入天堂。即使是出身卑微、地位低下的人也不例外，完全可以通过修行达到摆脱痛苦的涅槃境界。他还亲自参加僧侣教团的组织活动，维护其内部的团结，并招集教徒，编纂佛教经典，以求佛法永留。

这场羯陵伽战争还成为印度历史的转折点，当时释迦牟尼创立佛教已有 300 多年，期间经历七位持法者，进行过两次大结集。佛教的四谛、五蕴、八苦、众生平等的思想，广为传播，但跟同时的耆那教、婆罗门教、阿耆昆伽教等印度主要宗教相比，并未取得优势，更未传播到印度以外的地区。自从阿育王皈依佛门后，佛教得到了飞跃发展。阿育王宣称，他从此以后将不再向邻国派遣军队，而是宣扬佛法的高僧。为了把佛教尽快传遍国家的每一个角落，让更多的人笃信佛法，心悦诚服，阿育王启用一批官吏外出传教，诸如普拉代西卡、拉朱卡和尤克塔等，通常每年巡回一次，宣讲佛经佛法，兼理政务，传达阿育王的旨令，并把有关诏敕刻在所到之处的西亚、埃及、马其顿、伊庇鲁及北非古国斯勒尼，宣示佛的使命，又把自己的儿子和女儿送到南方的锡兰，诉诸理智，推广仁爱，以佛祖之慈善换取人间之和平。

阿育王在宗教方面并没有"唯佛独尊"，而是允许臣民百姓有宗教信仰自由。他在一道诰文中称："各教派都有一种或多种理由应受尊敬。照这样做，一个人把自己的教派提高，同时对于别人的宗教也有贡献。"为了坚定人们的信念，他慷慨地向各教派赠送财物，施舍物品，鼓励他的王后和王子们参加这些慈善活动，因此，人们送给阿育王许多亲善的美名，甚至连他自己都在碑文当中戏称自己为"德瓦南皮亚"，意译为"诸神宠爱的人"。

阿育王是印度历史上一位卓越的政治家、军事家、宗教家和改革家。他前半生用战争统一了印度国土，后半生皈依佛教，推行仁治，改善了邻邦关系，使孔雀帝国进入了鼎盛时期。公元前236年，阿育王枕着佛众送给他的"护法名王"的尊号离开了他的子民。阿育王死后不到十五年，孔雀帝国便土崩瓦解，此后再未恢复过，但是佛教却因为得到过阿育王的大力支持，对世界产生了长期的巨大的影响。随着佛教在世界范围内的广泛传播，阿育王也成为佛教护法的楷模。

善恶一念之间

历史上的阿育王早已卸下金闪闪的王冠，他不再是伟大的帝王，他的丰功伟绩也已烟消云散，不再那么让人敬畏。今天人们心中的

阿育王只是一个为了维护统治的需要传播佛教的使者，但同时也是一个爱的施予者。

在人类社会的早期，那些曾经称霸一时的君王无一不是杀戮成性，因为不杀戮就不能夺取和维持政权。在那个遥远的年代里，弱肉强食就是生存法则。要想获得财富、名誉、权力，甚至是保全自己的生命，就要不停地杀戮。印度佛经典籍曾记载："世上有两个阿育王，一个是黑阿育王，残忍狂暴，嗜杀成性；一个是白阿育王，宽厚仁慈，弘扬佛法。"

阿育王的早期也是一个残暴的杀戮者，而且是一个成功的杀戮者，但阿育王的伟大之处就在于他意识到了人类互相残杀是一种悲剧，他一旦意识到这个悲剧，他就停止了残杀。他的存在使那个血腥的时代有了些许温情和暖意，高尚和美好。他在位的时代是印度最人道、最美好、最繁荣的时代，这位伟大的君主远超越他所处时代的伟大君王，因此也被许多历史学家称为人类历史上最伟大的君王。

羯陵伽战争之后，阿育王目睹了战争带给人民的巨大痛苦。从此他下定决心：不用武力和暴力征服世界，而是依靠仁爱和慈善换取人间的和平。在一份诏书中，阿育王是这样详细叙述自己观念的改变："当品德仁慈的神所钟爱的国王被奉为神圣已经 8 个年头的时候，羯陵伽被征服了。15 万人被俘，10 万人被杀，还有更多的人死去。征服羯陵伽后，神所钟爱的（指代阿育王自己）立刻开始追寻正义、赞扬正义、指导维护正义。当一个尚未臣服的国家被征服时，很多人被杀死。……神所钟爱的对此心生怜悯并深感悲痛。任何人犯了错，只要还能够宽恕，就将能得到宽恕。神所钟爱的甚至要劝说帝国的森林部落并谋求改造他们……神所钟爱的把正义的胜利看成一切胜利中最伟大的胜利。"

这就是伟大的阿育王。由于他把"正义的胜利看成一切胜利中最伟大的胜利"，所以他开始皈依佛教，遵循佛陀的教诲。他认为，人类一切不合理欲念都会造成人类的恶，对这些欲望的自我克制才是人类最高的善。

阿育王在位一共28年，他视臣民如子女，具有民胞物与，众生一体的大慈大悲精神。他开始推行“便民之法”并将所有该法的条文镌刻在全国各地的石柱或山岩上。诰文内容及实施要点如下：

敬长：对于父母、师父、长老及高级官员等，均应尊敬，尤其对于双亲，务必要尽孝道；对于亲属朋友，也应和蔼相处。

爱众：居高位者，对于下级属员、佣仆，以及贫苦亲属，应当谦和相待。至于苦行道士、婆罗门教徒、佛教僧尼，也应敬重有加。

真诚：为人要真诚，说话真实，不可妄语，纵使有损钱财，亦当为之。

施舍：对于修禅苦行之士、老弱残废之徒，应竭尽所能从旁协助，或布施财物，或扶持生计，以尽人道。

护生：对于一切动物不可伤杀，以终其天年。阿育王为了实现这个理念，以身作则，停止狩猎，设立兽医院，规定宫廷御厨不得杀生。

容忍：宗教人士应彼此包容，不可批评他教之短，显扬自己之长。

作业：坚信往生极乐世界之说。为了往生净土，今世之人应当广做善事。

对于边界人民偶尔发生违法乱纪的事情，阿育王都予以赦免，并让他们能按正法生活。同时，他也训诫他的继承者，不可用武力征服邻邦，应以仁民爱物的态度获得邻邦人民的真诚归附。除此之外，在妇女教育制度的确立上，阿育王走得更远。要知道，在当时的古希腊，妇女备受歧视，这体现了阿育王的远见卓识。

从公元前261年起，阿育王开始使用政府机构的财力资源来弘扬佛教，并且曾经亲身偕同优波笈多尊者等千余人，参访佛陀降生处蓝毗尼园、初转法轮处鹿野苑，及佛陀涅槃处双树林。由于阿育王对佛法的大力弘扬与护持，全国人民也随之笃信佛法，佛教因此也就成为当时印度的国教。

阿育王不但有传布佛教的伟大信念，更想在行政方面建立一个能够为其他人仿效的榜样——一种更人道的帝制。他出于伟大的慈悲心，宣布所有人都是他的孩子，体现了一种惊天动地的悲悯和伟大的爱心，这在人类的幼年时期是绝无仅有，即使现在也是凤毛麟角。没有这种伟大的爱心，我们无法想象阿育王在位期间，能够提倡现在还只有少数人能够理解的非暴力主义，能够鼓励和推广素食主义，能够号召用朝觐代替狩猎。阿育王确实值得人民爱戴，更值得印度人永恒怀念。他结束了印度半岛长期争战的局面，建立了第一个政权统一的国家，他奠定了印度以"法"治化的传统，掀起了巡礼圣地、建造佛塔的热潮。这位曾经暴虐的君王变为万民敬仰的贤君圣主之后，他的帝国才实现了真正的统一，然而，在阿育王驾崩之后，印度再也没有出现过如此强权的帝国。

人是复杂的，人又是简单的。善者，诚谦慈勤俭；恶者，欺骄嗔惰淫。人之善恶，皆由心生。心善则行善，心恶则行恶。在一念之间，很多事情已经有所决定和改变。阿育王终因羯陵伽国一战而幡然向善，这正是人们常说的顿悟就在瞬间的一念！

生而向善

我们都应该生而向善。善用其心，善待一切，我们便拥有爱。对爱的追求就是对未来的追求，就是对光明的追求。

雨果曾说："生活有两种，一种是暂时的，一种是不朽的；一种是尘世的，一种是天国的。……人也是二元的，在他身上，有一种兽性，也有一种灵性，有灵魂，也有肉体。"在雨果看来，一个人身上同时寄寓着黑暗和光明，黑暗属于尘世、光明属于天国；雨果坚信人的光明面可以战胜黑暗面，一个人如此，一个社会也如此。

的确如此，我们生活的世界就是一个美与丑、善与恶、真与伪、光明与黑暗的搏斗场，但是无论怎样，我们都应该相信善能胜恶、爱能消恨，人性能够汰除污秽而不断地自我完善。没有人愿意生活在一个人人向恶的社会里，在这样的世界里，人类是无法延续的。我们的财产、家人、生命随时都会离开，我们的生活没有亲情、友情、爱情，没有安全感，没有欢声笑语。

人与人之间应该有一种纯朴的爱惜、同情、怜悯的“心灵关系”，即“恻隐之心”；任何一个人只要得到怜悯和同情、得到爱的滋润，生命力便会旺盛、灵魂便能得救。杀戮一度成为阿育王一统江山的武器，他不停地带兵打仗，残暴不仁，鲜血沾满了他的双手，而人民对他仇恨的火苗也越烧越旺。眼睁睁地看着自己杀人如麻，造成了十万人的生灵涂炭。看着自己的暴君政策，众叛亲离。阿育王痛苦至极，所有的仇恨都变得没有意义，所有的罪孽都永远无法消除。最终他选择了“放下屠刀”，他感受到了“仁慈”和“宽容”的力量，灵魂受到空前的震慑，同时也得到了救赎。

雨果笔下的冉阿让，他曾经作恶多端，他的灵魂浸没在黑暗中，是米里哀主教的“仁慈”与“博爱”感化了他，使他恢复被遮蔽的人性、开始改恶从善。冉阿让的转变体现了一个人心灵中光明与黑暗的生死搏斗。

古希腊传说中的英雄海格立斯，在 18 岁的时候遇见了两位女神，一个叫“善德”，一个叫“恶德”。他克服了恶德女神的诱惑，听从了善德女神的召唤，走上了幸福之路。海格立斯后来替人类建立 12 大功勋，以自己的美德使生命长存，成为世代传颂的英雄。

人，从一开始并没有善恶之分，善恶行为由人的意志而决定。我们只是普通人，也许不具备非凡的品性、才智和勇气；每天也不可能像苦行者一样严于律己地生活。在现代社会中，我们被各种利益所驱使，人与人之间的爱似乎已经淡化，人们通过不同的方法使自己的利益最大化，甚至是不惜伤害他人。我们在不断地习惯并接受这种丑陋，“伤害他人者”和“被伤害者”的身份随时变化。然而，我们却可以从阿育王、冉阿让的善恶变换中，感觉到伟大的爱的力量和无畏的人道主义的精神。

我们都应该生而向善。莎士比亚说过："生命短暂，只有美德能够留传到遥远的后世。"现实中的幸福，离不开人们把高尚的道德深入到自己的内心，因为高尚的道德会给人以深刻而持久的精神需求的满足。幸福的人生是每个人的渴望，我们怎样才能幸福地生活？幸福的秘密也许就在于生活中我们要与人为善。

在我们这个世界上有这样一种人，他们善良得超乎想象。他们视善良为天职，视善良为生命，无端加罪而不怒，无辜受辱而坦然，代人受过，以德报怨；在被人误解时，若无其事，一如既往，不鸣冤叫屈，洗清自己，将所有问题都自己扛；在真相大白时，心如止水，宁静谦和，对给自己身心造成伤害的人笑脸以待，没有一点不满。如世界敬重的天主教慈善工作者特蕾莎修女，一生都在印度加尔各答为穷人服务；20世纪人道精神划时代伟人、著名学者以及人道主义者艾伯特·史怀哲，具备哲学、医学、神学、音乐四种不同领域的才华，但却终其一生行走在非洲大陆上，探寻生活在那里的人的悲痛；现代护理的鼻祖、被人誉为"提灯女神"的弗洛伦斯·南丁格尔放弃了优越的生活，以最高贵的奉献精神把一生献给了护理事业；还有圣雄甘地以他的公民不服从、不合作，和绝食抗议等的政治主张，获得了世界范围的关注。

我们可以从这些历史的碎片中找到一种精神上的依托。善用其心，善待一切，我们便拥有爱，对爱的追求就是对未来的追求，就是对光明的追求。

（前 156 年—前 87 年）

汉武大帝

大汉精神的传承者

在中国历史上曾经有这样一位帝王，他建立了一个国家前所未有的尊严；他给了一个族群挺立千秋的自信；他的国号成了一个伟大民族永远的名字，这个人就是汉武帝——大汉精神的传承者。

汉武帝是一位承前启后而又开天辟地的真正伟大的君王。在他前古的历史上，他所建树的文治武功无人可及，他的风流倜傥超群绝伦，他的想象力使政治成为艺术，他的权谋和机变令同时代的智者形同愚人，他胸怀宽广，既有容人之量又有鉴人之明。他倡导以德立国，以法治国。平生知过而改，从善如流，为百代帝王树立了楷模。在后来的唐太宗、明太祖、康熙皇帝的言行中，多多少少都可以看到他的影子。

汉武帝具有超越历史的雄才大略，是一位精于战略和外交设计的奇才。这种天才使他能运筹帷幄而决胜万里，处庙堂之上，而其武功成就，则足以使西方汉尼拔、亚历山大、拿破仑等驰骋于疆场的将帅黯然失色。

汉武帝并不是一个超俗绝世的圣者。他好色、骄傲、虚荣、自私、迷信、奢侈享受、行事偏执。普通人性所具有的一切弱点他几乎都具有，但是，尽管如此，即使他不是作为一个君王，而仅仅是作为一个普通凡人，那么以他一生的心智和行为，他仍然应被认为是一个顶天立地的男子汉，一个机智超群的智者，一个勇武刚毅的战士，一个文采焕然的诗人，一个想象力浪漫奇异的艺术家，以及一个令无数妙女伤魂断魄的荡子。他不仅开创了制度，塑造了时代，他的业绩和作为也深深地熔铸进了我们这个民族的历史与传统中。

大汉盛世的缔造者

汉武帝前无古人的巨大功业，成为社会前进运动中一座勃然突起的巨峰，成为中国历史上一颗耀眼的巨星。汉武帝的时代是中华民族历史上最值得自豪和展示的伟大时代之一。长达 54 年的铁腕统治，铸就了刘彻雄才大略的独特风格和高大形象，在后来中国的历代皇帝中，都可以看到汉武帝的影响。汉武帝创造了一个英雄辈出的时代，他的业绩和作为也深深地熔铸进了我们这个民族的历史与传统中。

公元前 156 年，汉景帝刘启登基。同年，他与妃子王娡的第一个孩子出生，取名为刘彘，后改为刘彻，他就是后来的汉武大帝。由于刘彻的母亲并不是皇后，所以刘彻没有继承王位的权利。不过，刘启倒对这个孩子十分喜爱，因为刘彻天资聪明，不仅明眸皓齿，乖巧伶俐，而且“读书成诵，过目不忘”，三岁就能熟背典籍，五岁时竟然能作诗。于是，汉景帝将小刘彻封为“胶东王”。

喜欢刘彻的不仅只有皇帝一人，他的姑姑也对刘彻十分看重。凭着多年宫廷生活的经验，这位西汉长公主意识到，虽然景帝已经立了刘荣为太子，但是由于刘荣的生母专横跋扈，刘彻取代刘荣成为大汉太子将成为不争的事实。果然如此，景帝七年，汉景帝刘启力排众议，废掉太子刘荣。在刘启姐姐的游说下，刘彻被顺利立为新太子。公元前140年，汉景帝刘启驾崩，年仅15岁的太子刘彻在汉景帝灵前即位，君临天下，成为汉武大帝。同时，汉武帝将自己即位的这年改为建元元年，成为中国帝王中第一个使用年号的君主。之后，中国历代帝王均沿袭了汉武帝的这个做法。

西汉开国皇帝刘邦是“马背上的皇帝”。经过秦末农民战争和楚汉争霸，民生凋敝，生产力遭受极大的破坏。为了恢复生产，安定民心，从刘邦开始的西汉四代君王均采取“轻徭役、薄赋税”的政策，对内让百姓休养生息，恢复生产，对外则韬光养晦，睦邻友好，这与诸子百家中“无为而治”的道家思想不谋而合。但对于血气方刚、胸怀大志的汉武帝刘彻来讲，“无为而治”显然成了他施展抱负的羁绊。同时，由于北方匈奴不断袭扰汉朝边境地区，如果继续以“无为”来忍让，就会给国家安全带来现实的影响。于是，刘彻开始改革，把“无为而治”变成“有为人治”，拉开了汉朝盛世的序幕。

不过，改革的路上并非一帆风顺。这主要是当时的太皇太后窦氏与武帝的治国思想有着很大的区别。按照规定，分封的一些王与侯都要到各地自己的封地去，但窦氏的亲属们都不愿意到那些边远的地方去，而选择了留在京城。所以互相勾结，违法乱纪的事经常发生。

窦氏推崇在汉朝初年很盛行的黄老思想，即远古的黄帝和近世老子的思想，主要是“无为而治”。此时的汉武帝还只是个小毛孩，没有足够的力量与窦太后较量，只能养精蓄锐，等待时机。四年后，汉武帝终于等来了机会，公元前135年左右，窦氏去世，武帝马上将窦氏的人一律罢免，治国思想采用了儒家的主张，开始加强中央集权，对付地方的豪强势力。

汉武帝统治中期，得知江都王刘非、淮南王刘安与衡山王刘赐囤积粮草，私制兵器，意欲谋反之后，当机立断，先派主父偃为钦差，到江都调查；而后又圣驾御江都，设下连环计将诸叛臣一网打尽。之后，又施行“推恩令”、颁布“附益法”巩固了大汉的中央集权制。

在建立了先进有效的政治体系和政治思想之后，汉武帝厉兵秣马，开始了对匈奴的讨伐。其实，自汉高祖刘邦白登之围后，西汉与匈奴之间就一直采取“和亲”政策。“和亲”实际上是一种妥协，不但要把汉朝皇室的公主嫁给匈奴人，而且每年还得送给匈奴许多财物。即使是这样，匈奴还经常骚扰大汉的边境地区。

汉武帝刘彻即位之后，大汉和匈奴之间的关系已经发生了微妙的变化。经过文景两代的发展，大汉朝不仅国富民强，而且匈奴咄咄逼人的攻势已经基本被遏制。但雄心大志的汉武帝的目的绝对不止于此，还在做太子的时候，他就不断勾画着一个梦想——让匈奴单于告饶于大汉朝的马前。一场大汉帝国的反击战争，一场孕育了几十年的足以洗刷先辈耻辱的大规模军事打击计划在汉武帝的脑海中孕育着。

为了根除匈奴的侵犯，到了公元前 119 年，汉武帝经过充分准备之后，派卫青、霍去病各带五万精兵，分两路合击匈奴。这是匈奴跟大汉最后一次大型的正面战役。汉武帝反击匈奴之战，从武帝元光六年（公元前 129 年）开始，共历时三四十年之久，展开过河南之战、河西之战和漠北之战三次重大的军事反击。这三次战争的决定性胜利，从根本上解决了匈奴的南下骚扰问题。

之后，匈奴撤退到大漠以北，自此漠南无王庭。西汉王朝重新占据了朔方以西直至张掖、居延泽之间的大片土地，从军事上为汉朝开通西域提供了保障。汉武帝时代的汉民族向游牧民族采取大规模骑兵攻势作战、并获得决定性胜利，留下了“犯强汉者，虽远必诛”的威名。汉武帝的梦想终于得以实现。

公元前 119 年之后，雄才大略的汉武帝又恩威并施，相继征服了南越、滇、夜郎、卫氏、朝鲜、南羌这些一度与西汉对抗的民族、地方政权，基本奠定了西汉王朝在东北、东南、西南、西北的疆界，成为有史以来前无古人的辽阔疆域的全权统治者。

作为一代帝王，汉武帝建立了前无古人的功绩，但同时也一手制造了帝国的衰落。随着西汉王朝的日益强大，刺激了他唯我独尊的奢侈享乐欲望。一个普通人的奢侈无度至多是造成家业的败落，但一个帝王的穷奢极欲则无疑是一场国家的灾难。他为自己大兴土木，所修的宫殿一座比一座豪华，同时他也学秦始皇的到处出巡，劳民伤财。他还幻想着长生不老，到处求仙访道。晚年的汉武帝多疑、敏感，而且异常的冷酷，当他自认为权力受到了威胁的时候，他更能六亲不认并且杀人如麻。在巫蛊事件中太子刘拒、皇后卫子夫就是被活活逼死，牵扯其中的人更是众多。

巫蛊事件逼迫太子自杀对汉武帝刺激极大，促使他进行深刻的自我反思，从而使治国之策开始由“多欲”向“无为”回归。公元前 89 年，汉武帝最后一次去泰山封禅，当走到钜定县看到农民在辛勤的劳作时，武帝就亲自拿来工具，到田里参加劳动，说：“朕即位以来，所为狂悖，使天下愁苦，不可追悔。自今事有伤害百姓，糜费天下者，悉罢之。”不久，田千秋请求武帝斥退方士，不要再搞求神求仙的事。武帝也十分同意。武帝终于醒悟，任命田千秋为丞相，封富民侯。

在连年的战争、大兴土木等的事情下，国力下降，当他发现国力不是他想象中那么好之后，决心悔改。于是著名的“轮台罪己诏”就发生了。汉武帝历数他所犯下的错误，以正式诏书的形式公告天下，这其中就包括了为太子刘拒平反。在那时，他决定再次休养生息、与民休息。

汉武帝也是凡人，最终无法避免生老病死的自然规律。当他错杀了太子后，他再立皇子刘弗陵为继承人，后又决定由霍光等辅政。在决定辅政大臣后又积极地制定了后续的治国方略。似乎命运让刘彻在安排好一切后再逝世，在后元二年二月，汉武帝刘彻崩于五柞宫，享年 70 岁。

大汉的灵魂之君

雄才大略的汉武帝在位的半个多世纪，使泱泱大汉登上了顶峰。终汉武大帝一生，亲朝政，尊儒术，立中朝，建年号，平匈奴，通西域，拓疆土，可谓誉满天下，他建立了一个男人的朝代，至今仍令我们津津乐道。

汉武帝刘彻是秦始皇以后又一位雄才大略的皇帝，他把秦始皇创建、汉高祖重建的帝国体制进一步强化、完善，使大汉帝国尽显其威仪，并且走向了顶峰。在他的带领下，汉帝国成了一个充满了光荣与梦想、童话般华丽的王朝，对于今天的东亚人，这个伟大的帝国投下的背影与梦想值得我们去追忆与品味；总之，第一帝国无愧于“强汉”、“隆汉”与“雄汉”等诸多盛誉。威震寰宇、煌煌盛大的汉帝国受到后世东方文明的推崇与景仰。

在现代历史学家中，对汉武帝最浪漫的评价莫过于翦伯赞的评价。他这样写道：“汉武帝是一位活泼、天真、重情感的人，他除了喜欢穷兵黩武外，还喜欢游历、喜欢音乐、喜欢文学、喜欢神仙。他是军队英明的统帅，是文学家亲切的朋友，是方士忠实的信徒，特别是李夫人最好的丈夫。他绝不是除了好战以外，一无所知的一个莽汉。”翦伯赞的评论，揭示了一代帝王通过自己的力量对历史产生的重要影响。

鲁迅也曾经通过鉴赏汉代铜镜这样的艺术品，发表过对汉代文化特征的评论。他说：“遥想汉人多少闳放，新来的动植物，即毫不拘谨，来充装饰的花纹。”“汉唐虽也有边患，但魄力究竟雄大，人民具有不至于为异族奴隶的自信心，或者竟毫未想到，绝不介怀。”对于美术风格，鲁迅也曾经说：“惟汉代石刻，气魄深沉雄大，唐人线画，流动如生，倘取入木刻，或可另辟一境界也。”这里所说的“魄力”、“气魄”，已经不限于艺术，而涉及了当时汉文化的精神。

鲁迅先生所说的“闳放”和“雄大”，不仅可以看作对汉朝社会文化风格的总结，还可以看作对当时民族性格、民族精神的表述。当时的汉人，比后来一些时代有更多的率真，更多的勇敢，更多的质朴，更多的刚强。

从另一个角度讲，“闳放”和“雄大”还是对汉武帝个性的表述。汉武帝是一位极具魄力的皇帝，甚至称之为霸道也不为过，在其年轻时期极力主张崇武治军的思想，在其持剑主朝就可以看出。他主持的汉王朝是一个充满男性阳刚的朝代，处处透露着舍我其谁的霸气，对其前任的数位帝皇对西域匈奴采取的和亲以换边境安宁的做法极为不齿，从登基伊始就为洗刷这一耻辱的境况努力着，尤其是面对伊稚斜单于和亲后尚滋扰边境，滥杀屠城深深刺痛，他说：“寇可往，我亦可往！”从此，拉开了汉王朝对外政策反守为攻的序幕。

可以说自汉代以后尤其是西汉以后，中国的历朝历代也极少再有汉武的雄风，有人说是儒家误了汉民族，但汉武帝为什么能拿捏得如此到位？后世之君并非没有英明的君王，而是他们只看到了儒学式的文治教化更方便于统治黎民，而疏忽了法治才是治国强军之道。

汉武帝开创了一个民族的精神风貌，在他统治的历史时期内，整个帝国的人都有一种积极进取的精神。借用当时人的表述习惯，这种时代精神表现出“奋迅”、“驰骋”、“奔扬”、“驰骛”的节奏特征。汉武帝执政，用事四夷，以武力拓边，尚武之风益起，影响到社会生活节奏转而更为骤急。当时人们热心于一种飞车竞驱的“驰逐”运动，《史记·货殖列传》和《汉书·东方朔传》中都有记载。被《淮南子·说林》称作“追速致远”的这种追求高速度的竞技形式，为社会上下普遍喜好。汉武帝喜好亲手击杀熊和野猪，挽弓纵马，追逐野兽，都反映出当时的社会风尚。

《汉书·陈汤传》记载，西汉晚期，甘延寿、陈汤经营西域，克敌立功，有“犯强汉者，虽远必诛”的壮语。这种强烈的国家意识，都是在汉武帝的影响下形成的。这种意识的心理基础，正是强大的民族自尊心。当北方的匈奴不断骚扰中原之时，汉武帝就以足够的雄心和魄力发起对匈奴的远征，但是他本人的民族情结，其实却一点儿也不狭隘。比如匈奴贵族子弟金日磾受到信用，甚至受顾命，辅幼主，就是明显的例子。著名秦汉史学者劳干在为《创造历史的汉武帝》一书所写的序言中说：“旧说非我族类，其心必异，然自武帝托孤于休屠王子，天下向风，共钦华化，而金氏亦历世为汉忠臣，虽改朝而不变”。这样的历史事实，都可以看出汉武帝并不是一个狭隘的统治者，体现了他开明的政治政策。

雄才大略的汉武帝在位的半个多世纪，使泱泱大汉登上了顶峰。终汉武大帝一生，亲朝政，尊儒术，立中朝，建年号，平匈奴，通西域，拓疆土，不可谓誉满天下，他建立了一个男人的朝代，至今仍令我们津津乐道。

民族的精神

中国的民族精神不完全来自于秦始皇一统天下的格局，而也来源于汉武帝一统天下的理念。汉武帝以他的果敢，以他的远见，以他的大智慧，不仅将中华的文化传承下去，更丰富了中国人的民族精神。

孙浩辉先生在《大秦帝国》序言中有这样一段话，“原生文明是一个民族的根基。一个国家、一个民族，在她由涓涓溪流汇成澎湃江河的历史中，必然有一段沉淀、凝聚、升华、成熟的枢纽期。这个时代所形成的文化文明，如同一个人的生命基因，将永远以各种各样的方式影响或决定一个人的生命轨迹。”中国缺失的就是一种对战国时代精神的追寻。春秋战国时代，应该是中国历史上最为壮烈最绚丽的时期。那时的中国人勇武，刚烈，无畏无惧。他们仁孝而忠勇，智慧而质朴，他们重气节，讲礼仪，识进退，知荣辱。他们可以舍生取义，杀身成仁，也坚信“武无德而不立”！

然而，中国的民族精神不完全来自于春秋战国与秦始皇一统天下的格局，也来源于汉武帝一统天下的理念。武帝之后，中国人的那种昂扬的斗志、大国的情怀延绵千年，傲视族群。汉武帝以他的果敢，以他的远见，以他的大智慧，不仅将中华的文化传承下去，还丰富了中国人的民族精神；也是他，让中国走向了统一稳定的道路。凭着汉武帝的果敢和独断，才使汉初华夏人民羸弱的性格扭转过来，为后世发展铺平道路。

汉武帝并不是一个让人喜欢的帝王，生活在武帝朝的人是不幸的，但是武帝之后的中国却享受到武帝强权改革后带来的福祉。汉武帝掌权之后，立即重用很多儒家官吏掌握朝政，企图通过朝政各方面的改革解决汉初社会的问题。尽管太皇太后窦氏一再阻挠，他仍不改初衷。他认识到，要将中国纳入一统的格局之中，就该让所有的自由、民主、公益纳入官方化的一统。否则就算疆土一统，未来社会也必然动荡不安，各种的异动都会登上历史的舞台，到最后社会发展必将停滞。

所以他毅然选择儒家思想作为统治思想，通过儒家的礼仪道德规范各种社会阶层。在朝政上，他设置“内朝”，进一步削弱相权，巩固皇权。在各诸侯国问题上，他颁布“推恩令”，将同姓诸侯王基本削弱殆尽，使汉初头疼的藩王问题迎刃而解。在军事方面，他穷尽一生对抗匈奴，平定南越，将中华版图进一步扩大。这样的君王，他一生都为了大一统而努力，必然他也一定要将战国以来那种自由民主的社会阶层消灭殆尽。

汉武帝带给中国的是一种大国情怀，民族精神。之后的中国，儒家思想统治了两千多年，汉初各项制度也延续千年，尤其是中国人面对北方游牧民族的态度。战国以来，那种面对匈奴恐惧懦弱的心态改变了，中央王朝不仅能够在制度文化上领先匈奴，并且在军事力量上依旧不输给北方游牧民族，最终匈奴灭亡归入中华民族。中国人终于可以昂首于这个世界，他们发展了自己的制度文化上的优势，军事上的强势，为后来唐宋时期东亚各国争相学习中国文明提供了坚实的基础。

儒家思想自汉以来立于王官之学，成为一统的社会政治意识形态，至今已两千年。其以仁为本的理念、德主刑辅的治世策略、礼乐教化的社会功能、以天下为己任的济世情怀、任德不任力的王道政治理想、“义利之辨”“人禽之辨”“王霸之辨”“夷夏之辨”的义法等，都无不闪耀着政治智慧的光芒。在儒家传统基础上建构出来的中国古典社会政治制度，为两千年来的历代王朝所沿袭。我们可以说，儒家传统的价值理念及其衍生出来的社会政治制度型构出了灿烂的中华文明，型构出了中华民族独特的民族个性、民族品格及民族精神，它是上天赐予中华民族及整个人类的一份宝贵的精神财富。

英国著名历史学家汤恩比博士曾推出这样一个预言：“世界未来的文明时代就是儒家思想的文明时代，因为儒家忠孝仁义的文明，就是人类最本性的文明。”儒家思想给我们的，永远是一个人生动态的系统，我们不可以断章取义、不可以僵死地去理解。这些古圣先贤的思想精华，当在你的血液中流动起来的时候，你欢喜的态度本身就是我们今人对于古人最高的致敬！当然，我们也不该忘记那位其一生都在以儒家思想为治国之道的帝王——汉武帝，他建立了一个国家前所未有的尊严；他给了一个族群挺立千秋的自信；他的国号成了一个伟大民族永远的名字。

恺撒大帝

古罗马的勇毅者

（前 102 年—前 44 年）

他是一个最高贵的罗马人。除了他一个人以外，所有叛徒们都是因为嫉妒恺撒而下的毒手；只有他才是基于正义的思想，为了大众的利益，而去参加他们的阵线。他一生良善，交织在他身上的各种美德，可以使造物肃然起立，向世界宣告："这是一个汉子！"

历史上的恺撒大帝，作为古罗马帝国的奠基者，以其辉煌成就被世人广泛敬仰，自古罗马时代即被尊为半人半神的圣人。在西方，其影响及声望几乎仅次于上帝；而在全球，有不相信上帝的人，但却没有人会怀疑恺撒大帝的力量。两千余年前的恺撒大帝被世人誉为西方领袖学的源头，在恺撒大帝逝世后 44 年耶稣才诞生。有史学家提到，两千年前谁会注意到耶稣诞生的伯利恒小镇，而由恺撒大帝缔造的古罗马帝国得到了人们广泛的注目。

"我来到，我看到，我征服。"这是恺撒简短的座右铭。一位文武全才的独裁者，通过传奇的战役，从强大的敌人手中赢得了罗马，改变了世界。恺撒是英雄的象征，是才智的化身。他的氏族名被用来代表罗马历中的七月，他的家族名曾被用来代表罗马皇帝的尊号。

这位无冕之王，已经成为尊严和权力的象征，他的雕像出现在罗马的大街小巷，他的亲信遍布帝国各级政府机构中，他的事迹被人们广泛地传诵着。莎士比亚曾这样评价他：“他是一个最高贵的罗马人。除了他一个人以外，所有叛徒们都是因为嫉妒恺撒而下的毒手；只有他才是基于正义的思想，为了大众的利益，而去参加他们的阵线。他一生良善，交织在他身上的各种美德，可以使造物肃然起立，向世界宣告：‘这是一个汉子！’”拿破仑也以恺撒为榜样，他说：“我一生只佩服恺撒，如果一个军官不知道恺撒，就不配拿枪，更不配拿指挥刀！”

恺撒有着疯狂的野心，有着勇敢的战斗精神，有着天才的军事才能和大智大勇。恺撒最富有冒险精神，最不怕辛苦；恺撒有着严厉的手腕和仁慈的心肠；他勇敢、果断、敏捷、豁达。每当别人都害怕的时候，恺撒总会挺身而出，向敌人勇敢地冲去。恺撒正是凭借着独特的个性赢得了人民的爱戴和尊重。同时，他也得到了至高无上的荣耀和权势，他登上了罗马最高统治者的宝座。

恺撒和亚历山大的一个共同点是他们能够以弱胜强，并且他们的死不是战死，而是死于非命。恺撒死于谋杀，亚历山大死于疾病，这几乎是他们之所以伟大的必不可少的部分。更为符合他们的伟大之处，那就是雄心。因为在他们死之前，都正准备新的战役，进行新的征服。这两位历史人物，人类是不会忘记的，埃及的亚历山大城铭记了亚历山大，而英文中的七月（July）则正是来自尤利乌斯·恺撒。

君主的楷模

恺撒，征服了欧亚疆土，却无法征服罗马内朝；胸怀宽广地宽恕了他所有的政敌，政敌们回报的方式却是致命的23刀；用最无私的方式去关照他最信任的人，而那人用残忍的背叛领导了对恺撒的

谋杀。但恺撒留下了一个强大的中央集权帝国，在恺撒死后，西方帝王往往用他的名字，来作为自己的头衔。人们称他是历史上才干卓绝、仁慈大度的君主的楷模，认为他是一位出类拔萃的真正的政治家。

公元前 102 年，一个叫盖乌斯的男孩诞生在罗马城，这个男孩注定要将荣耀带给他古老的家族——这个家族据说一直可以上溯到维纳斯，也就是那个爱和美的女神。按照罗马的习惯，他被称做盖乌斯·尤利乌斯·恺撒，尤利乌斯是他的氏族名，恺撒是他的家族名。

恺撒身处的时代，罗马共和国已经征服了马其顿、控制了整个希腊和西亚北非的部分地区，成为横跨欧、亚、非三大洲的地中海霸主，无比强大。战争掠夺和征服地的贡赋，使得地中海沿岸的财富如同湍流一样涌入意大利，人口剧增，城市繁荣。在罗马城中，每个年轻人都渴望成为举足轻重的人物。作为一个罗马的权贵，所影响的不仅仅是罗马城，也不仅仅是意大利，而是整个地中海世界。而一个年轻贵族要想赢得声望，就得出任公职，一步步向上爬，或许最后能登上权力的金字塔尖。这一切，靠的不仅是惊人的实力，还有历史的垂青，在命运女神把金橄榄枝编成的桂冠戴在他头上之前，一个年轻人，需要耐心等待多久？

暴风雨中，一条小船岌岌可危，“你们怕什么，尤利乌斯·恺撒正在船上呢！”是的，恺撒在年轻时代，就表现出这样的气概，但是恺撒不是空有气概的人，作为贵族出身的年轻人，他懂得应该怎样一步一步改变世界。恺撒曾前往罗德岛，学习华丽的修辞学和辩术。之后他出任公职，从低级的官员开始，慢慢升到罗马财务官、营造官、大祭司、大法官。

在平民的支持下，恺撒在公元前 59 年当上了罗马执政官，他找到了施展自己抱负的最好位置。罗马的执政官从来都是两人，不过元老院所支持的另一位执政官则完全被恺撒压倒，几乎被人们完全遗忘。这时候，元老院已经认识到了来自恺撒的威胁——这种威胁同样也来自站在恺撒身后的平民——他们始终在压制着恺撒的势力。在对抗元老院上，恺撒感到了力不从心。他找到了同样对元老院不满的庞培和克拉苏，在共同的利益驱动之下，他们迅速结成了秘密同盟，这就是前三头同盟，为了加强他们的联盟。

在庞培在和克拉苏的鼎力支持之下，在执政官的任期结束之后，恺撒获得了高卢总督的位置，这片涵盖了今天的意大利北部、法国、德国、卢森堡、比利时等国的广阔土地，是一个罗马贵族建功立业的最好所在。在罗马城，要想获得声望就要不停地钩心斗角，但是在远方的高卢，事情变得简单得多——那就是战争。

在高卢的 9 年里，恺撒将自己的军事天才发挥得淋漓尽致。他征服了整个高卢，跨过了阿尔卑斯山和比利牛斯山，把罗马的版图扩展到了莱茵河沿岸——他是第一个架桥到莱茵河对岸去进攻日耳曼人的罗马人。他甚至还越过海峡，去进攻不列颠群岛。恺撒有着超乎常人的充沛精力，即使在戎马生涯之中，他还是抓住了一切可以利用的时间，为后人留下的著名的历史著作《高卢战记》，堪称拉丁语典范。

在高卢的成就已经足以使一个人名垂青史，恺撒已经是罗马的英雄了，但是他的心却远不止于此，他要按自己的意愿，来改造罗马和整个世界。

恺撒向着权力的巅峰一步步稳健地迈进着，不过这时候他和庞培之间的联盟却开始动摇了。三头同盟的另一位克拉苏，在战争中死在了叙利亚。三头同盟实际已经不存在了，虽然庞培还没有宣布与恺撒为敌，但是在这两位罗马最有权力的人之间，人们感觉到了正在慢慢升起的敌意。最后，他与庞培的战争还是爆发了。

在内战中，恺撒的战士无愧于最勇敢的罗马军人，第 6 军团的 600 人，就顶住了庞培 4 个军团，约 24000 人几小时的攻击，几乎所有的士兵都被来自对方的箭所伤，战后在壁垒里拾到的箭就有 30 万枝。

恺撒的士兵也是最忠诚的。每个军团的百夫长都自愿拿出自己的积蓄装备骑兵，所有的士兵都甘愿不要口粮和薪饷为他效劳。战争虽然漫长，但没有一个人离队。许多士兵被俘后，因拒绝投降而失去了他们的生命。士兵忍受着饥饿和其他难以想象的艰难困苦，他们表现得如此之顽强，以致当庞培看到恺撒的军队吃的是草做的主食时，大为惊讶，他吩咐千万不能让自己的士兵看到这些，担心对方的坚韧和决心会动摇自己的士气。

虽然在兵力上并不占优势，但是靠着自己的军事天才，也靠着勇敢和忠诚的战士，内战一开始，恺撒便占据了主动。他在西班牙迅速击溃了庞培的大部分军队，随后再次渡海，带着自己的军队前往马其顿，和庞培在希腊北部的法萨卢斯平原上作最后一战，以证明到底谁是罗马的主人。

罗马诗人卢卡努斯在史诗中描写了这场会战：庞培在决战前夕，梦见他青年时代在罗马的成功，梦见罗马人在他建立的剧场里向他欢呼。每个人都梦想成为王者，但是世间的荣耀变迁，却如梦幻泡影一般转瞬即逝。罗马的英雄，罗马的荣耀，终于要在这法萨卢斯做最后的终结。恺撒和庞培，作为光荣的罗马军人——他们要求一场决战。

庞培无疑也是英雄中的英雄，豪杰中的豪杰。他更加具有一个凡人英雄的气质，他可以为人理解，他可以被人欢呼而又不为人所嫉，他的光明磊落可以让人接受，可以让人喜欢，甚至他最后想杀恺撒都让人觉得自然而然，但如果面对的不是恺撒，庞培或许能取得一场轻而易举的胜利。不幸的是，这是恺撒。庞培在法萨卢斯惨烈的战场上痛失胜利，恺撒则品尝到了胜利的果实。庞培逃到了埃及，被想要讨好恺撒的埃及官员所杀害，他在各地的余党也很快被恺撒肃清。在一场又一场辉煌的凯旋式和人们崇敬的欢呼声之后，恺撒终于成为罗马权倾天下的人物，罗马也开始从共和国时代向帝国时代过渡。

56 岁时，恺撒被罗马人民推举为终身保民官，终身罗马大祭司及为期 10 年的执政官，并被冠以“祖国之父”的称号。由此，恺撒集军、政、司法大权于一身，拥有至高无上的权力。

随着恺撒的权力越来越大，有些人开始担心他有一天迟早要戴上皇冠，罗马人一向仇视帝王，因此，他们组织了阴谋集团，决心除掉他。这些阴谋者当中，有一个就是那位受到恺撒信任的布鲁图斯。

公元前 44 年 3 月 15 日，元老院举行会议。恺撒单身一人来到会议厅。他的妻子曾梦到他在去元老院后就不会回来，而且恺撒的一个朋友也提醒他今天会出现一件坏事发生，劝他不要去元老院，就算去也要带着卫队一起去，但是恺撒拒绝了。他说：“要卫队来保护，那是胆小鬼干的事。”

恺撒大步走进大厅，坐到黄金宝座上，笑着说：“现在不就是 3 月 15 日吗?”这时候，阴谋者都身藏短剑，像朋友一样围在他身边。其中的一个人跑到他面前，抓住他的紫袍，像是有什么事要请求他似的。实际上，这是动手的暗号。众人一拥而上，用短剑刺向恺撒。恺撒没带任何武器，他奋力夺下紫袍，进行反抗。他的腰部中了一剑。接着，一剑又刺进了他的大腿。他看见这一剑正是他最信任的布鲁图斯刺的，不由得惊呼：“还有你啊，我的孩子。”他放弃了抵抗，颓然倒下，用紫袍蒙面，听任他的仇敌乱刺、乱砍。他一共被刺 23 处，其中 3 处是致命的，恰巧死在庞培雕像的脚下。

恺撒生前没有自称国王或者皇帝，然而，罗马帝国之后的许多任皇帝都被尊称为“恺撒”。正如后人所传颂的那样，恺撒身后冉冉升起的这个帝国，繁荣昌盛了大约 200 年，成为欧洲古代最经典的“盛世”。这个“盛世”传承并发展着从古希腊开始地中海文明，在后来欧洲中世纪的惨淡岁月中，它一直被芸芸众生所向往和怀念，被期待着“复兴”。直到今天，它还深深影响着西方文明乃至整个世界。

罗马精神的典范

罗马的精神是勇敢无畏，以及彻底的牺牲精神。恺撒就曾说："懦夫在死去之前，已死过多次；而勇士一生只死一次。"这绝不是自负，而是一种气魄，一种对荣誉的无限敬畏之情。

恺撒之死，至今依然有无数谜团。他为何在有明显刺杀征兆的情况下遣散护卫？又为何置各方的提醒而不顾只身会见元老院议员？这位从未失败的战略家在面对自己的最后一战时是否仅是盲目赴死？

任何一个人都会有失误，有失败。恺撒，这位自封为古罗马的独裁官，有史以来最具勇谋与魅力的人——按他自己的话来说更是一位半人半神的人——也不例外，但他胜利的光芒与独特的人格魅力已使他的弱点与失误变得黯淡了，甚至对于广大人民来说已经完全不值一提了。克娄巴特拉曾以一种极其景仰的口气评价过恺撒"是一位天神"，不管她是出于怎样的心理或是目的而倾吐出这一论断的，恺撒终究无愧于一位能者，一位英雄。

恺撒果断、英明，有魄力，处事我行我素；他的伟大更在于宽恕。宽恕继往的敌人，宽恕对他极其不敬的人，宽恕敢于顶撞他的人，宽恕曾经刺杀过他却又未遂的人。他的宽恕不是盲目的，不是单纯的，他是有目的的；他正在利用他们中那些容易被利用的人来进一步维护自己的利益与地位。他没有几个真正的朋友，谁也摸不透他每一次行动，每一个眼神的真正用意，连敌人也不知道他是真的前进还是假意退缩。

也许你很难想象这样一位独裁者最大的优点却是贵在有福同享，有难同当，同甘共苦，以一种不同于任何一位伟大君主那样的亲切姿态来关心最下层的平民百姓。恺撒曾十分郑重地教育埃及艳后克娄巴特拉，说过要给予每一个当地的居民——不论是本地的还是外地的——以平等的权利与地位。比建造庙宇宫殿更重要的就是安抚民心，整顿民生。

恺撒并不是一个盲目只知作战的人，他拥有自己的策略与方式，最值得各位军事领袖借鉴的莫过于恺撒在任何困难情况下都能与自己的各级士兵同甘共苦的精神。普通的军事家所恪守的严厉规令大多只能激起士兵们对他们的畏惧之心——不，更确切地说是恐惧之心。而恺撒做的每一件事似乎都加强了下属对自己的爱戴之心，使他们热爱恺撒胜于热爱他们自己的生命。

恺撒曾说，加图（罗马政治家，恺撒的反对者）最失败的地方是对自己没有信心。而当人们与恺撒面对面地站立在一起时，无时无刻不发现恺撒脸上那种神一样的自信，谜一样的唯我独尊。这何尝不是建立在他在人生中每一个关键一步中所秉信的自我肯定？有人说恺撒之所以被刺，因为他过于自负，有着极端的自我陶醉感。这样的说法显然过于主观，要知道在那个时代的很多罗马人都是一样的，他们渴望着个人荣誉，也执迷于自己的欲望，都期望得到幸福。他们和恺撒一样，英勇顽强，身上永远散发着一种身处逆境却不畏艰辛的顽强意志，只是历史将勇敢的恺撒推到了荣誉的巅峰。罗马的精神是勇敢无畏，以及彻底的牺牲精神。恺撒就曾说："懦夫在死去之前，已死过多次；而勇士一生只死一次。"这绝不是自负，而是一种气魄，一种对荣誉的无限敬畏之情。

和恺撒一样，当时许多的罗马人都在以不同的方式追求这种精神，大部分人虽不自觉，却都能将自己的生命置之度外，正如恺撒自己所说的那样："人们的贪生怕死是一件最奇怪的事情。"恺撒遇害前有很多可怕的预兆，但无论什么也阻挡不了他去干自己的日常工作，因为他在生前就已超越了死亡。

意大利的著名思想政治家马基雅维里讲过一句非常经典的话："如果布鲁图斯装成一个傻瓜，他就会成为恺撒。"深得恺撒信任的布鲁图斯聪颖才高，精于哲学，且富有管理国家的才干，然而，布鲁图斯却不满恺撒的新政，与反对派元老院的一帮人勾结在一起，在他的策划下将恺撒诱至元老院中杀害。布鲁图斯的举动也许出于嫉妒，也许是为了罗马，但他的所作所为还是遭到国民的反对，他后来被恺撒的继承者安东尼和屋大维的联军打败，最终自杀身亡。而恺撒在受了多刀之后，看到提刃而来的布鲁图斯，放弃了抵抗，留下一句人类历史上最悲怆的遗言，依然没有恨——“还有你啊，我的孩子。”

恺撒，不是一个普通人。他的血不是流淌在他的身体中，而是奔腾在广袤的土地之上。他的一个表情，足以让人震颤；他的一句话，足以沸腾整个欧洲；他的一个眼神，足以让天胆寒。

恺撒的精神

每个人在有限的一生中都想干一番事业，我（恺撒）也在尽力把罗马城建成一座让更多人实现自我价值的理想国。只可惜人无论从资质、智慧还是能力方面都生而不同，这会使一部分头脑精明的人奴役另外一些相对憨厚的人，那些意志坚强的人奴役那些意志薄弱、富有怜悯的人——因此我们应该学会在弱肉强食、刀光剑影中尽力肯定自我，实现自我的价值，而不要被那些弱者的哲学所迷惑。

史学家认为恺撒的功绩除了扩大保护希腊、罗马文明之外，还有他为西方政体世界树立了人文榜样：“西方后世哪怕最坏的政治家，都能从恺撒身上，学到正确的因子。”

以诚待人、心地仁厚的恺撒大帝戎马一生却功败垂成，恺撒始终相信自己的宽容，一定会得到善意的回报，胸怀宽广地宽恕他所有政敌。最后却被自己的朋友兼族人、一直对恺撒享有至高无上的统治地位、与生俱来的智慧、玉树临风的完美气质、绝佳的好运而充满嫉妒和愤恨的同宗兄弟安东尼、布鲁图斯、卡西乌斯暗杀身亡。

从命运角度来讲，任何一个伟人，都有走向穷途末路的一天。可惜所有人看到的都是宝马香车、金楼玉宇、软玉温香，看到的是人最表面的风光和气派，所以每一个人都被欲望攫住了，不知道在这些美好的东西后面存在的血污和孤独。因为每个人都孤注一掷地追寻自己的目标，便看不到那些与自己有着相同欲望和目的的人。当他们从四面八方蜂拥而来抢夺一把椅子或者一片面包时，根本就没有意识到可能在自己还没有达到目的时，就已沦为自己欲望和与自己有着相同欲望的人的牺牲品，即便达到了自己预期的目标，也毫无安全感和成功的喜悦，因为四面都有虎视眈眈的人群在盯着自己千辛万苦得来的东西，企图取而代之。

人生之苦，在于不搏不行，搏了也难以看到成功的希望。这恐怕是人在追逐权力和地位时难免的悲剧。的确，我们无法抗拒命运自来的残忍，我们也无法在关键时刻指望他人，因为每个人都有各自的目标和利益。于是我们只好求助于我们自身。对于事业与命运的冲突，恺撒说："每个人在有限的一生中都想干一番事业，我（恺撒）也在尽力把罗马城建成一座让更多人实现自我价值的理想国。只可惜人无论从资质、智慧还是能力方面都生而不同，这就会使一部人头脑精明的人奴役另外一些相对憨厚的人，那些意志坚强的人奴役那些意志薄弱、富有怜悯的人——因此我们应该学会在弱肉强食、刀光剑影中尽力肯定自我，实现自我的价值，而不要被那些弱者的哲学所迷惑。斯多葛派认为那些干了不正义勾当的人对自己要比对别人伤害得更大的说法，也许不无道理，可是在这个世界上有一条道路可以不看见血污吗？"

只有顺从于内心的呼声，才无愧于自己短暂的生命。看一个人如何面对死，也就能知他能如何面对生，在古罗马的那些优秀人物中，视死如归的人并不少见，但是，我们首先应该区分冷静赴死和不知将死的死，那些在战场上冲在最前面的人无疑是勇猛的，那些预见到自己的危险境地，仍然无论是出于侥幸心理或是无畏气魄踏入其中的人，无疑也是勇猛，罗马的战士和将领们绝大部分是这样去面对死亡的，他们怀着巨大的生的欲望去面对死亡。恺撒常常把自己暴露在敌人的箭雨中以此来激励自己的士兵们，使他们能够感到羞愧，为了胜利和荣誉，死有何憾？

是的，如果我们不用世故的历史眼光去看待一个人，不是看一个人的战功或是财富，而是看一个人身上的品德、勇气、智慧和追求，恺撒无疑是人们最好的榜样。与恺撒同处在一个时代的还有一个人，他就是小加图。他坚持古典罗马精神，捍卫共和制度，正直，诚实，并且为之奋斗一生。撒路斯提乌斯在《喀提林阴谋》中把他和恺撒的精神视为罗马精神之所以能够延续，罗马之所以能够百年不溃的原因。要说罗马人在演说上，他们不如希腊人，在战斗力上不如高卢人，可是他们拥有的是共和制度和以小加图为代表的古典精神。

小加图和恺撒一样，都是冷静地面对死亡，对生毫不鄙视，对他人的好意毫不责怪，不是视为解脱，不是死而后快。这种对死的态度，我们在后来的基督徒身上，在日本武士的身上都能看到。然而小加图并非处于那些超越性的信仰中，也不是处于对死的特殊认识的文化氛围中，他是主动的，如果我们要说他的唯一支撑，应该就是对罗马共和国的信仰了。恺撒胜局已定，共和制度将不会存在，他不可能让自己生活于一个没有了古典自由的世界里的，他选择离开这个令他失望的世界，以死来抗拒这似乎不可阻止的命运。他生前曾说过这样一句话："不要以为我们的祖先是通过武力才把一个微不足道的小国变为伟大的国家……使他们伟大的是一些我们根本没有的品质。"

当小加图死的时候，恺撒也说："啊，加图，我以你的死为憾，正如你以我欲保全你的生命为憾一样。"恺撒失去了一次做一件光荣事情的机会，但在公元前 44 年，这位无冕之王以同样的方式捍卫了这种精神。

无论什么时代，我们都会面对时势与事业冲突这样的根本性问题，像恺撒这样的远去的王者在面对这样的问题时，所显露出来的那种破釜沉舟的勇气为我们的生活指引了方向。

庞培 Pompeius

永不妥协的古罗马战神

（前106年—前48年）

绝没有任何一个罗马人具有人类的美善意志和全情投入比得上庞培，在贯穿命运的所有波折中更加热诚，更早地萌芽生发，随着事业的繁荣更稳定地增长，在逆境中更加坚忍不拔。在庞培身上，有许多原因有助于使他成为人们爱的对象，他的节制，他的作战才能，他的雄辩、正直的思想和言谈举止的谦恭有礼。没有人曾经更温和地寻求帮助，或者更仁慈地向他人施以援手。他付出时不求回报，而他却收获到了高贵和光荣的名声。

如果没有恺撒，格奈乌斯·庞培也许会成为古罗马帝国的缔造者，但如果没有庞培，恺撒也不会被人尊为半人半神的圣人。庞培与恺撒，这两位古罗马时期最伟大的统帅、功高名重的征服者，皆因高贵的天性而被载入史册。

庞培以悲剧英雄的身份为人缅想追忆，日后他的儿子也借重了他的威名。庞培的失败并不影响他的伟大，仍然算得上罗马人的骄傲。历史学家普鲁塔克将他描绘成罗马的亚历山大，心灵和思想纯洁无瑕，却被环绕在他周围的那些人的愤世嫉俗的野心所摧毁。

普鲁塔克在《庞培传》中极为客观地评价了这位失败的将军。他这样写道："绝没有任何一个罗马人具有人类的美善意志和全情投入比得上庞培，在贯穿命运的所有波折中更加热诚，更早的萌芽生发，随着事业的繁荣更稳定地增长，在逆境中更加坚忍不拔。""自庞培的少年时代起，他似乎已经受到了罗马人民的爱戴，这种深厚的爱意就如同在埃斯库罗斯的悲剧中普罗米修斯在被赫拉克勒斯解救时，对上天发出的呼喊：啊，残酷的主神，您的儿子对我如此亲爱！我敌人的子孙竟显示了这样的慷慨！"

庞培，他曾被数量巨大的士兵们追随，他曾被贵族和元老们拥护，他曾经让肆虐的地中海海盗闻风丧胆。他踏上那艘小船，为的是能会见埃及统治者，希望能够获得支持，当时他吟诵着一句诗："任何人到一个暴君那里去的时候变为他的奴隶，纵或他去的时候是自由的。"既然已经预见到自己的不测，他又为何要放手一搏？可以说，古罗马人顽强不屈的精神在庞培身上得到了完美体现，轻易妥协则意味着放弃尊严。庞培用行动证明了自己，那就是宁可在战争中勇猛无比，也不在和平中享受财富。庞培选择了一条永不回头之路，他要么成为庞培，要么死去。选择多么明朗！他最终也有了结局。

当那个埃及人捧着庞培的头颅觐见恺撒时，当恺撒收到庞培那枚雕刻着一只爪子上持有宝剑的狮子的印章时，这位胜利者潸然泪下，并为自己的对手举行了葬礼。恺撒深知，庞培的死是整个罗马的不幸，因为他兼有贤者和战士的意志。他固然是功名心重，但是他的野心却并没有使他失去人性。他所做的一切，只是为了完成自己在历史画卷中的那一笔。

悲情的统帅

格奈乌斯·庞培与恺撒同是古罗马时期伟大的统帅，他们对罗马历史的发展产生了巨大而深远的影响。庞培和恺撒都是功高名重的征服者：庞培征服了叙利亚和巴勒斯坦，恺撒则征服了今天的法国、比利时、意大利北部和德国西部的高卢地区。他们都想实现人民的要求，谋取人民的支持，但为了权力，两人成了敌人。他们二人皆因征服者的天性而被载入史册，被后人所仰慕追忆。

庞培公元前106年出生在罗马城一个贵族家庭。他的父亲斯特拉波·庞培不仅是罗马共和国的一名杰出的统帅，而且也是贵族派的代表人物之一。不过，罗马人从未对他们的任何一位将军表现出过像对庞培的父亲斯特拉波那样激烈的憎恨，事实是终其一生，人们都处在对他的敬畏中，因为他确实是一个令人恐怖的战士，但在他遭受雷击死后，人们立即采用一种极端的侮辱来对待他，当他的灵柩被运送到葬礼上时，人们将他的尸体从中拖了出来。

年轻的庞培在父亲手下接受了启蒙军事训练，在青少年时期庞培受到了良好的教育，具有很高的文化修养，对当时先进的希腊文化有着浓厚的兴趣。由于受到家庭的熏陶，他酷爱军事，17岁时就随同父亲一起镇压意大利人的起义。在政治上，他完全继承父亲的衣钵。其父野心勃勃，在动荡的年代谋取了国家的最高权力，这在庞培的心目中留下了深刻的印象。

公元前87年，斯特拉波·庞培突遭雷击死去，庞培继承了他在皮凯努姆的地产，并在那里生活了六年。这期间，正值马略和苏拉为争夺罗马最高权力在进行内战。庞培看到一些豪门贵族纷纷投靠苏拉，意识到只有在苏拉的麾下才能飞黄腾达。于是他不辞艰辛，走遍邻城招兵买马。在很短的时间内，他利用父亲在皮凯努姆地区的势力和影响，招募了一个军团。在赴苏拉军营途中，他初露锋芒，屡次冲破马略部下的阻拦，顺利占领了许多城市，并缴获大批的武器和战马。苏拉对年仅 23 岁，军事上初露锋芒的庞培非常赏识，把他看成了自己得力的助手。苏拉最终击败马略夺得罗马政权，实行独裁；庞培为了密切与苏拉的关系，加强自己的地位，抛弃了自己的妻子，和苏拉的女儿结婚。

此后，庞培奉苏拉之命夺取了马略部将驻守的西西里岛。随即又被派往非洲同努米底亚人多米提乌斯作战，在一个暴风骤雨的日子，与庞培对峙的多米提乌斯向后撤退，庞培命令部队迅速出击。面对突然而来的罗马大军，努米底亚士兵惊慌失措，溃不成军。这一胜利震惊了努米底亚，一些城市不战而降，仅用了 40 天的时间，庞培就占领了努米底亚，征服非洲。

此战为庞培赢得了巨大的声望，同时也使苏拉感到紧张。为了遏制庞培的实力，他决定解散庞培的军队。但庞培立即拒绝了这一命令，并且率领大军出现在罗马大门口。尽管他没有担任公职，却要求苏拉为他举行凯旋式。苏拉警告庞培不要违背法律。因为当时罗马法规定只给有巨大战功的执政官、行政长官举行凯旋式。然而庞培毫不退让，他嘲讽苏拉说："崇拜初升太阳的人要多于崇拜落日的人。"苏拉迫不得已，破例为庞培举行了非洲之战的凯旋式，并授予他"伟大"称号。

公元前 78 年苏拉病死之后，庞培指挥了一系列战争。直到公元前 70 年，罗马政局发生了改变。此时的庞培开始了他的伟大征程。当年庞培被选为罗马执政官，颁布了一系列有利于平民的政策，深得人心。

当时，地中海的海盗活动猖獗，他们利用自己的船只、武装和罗马的贵族骑士串通一气，袭击来往商船，抢劫沿海城市，从事"贩卖人口"的勾当。公元前 67 年罗马出现粮荒，人们认为这是海盗活动所致，强烈要求采取紧急措施。公民大会任命庞培为剿匪司令官，授予其前所未有的权力，配备给他 25 名副将，120000 步兵，4000 骑兵，270 条战舰，限期三年内肃清。庞培以其出色的军事才能，仅用 3 个月时间就平定了海盗之乱。庞培再一次用行动证明了自己，同时博得更多罗马人的拥护。

公元前 63 年米特拉达梯六世服毒身亡，庞培胜利地结束了米特拉达梯战争。战后他把比提尼亚和本都合并为罗马行省，后又把叙利亚变为罗马行省。他在小亚细亚、巴勒斯坦到处活动，对当地政权进行干涉，在加拉太、卡帕多基亚和犹太扶植了新的国王，使东方一些国家处于罗马的奴役之下。庞培本人成为东方一些王国的“王中之王”。他的权力和威望达到顶峰，成为罗马最有权势的人。

公元前 62 年，庞培满载着东方的战利品返回罗马。由于元老院不满意他在东方私自将行省包税权给予骑士，更担心他利用自己的影响实行独裁，因此迟至公元前 61 年 8 月，元老院才为其举行凯旋式。庞培请求元老院批准他在东方实行的各项措施，并分给他的老兵土地，这一要求遭到了元老院的拒绝。庞培极为不满，开始同元老院对抗。公元前 60 年，他同恺撒和骑士派领袖克拉苏秘密结盟，即历史上的“前三头同盟”。经三头同盟活动，庞培在东方的措施得到批准。为了更好地勾结和利用恺撒，年近 50 岁的庞培娶了恺撒之女、年仅 14 岁的尤里娅。

此时，与庞培处在同一时代的恺撒，因在高卢的军事胜利，其声望不断提高，两人之间争夺独裁的内战势在必发。当时的罗马政局动荡不安，社会秩序空前混乱，对抗元老院的情绪日益增强。元老院为了平定骚乱，开始物色称职的官员，而当时只能在庞培与恺撒之间挑选一人。元老院意识到庞培绝非理想的人物，因为他不是真正贵族派人物，为实现个人野心，善于投机钻营，然而，恺撒在骑士、平民中的深厚基础，以及他军事力量的激增所给予脆弱共和政体的威胁，使元老贵族更具戒心。元老院不得不与庞培修补旧痕，言归于好。元老院授权庞培为唯一执政官任期两个月，其权力几乎和“狄克维多”相似。

庞培上任后，迅速从意大利调集军队镇压平民的暴动。为了维护贵族派利益，他于公元前 53 年颁布法令，反对暴力，反对官员受贿，改革诉讼程序，重新审查法官名单，并宣布任何人都可提出对70年至52年间官吏的指控。他利用职权，把锋芒指向恺撒，提出执政官和行政长官在罗马任职和任满后出任行省总督之间，应有五年间歇期的法律。他在第二年又阻止恺撒延长高卢总督的任期，限于公元前49年3月任满解职。于是，庞培和恺撒最后公开决裂。

公元前49年1月，新的内战帜幕终于拉开。元老院宣布全国处于紧急状态，宣布恺撒为公敌，命令庞培在意大利招募新的军团，庞培把恺撒的拥护者和两名保民官逐出城外。1月10日，恺撒以“保卫人民夙有权力”为名，渡过卢比孔河，迅速迫近罗马，此时庞培征兵工作尚未完成，因此他和大部分元老封闭国库，仓皇逃往巴尔干。

庞培放弃意大利后，寄希望于他的海上部队和隶属于罗马的东方各国国王、部落显贵，企图从希腊组织反攻。他在那里集合了11个军团，7000骑兵以及由600艘战舰组成的舰队。恺撒在占领意大利，巩固政权，肃清西班牙等地庞培的势力之后，在公元前48年发动与庞培争夺东方行省的战争。他率领10个军团，10000名高卢骑兵出征庞培。一开始，庞培军队占据优势，在著名的季拉基乌姆战役中，庞培两次大败恺撒，大大挫伤恺撒军队的士气。

公元前48年8月9日，著名的法萨卢斯战役是庞培和恺撒进行的最大的也是最后一次决战，结果庞培全军覆灭。庞培在失败之后，企图在埃及寻求藏身之所。公元前48年9月28日，就在他乘坐的小船靠岸之时，埃及国王托勒密十二世的侍从挥剑向他的脊背刺去，结果了他的性命。庞培终年58岁。

征服者的天性

庞培作为一位统帅，在逆境中仍能保有的最后的权力和尊严。他的骨子里有一种征服者的天性，正是这种天性令他不可能向恺撒

俯首称臣，更不可能作出任何妥协，他要么成为庞培，要么死去。

选择多么明朗！他最终也有了结局。

我们该如何描述格奈乌斯·庞培？天生的军人、伟大的统帅、野心勃勃的政治家、冷酷而富有决断的投机者、苏拉时代的朝日、恺撒的朋友和敌人、三任执政官，元老院柱石、罗马的亚历山大、共和国的悲剧英雄、蒙受负义和欺骗的被弑者？这些繁复而相悖的头衔中，有多少表达了真相？

著名历史学家普鲁塔克在《庞培传》中写道："在他的青年时代，他的面容似乎比他的雄辩更让人喜爱，往往在开口之前就赢得了人们的心。他的美貌甚至在青春焕发的初期就蕴藏了温柔和高贵的品性，当成年庞培的全盛时期到来时，他性格中的王者威严立刻变得显而易见。他的头发略微蓬松，眼睛里流露出思虑和渴望的情感，这一切使他的面容酷似亚历山大国王的雕像，尽管也许实际上并不像被谈论的那样显著。"

事实也是如此，尽管罗马人憎恨斯特拉波·庞培，但却对他的儿子格奈乌斯·庞培十分敬重。人们憎恨斯特拉波有一个主要原因，就是他永不餍足的贪婪；而在庞培身上，有许多原因有助于使他成为人们爱的对象，他的节制，他的作战才能，他的雄辩，正直的思想和言谈举止的谦恭有礼，没有人曾经更温和地寻求帮助，或者更仁慈地向他人施以援手。他付出时不求回报，而他却收获到了高贵和光荣的名声。

尽管庞培的父亲斯特拉波不得人心，但他的生涯为他的儿子庞培提供了一些富有价值的指引：如皮凯努姆的土地和斯特拉波在那一地区城镇里的巨大影响力，给庞培走上政坛打下了雄厚的经济基础。不过，庞培仍要依靠自己才能在政治上有所建树。他的确也做到了这一点，当苏拉自东方回师意大利时，庞培以 23 岁之龄率领自费编成的三个军团投效其下，协助苏拉获得胜利。紧接着庞培征服了西西里和阿非利加，25 岁时苏拉破例为没有担任任何公职的庞培举行凯旋式，并授予“伟大”之称；公元前78年苏拉病死，执政官李必达废除苏拉宪法，元老院宣判其为公敌，派庞培前往镇压，轻易取胜；次年夏天，塞多留斯在西班牙叛乱，庞培经过五年左右的征战，终于将西班牙乱事平定，复奉元老院之命，回国增援正在镇压斯巴达克斯起义的克拉苏；公元前70年，获得支持出任执政官；公元前67年，公民大会授予其在地中海地区的最高指挥权，以解决海盗问题。公元前66年初，全权指挥第三次米特拉达梯战争，击败本都王国，使得米特拉达梯六世在其子背叛的情况下服毒身亡。战后将比提尼亚和本都合并为罗马行省，进入耶路撒冷统治犹太人，复把叙利亚变为罗马行省，将全部地中海纳入罗马霸权之下；公元前62年返回罗马，在布隆狄西乌姆登陆后解散军队，元老院因戒惧迟至公元前61年8月才为其举行凯旋式；公元前60年底与恺撒、克拉苏结成“前三头执政”联盟，以私人盟约形式统治罗马，克拉苏征帕提亚死后，三雄相持局面打破，第二次内战爆发，庞培在法萨卢斯一役惨败，于逃亡途中被杀……

纵是功业盖世也只是寥寥数言即可概括，活在历史上不过倏忽一瞬，死后占不过黄土一抔。权力、声名与荣誉，终究是人类难以抵挡的诱惑，甚至是超越生命之上的诱惑，易朽者追逐不朽的一种途径。在古老的世界，在征服者的天堂罗马，庞培有什么理由不应成为这样一个人，有什么理由能够妨碍他运用天赋去赢得荣耀？既然无畏地参加了游戏，于是他也勇敢地接受结局。

庞培作为一位统帅，在逆境中仍能保有的最后的权力和尊严。在与恺撒的二人对弈中，庞培步步紧逼，在情势最危险的关头，双方互有惨重伤亡，恺撒甚至屡次面临缺粮危机，也曾有被对方烧毁舰队，粉碎封锁线，重创败走的尴尬局面，到了决定性的法萨卢斯战役，庞培一直占据着主动，但命运之神最终让庞培走向末路。就在庞培快要死去的那段日子，也许在我们的印象中，他只是一个老人，徘徊在积满秋叶的墓园里，茕茕孑立，伸手缓慢地抚过碑石上苍冷的苔藓。度过了他雄姿英发，谈笑破敌的青年时代，度过了他

25 岁的第一次凯旋式，失去了他面对苏拉时的狂妄盛气和征服者的煊赫武功，他已经变成了一个孤独的老人，垂暮的英雄，被时光磨去了锐气和杀气。

“伟大的人”庞培被昔日的朋友和部将杀害，身首异处，倒在了异乡的沙土里，年仅 58 岁。四年后，恺撒在元老院被刺 23 刀，血污满身，倒在了庞培像座之下，年仅 57 岁。两位伟人如此见证了彼此的死亡。

永不妥协

罗素曾说：“对绝大多数人来说，真正的生活是长期的将就，是理想与可能两者之间不断的妥协。”妥协，只不过是修改问题以迁就答案。当恺撒命令重建庞培雕像时，我们看到了恺撒内心中更真挚的东西，也许在恺撒的眼泪中我们可以发现值得人追思的东西。

庞培与恺撒是生在同一时代的两位英雄，两人皆以亚历山大为榜样，他们都想做征服者，不肯随波逐流，更不甘做他人的附庸，妥协一词在他们的人生中是不存在的。他们的身上带着征服者的天性，这种天性是一种勇气，敢作敢为，永不服输；也是一种力量和气魄，令敌人望而生畏，令朋友充满信心。这是一种王者的斗志，是任何时候愿为了目标不遗余力的努力，是明确了目标后任何人都无法颠覆的原因。庞培和恺撒都不愿成为对方的附庸品，所以他们都选择了抗争。

人生战场上，有些人永远踯躅于选择的两难境地，患得患失，不知何往；有些人遇到艰难、困苦或强手阻路，不知直面超越而只想退缩逃避；有些人为了微不足道的安稳委曲求全、苟且偷生；还有些人只注意到了成功的“技巧”，却忽略了成功所需的更为本质的“精神要素”……但至少，在一些我们认为很重要的事情上，需要认真、需要全力以赴、需要绝不妥协、永不服输的王者斗志！正如庞培一样，那是信仰、是灵魂深处的执著，神圣不容侵犯。

罗素曾说：“对绝大多数人来说，真正的生活是长期的将就，是理想与可能两者之间不断的妥协。”妥协，只不过是修改问题以迁就答案。当一个人从骨子里深深了解什么是对的，并时时身体力行，他便能免于落入妥协的陷阱，没有人能收买或腐化他。我们大多数过着不断妥协的人生，与冷漠妥协，失掉我们的热情；与自私妥协，失掉我们的爱情；与现实妥协，失掉我们的理想。妥协的好处是安全，人生从此不再摇晃，所以我们一直认同妥协就是幸福。而庞培给了我们一次震动，或者说他的命运让我们的幸福观开始晃悠。

不妥协代表一种斗志，一种坚持。我们可以放弃和我们无关的部分，对我们来说根本不重要的部分，但是我们不可以妥协。当我们确定了自己的原则，我们必须坚持，必须随时准备为之付出代价，包括再次漂泊流浪。无论是谁，我们都不可能八面玲珑，不可能风光占尽，我们唯一能做到得就是坚持，命运最终会作出公正的裁决，漫长的岁月会给我们一个确定无疑的回答。

英特尔公司前 CEO 安德鲁·葛洛夫有一句名言：“只有偏执狂才能成功。”在他掌管英特尔公司时，提出了“偏执万岁”的口号。他认为，一个“偏执”的人具有不妥协、不放弃的精神，他们认定的事，都会执拗到底，不管对错，因而在“不管对错”的过程中，屏蔽掉了“给自己找借口”的风险，在这个过程中，他们坚持做下去的“风险系数”较低，或者说风险成本较低，所以，只要给予正确引导，他们更易成功。

偏执造成了不平衡。人们的发展过程总是在一个平衡状态被打破后形成一个新平衡的过程中完成。而这种过程完成的次数越多，人的成长就越快。一个“正常”的人，一般在达到了某个平衡后就会潜意识地去保护、维持它，只有在有外力的情况下这个平衡才会被打破，而如果这个周期很漫长，就造成一个“正常”人的成长缓慢，甚至停滞。

一个“偏执”的人，很难在某个平衡的状态保持下去，导致他连续不断地打破旧平衡，形成新平衡，又打破旧平衡，又形成新平衡……这样“偏执”的人会不断进步，相反，“正常”人更容易改变自己当初定下来的方向，而这个改变，很有可能是给自己想逃离漫长、痛苦的过程找的借口。事实也是如此，大多数情况下我们一直在尝试妥协，一直尝试忍着痛苦保持沉默，或者作出退让。而不妥协，才是保全自我的唯一路径。

当庞培死去时，恺撒纵横无敌，睥睨寰宇，克拉苏已死，庞培复殁，天下再无堪与其匹敌者，再无可阻碍他通往权力顶峰的力量，可望着埃及人献上的庞培的人头，他哭泣了。他用庞培的葬礼来荣耀这位故去的同僚也是敌人，他将凶手的头颅高高挂上了埃及的城墙，他命令重建被恺撒党人砸坏的庞培雕像！这样做，为庞培，抑或也为自己？除去矫情及政治作态，难道恺撒的眼泪中就没有更真挚的东西？除去谴责和嘲讽，难道恺撒的眼泪中就没有更值得我们追思的东西？

马可·奥勒留

审视人生的罗马皇帝

121年—180年)

自古以来，有操守、有修养的哲学家历代不乏其人，位居至尊、叱咤风云的皇帝也是史不绝书的，但是以一世英主而身兼苦修哲学家者则除了马可·奥勒留恐怕没有第二人。

马可·奥勒留也许是西方历史上唯一一位哲学家皇帝，他是一个比他的帝国更加完美的人。作为罗马帝国“五贤帝时代”的最后一个皇帝，他的一生历经坎坷，在位的二十年的时间里，昔日辉煌的罗马帝国逐步走向衰败，当时战乱不断、灾难频繁，马可·奥勒留一生的大部分时间都是在军营中度过的。昔日辉煌的罗马帝国如一位染病的老人渐临风烛残年，经济、政治状况日渐衰落，致使罗马人口锐减，民不聊生。大厦将倾，任他奥勒留有千般本事，夙兴夜寐地工作，也无法阻挡古罗马帝国的颓势，只能眼睁睁看着古罗马每况愈下，也许正是常年征战的经历使他以斯多葛派哲学的眼光开始思索生命，拷问自己的灵魂，与自己对话。

马可·奥勒留之所以被人们铭记于心，不在于他的赫赫战功，也不在于他的励精图治，而在于他用希腊文写成了著名的《沉思录》。

这是一位有着强烈道德感的统治者的“内心独白”，同时它也被认为是西方历史上最为感人的伟大作品。

著名哲学家罗素曾这样评价奥勒留：“马可·奥勒留是一个悲怆的人。在一系列必须加以抗拒的欲望里，他感到其中最具有吸引力的就是想要引退去过一种宁静的乡村生活的那种愿望，但是实现这种愿望的机会始终没有来临。”《沉思录》的译者何怀宏也曾说过，马可·奥勒留“有一种理智上诚实，但又随时准备聆听一种来自上方的感召的精神；一种在各种极端中保持平衡和恪守中道的精神；一种温和待人和坚定地因应万事万物的精神；一种超越和淡泊于权名功利的精神……或者更总括性地说，一种履行自己职责、磨炼自身德性的精神，一种按照本性自然而然地生活的精神，在现代世界里绝没有失去意义，甚至仍然是现代人最需要珍视的精神价值”。

马可·奥勒留敢于揭示和面对命运中的坎坷，其勇气和高贵精神令人肃然起敬。他深深地体察到了生命之路的坎坷，并且没有避而远之，而是直截了当地承认命运的存在，丝毫也不回避，强调面对多舛的命运要勇于承受，即便这种承受不一定令人快乐。奥勒留的哲学正是勇敢地面对命运去寻找宁静，这种勇敢和倔强，正“像峙立于不断拍打的巨浪之前的礁石，它岿然不动，驯服着它周围海浪的狂暴”。

马背上的哲学皇帝

古罗马帝国皇帝马可·奥勒留是一位骑在马背上的哲学家，他所处的古罗马社会历经两次巨变，社会秩序动荡，奥勒留的人生目的就是“抵制和消除一切令人苦恼和不适当的印象，迅速进入完全的宁静”。

公元 121 年，古罗马一个卓越的罗马帝王哲学家来到了世上，他就是马可·奥勒留。奥勒留出生后不久，他的父亲便去世了，母亲也在他较小时候去世，是祖父、姑父相继抚养了他。

奥勒留的童年很幸福，亲戚们都十分宠爱他。他没有上公共学校，而是受教于家庭教师。这些老师都是当时有名的哲学家、文学家、修辞学家、画家、法学家，所以，马可·奥勒留接受了当时最好的教育。养父安敦尼努斯·庇乌斯为他树立了榜样，他也在《沉思录》中记录下了这位杰出的人物、明智的统治者的各项美德。和大多数的罗马青年一样，马可·奥勒留也尝试写诗，并且研究修辞学。希罗德·阿提库斯和弗龙托是他的老师。奥勒留和弗龙托之间的许多书信都保留了下来，这些信件显示出奥勒留受到了老师的很大影响，也表现了老师对于这位勤奋刻苦的学生的巨大希望。

马可·奥勒留从小坦率、真诚，得到了哈德良皇帝（公元117—138年在位）的喜爱。当时，古罗马帝国的帝位常常并不是按血统，而是由选定的继承人来接替的。18岁时，马可·奥勒留获得了恺撒的称号，这个称号只是封给皇帝助手和继承人的。马可·奥勒留接受了成为皇帝的各种训练，包括骑战马、军事科学、指挥技艺。这时他开始协助安敦尼努斯·庇乌斯治理国家。其后，马可·奥勒留三度担任执政官。在罗马帝国，执政官统帅军队，指挥作战。执政官一共有两位，互相牵制，任期一年。从孩提时代开始，马可·奥勒留就注定要成为罗马帝国的最高统治者。他坦然接受了如此安排的命运，并为此付出了巨大的努力。

安敦尼努斯·庇乌斯皇帝于公元161年去世，元老院要求奥勒留独自执掌朝政，但是奥勒留要安敦尼努斯·庇乌斯的另一个养子韦鲁斯做他的副手。于是罗马首次有了两位皇帝。韦鲁斯是一个懒散知足的人，并不适于这一个位置。但是奥勒留容忍他，据说韦鲁斯也察觉到了这一点，因此对奥勒留的品格也敬重有加。一位道德高尚的皇帝和他的懒散的同伴相处得倒也相安无事，而且他们的联系还因为奥勒留把女儿露西拉嫁给了韦鲁斯而更加紧密了。

奥勒留所遇到的第一件麻烦事就是与安息人的战争，韦鲁斯负责指挥这场战争，但是他无所作为，罗马人在亚美尼亚、幼发拉底河还有底格里斯河所取得的胜利完全是他手下的将军们的功劳。这次与安息人的战争最终于公元 165 年结束，奥勒留与韦鲁斯于 166 年在东部为这次的胜利举行了凯旋仪式。接下来的一场瘟疫夺走了罗马和意大利的许多人命，还蔓延到了欧洲西部。

意大利北部还受到居住在阿尔卑斯山脉另一侧“野蛮人”的威胁，正像日耳曼人在三百年前那样，这些“野蛮人”也试图攻入意大利。奥勒留的一生除了短暂的闲暇几乎全部用在了驱逐这些入侵者上。公元 169 年韦鲁斯突然去世，于是奥勒留独自一人执掌朝政。在与日耳曼人的战争中，奥勒留曾经在位于多瑙河畔的卡尔图姆要塞住了三年，这期间他将马科曼尼人完全赶出了潘诺尼亚，并且在他们撤退到多瑙河时几乎将他们全部歼灭。直到公元 174 年，奥勒留皇帝取得了决定性的重大胜利。

公元 175 年，勇猛善战的将军阿维狄乌斯·卡西乌斯率领一支军队在亚洲反叛，自立为奥古斯都。后来他被他自己的将军所暗杀，结果叛乱至此而平息。奥勒留以仁慈之心对待卡西乌斯的家庭以及追随者，他给元老院写信建议对这些人宽大处理。奥勒留在听到卡西乌斯反叛的消息即向东出发，之前他曾经于 174 年返回罗马，旋即又回去继续与日耳曼人作战。

马可·奥勒留在位的 20 年中，基本上都是在军营中度过的。此时的罗马帝国逐渐走向衰败，除了外敌入侵、战乱不断，内部将领趁机叛乱之外，各种自然灾害频繁发生。洪水、地震、凯旋的罗马军队带回的瘟疫，这些天灾人祸不但无情地吞噬了无数罗马人的生命，加深了贫困，动摇了人民的信心，而且耗竭了国库的储存，使国家出现了严重的财政危机，经济日益衰落，又给外敌入侵提供了条件。

尽管马可·奥勒留不遗余力、废寝忘食地工作，设法进行了一系列政治和社会改革，比如废除了一些野蛮的法律条文，减轻了部分税收等，但这也不能阻止古罗马帝国的颓势。在他统治的大部分时间里，尤其是后10年，他很少待在罗马，而是在帝国的边疆或行省的军营里度过。为了保卫国家，他身先士卒，冲在平定战乱的军队前列。捷报频传，罗马人欢欣鼓舞，可是他们可敬的皇帝却筋疲力尽，在一次获胜的战役中感染了传染病。

公元180年3月17日，马可·奥勒留因病去世。继承马可·奥勒留皇位的是他的儿子康茂德。遗憾的是，康茂德忘记了父亲的重托，忘记了自己的职责，成天沉溺于享乐之中，常常参加角斗士的表演，后被政变的叛军杀死。统治罗马仅12年的康茂德之死宣告了盛世的终止，罗马帝国的和平与安宁从此结束，开始了一个充满内战和混乱的时代。

一个罗马皇帝的人生思考

马可·奥勒留的一生始终都是以“人”的身份来思考人生，探索人生。他对自己的生活以及人类的生活保持一种间离的心态，或是一种谦逊而又极为冷峻的静观。作为西方历史上最著名的、也许是唯一的一位“哲学家帝王”，身处乱世和颓势中又同时兼有双重身份的奥勒留，一直渴望斯多葛派哲人所追求的生活，把一切对他发生的事情都不看成是恶，他的一生就是一种摆脱了激情和欲望、冷静而达观的一生。

政治家可以给一个民族带来一时的繁荣，科学家可以给人们带来更大的福利，哲学家则直接改造人们的灵魂。马可·奥勒留认为哲学是指挥人的东西，他说，“什么东西能指挥人呢？只有一样，这就是哲学。”这实质上是把哲学内容看成了人的灵魂的核心。正因为此，几乎所有人都愿把马可·奥勒留看做是一位哲学家，而不是罗马帝国的皇帝，至于他的帝王身份倒像是他的“兼职”。

马可·奥勒留一生的思考都被记录在他的那本《沉思录》之中，

译者何怀宏曾作出这样的评价：这不是一本时髦的书，而是一本经久的书，买来不一定马上读，但一定会有需要读它的时候。近两千年前有一个人写下了它，再过两千年一定也还会有人去读它。

马可·奥勒留的一生都过着一种摆脱了激情和欲望、冷静而达观的生活，他把一切对他发生的事情都不看成是恶，认为痛苦和不安仅仅是来自内心的意见，并且是可以由心灵加以消除的。他对人生进行了深刻的哲学思考，热诚地从其他人身上学习他们最优秀的品质：果敢、谦逊、仁爱……他希望人们热爱劳作、了解生命的本质和生活的艺术、尊重公共利益并为之努力。

人这一生，最大的敌人就是自己，能战胜自己的人，便能战胜一切，而这也是我们最容易忽视的一点。“严于律己，宽以待人”的古训人人都知道，但是在工作和生活中，却不容易做到，所以马可·奥勒留说：“不要不情愿地劳作，不要不尊重公共利益，不要不加以适当的考虑，不要分心，不要虚有有学问的外表而丧失自己的思想，也不要成为喋喋不休或忙忙碌碌的人。”我们应该做的，是多将思想放在自己的身上，每日三省，想想自己能为家人、为社会做些什么，“当你不把你的思想指向公共利益的某个目标时，不要把你剩下的生命浪费在思考别人上”，因为，注意别人的缺点和行为，将使我们忽略观察我们自己的缺点和行为。

马可·奥勒留以庄严不屈的精神负起做人的重荷，直接帮助人们去过更加美好的生活。雷朗指出，马可·奥勒留使人有这么一种朴实的信仰：面对宇宙自然，一颗高贵的道德良心，是任何种族、国家，是任何革命、任何迁流、任何发现都不能改变的。马可·奥勒留告诉我们，所有事物都是互相联结的，这一纽带是神圣的，几乎没有一个事物与任何别的事物没有联系，因为事物都是合作的，它们结合起来形成同一宇宙（秩序）。他还指出，理性的动物是彼此为对方而存在，所以在人首要的原则就是友爱的原则，每个人都要对自己的同类友好，意识到他们来自同一根源，趋向同一目标，都要做出有益社会的事。他除了强调人的理性以外，还强调人的社会性，认为人不能脱离社会、脱离整体而存在。使自己脱离他人，或做出反社会的事情来，就好比是使自己变成脱离身体的一只手或一只脚。如果发生了这样的事情，就要致力于使自己与整体重新统一起来。

关于人的德行，马可·奥勒留有许多感人的哲理，如要求人要按照本性生活，做一个真正、高尚、有道德的人。特别强调的是：德行是不要求报酬的，是不希望别人指导的，不仅要使行为高贵，而且要使动机纯正，要放弃一切无用和琐屑的思想。马可·奥勒留好似一个异常严峻而又平和的人站在镜子前面，告诫镜子里头的自己，他所写的《沉思录》中“你……”的句式就是最好的明证。这不是简单的内心独白和情绪倾诉，这是与自我的交谈，这是解剖灵魂，对自己进行告诫。比如马可·奥勒留这样对自己说道：“你错待了自己，你错待了自己，我的灵魂，而你将不再有机会来荣耀自身。每个人的生命都是足够的，但你的生命却已近尾声，你的灵魂却还不去关照自身，而是把你的幸福寄予别的灵魂。”他总是这样狠狠地拷问自己。如果我们的精神水平尚不能到达自我批评的高度，那至少，我们可以通过阅读马可·奥勒留的《沉思录》给我们灵魂以洗礼。

马可·奥勒留的一生不仅是对自我更深层次的探索，也充满对人类道德的思考。随着社会的发展，物质文明日益丰富的同时，我们的精神文明却在悄悄退化，而马可·奥勒留说的一切正是让我们重新找回“逝去的文明”的钥匙。在几千年中，真正扮演救赎角色的其实便是我们人类自身的道德。如此说来，人的一生也是同内心欲望战斗的一生，而战斗的终极目标，不过是道德。如果我们能战胜自我，由一个高尚的道德所引导，那么这个社会的丑陋面也会随之淡去。

马可·奥勒留用灵魂告诉我们：人可以通过双眼看世界，但是有个死角就是自己，所以看清自己、与自己对话从来就不是用眼睛能够做到的，唯有用心灵去审视过去，去反省过往。而反省自己，与自己对话从来就不是一件容易的事，它需要绝对真诚、平和的心态，需要超凡、决绝的勇气。平静地看待死亡，珍惜现在，平静地对待恶，并做好自己；平静地接受变化，并追求真正有价值的人生。

生命的担当

马可·奥勒留对世事的那种平和心态和对职责的那份执著坚守，不断地提醒我们不要忘记那份生命的担当，不要忘记心灵因宁静而溢散甜美，生命因坚守而倍显高贵。

古罗马帝国的皇帝马可·奥勒留在他戎马倥偬的生涯间隙，以一种理智的诚实和平和的心态，记录下了自己对宇宙、人生真理的追寻和对社会、人性问题的思索。马可·奥勒留对世事的那种平和心态和对职责的那份执著坚守，不断地提醒我们不要忘记那份生命的担当，不要忘记心灵因宁静而溢散甜美，生命因坚守而备显高贵。

当今社会处在一个变革的时期，每个人都面临着诸多的挑战，人们交谈中说得最多的一个字就是“累”，终日为生计而奔忙，为享乐而追逐，可真正的快乐在哪里呢？真正的幸福是什么呢？马可·奥勒留告诉我们，“如果外部事物让你烦恼不安，那么请你注意，使你心情烦恼的并非事物，而是你对事物的看法，只要你愿意，你是很可以把它打发掉的。”说到底，一切事物都在于你怎样看待它。你以什么样的心态对待生活，你就会获得一种什么样的生活。面对世事的烦恼，岁月的蹉跎，只要保持一种平和的心态，坦然面对，不以物喜，不以己悲，就能如海边峙立的礁石，岿然不动间，让狂风巨浪驯服于脚下。这是一种心灵的独守，更是一种境界的升华。

那么，如何才能获得并保持这种平和的心态呢？马可·奥勒留已经告诉了我们答案，那就是简单。以一种简单的原则，按照人的本性去生活，这就是幸福的归途。

首先，不要被物欲所役。现实生活中，我们时时刻刻都面临着各种诱惑，一些人常常会抱怨付出的太多，得到的太少。人们追求物欲的道路，似乎没有尽头。其实正是这种无止境的索求才让我们错过了人生路上的风景。想一想，有多少东西为我们所真正拥有，过一种幸福生活所需要的东西其实是很少的，它取决于内心的安宁，而与财富无关。

其次，不要被名声所累。名声似乎是比物质更大的一种诱惑，我们需要避免的是对于浮名的过分看重和追逐。“每个人爱自己都超过爱所有其他人，但他重视别人关于自己的意见，却更甚于重视自己关于自己的意见。”这不是很可笑吗？所谓的“名声”，所谓的“面子”，其实许多是自己加在自己身上的枷锁，在一片赞美声中，自由已被虚名绑架，因此，还是让我们保持一份清醒，难以办到的事情就别再勉为其难，廉价的赞美也别太放在心上，做自己想做的事，做自己该做的事，闲言碎语自会随着时间而消逝。

再次，还要友善地对待他人。这个世界是一个联系的整体，“人们是彼此为了对方而存在的”，因此，亲人的幸福也是自己的幸福，朋友的挫折也会让自己感到痛苦。但是许多人却忽视了这一点，有的人得势时趾高气扬，看不起身边的人，而一旦失势又怨天尤人，把责任归于他人；有的人见不得旁人比自己幸运，以各种恶毒的手段来满足自己阴暗的心理，怀有这种心态的人是与幸福无缘的。孔子就曾说过：已所不欲，勿施于人。英国人也有句名言：予人玫瑰，手有余香。善待周边的人，才会给自己营造一个和谐的环境，与人为善，才会发现真情无处不在。

除此之外，我们要正确地对待生命。人生不过一个过程，生老病死，无人能够逃脱自然的循环。“在无限的时间里，生命都是短短的一瞬”，它不会因你的乞求而延长一分一秒，重要的不是这个过程有多长，而是这个过程是否精彩，是否有意义。没有人不爱惜自己的生命，但世上没有永恒之物，死亡也是生命的一部分，自然的规律亘古不变。既然如此，何必让生死扰乱心神？坦然面对，真诚地生活，才是正确的选择。不论是耄耋的老者，还是幼稚的孩童，我们都是处在生命的一个阶段中，不必去羡慕他人，每个阶段都有每个阶段的精彩，享受只属于你的历程，正确地思考和行动，在一种幸福的平静流动中度过自己的一生。

朴实的信仰

马可·奥勒留使人有这么一种朴实的信仰：面对宇宙自然，一颗高贵的道德良心，是任何种族、国家，是任何革命、任何迁流、任何发现都不能改变的。

马可·奥勒留用他的思想教会我们怎样去寻找一处心灵的家园，更提醒我们拥有一种朴实的信仰。世人为了寻找心灵的宁静，往往会选择逃避，或者归隐田园，或者消极厌世。但马克·奥勒留选择了向内心去寻找，退入心灵开辟一方净土，在获得宁静的同时，也凝聚了担当的勇气。作为罗马帝国的君王，他直面复杂的局势，恪尽职守，继续了罗马帝国的辉煌。在这种平和的坚守中，我们感受更多的是一种自信和力量。作为社会的一分子，我们每个人都承担着一份责任，对于事业，对于家庭，对于社会，不管情愿不情愿，扮演好自己的角色是每个人的义务，也是我们生命的价值所在。

那么，如何才能演好人生这出戏呢？马可·奥勒留告诉我们，要把握住三点：首先，要坦然地接受你的角色。“所有发生于你的都是合理的”，因此，无论你从事什么样的工作，处在什么样的岗位，在重新选择之前，都要把它当做是你自己的事情，全身心地投入进去。“如果你在履责，那么不管你是冻馁还是饱暖、嗜睡还是振作，被人指责还是被人赞扬，垂死还是别的事情，让它们对你都毫无差别……做好我们手头要做的事就足够了。”即使是做一颗螺丝钉，也要永不松劲儿，永不生锈，这才是一个负责任的从业者。也正是这种务实的精神，才能铸就事业成功的阶梯。

其次，要执著于事业的目标。做任何事情都可能会遇到挫折，

“当我们根据正确的原则没有做成一件事时，不要厌恶，不要沮丧，也不要不满，而是在你失败时又再回去从头做起。”灰心丧气是人在失败后的自然反应，这并没有什么，重要的是要能够从失败中吸取教训。我们不能改变环境，但可以改变自己，从跌倒处爬起来，再重新开始，这种永不服输的精神和永不言败的勇气才是真正的力量所在。对于一个坚守职责的人来说，没有任何一种失败是真正的失败，除非自己放弃了努力。

最后，要永远珍惜现在。“虽然你打算活三千年，活数万年，但还是要记住，任何人失去的不是什么别的生活，而只是他现在所过的生活；任何人所过的也不是什么别的生活，而只是他现在失去的生活。最长和最短的生命就此成为同一。”时光飞逝，时不我待，再辉煌的成就也仅代表过去，再美好的憧憬终究还未到来，我们能够把握的，只有现在。一些人在日常的工作中，总是习惯于推托，把今天的工作推到明天，把可以提前完成的事项推到最后期限，在日复一日的应付中，人已变老，业已荒疏。自己的未来要由自己来负责，所以，把握住现在，把每一天都当做生命中的最后一天来度过，做好该做的事情，尽到该尽的职责，让每一天都生动精彩。

入世而又离世，执著而又超脱，这是马可·奥勒留的境界与信仰，或许，今生我们难以达到，但是，马可·奥勒留已让我们懂得了生命的意义与本质，在这个纷繁复杂的世界中，让我们保持一份超然与洒脱，静守一份生命的恬淡、安宁与执著。

(约公元前500年左右)

亚瑟王 King Arthur

骑士精神之王

他不仅有天赋的神力，而且有远大的志向：他缔造了不列颠帝国，并且奠定了骑士精神——忠诚、平等、尊重女性，成为后人奉行的准则；他的骁勇善战和超凡气魄令优秀的骑士们为之折服，纷纷加入他的队伍之中，成为著名的“圆桌骑士”——并且从此开始了一场令人目眩神迷的寻求圣杯之旅，他就是骑士精神的代表，传说中的亚瑟王。

没有人能确定亚瑟王是否真的存在过，但他的传奇却被世代传颂。这位传说中不列颠帝国的国王，在一个属于威严君王、圣洁女子、英勇武士与神秘巫师的世界上，集神秘与传说于一身的朝代中始终坚守着谦卑、宽容、诚实与公正，他已经成为忠勇坚毅的象征。

亚瑟王开创了一个伟大的骑士时代，同时也向我们讲述了一个黄金时代的英雄事迹。更重要的是，亚瑟王用一生的作为向世人宣扬了伟大的骑士精神，告诉世人骑士是一群什么样的人：他们谦虚谨慎，互相尊重，互相帮助；他们正义善良，不欺负弱小，不推诿责任；他们愿意牺牲自己的利益来成全团队或者别人；他们不偏袒、无私欲；他们勇于挺身而出，义无反顾地与邪恶事物斗争；他们同情弱者，帮助那些需要帮助的人；他们以理性对待尘世，凡事都对得起自己的良心；他们喜欢人们的称赞和感谢，因为那是骑士的最高荣誉。

尽管多数历史学家认为亚瑟王仅是世人虚构的一个人物，但我们不能否认，他的坚贞与忠勇影响着历史与世界，他曾开创的骑士制度构成了今天欧洲人的“绅士精神”，同时也影响了现代欧洲人对身份与荣誉的重视，对风度和礼节的讲究，对于崇尚精神理想和尊崇妇女的浪漫气质的向往以及恪守公开竞赛、公平竞争的精神品质。对此，我们宁愿相信历史上真的曾经有过这样一位王者。他一直存活了千年，直到现在，他更是得到长久的淬炼。他，就是亚瑟王。

王者之心

亚瑟王及其所率领的圆桌武士是一个充满罪恶的世界中的坚忍忠勇志士的代表，是维护文明、抵制蛮强入侵的英雄。在所有的骑士当中，亚瑟最具正义感、责任感，企盼世界充满正义公平，这也正是亚瑟能成为骑士领袖的原因。

公元 4 世纪至 5 世纪的不列颠，正处在一个文化贫乏的时代。在那个连文字都缺乏的时代，有一个人的传奇故事一直被世人以口头形式传诵，这个人就是亚瑟王。

故事发生在尤瑟·潘德拉贡王时代，那时他统治着整个英格兰，毫无疑问，他就是英格兰的国王。不过，尤瑟·潘德拉贡的日子并不好过，在康沃尔有一个丁塔吉耳公爵，经常与他发生冲突。为了巩固自己的政权，尤瑟·潘德拉贡准备与丁塔吉耳公爵和谈，并要求他偕妻子一同前来。令尤瑟·潘德拉贡没想到的是，他深深地爱上了丁塔吉耳公爵的妻子茵格英，并对这位美貌绝伦的夫人一见倾心。后来，尤瑟·潘德拉贡在一位神秘人物梅林的帮助下，与茵格英在一天晚上相遇了，而就在两人相遇之前，丁塔吉耳公爵却意外战死。那天晚上茵格英就怀上了一个孩子，这个孩子便是后来的亚瑟。

丁塔吉耳公爵死后，尤瑟·潘德拉贡很快便迎娶了茵格英。亚瑟出生后不久，按着尤瑟·潘德拉贡与梅林事先的约定，便被送到尤瑟王的忠臣爱克托爵士那里抚养。梅林此举是为了让亚瑟远离危机重重的宫闱生活，为将来更稳妥地坐上王位做准备。亚瑟王在平静和安全的环境下顺利长大成人，粉碎了蠢蠢欲动的朝臣们挟天子以令诸侯的梦想。

几年后，尤瑟·潘德拉贡得了一场大病，他已经无力再统治自己的王国了，于是决定让儿子亚瑟继承王位。尤瑟·潘德拉贡死后，国内政局大变，许多人都试图夺取王位。此时，梅林亲自拜见了坎特伯雷大主教，建议他召集全国的公爵和骑士们，在圣诞节齐聚伦敦，推举王位的继承人。当天晚上，在教堂的庭院中，有一块正方形的大石块靠着高高的祭台，石台的中央立着一个约有一英尺（英制计量单位，1 英尺约为 0.3 米）高的钢砧似的东西，上面插着一把宝剑，剑尖向上，四周镌刻着金字："凡能从石台砧上拔出此剑者，乃英格兰之真命国王。"

那些觊觎王位的人都纷纷前来拔剑，然而，没有一个人能从岩石中拔出那把剑。既然没有更好的办法，这些骑士们一致决定通过比武选王。当时的小亚瑟也去了，但他没有参加比武的资格，由他所寄养的家族的儿子凯代表家族参战。然而凯进入会场后才发现竟忘了带剑，于是请求亚瑟回家去取。亚瑟赶回家发现大门紧锁，所有人都去看比武了。亚瑟来不及返回比武会场取钥匙，情急之下跑到教堂前拔出石中剑交给凯，这令所有人大惊失色。大家怀疑地把剑插回石头里，但就算重复了很多次，仍然是除亚瑟之外无人能将其拔出。许多贵族对此感到十分气愤，因为无人知道这个男孩就是尤瑟王的嗣子，所以有些骑士心有不甘，说这个乳臭未干的孩子来统治江山，简直是奇耻大辱。

因为出身低微，亚瑟必须战胜英国贵族的强烈阻挠，才能被加冕为王。其中有一个人颇为有名，他就是黑骑士帕里诺国王，一个和亚瑟王决斗过的强大国王。亚瑟在梅林的指引下，从湖中女神的手中得到了一把王者之剑。传说中这把剑是在精灵国度阿瓦隆打造，剑锷由黄金所铸、剑柄上镶有宝石，其锋刃削铁如泥。虽然王者之剑很强大，但其剑鞘却较其剑更为贵重。因为梅林告诉亚瑟："佩戴王者之剑的剑鞘者将永不流血。"亚瑟在与帕里诺国王的决斗中，的确毫发无损。后来，帕里诺国王成了帕里诺骑士，也成为亚瑟王的好朋友，他和他的儿子之后都成为亚瑟王圆桌骑士中著名的人物。

没有人愿意相信英格兰的天命之王是个乳臭未干的少年，而一次一次的试练，亚瑟终于让那些贵族骑士为之俯首。从那时起，亚瑟被人们尊称为亚瑟王。一个不灭传说的序幕便徐徐揭开，一段腥风血雨的历史开始了。

亚瑟登上王位不久，迎娶卡米利亚德的利奥德格兰斯王的女儿吉娜薇，利奥德格兰斯王赠予亚瑟王一张可容 150 人（还有传说是 50 人）"和世界一样圆"的圆桌。亚瑟通过各种途径继续寻找优秀的骑士，并加封他们成为圆桌骑士。

在亚瑟举行婚礼这天，亚瑟命令梅林至少找到 50 位"最勇敢、最值得尊敬的骑士"来圆桌就座（传说梅林找到了 50 位骑士，卡米利亚德有 50 位骑士）。这些圆桌骑士来自不同的国家，有着不同的信仰，而圆桌的含义是平等，所有圆桌周边的骑士彼此平等，享有相同的权利。

他们彼此还定下盟约，发誓道："我发誓善待弱者，我发誓勇敢地对抗强暴，我发誓抗击一切错误，我发誓为手无寸铁的人战斗，我发誓帮助任何向我求助的人，我发誓不伤害任何妇人，我发誓帮助我的兄弟骑士，我发誓真诚地对待我的朋友，我发誓将对所爱至死不渝。"几乎所有的骑士都遵守着诺言，维护着圆桌骑士的荣誉。

此后，亚瑟作出了一个重要决定——攻打罗马帝国。当这一建议被提出后，几乎所有的大臣都持反对意见。一是因为亚瑟还是个新国王，才加冕为王不到半年的时间，并得不到大家的承认与支持；二是因为当时的罗马帝国势力强大，许多人认为这样做等于是去送死。可亚瑟坚持自己的想法，他坚信圆桌骑士团有足够的能力去征服罗马帝国，所以，亚瑟开始了他人生中最伟大的一次东征。

尽管空气中弥漫着铁血的腥味，战火席卷了城市、村庄、农田，似乎到处可以听到人们的哭喊声与哀号声，但战争不会因此而停止。所有人在这片充满恐惧的黑暗中期盼着黎明第一道曙光的来临……如果战争胜利，黎明将至。最终亚瑟王重兵征服了罗马帝国，在罗马由教皇抹膏加冕成为皇帝。罗马到法兰西的土地被分封给忠于亚瑟王的骑士，亚瑟王的时代进入了巅峰的辉煌。

在众多的圆桌骑士当中，兰斯洛特骑士特别引人注目。因为在所有比武场上的生死决斗中，他就从没有被打败过，而且他深得女性的欢心，尤其是王妃吉娜薇。两人的恋情最后成了公开的秘密，市井之人皆为此议论不停。当亚瑟王得知此事之后，派出 12 名骑士刺杀偷偷幽会的兰斯洛特骑士和吉娜薇王妃。但这 12 位骑士都被勇敢的兰斯洛特骑士所杀，最终逃脱了亚瑟王的追杀。吉娜薇王妃被亚瑟王判处火刑，可又被兰斯洛特骑士劫走。愤怒的亚瑟王开始追杀这两个人，最后在教皇的调解下，兰斯洛特骑士出于荣誉与尊严将吉娜薇交还亚瑟，离开英格兰，成为整个法兰西的统治者。

但故事并未到此结束，另一位圆桌骑士盖文——同时也是亚瑟王的表兄——他的兄弟在阻止兰斯洛特劫走吉娜薇时被兰斯洛特所杀。亚瑟王本来就对王妃被拐的耻辱耿耿于怀，加之盖文怂恿，终于决定亲征法兰西。但是这次征讨兰斯洛特给了莫德雷德篡位的良机。

卡姆兰战役无疑是亚瑟王传奇故事中最惨烈的一幕。亚瑟王回师讨伐篡位的莫德雷德，双方在卡姆兰的河谷地带展开大决战，双方都血流成河，亚瑟王手下所剩的圆桌骑士大都在这场恶战中死去。只有一位骑士幸存，他的名字叫贝狄威尔。传说贝狄威尔曾经在战争中失去过一只手臂，因此他是一位独臂骑士，这位贝狄威尔是世间最后一个看见亚瑟王的人。

尽管亚瑟王受到神明的赐福，被赐予了强大的力量，拥有王者之剑，但剑鞘却被亚瑟王遗失了。亚瑟王知道这意味着什么，失去剑鞘的他将不再受到神的保护，但他毅然决定出战。卡姆兰之役最终以亚瑟王亲手杀死莫德雷德而告终，而他本人也受到莫德雷德的致命一击。

奄奄一息的亚瑟王请求贝狄威尔将圣剑归还湖之仙女，意为他将卸下守护国家和人民的责任。忠诚的骑士贝狄威尔知道撒手圣剑的亚瑟王将要逝去，他两次来到湖边都未能下决心，而是向亚瑟王谎称剑已归还，而亚瑟王却一直重复那句话“将它沉入湖里去”。第三次贝狄威尔终于咬牙将这把圣剑投向湖心，这时湖中伸出女人的手接过剑柄，圣剑回归它的本源。

吉娜薇王妃由于自责于亚瑟的死而做了修女，而痴心的兰斯洛特重返英格兰，见到曾经美貌绝伦的吉娜薇王妃已经成了修女，绝望的他成了一名修士，两人从此再未相见。亚瑟王的传说就此终结，他的时代也宣告结束。

骑士精神的开创者

亚瑟王开创了历史上的骑士时代，这些骑士有着贵族化的气度，基督徒的美德，以及对女士的尊重。理想的骑士不仅要孔武有力，更要求绝对的忠诚、慷慨与宽容。如同史诗中的英雄一般，他们为善良的民众效劳，以教会的名义行侠仗义。

数世纪以来，历史学家固执地认为亚瑟王只是一个传说，但在许多人的心中，宁愿相信亚瑟王是真实存在过的。亚瑟王的作为不仅改变了英国，也改写了世界的历史，他堪称一位永不会退位的王者。圆桌会议的出现、战争中迷彩的发明乃至米字旗的渊源，据说都与亚瑟王有关。提起他，我们就会想起古老阴暗的中世纪、血腥恢弘的战争场面，以及动人心魄的浪漫。

亚瑟王和他的骑士们的故事之所以一直被后世所传颂，正是因为他所创立并宣扬的骑士圆桌制度给了人们极大的震撼，这也是亚瑟王真正的伟大之处。当召开圆桌会议时，亚瑟王与其他优秀的骑士们一同围着大圆桌坐成一圈儿，此时大家一律平等，没有国王与骑士之分。大家可以畅所欲言，采用少数服从多数制处理国事。这种民主制度在黑暗愚昧的年代，可谓先进之极，无论它是否存在过，就这一思想的广泛留传，足以令人敬佩感慨。

在那个蛮荒时代，社会崇尚武力，但骑士强调优雅文明，更强调风度。一个骑士不能对另一个毫无戒备的骑士发起攻击，必须让对方做好战斗准备。搞突然袭击，对真正的骑士来说，是一种可鄙的行为。另外，当一名骑士俘虏了另一名骑士后，必须将俘虏待如上宾。从骑士行为准则的标准来看，一个贵族骑士应该是勇敢的、宽容的、虔诚的、举止优雅的、风度翩翩的。

骑士精神代表了一种勇气和荣誉，骑士要能够持剑走天涯，他要知难而上，要无所畏惧，更重要的是他要正直，要除强扶弱。这些古老的骑士们用宣誓捍卫自己的精神，他们“只为信仰与真理而战，绝不为财富和权利，也绝不为自私的理由而战；要帮助所有需要帮助的人，也要互相支援，互相信赖，互相依靠；要以温柔对待软弱的人，但要对邪恶之徒给予致命的惩戒”。

他们会在每年圣灵降临节的盛宴上发出如下的誓言：“永不施暴、永不谋杀，永不叛国、永不冷酷。宽容需要宽恕的人，同情不能崇拜和臣服于亚瑟王脚下的人，那些可怜人的痛苦多么深！永远帮助女士，即使以死为代价也在所不辞。为了世人的利益，英勇的骑士们只参加正义的战争。”这些誓言虽然非常简单，却深刻地反映了中世纪的骑士精神和人文理想。总之，这些勇敢的骑士们只为正义而战，绝不单纯为了服从命令、私利而战。

亚瑟王只是这种精神的代表，很多人都愿意将他的传奇纳入骑士精神的鼻祖与雏形。尽管亚瑟王在一些文学著作中被描绘成一个被神眷顾的人，他因拔出“石中剑”而成为不列颠的王者，虽说这一切都是传奇，但亚瑟王传奇升华了实际生活中优秀骑士的典型形象。通过亚瑟王，我们隐约地可以看出骑士是一些什么样的人，他们是充满勇气的、守护弱者的人。骑士具备了很多令人称颂的美德：作为武士，他们忠诚；作为信徒，他们谦恭；作为男人，他们纯洁；作为贵族，他们富有同情心。亚瑟王和他的骑士们也正是靠着这种精神推翻了数百年的罗马帝国的统治，成功驱逐了撒克逊人的侵略，并通过一系列的政治和军事措施，把大不列颠逐渐推到了欧洲的重要地位，建立了一系列的丰功伟绩。

骑士是正义和力量的化身，荣耀和浪漫的象征，骑士精神则成为西方的伦理标准，深刻地影响了人们的观念和行为。时至今日，英国仍然设有骑士头衔，凡是为国家和社会作出重大贡献的杰出人物，便有可能得到女王的授勋。

今天的“骑士”

骑士身上那些高贵的品质——卑谦、宽容、诚实、公正，作为一种精神遗产，经历了战火的洗礼，和平的沉淀，经历了人类社会种种反复无常的变化，还将一直存在下去。同时，凡是具有这种精神的人，我们可以说他也有资格被称为“骑士”。

今天，当我们听到骑士这个词时，会想到什么？是一名骑着高头大马手持长矛的战士，还是在夕阳的映照下冲锋陷阵的重装士兵？是豪华的宫廷里风度翩翩、款款深情的男子，还是告别家乡回头一瞥的勇士？如果我们简单地从字面上来理解的话，骑士就是跨坐在战马上的武士，他们经受了严格的训练，是人类历史上曾经最精锐的部队，是在天空中自由翱翔的雄鹰，但如果只是这么来阐述何为骑士，肯定无法令我们满意，我们乐意看到这个词被赋予更多的含义。

在欧洲人看来，骑士总是英勇善战的勇士的代名词。他们忠于自己的国家，看重身份，注意修养，恪守诺言，尊重法规，已经成了一种文化精神。他们秉着怜悯，荣誉，牺牲，谦虚，精神，英勇，公正，诚实的美德，纵横在不列颠和传说中的大陆中。挥舞着长剑杀入黑暗的地下城，无畏地面对一切敌人，经过无数次浴血的战斗，得到荣誉与财富。

时至今日，单纯的骑士只能是小说家笔下的英雄，出现在他们的作品中。在今天，我们已经无法见到骑着高头大马，身穿盔甲，手持利剑长矛的“骑士”们了。不过，骑士精神之所以能够流传到今天，就必然有它存在的理由。在今天的世界里面骑士是否还存在呢？答案是肯定的，因为“骑士”对于当今人们的观念来说，不再是冲锋陷阵的战士，而是已经升华为一种精神，事实上到了 12 世纪，骑士精神的意义已经转变为人生的整体规范。

在中世纪的欧洲，骑士制度的建立是人类文明的体现。骑士是一种贵族的封号，必须经过长期的锻炼，并通过特定的仪式才能获得。如果一个人想要成为骑士，首先他必须出身贵族家庭，在童年时期要到更高一级的封建主家里做侍童，14 岁后开始接受专门的骑士训练，直到成年通过一系列的考试之后，才能正式取得骑士的封号。

在成为骑士之前，除了接受格斗技巧和马术的训练之外，还要学习各种知识，培养其坚定的性格，让他们具备一位骑士所应具备的所有精神，并遵守骑士的准则，具体表现为勇敢坚强，不贪生怕死，重视荣誉胜过生命。

他们不能伤害俘虏，不能攻击未披挂整齐的骑士。他们要遵守教会的“上帝和平”、“上帝休战”之类的规定，不攻击非战斗人员，如妇女、儿童、商人、农民、教士等。

1023 年欧洲某地的一个主教所要求骑士在誓词中这样说：“我

绝不带走公牛或母牛或其他任何驮兽；我绝不捕捉农民或商人；我绝不从他们那里拿取分文，也不迫使他们付赎身金；我不愿他们由于他们的领主所进行的战争，而丧失他们的货物；我也绝不殴打他们来获得他们的食物。我绝不从牧场捕捉马、骡和驹；我绝不破坏或焚烧他们的房屋；我绝不借口战争连根拔除他们的葡萄藤或收集他们的葡萄；我绝不破坏磨坊，也绝不拿走那里的面粉，除非他们在我的土地上，或者除非我是在服军役。”

从这些规则可以看出骑士的气质。这种看重身份，注意修养，恪守诺言，尊重法规的骑士誓言，已经成为一种文化精神。

总之，骑士精神使现代欧洲人民族性格中既含有优雅的贵族气质成分，又兼具信守诺言，乐于助人，为理想和荣誉牺牲的豪爽武人品格。

今天，我们已经远离了那个浪漫骑士的年代。那些骑士的矜持与高傲，对今天的我们来说，也许带着些许刺激和几分好奇。要想成为一个具有骑士精神的人很难，因为我们无法将自己溶入过去，但是，我们可以相信，骑士身上那些高贵的品质——卑谦、宽容、诚实、公正，作为一种精神遗产，经历了战火的洗礼，和平的沉淀，经历了人类社会种种反复无常的变化，还将一直存在下去。同时，凡是具有这种精神的人，我们可以说他也有资格被称为“骑士”。

李世民
中国帝王的楷模

(599年—649年)

李世民代表着常人不可企及的伟人梦，但同时代表着常人可以接近的英雄梦。他那醇厚的仁爱襟怀是由常人习性中培植起来的，他的身上那种纯净得几乎没有杂质的阳刚之美，是真诚的追求者可以逐渐接近的。

在中国所有伟大的皇帝中，唐太宗李世民在位的时间并不长，只有短短的23年，但他的功绩及名声丝毫不逊于中国历史上的任何一位王者。用范文澜在《中国通史简编》里的一句话来概括："唐太宗登上帝位，唐朝才开始盛大起来"。唐太宗李世民无疑是中国历史上最具盛名的伟大帝王，他开辟的疆域广袤无边，他统御的大唐是当时世界上最强盛、最先进的国家；他缔造的"贞观盛世"空前绝后，为后人竞相追习。在他之前，人们说汉武帝是明君，说文景之治是盛世。在他之后，盛世是贞观之治，史上的明君唯有他一人。

李世民睿智、仁慈、勇敢，他胸怀四海，年仅21岁时，便讨伐群雄，战果辉煌；终日奋战，栉风沐雨，将敌人各个击破，他的军事天才，早已使他的英名响彻天下。面对骑术优良、箭法奇准的十万突厥骑兵，是他，站在渭水河边怒斥颉利可汗的失信，而他身边只带了几个随从。若不是久经沙场的战将，哪有这么大的勇气和功力？薛氏父子、王世充、窦建德……乱世中群雄们的政权，在李世民手中土崩瓦解。

李世民不是我们想象的老谋深算的政治家，而是一个有幸坐上皇位的沙场英雄，他被认为是中国帝王中的楷模。由他开创的大唐王朝之所以备受后人推崇，并非因为疆域辽阔，或经济繁荣，或军事犀利，而在于它开放的气度和宽容博大的胸怀。唐太宗李世民之所以备受后人景仰，更在于他具有一个领袖的胸襟。

盛唐之魂

五千年文明的华夏大地经历了无数次的变迁，被一个又一个王朝统治，而一千余年前的大唐王朝，曾因一个人而永载史册，这个人便是盛唐之魂——李世民。

公元 599 年 12 月 22 日，李世民降生在渭水之北、武功县南十八里俗称“武功别馆”的李氏老宅子里。他的父亲李渊官职不大，是当时隋文帝杨坚的侍从武官，但却十分威风，此外还与皇帝沾亲带故。《旧唐书》中记载，李世民出生时“有二龙戏于馆门外，三日而去”。还有传闻说在李世民四岁的时候，偶遇一名自称善于相面的书生，当他看见李世民的时候说道，这个孩子有“龙凤之姿，天日之表”，日后“必能济世安民”。当然这只不过人为杜撰之说，并无根据。不过，有一点可以肯定的是，李世民出生在一个贵族家庭，从小就受到良好的教育，而且像其他关陇贵族一样，从小就娴熟弓马，通晓军事。在李世民刚刚步入成年之时，隋末乱世给了他淋漓尽致发挥的舞台。

隋朝末年，炀帝昏庸无能，百姓饿馁，哀鸿遍野，人们不得不死里求生，起义造反。李渊也是其中的一个，李世民一直参与他父亲的叛隋大计。据史料记载，当时在他身边，集聚了大量有才华的人。《旧唐书》中就曾称他：“每折节下士，推财养客，群盗大侠，莫不愿效死力。及义兵起，乃率兵略徇西河，克之。”温大雅的《大唐创业起居注》里也说他“于晋阳密召豪友”。与他的兄弟相比，此时的李世民已经展露出政治才能。公元 617 年，李世民随父亲李渊自太原起兵，他率领部队很快就击败了隋朝的军队，攻入长安，并且灭了隋朝。

在唐朝统一全国的过程中，李世民军功甚多，后来被封为“秦王”。李渊称帝后立李建成为皇太子，本来长幼有序，长子即位，没有异议，李建成也不是一个无能之人，也能吸引魏征等人为其卖命，只因为后来李世民又在消灭诸侯中立下很多战功，至此声威大振，大有盖过太子李建成的势头。

李世民为大唐创立立下的战功让太子李建成饱受威胁，太子曾数次谗垢并毒杀李世民，李世民被逼无奈，这才决定起事，于是就有了后来的玄武门之变。李世民在玄武门前大开杀戒，诛太子、杀胞弟，继而迫父“禅位”，登极称帝，并于 627 年改年号贞观。

李世民的文治武功则在他登极后展露无遗，从隋亡的现实中，李世民明白唯有“君依于国，国依于民”方可国祚永昌。他拟定与实施的一系列国策均是有利于民、着眼于民。人们所说的大唐盛世，从此拉开序幕。事实证明，他所开创的“贞观盛世”的确是前无古人，后无来者。这是一个中国古代历史上最令人称羡的黄金时代，贞观之治几乎成为唐宋以后治国实践中理想境界的代名词。在当时的世界上，堪与唐帝国相比的，只有中东的阿拉伯帝国。

李世民即位后，首先考虑的一个重大问题就是如何使唐王朝长治久安。当时，全国政局并不稳定，连年的灾害，粮价不断上升，突厥时常侵扰这个新生的王朝，百姓渴望这个新王朝能够带给他们稳定平安的生活，同时也对这个新王朝充满信心。李世民首先推行一系列有利于民的政策，同时面对外族的侵犯，李世民采取强硬手段，先是平定了东突厥，俘虏颉利可汗，解除了北边的威胁；后又平定吐谷浑；又派侯君集平定高昌氏，建西州，置安西都护府。这几场战争都是在十分艰苦的条件下进行的，唐朝的胜利很大程度上应当归因于百姓对新王朝的一种期望，一种信心，是老百姓的高昂斗志赢得了这场战争。唐太宗李世民对依附的各族执行比较开明的政策，受到他们的拥戴，因而被尊为“天可汗”。

在国家治理和政治上，李世民可以说是一个封建时代的完美君主，他实行教化、轻徭薄赋的政策，此举深得民心。全国民众都开始为国家着想，非常理解这位初登王位的皇帝的难处，即使四处逃荒逐食，也安分守己，很快便恢复了社会的安定。贞观三四年间局部地区的丰收，但并没有完全扭转生产凋敝的局面。不过经过了“频致丰稔”，也就是连续多年的丰收之后，最终还是出现了米价下跌、粮食充裕的大好形势。

在用人方面，李世民显示出过人的才能。李世民知人、用人上同样目光高远，气度不凡。不论是旧敌降将，还是前廷贤才，他都委以重任。他重用魏征，就足以见到他的心胸是多么宽广。提倡犯颜直谏是李世民有别于其他君王的又一明智之处，他大度宽宏，不把个人尊严放于国家利益之上，凡是有益于民众的谏言，他从不计较诤臣的尖刻无情。以魏征为首的大臣常常犯颜直谏，他都能以积极的态度面对。传说就连他钟情一位女子，因魏征的反对而割爱，这样虚怀若谷的谦逊帝王唯他无二。可以说，贞观美政，留下了“水能载舟，也能覆舟”、“兼听则明，偏听则暗”、“以人为镜，可以明得失”等经典的政坛佳话。

李世民十分注重人才，他知道只有选用那些具有真才实学的人，才能达到天下大治，因此，他求贤若渴，曾先后 5 次颁布求贤诏令，并增加科举考试的科目，扩大应试的范围和人数，以便使更多的人才显露出来。正因为此举，在李世民在位期间，许多优秀人才脱颖而出，也正是这些栋梁之才，为“贞观之治”的形成作出了巨大的贡献。

为了提供优良教育的环境，李世民还建立了以国子监为首的京师学。包括在高祖时建立了国子学、太学、四门学，太宗时建立的律学和书学，增建校舍，足以容纳两千名学生学习。又设弘文馆，专门供皇族及高级官员子弟入读，一时文教之风大盛，四夷君长都遣子弟来长安学习。那时的大唐帝国是世界各国仁人志士心目中的“阳光地带”，各国的杰才俊士都冒着生命危险来到这里。来自世界各国的外交使节纷纷赞叹唐朝的盛世，唐朝高度发展的文化，使大多数来到唐朝的各国人，都以成为大唐人为荣。不仅首都长安，全国各地都有来自国外的“侨民”在当地定居，尤其是新兴的商业城市，仅广州一城的西洋侨民就有 20 万人以上。

大唐帝国除了接受大批的外国移民外，还接收一批又一批的外国留学生来中国学习先进文化，仅日本的官派的公费留学生就接收了七批，每批都有几百人。民间自费留学生则远远超过此数。这些日本留学生学成归国后，在日本进行了第一次现代化运动——“大化改新”，也就是中国化运动，上至典章制度，下至服饰风俗，全部仿效当时的贞观王朝，使日本民族凭空跃进了一大步。

唐太宗更注重法治，他曾说：“国家法律不是帝王一家之法，是天下都要共同遵守的法律，因此一切都要以法为准。”唐太宗李世民以身作则，带头守法，维护法律的划一和稳定。在贞观时期，真正地做到了王子犯法与民同罪。执法时铁面无私，但量刑时太宗又反复思考，慎之又慎。他说：“人死了不能再活，执法务必宽大简约。”由于太宗的苦心经营，贞观年间法制情况很好，犯法的人少了，被判死刑的更少。据载贞观三年，全国判死刑的才 29 人，几乎达到了封建社会法制的最高标准——“刑措”即可以不用刑罚。

以民为本的思想；广开言路，虚怀纳谏的胸襟；重用人才，唯才是任的准则；铁面无私，依法办事的气度。这些构成了贞观之治的基本特色，成为封建治世最好的榜样，使唐朝在当时与西方国家相比，无论在政治、经济，还是文化上都走在世界的最前列。

李世民在位期间并不长，只有 23 年。晚年时，李世民亲笔撰写一本书——《帝范》，他将自己一生统治天下的经验都留在了这部《帝范》之中。在这部书中，唐太宗几乎讲到了做皇帝应该注意的各个方面。它包括君体、建亲、求贤、审官、纳谏、去谗、诫盈、崇俭、赏罚、务农、阅武、崇文十二篇，是一代英主对人生和世界的体悟；是一个马上争天下、马下治天下的开国君主一生经验的总结。

贞观二十二年正月，唐太宗李世民将自己御笔撰写的《帝范》十二篇赐给太子李治，又谆谆告诫道："你应该以古代的圣哲贤王为师，我并不是你学习的榜样。古人说，取法乎上，仅得其中；取法乎中，仅得其下。我自从即位以来，也有许多不足为训的地方，比如：锦绣珠宝不绝于前，宫室台榭屡有建造，犬马鹰隼无远不至，巡游四方烦劳百姓。这些都是我的过失，你要引以为鉴。"第二年，唐太宗便在翠微宫阖然长逝。

血勇与人道

李世民的身上始终有一种的血勇气质，与那种嗜血的野性截然不同，他有一颗仁爱、怜悯之心。他的血勇之气是人性的，他对武力和权力的运用是健康的，处处闪烁着人性的光辉。血勇与人道的耦合，正是盛唐之魂！

历史上的李世民豁达大度，天姿英武，凭一股生生不息的锐气开创大唐盛世，令四夷宾服，真正是旷古少有的英雄，可以说把王霸杂用的分寸把握到了极致。他人生的最高境界就是既达到了生命本能的"血勇"，又具备了崇高灵魂的"人道"。虽然李世民代表着常人不可企及的伟人梦，但同时代表着常人可以接近的英雄梦。

在李世民身上，我们既可以看到曹操的武略，又能看到刘备的笼络术，但他远比这两人更有气魄。在战争年代，他总是把天下武功最高强的英雄豪杰集中于自己的骑兵队伍中；和平时期，能把天下最优秀的学人智者收罗于秦王府中，号为十八学士，其器宇之大，古往今来，无人能比。他那醇厚的仁爱襟怀是由常人习性中培植起来的，他的身上那种纯净得几乎没有杂质的阳刚之美，是真诚的追求者可以逐渐接近的。

最可贵的是，在李世民的身上始终有一种血勇气质，与那种嗜血的野性截然不同，他有一颗仁爱、怜悯之心。他的血勇之气是人性的，他对武力和权力的运用是健康的，处处闪烁着人性的光辉。血勇与人道的耦合，正是盛唐之魂！

血勇和人道似乎是两个极其矛盾的东西。单纯的血勇，如果没有人道和仁爱精神净化，便无法与“武士道精神”之流区别开来，可能沦为野蛮的杀伐之气。那不是阳刚之美，而是罪恶的渊薮。

李世民身上的仁爱和怜悯之心是极其关键的，它使得李世民建立起来的唐帝国不是屠杀性的帝国，而是一个各民族平等相处的平台。李世民对其他民族一视同仁，对胡人以兄弟子女相待，在他的御林军中，不少胡人担任着亲信大将，出征高丽时，右卫大将军、突厥人李思摩中了箭，李世民以帝皇之尊亲自用口为他吸出淤血，这种行为并非他做作，而是与李世民持守的四海之内皆兄弟的信念是一致的，它展示了一种来自心灵深处的高贵气质。在这种高贵气质作用下的血勇，才是真正的骑士武勇；在仁爱和怜悯之心掌控下的武力，才是文明的武力。

李世民的仁爱、怜悯精神，也是开创大唐盛世的关键。不过在李世民在登基之前也曾嗜杀，而且曾一味地执行着惩罚报复政策。登基之后，李世民认识到“不嗜杀者才能得天下”的真理，他的灵性也在于他由此认识到宽恕的价值。李世民仁爱、怜悯情怀，也经过了一个漫长的成长阶段。

魏征曾评价李世民得了“人和”。李世民由对天下英雄推心置腹，发展到对子民推心置腹，进而到对各族人民推心置腹，从而得了最浩瀚纯正的“人和”，内中包含着很深的人性的和人道的追求，使得那原始的进取性的血勇得到了净化和升华。在文明的武力中，在王霸杂用中，血勇和人道这两个似乎极其矛盾的东西，得到了内在的统一。

李世民曾对自己的一生作过这样的评价："自古以来，能够在乱世成就帝业的，都是40岁以上的中年男人，只有东汉光武帝刘秀是33岁起事。本人18岁就起兵，20岁就已经平定天下，29岁就当上皇帝了。从武功方面来说，我已经胜过古人。年轻的时候我带兵打仗，没有时间读书。登基以后可以说我是手不释卷，了解了教化的根本，政治的基础。行之数年，天下大治，移风易俗，子孝臣忠，所以说在文治的方面我也超过了古人。从周朝秦朝，周边民族时有入侵。如今周边民族都已经臣服，就是说从怀柔远人的方面看，我又超越古人了。这三项成就，我个人的品德哪里配得上呢？既然成就了这样的功业，怎么能不谨慎从事有始有终呢？"

还有一段说："我之所以能达到这样的成就，主要因为五个原因。第一，自古以来帝王多嫉恨那些比自己强的人，而我看到臣下的优点，就像自己也具有这些优点。第二，人的品行、能力，很难兼备，我能舍弃其短处，而取其所长。第三，身为君主的人，经常见到贤者就想拉拢为心腹，见到品格较差的就想彻底摒弃，而我则是见到品德优良的就敬重之，见到差一些的就爱怜他们的不幸，这就让贤与不贤，都能各得其所。第四，古来君主大多厌恶正直人士，或公开杀戮，或暗中陷害，没有一个朝代没有这种事。我登基以来，朝廷上站的一个挨一个的都是正直之士，从没有罢黜斥责过一位正直的人。第五，自古都是看重中原人士，而贬低周边民族人士的，而我对各族的爱护是一样的，所以各民族依附我都像子女对父母一样有深厚情感。这五条，就是朕成就今日功绩的理由。"

是李世民的努力，使大唐国力富强；是李世民的勤政爱民，使百姓安居乐业；更是李世民的从善如流，使水能载舟亦能覆舟的真理深入人心。李世民是不折不扣的一代明君，没有人比他更配得上人龙帝范的称呼，没有人比他更值得万人尊敬。

帝王中的楷模

李世民做人始终把“强”字作为人生的根基，打天下显豪气，守天下显霸气，同时也承担着为国之主的磨难和责任。李世民不是我们想象的老谋深算的政治家，而是一个有幸坐上皇位的沙场英雄，他被认为是中国帝王中的楷模。由他开创的大唐王朝之所以备受后人推崇，并非因为疆域辽阔，或经济繁荣，或军事犀利，而在于它开放的气度和宽容博大的胸怀。

翻开浩瀚的历史画卷，古往今来，既有无数纵横捭阖的英雄人物，也不乏蝇营狗苟之徒，他们做人的成败，决定了一生事业的成败与走向。古往今来，成大事者必是先做人，后做事，而且他们一能赢得人心，二敢于、精于用人。当然，做人与用人的大学问不是虚而不见的，而是体现在那些成大事者身体力行的过程中，鲜活而实在。在这方面，李世民为我们做出了榜样。

李世民做人始终把“强”字作为人生的根基，打天下显豪气，守天下显霸气，解决难题时从大处着眼，从小处着手，总是能够打开一条通道。特别值得注意的是，李世民把做人当做一门大学问，在手下人身上下工夫、摸心思、听意见、找对策，激发他们的聪明才智，让自己的天下更稳固。

李世民的命运离奇，他赢得天下的同时也承担着为国之主的磨难和责任。在他坐上皇帝宝座后，并没有像那些大多数权力人物一样自以为大功告成，可以坐下来好好放松一下，利用手中的职权尽情享受一下荣华富贵的滋味。相反，他比登基前更加勤于政事，一头埋在公务之中。和那些志得意满的权力人物不同的是：李世民有着浓厚的危机意识，他的眼睛看到的不是一个幅员辽阔、兵强马壮的强盛帝国（那时的唐帝国事实如此），而是一个危机四伏随时可能被又一次民变瓦解的新生政权。他的眼睛紧紧地盯着那个刚刚瓦解的曾经强盛无比的隋帝国，不断地琢磨隋王朝灭亡的教训，不时提醒自己不要重蹈覆辙，小心而又勤勉地引导他的帝国走出荆棘，走向繁荣，走向辉煌。在李世民当政的中期，唐帝国已成了当时已知世界无与伦比的超级强国，繁荣和富庶达到了连上帝都嫉妒的程度。这时李世民应该满足了，可他一点也没有满足的迹象，他看到的不是眼前的繁华和辉煌，而是帝国漫长而艰巨的未来之路，并为夯实未来的路基继续孜孜不倦地努力。

李世民的超强责任心是他高度智慧的集中体现。从他的身上，我们可以看到历史上无数有志之士的身影，从曾参的“士不可以不弘毅”，到李膺的“欲以天下致是非为己任”；从陈藩的“澄清天下之志”，到顾炎武的“天下兴亡，匹夫有责”，都可以看到这种“为天地立心，为生民立命，为往圣继绝学，为万世开太平”的风骨精神和人格力量，其对国家民族和对自己人生负责的精神脉络清晰可见，且历千年而不绝。

一个天才型的人，又具备自信心，不一定可以是一个成功的人物，必定要对自己周围的环境有正确的认识，然后对所处的时代有一种忘我的使命感，才能促使他奋斗而臻成功。隋炀帝也是天分极高的人，他有过分的自信心，可惜对自己周遭处境没有正确的认识，他就变成刚愎自用、虐民败德的失败者，而处于同一个时代的李世民“聪明勇决，识量过人”，他是天才型人物。他“见天下已乱，盗贼起，知隋必亡”，于是他“阴有安天下之志，乃推才养士，结纳豪杰”。

李世民抱有一种时代的使命感，他要救斯民于水火，所以就采取行动，努力争取同道而奋斗以进。“国家兴亡，匹夫有责”，他劝服老父太原起兵，相比李渊在战略上的瞻顾踌躇，患得患失，李世民更是抢占先机，英明果断，这是一种历史的使命感驱使着，一颗安民之心催促着，使他为了一个崇高的目标奋不顾身。此后，皇帝的身份让李世民的使命感更加强烈，他始终用具有使命感的态度来做事，从不满足现状。

其实，任何人一旦满足就容易感到迷茫，同时也恐惧自己的停滞，而物质的满足总是有限的，但精神的满足却是可以无限的，它会带着我们一直向前走。我们每个人生来就具有各自的使命，只是我们在这竞争激烈的环境里，谋生的概念无形被强化了而已。我们大多数人几乎都活在生计的恐惧里，而不是活在被赋予使命感的光荣里。有时候，生活的状态是取决于我们怎么去定位的。如果我们以谋生的生活态度去生活，即使我们想得做得再多，它永远都是处于谋生的概念和水准。如果我们将自己的生活和目标赋予一种使命，那么我们的人生都会因此而改变。

李世民胸怀宽阔胆识过人，能够认识到人才的重要性，并能宽容人才无伤大局的弱点且不害怕人才超越他。李世民的胸怀在史书上有不少的记述，最为典型的事例是对魏征的信任和重用。此外，李世民还是中国历史上真正做到诚实执政的唯一一人，他在任时对臣僚敞开胸怀，不行欺诈之术；臣僚也尽忠职守，不搞欺瞒哄骗的传统官场伎俩。

当然，李世民也并非是不会犯错的超人。虽然不能避免旧时帝王任意操纵权力和司法的毛病，不可能对正直之士“未尝黜责一人”，但他毕竟不同于一般的帝王，他的过人之处就在于，他会反省自己的言行，承认自己的过失，对以往的错误予以纠正；个人的情绪言行，则尽量有所克制。他没有简单掩盖或抹杀自己的过失，而是公开表示悔意，在帝王当中，这样的心胸实属难得。

查理大帝

西方世界的救世主

(约742年—814年)

查理大帝，一个欧洲古典文化的“挽救者”、西方世界的“救世主”，甚至被后人看做圣骑士的化身，他身上体现了一个帝王所具有的一切品质，他的天赋智慧和他那种不论在顺境和逆境时的坚定意志，令他成为一个神话般的英雄。

1200多年前的欧洲中世纪，有一位帝王挥戈征战建立了囊括西欧大部分地区的庞大帝国；他制定了一系列制度，从而决定了西欧1000多年的社会发展的基本模式；他提倡文化教育，开创“加洛林文艺复兴”，使古罗马灭亡以来文化湮没的状况得以改观；由于他骄人的赫赫武功，被历史学家赞誉为欧洲古典文化的“挽救者”。在民间传说中，他被描绘成无敌的勇士，对几代历史学家们来说，他身上体现一个帝王所具有的一切品质，成为西方世界的“救世主”。他，就是欧洲中世纪最伟大的帝王之一——查理大帝。

查理大帝勇武善战，善恶分明。他在位的期间，发动过对伦巴德人、撒拉森人、撒克森人等的大大小小50多场战争，控制了大半个欧洲的版图，传说中在天使的指引下挑起了保卫基督教世界的重任。查理大帝的威望在他那个时代无人可比，当列国之间发生争端的时候多半是请他出面仲裁，耶路撒冷的主教更将耶稣墓地的钥匙交付给他，连巴格达的哈里发也馈赠他许多贵重的礼物。即使是在公元 814 年他去世之后，查理大帝仍旧是诗人吟咏的偶像。查理曼(查理一译查理曼)，这三个字几乎就是正义和基督教的代表。

从九世纪开始流传查理大帝和他的勇将罗兰的事迹，随着时代的变迁而变化。后世人用神奇的语言，将一次失败变成了传奇性的胜利，将一则默默无闻的逸事变成了家喻户晓的辉煌诗篇。《罗兰之歌》里这样描述道："查理不是穷兵黩武的人。谁见过他，谁都会理解他，莫不说皇帝是一位英主。我不论怎样称颂赞扬，也无法说全他的神武美德。他大智大勇，谁能望其项背？他生来天潢贵胄，对臣子宁死也不肯辜负。"

为了纪念这位开明的君王，9 世纪时人们为他制作一尊青铜塑像，至今仍摆放在法国的卢浮宫中，每天都有成千上万的法国人、德国人、意大利人以及其他国家参观者瞻仰这位骑在高头大马上的古代英雄的风采。

黑暗年代的终结者

查理大帝在公元 800 年在罗马加冕，被人称为"由上帝加冕的伟大、贤明的奥古斯都、罗马帝国执政官、依靠上帝恩典的法兰克和伦巴德国王"，或者像加冕时罗马人所欢呼的"查理·奥古斯都，上帝所加冕的伟大而赐予和平的皇帝"。西欧从此结束了长达 200 多年的纷争、仇杀。

现存的各种查理大帝的传记中，没有一本谈到过这位伟人的婴幼儿和青少年时代。即使是同时代的，自 790 年开始进入加洛林宫廷，担任查理父子私人秘书，被称为"加洛林文艺复兴"的骄子——

艾因哈德在他广为流传的《查理大帝传》的开始部分，也是这样写的："任何有关他的出生、幼年时代，甚至少年时代的事，由我来谈都会是可笑的，因为我找不到任何有关这方面的记载，而可以自称对这些事情有所了解的人，也没有一个仍然活着……"

人们只知道，查理生于742年，他身躯高大，超人一等，颈粗腹大，虽略显肥胖但并不笨拙。他的眼睛也很大，目光敏锐，鼻子也比一般人大，坐立时显示出一种威严之感。他的臣子艾因哈德曾经这样描述他："面容庄严，姿态雄武，脚步稳健，声音清晰，身体健康。"查理精于骑术、武艺、打猎和游泳，这大概是他能长期保持健康的原因。他经常邀请朋友、女儿、儿子、外国使节甚至侍从武士同他一道游泳，而且他总是游得比他们好。

查理的家族地位显赫，他的父亲是"矮子王"丕平，他的祖父是伟大的法兰克领袖查理·马特。马特在732年夺取了普瓦提埃战役的胜利，粉碎了阿拉伯人征服法兰西的行动计划。751年丕平宣称自己为法兰克国王，从而结束了昏庸无能的墨洛温王朝的统治，建立起一个新王朝，今称加洛林王朝，这是根据查理曼的名字命名的。768年丕平驾崩，法兰克王国被查理和他的长兄卡洛曼两人共同掌管。771年卡洛曼猝然去世，这对查理和法兰克的统一来说却是幸运降临，29岁的查理成为法兰克王国唯一的君主。

登上王位不久，查理就开始了一系列的战争。查理继承了加洛林家族的尚武传统，他十分好战，把长年累月率军征战看做是理所当然的事。查理在位的47年中，只有两年的和平时期，其余的时间他一直率军南征北战，一共打了53次战役，其中的30次他都亲临前线。

769年，查理刚登上王位时便继续他父亲所发动的阿奎丹战争，这是查理进行的最早一场战争，尽管那时候还活着的卡洛曼并不赞成查理发动战争，但查理仍然全力以赴。卡洛曼死后，他的妻子带着儿子到娘家伦巴德寻求支持，伦巴德人企图将卡洛曼之子加冕为法兰克国王。查理曼又发动了一场战争，他在774年毅然进军伦巴第，攻陷其都城，自立为伦巴第国王。他到罗马会晤教皇，达成了协议：教皇承认其为法兰克唯一的统治者，而他承认教皇为意大利全部土地的主人。

公元 778 年，查理又率大军顺利地翻越高峻的比利牛斯山脉，南侵西班牙。当时，那里是由一支从北非来的阿拉伯人建立的哥尔多瓦王国。在这场战争中，哥尔多瓦的军队遭到了重创，而查理的大军也损失惨重。哥尔多瓦国王提议讲和，查理军中一些将官也主张和解撤军。查理的侄子罗兰侯爵表示反对，更不同意和谈。但是，鉴于形势并不十分有利，查理最终没有接受罗兰的意见，派加尼隆前去同哥尔多瓦人议和。心怀怨恨的加尼隆，谈妥了议和条件，也和敌方订下密谋，暗害罗兰。

查理看到议和成功，就率大军回国，罗兰担任后卫。得悉加尼隆送来的情报，哥尔多瓦国王集结起了一支强大的部队，埋伏在险要的比利牛斯山朗塞斯瓦尔峡谷两侧。夜幕降临，当罗兰的后卫部队排成长列通过隘口时，哥尔多瓦人借着夜色的掩护，居高临下，冲下山谷，包围了罗兰的部队。最后，查理听到了那微弱的求援号音，率大军赶回峡谷。他发现，罗兰和所有的同伴都已英勇战死。这次战事，后来被文学家加工成为一部著名的史诗，即法兰西最早的民族史诗《罗兰之歌》。它以悲壮的情节，感动了中世纪的欧洲人。23 年后，查理又一次越过比利牛斯山远征西班牙，终于吞并了山南广大地域，并任命一个儿子为该地总督。

查理一生发动侵略战争时间最长的一次，是对北方撒克森人的征服。他以传播基督教为借口，从公元 772 年起，先后发动 8 次进攻，时间长达 33 年，最终征服了撒克森人，使之成为法兰克国的臣民。

在几十年的征战之后，查理的王国已经扩大到了相当于今天的法国、瑞士、荷兰、比利时、奥地利以及德国、意大利的大部分地区，成为当时西欧空前强大的国家。而随着版图的日益扩张，查理对国王的称号已经不再满足了。教皇利奥三世看到查理势力强大，也为便于和查理共同控制西欧，于是为查理举行了加冕。

公元800年的圣诞节之夜，查理迎来了他人生中最重要的一刻。那天晚上罗马圣彼得大教堂灯火辉煌，装饰一新。在庄严的音乐声中，一位高大魁梧、仪态威严的国王开始在圣坛前作祈祷。站在一旁的教皇把一顶金冠戴在了他头上，并带头高呼："上帝为查理皇帝加冕，敬祝他万寿无疆和永远胜利！"其他教士和人们跟着欢呼起来。就这样，在西罗马帝国灭亡300年后，在它的领土上又建立了一个"罗马人的帝国"，即查理曼帝国。查理也成为欧洲中世纪历史上第一位皇帝，被称为"查理大帝"，后人将加于他名字上的头衔"伟大的"一词完全并入其名中，称他为"查理曼"。"曼"即伟大之意。

查理曼帝国繁盛强大，使周边国家十分畏服，争相与之交好，就连称霸一方的阿拉伯帝国也十分重视同查理的关系。对于友好的邻国，查理大帝恩威并施。其他国家派来使臣，查理大帝总是和蔼地接待他们，常常赐给友好国家的使臣一些特殊的待遇。在法兰克福，这些国家的使臣甚至可以想去哪里就去哪里，想察看什么就察看什么，他们还频频被邀请同法兰克福的贵族和欧洲贵族一道参加盛大宴会。

对于非洲一些经常厄于贫困之中的国家和地区，查理大帝常常把自己的谷物、油、酒等财富作为礼物赠送给他们。当他们遇到灾难时，更是慷慨解囊。因而这些国家对查理大帝都很忠顺服从，许多使臣崇敬地对查理大帝说："从前我们只见过泥人，这里的人是金人。"

不过，当时的拜占庭帝国对查理曼帝国的强大颇怀疑忌，特别是在查理加冕称帝之后，他们更是不安。为了试探查理的实力，在一次宴会上拜占庭的皇帝想故意为难一下这位皇帝。席间，主人别有用心，把查理大帝安排在显贵中间。按照该国惯例，参加国王筵席的本国人和外国人，都只能吃摆在面前菜肴的上面那部分，更不能把餐桌上的河鱼翻转过来。对于该国的风俗，查理大帝早有所闻。

这次赴宴，他也看到了刀光剑影。不一会，一盘覆有香料的河鱼端上席，故意摆在查理大帝面前。一名陪伴的官员三番五次地请查理吃河鱼，查理大帝毫不在意地把河鱼翻转过来了。

显贵们立即惊叫起来，纷纷对拜占庭的国王说："尊敬的陛下，您遭到了莫大的侮辱，在您以前从来不曾有过一位国王遭到这般侮辱，您应该毫不犹豫地惩罚这个罪人。"

按照拜占庭的法律，这样的人必须立刻处死。不过拜占庭国王故意装得十分大度，说："作为贵宾，您在被处死以前，可以向我请求任何您所希冀的恩惠，我一定应允。"查理大帝不慌不忙地站起来，炯炯有神的双眼环视四周，铿锵有力地对面前这位自大的国王说："皇帝陛下，遵照您的诺言，我请您答应我一桩微小的祈求。让每一个看见我翻转那条河鱼的人都挖去双眼。"对于这个突如其来的要求，满场的人大吃一惊。拜占庭国王立刻以基督的名义宣誓说，他自己什么也没有看见，他只是听信了别人的话。皇后也急忙为自己开脱："仁慈的圣母玛利亚在上，我什么也没有看见。"其他贵族为了免遭厄运，纷纷矢口否认。此后，又经过一系列战争，拜占庭顺从法兰克福，顺从查理大帝，决无他心。

当然，查理的业绩和才能不仅限于军事上，他在行政、司法、教育，以及经济生产管理等方面都有杰出的建树。特别在文化教育方面，成就尤为突出，为中世纪文明的发展奠定了基础，起到了承先启后的作用。公元 8 世纪时，古希腊、古罗马的文化传统随着许多城市的没落，早已被破坏，因此，查理曼帝国的臣民几乎都是文盲，就连他本人以及宫廷中的许多显贵大臣，也大都目不识丁。查理十分注重文化，首先在宫廷中办起学校，培养人才，而这也成为中世纪西欧学校的起源。他从欧洲各地广泛招聘知名学者到宫廷传授学问，其中最著名的学者就是来自英格兰的阿尔琴。不仅如此，查理还亲自检查学生们的作业，时常把学得最好的穷孩子提拔上来，授以高职，对于那些学习差的学生，则是愤怒训斥。

此外，查理还督促教会和修道院兴办学校，传授子民们文化知识，并收集、抄写古典著作和早期基督教的著作，使之得以保存。查理的这些成就曾获得一些西方史学家的大声赞扬，将其称为“加洛林文艺复兴”。要知道，这在当时正处于粗野、愚昧和混乱的时代，查理的作为确实难能可贵。他的成绩也是非常明显的，在查理统治的 46 年中，法兰克的文化教育比过去几个世纪有了显著的发展。

公元 814 年的冬天，天气极为寒冷，查理坚持外出打猎，感染风寒。1 月 28 日，在首都亚琛宫中逝世，时年 72 岁。查理死后不久，他的帝国就出现了分裂。843 年，他的三个孙子各自为王，帝国一分为三。东法兰克王国成了以后的德国，西法兰克王国成了以后的法国，东、西部之间的地区则成了以后的意大利。法兰克人的语言也出现明显的分化，形成了法语、德语和其他西欧国家的民族语言。

真实的查理大帝

许多年来，查理这个人物越来越神圣化，一些虚构的武功和捏造的神话，归到他的身上；诸如一些“萨克森人的使徒”、“耶路撒冷圣城的保卫者”之类的神圣光轮，加在他的头上，直到 12 世纪，查理便完全变成一个圣徒。其实，查理大帝也是一个普通人，一个有着七情六欲的普通人。所不同的是，查理大帝身上拥有天赋的智慧和他那种不论在顺境还是逆境时的坚定意志。

多年来，欧洲学者们为中世纪的查理大帝歌功颂德，编造了一系列的神话，给这位历史伟人镀上了一层神圣的金色。查理大帝死去半个世纪以后，有关他的种种传说，先是在西法兰克，后是在东法兰克广泛流传开来。传说越来越多，查理这个人物也越来越神圣化，一些虚构的武功和捏造的神话，归到他的身上；诸如一些“萨克森人的使徒”、“耶路撒冷圣城的保卫者”之类的神圣光轮，加在他的头上，直到12世纪，查理便完全变成一个圣徒。其实，查理大帝也是一个普通人，一个有着七情六欲的普通人。所不同的是，他具有坚毅果敢的品质和极富魅力的性格，致力于查理曼帝国的崛起和基督教文化的传播。

关于这位伟大的罗马皇帝的最早史料有两个，一个为圣高尔修道院某佚名僧侣所撰，另一个是艾因哈德所撰。艾因哈德是在779年被送进富尔达修道院受教育的。由于艾因哈德学习出色，才智过人，在他刚过20岁的时候被推荐到查理的宫廷去供职。此时的查理已经成为一个十分强大的国家的统治者，艾因哈德深受查理的宠信，也尽力为之效劳。

艾因哈德在书中写道：“查理的躯体高大而强壮，身材颀长，但是并不粗笨，他的身长是脚长的七倍，头顶呈圆形，眼睛很大，目光敏锐。他的鼻子比一般的大些，头发美丽而呈白色，神态活泼愉快，因此无论或坐或立，面容总是庄严而感人。虽然他的颈部有些粗短，身材有些肥胖，但是由于身体的其余部分很匀称，这点并不显著。他的脚步稳重，行走的姿态很雄伟；他的声音清晰，但是简直并不像你所预料的那样洪大。他很健康，但是他在去世以前的四年间，经常发烧，最后一只脚也跛了。即使到了那个时候，他也往往自行其是而不肯听从医生的话，他几乎是憎恨医生，因为他们劝他放弃吃惯了的烤肉，而改吃煮肉。他经常操练骑术和打猎，这是一种民族习惯，因

皇帝第一个披挂戎装。
他迅速穿上铠甲，
系结头盔，佩带神助剑，
太阳也难掩它的光芒。
胸挂皮丹纳盾牌，
手握长矛挥舞几下，
然后骑上丹双渡——那是在
马苏纳山下杀死了纳尔邦的马帕兰，
蹚水到河里才驯服的一匹宝马。
他放开缰绳，连蹬马刺，
在十万将士眼前疾驶而过。
他向上帝和罗马的圣徒求助。

——《罗兰之歌》

为在这点上，世界上简直没有任何种族可以同法兰克人相媲美。他很喜欢天然温泉的水汽，经常练习游泳，他游得很熟练，没有人可以很公平地被认为比他高明。一部分就是由于这个原因，他把宫殿修在亚琛，最后几年一直住在那里，直到逝世。他不但常常邀请他的儿子去温泉沐浴，而且常常邀请他的贵族和朋友，有时候甚至还邀请许多侍从和护卫人员前去。”

查理很注重亲情。他的母亲贝尔特一直与他同住到老年，期间没有发生过任何争执。查理对自己唯一的妹妹吉斯拉同样尊敬、关怀备至。在子女面前，查理是一个合格的父亲，和蔼慈祥，对自己的女儿尤为喜爱，亲自挑选侍卫来保护她们，甚至钟爱到舍不得将她们嫁出去的程度。

对于朋友，查理也非常尊重，细心地关照他们的生活。对反对他的人却毫不留情。他同情弱者，但对于虚荣高傲的人却十分厌恶。虽然他身为国王，但穿戴极为简朴，只有在节日里，或是接见外国使节时，他才穿上缀有宝石的靴子、织金的袍服，还戴着分外耀目的黄金和宝石的王冕。但在平日里，他的服装几乎和普通人一样：麻布制的衬衣衬裤，长袜的袜带捆在腿上，蓝色的外衣。冬天加上皮袄和皮靴。查理不喜欢漂亮昂贵的衣服，而且对穿着华丽的贵族嗤之以鼻。

他在饮食方面节制有度，对饮酒尤其如此，因为他对任何人的，特别是自己和朋友们的酩酊醉态抱有强烈的憎恶。除了在重要的节日以外，他难得举行盛大的宴会，但是每到那个时候他就邀请许多客人。用餐之际，或有歌唱，或有朗读，供他听赏。朗诵者把历史和古代人物的伟大业绩读给他听。

查理大帝还极热心于救苦济贫，经常向那些贪善之人发放救济金或救济物。他不仅只关注本乡本土的状况，而且常常越海向叙利亚、埃及、阿非利加、耶路撒冷、亚历山大和迦太基运送财物，救济那些贫困的基督徒，只要他们在当地的悲惨状况传到他的耳边，查理大帝都会伸出援手。正是由于这个缘故，查理大帝与海外的国王建立了友谊，希望借此为生活在他们统治下的基督徒赢得一些帮助和救济。

此外，查理大帝身上最令人尊敬的就是他的天赋智慧，和他那种不论在顺境和逆境时的坚定意志。萨克森战争是查理大帝一生中最重要的一场战争。由于萨克森人坚决抵抗，使法兰克人耗费了极大的力量。战争旷日持久，延续三十余年。艾因哈德在书中写道："国王高度的勇敢和坚定的意志不会为顺境和逆境动摇，不会被敌人的反复无常制服，更不会使他迫于疲惫而中止他的事业。他从来不允许这类冒犯的人不受惩罚。他或者是亲自率领一支军队，或者是派遣伯爵率领，去惩戒他们的背信弃义，并加以适当的处罚。"

这就是查理大帝，他从不因为所需要付出的辛劳而拒绝承担或从事任何事业，也从不因为害怕危险而退缩。他了解自己所承担的使命。因此，他从来不因为失利而受到挫折，也从来不因侥幸走运而迷失方向。

圣骑士的化身

查理曼大帝与 12 位圣骑士的故事，只不过是神话传说。查理大帝才是真正的骑士，他是圣骑士的现实化身，也正是这样的美德才造就了欧洲中世纪最伟大的帝王。

当蛮族推翻西罗马帝国后，在其境内建立了一系列蛮族国家，其中对后来的欧洲格局影响最大的国家当属法兰克王国。300 多年后，法兰克王国在查理大帝的手中臻于鼎盛。查理一生南征北战，历经 50 多次的战争，将西欧大陆的绝大部分土地纳入自己的版图，并由罗马教皇加冕为"伟大的罗马人的皇帝"。就这样，在西罗马帝国灭亡 300 多年以后，欧洲又出现了一个"罗马人"的帝国——查理曼帝国。

最早关于圣骑士的传说来自《罗兰之歌》，指跟随查理大帝征战四方的近侍和近卫部队。“12 圣骑士”中“12”这个数字取自基督教 12 门徒，并不单纯指具体的 12 位武士。后世广为流传的 12 圣骑士为：勇者罗兰，勇者蒙特班，罗兰的远亲莱拿多，大主教托宾，魔法师马拉吉吉，丹麦王子奥吉尔，不列坦尼国王所罗门，闻名遐迩的英格兰美男子艾斯托佛，法兰利亚公爵那摩，弗罗雷斯马特，斐兰巴拉斯，背叛者加尼隆。罗马教皇加冕查理大帝后，这 12 名武士也自然而然地荣升为“神的侍者”，他们被人们称为“帕拉丁(Paladin)”，即圣骑士，这便被视为骑士的起源。

这些骑士精神具备了很多令人称颂的美德：骑士精神概括起来则为著名的八大美德：谦卑、荣誉、牺牲、英勇、怜悯、精神、诚实、公正。

皇帝躺在一块草坪上。
头边放了那根大长矛。
这一夜他不愿解除武装，
身穿银色红边铠甲，
头系镶金宝玉盔，
佩带盖世无双的“神助”剑。
一日间色彩变幻三十回。
我们知道基督在十字架上，
被长矛扎伤。
上帝把这只矛头恩赐给查理，
查理叫人镶配在金柄上。
感谢这份恩宠荣耀，
这只剑取名为“神助”。
法国大臣们不会忘记，
因为他们的战斗口号就是“我有神助”。
这说明他们能够所向无敌。

——《罗兰之歌》

彬彬有礼，尊敬他人，谦虚谨慎，这就是骑士日常生活中的待人之道。骑士有其骄傲的一面，因其荣耀与地位，但骑士不等同于贵族的地方就是他同时还有谦卑的一面。谦逊的态度不仅仅是面对年轻貌美的女士和身份显赫的贵族，在对待平民时，骑士也绝不会恶言相向。骑士尊敬所有善意的人，他的礼貌几乎是与生俱来。一个骑士，在面对所有未怀恶意的人时，都谦和有礼。

为荣誉而战！甚至不惜牺牲一切！这是骑士恪守的信条。骑士团光亮耀眼的徽章在太阳下醒目地提醒着它的佩带者：这就是你的骄傲。“骑士”这一称号本身就是一个荣誉，获得这样的称号并不容易。一名候补骑士想要成为正式的骑士，需要经过很多严格的考验，那不仅仅是需要高明的骑术，还需要有杰出的统率力、丰富的战斗经验和一个显著的标志性成绩。

荣誉来自神祇和人们的认可。神祇赐予合格者以骑士的荣耀称号，但日后骑士的言行举止能否不辱没骑士团的荣光，还需要看他是否坚持信仰，一如既往地为神、为人民而战。骑士称号不是具有坚定信仰者的终点，而是他们的起点。一个称号不代表你多么伟大，即使你没有任何称号，但你行善除恶，你在人们的心目中也是高大的、受尊敬的英雄。

人们关注你，神亦如此，骑士。你不可有丝毫懈怠。珍惜并且捍卫你的荣誉吧！

你敢于牺牲么？骑士，却必须具有这样的勇气，在需要你付出代价来成全大多数人利益时，也许是牺牲物质利益，也许是牺牲生命，但只有具有这样的勇气和魄力，才是一名称职的骑士。

骑士必备的品德之一就是勇敢，无所畏惧地向邪恶宣战，在关键时刻挺身而出保护弱小，你绝不能退缩。毫无疑问，怯懦者不配冠以骑士的荣耀头衔，没有勇气的人根本就无法通过骑士的测试。骑士的英勇不只存在于文学作品中，而是更真实的体现在战场上，挥舞长矛向敌人发动勇猛的攻势，去获得最后的胜利，这是每一名骑士天赋的使命。

骑士还要有一颗博大包容的心。同情弱者、除恶锄奸、伸张正义是骑士与生俱来的使命，骑士虽然是效忠于领主或王室，但正义才应该是他们行为的准则。对于勇于牺牲的对手，骑士内心里充满了尊敬之情，这导致他们敢于违抗王令，这样的骑士风范，同样也会获得对手的尊敬。怜悯弱者，帮助弱者，也正是因为有了这样的情感，骑士的角色才拥有了永不褪色的生命活力。

骑士和宗教有着不可分割的联系，在对骑士的选拔工作里，对神的信仰、对神旨的领悟也是不可忽略的环节。如果抛开游戏而从历史上来看，中世纪某段时间里，存在着骑在马上的牧师，他们是直接领受神旨并且向骑士解释的人，骑士部队里，这些牧师也是不可缺少的成员。这么看来，“精神”这种美德，可能含有对神旨的领会能力在内，骑士必须敬仰神，要热衷于为神作出奉献。在中世纪神的地位至高无上的那个年代里，爱基督、爱教义，是一种必须具备的素质。

无论在何处，诚实都是值得称赞的美德。作为骑士，诚实也是一种必需的品质。骑士在欧洲贵族阶级里，是最低的阶层，一名骑士要想有不错的人际关系，就要有很好的信誉，这必然要求他诚实不欺诈。大部分的骑士团规章里在显眼的位置上也注明了一条：骑士必须忠于自我的灵魂。骑士要想得到别人的信任，诚实应该是最为重要的品德之一，别欺骗你的神和你的爱人、朋友，也别欺骗陌生人。你得坦然面对自己的灵魂，要经得起神的审问。

骑士办事要公正无私，严守法律，按章办事。传说的亚瑟王在组建圆桌骑士时，就曾发下这样的誓言：“我尊贵的武士们，让我们在此一起立誓。我们只为正义与公理而战，绝不为财富，也绝不为自私的理由而战。我们要帮助所有需要帮助的人，我们也要互相支援。我们要以温柔对待软弱的人，但要严惩邪恶之徒。”

关于查理曼大帝与12位圣骑士的故事，只不过是神话传说。查理大帝才是真正的骑士，他是圣骑士的现实化身，也正是这样的美德才造就了欧洲中世纪最伟大的帝王。

(1157年—1199年)

理查一世

霸气狮心王

狮心王理查一世以盖世的勇猛著称于世，过于傲慢的态度令他的同盟者对其咬牙切齿，但却赢得了对手萨拉丁的钦佩。凭借天生的霸气，他也深得英格兰民众的敬佩。理查一世转战数十载，最终以一个失败者的角色离开了世界政治舞台。他死后不久，他的王国便四分五裂，然而，正如一位历史学家所说：他的勇敢、敏锐和耐心，使他成为那个时代最突出的一位统治者。

他与恺撒大帝、查理曼大帝一样，战功赫赫，威震四方；他是穆斯林领袖萨拉丁的主要对手，也是罗宾汉所拥戴的国王；他是英勇睿智的十字军将领，也是野心勃勃的冒险家。他在战场上度过了大半生的时光，他的人生就是一场漫长而艰苦的战争。他，就是英格兰国王理查一世，绰号“狮心王”！

理查一世身材魁梧，膂力过人，以坚韧、勇猛、顽强著称，是当时著名的勇将，他对建立武功的兴趣远远大于治理国家。理查一世的身上有一种难以言表的王者之风，他霸道得令神圣罗马帝国皇帝亨利六世对他心怀不满；法国国王腓力二世恨不得他死在征程中；

奥地利公爵利奥波德更是对他恨之入骨；但他的对手萨拉丁却对他钦佩不已。理查国王的那种英雄主义气概和骑士风范，也深为英格兰人所敬佩。狮心王理查被后世的英国民众视为一位模范国王：勇武、果断、英明、战功赫赫，具有英国人从一位国王身上所期望的一切。也许丘吉尔对他的评价最能概括其波澜壮阔的一生：“他的一生恰似一场检阅，结束之后只留下一片旷野。”

“在战斗中，哪里最危险他就出现在哪里，打倒最强悍的敌人”，20 世纪著名的英国首相丘吉尔这样评价狮心王理查一世，而这种勇往直前的霸气也是他被后人誉为“骑士之花”的原因。

狮心王的由来

理查一世以勇猛、刚毅、豪爽而享誉于世。他是最著名的欧洲骑士国王之一，他的一生充满传奇，从与父王、兄长的争斗到率领十字军进行东征，再而粉碎弟弟的篡权、与法国国王腓力二世对垒、平定叛乱，最终死于征途。由生到死都是那么富有传奇色彩，确如同一头雄心勃勃、无所畏惧的狮子，在不停地振鬣吼叫、奋爪驰突、纵横天下……

1157 年 9 月 8 日清晨，牛津的王宫寝殿中诞生了一个男婴，他长得硕壮有力，哭声响亮。当时的人们并没有意识到，一个如同亚瑟王的传奇时代就此宣布开始。当时英格兰的国王是亨利二世，他给这个男孩取名为理查。

理查是亨利二世的第三个儿子，从小就与母亲埃丽诺生活在法国。当时法国宫廷以吟风弄月和风流韵事闻名欧洲，可小理查却没有受到这样环境的影响，相反的是，在他身上没有沾染到半点脂粉气。他喜欢舞刀弄枪，觉得只有刀剑的撞击声才是最动听的音乐。很显然，法国宫廷安逸的生活与这位王子的性格格格不入。

1168 年，11 岁的理查受封成为阿基坦公爵。4 年后理查亲赴领地执政，但是实权依然掌握在他父亲的手中。理查一世从小就十分聪明，四岁时就能用法语和普罗旺斯语流畅地写字，六岁已经能够创作诗句和歌曲，还能阅读拉丁文。他在八岁的时候曾经就拉丁语的语法问题，嘲笑过一位坎特伯雷的大主教——这个人的学识在当时很出名。从传统教育和文化修养来看，理查已经是他那个时代最有学问的欧洲王子之一，然而，理查却不会讲英语，因为他从小生活在法国，即使登上王位之后待在英国也只有几个月的时间，他一生的大部分时间都是在战场上度过的。

尽管理查很聪明，也是母亲最宠爱的儿子，但他和父亲亨利二世的关系却非常糟糕。在他亲自管理领地后不久，就参加了他的兄弟亨利三世领导的反对父亲的叛乱。不过这次叛乱并未持续多长时间，不到两年，理查就跪倒在父亲的面前祈求饶恕。不过理查并未因此而灰心丧气。

随着阿基坦领地内的贵族不断反叛，理查逐渐成熟起来，成为了一名出色的指挥官。在西方的一些历史学家的笔下，理查一世是一个天降大任的骑士英雄。在当时谁也没有想到，理查的两位兄弟竟然先后病逝，原本没有继承王位机会的理查成为了唯一的王位继承者。

1189 年，天性酷爱战争和荣誉的理查登上了英格兰王位，一个新英雄时代也宣告开始。登上王位不久，理查一世便将目光投向遥远的东方。骄傲好战的理查一直都期望，能以一个伟大骑士的身份与当时最大死敌——萨拉丁一决雌雄。

在中世纪的欧洲，基督教会和骑士掌管一切政权。那是一个崇尚骑士精神的时代，出身高贵而又勇猛的理查自然也拥有众多的追随者。在理查之前的 100 余年间，欧洲诸国无数的骑士们为征战耶路撒冷而前赴后继，追求那种击败敌人从而赢得的“巨大荣誉”，这就是著名的十字军东征。前两次十字军东征的故事在欧洲大陆流传，充斥了理查的童年，骑士们的故事已经让理查热血沸腾。

由于过分热衷于参加第三次十字军东侵，理查一世在他的领地上为东侵募捐征兵，急迫到了横征暴敛的地步，他大肆地贩卖官爵，出卖王室的领地和城堡。为了东征，理查一世甚至还说："如果我能找到一个买主，价钱合适的话，我可以把整个伦敦都卖掉。"按照历史记载，他的经济政策几乎把英格兰搞垮，东侵以失败告终，但理查本人却因为与萨拉丁交战而一举成名。

据史料记载，理查一世并不像一个被宗教热情冲昏头脑的统帅，反而表现出一个战略家的狡黠和精明。当然，理查一世在东征的道路上也没闲着，先是解决了西西里国王，并向其勒索了两万盎司（英制重量单位，一盎司约为 28 克）的黄金。此外，当另外两支十字军围攻耶路撒冷北方的要塞阿克城时，理查一世却"坐山观虎斗"，同时掠夺了塞浦路斯岛，将岛上所有的财物全部纳入自己的口袋。直到 1191 年 6 月，他才带领英格兰的十字军赶到阿克城，并将其拿下。

攻陷阿克城的当天，十字军们欣喜若狂。围城之战中劳苦功高的奥地利十字军首先冲上城头，奥地利公爵利奥波德五世噙着热泪将他们的旗帜升在阿克城头上。但是理查认为他才是十字军的统帅，要升也只能升英格兰的旗帜，于是令手下冲上城头扯下旗帜撕个粉碎。受到侮辱的奥地利人愤而退回欧洲，这件事也为后来理查归国路上的坎坷遭遇埋下了伏笔。同时，法王腓力二世也受不了理查一世的霸道，便称病回国。此时三路十字军只剩下了理查一支，但这支十字军也是三路大军中战斗力最强的一支。

虽然阿克城已经攻克，但理查知道通向耶路撒冷之路依然充满艰险。因为他的对手萨拉丁不仅是当时最伟大的君王，还是一个作战经验非常丰富的统帅。萨拉丁手下的那些穆斯林骑兵各个勇敢无比，而且是弓强马快，要想战胜萨拉丁谈何容易？理查迫不及待地想与萨拉丁展开决战，但萨拉丁却总是有意避免与他发生正面冲突，而是利用小股部队不断骚扰理查一世，并破坏水源和补给线，把理查一世折磨得疲惫不堪。

1191 年 9 月，两位最伟大的将领终于迎来了一场酣畅淋漓的决战，狮心王理查率英军与萨拉丁在雅法城相遇。这场遭遇战异常惨烈，双方兵力相当，都在极力寻求对手的破绽。萨拉丁吃惊地发现，对阵的理查完全不像他以前遇到过的欧洲对手，死守一套陈旧战法。他以前那种战无不胜、攻无不克的战术和勇气，如今在理查面前几乎完全无法施展。更令萨拉丁惊讶的是，理查一世简直英勇无比，虽说身为国王，但他总是亲自杀入敌方阵营，就连他自己的坐骑也在激战中被砍死。为了表示自己对他的敬佩，萨拉丁送给了理查两匹骏马。

雅法城最终被理查一世攻克，萨拉丁被迫撤退。然而两人的争斗还没有结束，第二年夏天，萨拉丁趁理查不在，再次攻占了雅法城。理查一世立即召集人马，决定与其决一死战。萨拉丁也抖擞精神，双方使出浑身解数在雅法再次展开激战。这一次，战况异常激烈，两位国王都亲临战场，除了指挥战斗，甚至还短兵相接，亲自冲锋杀敌。终于，雅法城还是被理查攻下。这次理查没有片刻歇息，立刻直捣耶路撒冷，与退守的萨拉丁展开了白热化的攻防战。然而激烈的战斗和严酷的战场环境大大损害了并世双雄的健康，理查和萨拉丁先后病倒。意外的是，重病中的理查竟然收到了萨拉丁送来的水果和医生，萨拉丁的这种风度使理查大为感动。

可就在此时，有消息从英格兰传来：称病回国的法王腓力二世与理查留在英格兰的弟弟约翰勾结，密谋推翻理查的统治，并夺取理查在法国的领地。面对这突如其来的变故，理查经过反复斟酌，决定退兵。为此，理查一世与萨拉丁缔结了一项草率的《三年和平条约》。理查踏上返回欧洲的旅程，临走之时，他不甘心地说："三年之后我一定会回来！"然而他却从此一去不返，萨拉丁也因病在一年后去世。

理查希望抓紧时间赶回英格兰，但他却发现，神圣罗马帝国皇帝新任亨利六世因为西西里岛的王位归属问题对他心怀不满；法国国王腓力二世恨不得他死在归程中；由于阿克城的耻辱，奥地利公爵利奥波德更是对他恨之入骨。理查万万没有想到，自己在回国的路途中竟然被奥地利公爵利奥波德抓获，并交给了神圣罗马帝国皇帝亨利六世。亨利六世为发泄心中的不满，向当时的英格兰王室开出了 15 万马克的巨额赎金，这笔钱相当于当时英格兰王室两年的收入。

1194 年 3 月，交纳赎金后历尽磨难的狮心王回到英格兰。理查这次前往东方的冒险可以称得上是毁誉参半，与萨拉丁的两次对决让他声威大震。作为一名优秀的骑士和君王，他在勇武果敢的气魄上可谓无人可及，但过于骄傲自大和狂暴的个性也使他在回国的路途中饱受屈辱，极大地挫伤了狮心王的荣誉。他返回法国的领地后，立即向腓力二世宣战。法王连连失利，损失惨重。可是理查一方的军费来源也出了问题。1199 年，忽然有消息传来，说在法国南部的沙露城堡发现了 12 个黄金铸造的骑士和一张金桌子。理查被引诱到那里，前去攻城，结果这次他的蛮勇和贪婪害了他：在视察城墙附近的工事时，理查被一只弩箭射中，不治而亡。临死前，他甚至欣赏着那支射伤他的箭，并称赞那位射手的勇气。理查最后原谅了那个朝他射箭的人，并说："好好活着吧，拿上赏钱迎接明天的太阳去吧。"

年仅 42 岁的理查，带着自己的远大抱负和未能"解放"圣地的遗憾与世长辞。他的大脑和心脏分别安葬在两个地方，他的遗体埋葬在安茹，就在他父亲亨利二世的脚边，这也许是一种忏悔。

张扬的霸气

萨拉丁身上有一种内敛的王者之气，而理查的霸气则是张扬、激情四溢的。声势浩大的第三次十字军东征最终以萨拉丁的获胜而结束。狮心王在东方的征伐和杀戮也终于永远画上了句号，理查也因为疯狂的勇气，张扬的霸气，赢得了自己军队和敌人的尊重。

理查一世无疑是那个时代的英雄，他在军事上的成就也是不可磨灭的，专门研究中世纪的英国历史学家斯蒂文·郎西曼曾经这样评价过他：“他不是个好儿子，不是个好丈夫，不是个好国王，但他是个英勇善战的战士。”是啊，在那个崇尚英雄的年代里，还有什么人能比一个英勇无比的战士更能得到人们的敬佩？勇敢正直、行侠仗义的罗宾汉也拥戴他，甚至就连他的对手萨拉丁在生前也曾这样评价过理查：“没有比他更恐怖的基督徒国王了。”

理查一世被人称为“狮心王”，关于这个绰号有两个版本的传说。在他 12 岁的时候，他独自骑着马离开牛津城，然而到了中午也没回来。这使他的母亲埃丽诺十分着急，便派人四处寻找。直到傍晚，有几名王宫侍卫在山林里找到了他。他们先是听到了理查那吼声一样的鼾声，等到了他的身旁，只见他睡得正香，两个拳头沾满了血。更令人惊奇的是，在距离他不远的地方躺着的一只已经死去的狮子。理查的这一次壮举，再加上他成为英王之后的所言所行，使他的朋友、部下，连同他的敌人对手都一致称他为“狮心王”。

还有另一个说法，理查东侵回国的路上被亨利六世扣押。不料，亨利六世的妹妹爱上了理查。一次，他们在幽会时被捉获，亨利六世十分生气，但他无法因为这个原因而处死一个国王，于是他让人将一头狮子放进了狱中，希望饥饿的狮子吃掉理查。当狮子刚张开大嘴要吃理查的时候，理查却抢先一步，将手伸进狮子的咽喉，一直插入胸膛，将它的心脏掏了出来。然后他大摇大摆地走到宴会厅，将狮子心往盘子里一放，开始享用起来，把旁人吓得面无人色。此后再无人敢暗算他，“狮心王”的称号也就不胫而走。

实际上，“狮心王”这一绰号的含义褒贬参半。从人格上看，理查一世具有凶狠和贪婪两种恶魔般的品质，有一颗像狮子一般凶狠的心。他贪婪凶狠，对钱财的一种特有的欲望，而且他还一向善于拿别人的东西来卖个好价钱；他残暴无情，在攻下阿克城后，由于萨拉丁一时不能为被俘的战士交纳 20 万金币的赎金，理查命令将 2700 名战俘全部斩首。但在理查一世的身上，我们可以看到一种霸气，一种让敌人萨拉丁也为之钦佩的霸气。

当然，他这种我行我素桀骜不驯的霸气让盟军也无法容忍，当时的腓力虽然只有 20 多岁，可好歹也算是法兰西的国王，但他却被理查肆无忌惮地吆来喝去。他受不了理查自命不凡、沾沾自喜的德性，和他多待一分钟都觉得致命，于是他借口生病，留下一支一万多人的法军，自己只带了一些随从回国去了。然而，理查并没有为此感到惋惜，相反他巴不得腓力赶快离开，这样他便是这场东征里唯一的英雄。对气焰万丈的狮心王来说，根本没有把威震天下的萨拉丁放在眼里，认为要打败萨拉丁收复圣城，自己一人足矣。

理查作为一个儿子、一个兄长、一个国王，或者一个政治家，都是显得十分任性和蛮横，但他作为一个军事统帅，却是非常精明和成熟的，他的天才和伟大之处，在与萨拉丁的战斗中得到了最高的表现和发挥。虽说理查是一个贵族，从小锦衣玉食，但却与他的几位哥哥弟弟不同，绝非纨绔颓子，从小便接受严格的骑士训练，加上天生神勇，他率领十字军总是无往不利。每次作战他都是身先士卒，亲自挥舞着战斧杀入敌军之中。

理查和萨拉丁除了民族不同，信仰不同之外，作为君王他们都具备了一种特立独行的个性，那就是霸气。萨拉丁身上有一种内敛的王者之气，而理查的霸气则是张扬、激情四溢的。在雅法之战中，理查与萨拉丁短兵相接，就在两人相遇的危急时刻，萨拉丁看到理查居然没有骑马，于是他阵前赠马。理查也是毫不客气，慨而受之，骑上萨拉丁送来的战马，把他打得一败涂地。

这就是那个时代的盖世英雄理查一世，尽管他野蛮嗜血，英国民众还是将他视为自亚瑟王之后最伟大的英国国王之一，他勇武、果断、英明、战功赫赫，具有英国人从一位国王身上所期望的一切。

霸气是一种力量和气魄

霸气，不是盛气凌人的欺人之势，而是一种内涵，一种气魄。也可以说是一种修为，一种品质。是我们的一种力量，是我们驾驭和征服不可缺少的气魄。

人不能缺少一种气魄，那就是霸气。霸气，不是盛气凌人的欺人之势，霸道蛮横，不讲道理，而是一种内涵，一种气魄。是胆识与才智的结合，敢拼敢闯的冒险精神，唯我独尊的王者风范！也可以说是一种修为，一种品质。

霸气来自于充分的自信、出类拔萃的个人能力与旷世的才华。一个没有任何能力、谨小慎微、唯唯诺诺、凡事都想保全的人何谈霸气？有人说理查一世太残忍，专横无礼，也有人说理查一世是盖世英雄，如果从性格看人物，理查应是一个豪强，豪气加霸气是理查性格的重要组成部分。他在学会走路不久就学会了骑马，五六岁时就已经精通骑术和剑术。他经常在牛津城外的王室林区里狩猎，挥舞着宝剑去刺杀那些大大小小的动物。同时理查受过多方面的教育，也非常爱好音乐。

理查也学会了下象棋。那个时代的很多人，把象棋看成两个小王国之间的战争游戏。棋手们从中学习如何当国王的领导艺术、学习如何管理他的资源，因此在很大程度上，象棋被当成了一种应付并战胜挑战的练习。理查从小就表现出了他的豪气，直到东征，又显示一个军事家的霸气。理查一世也正因为他的霸气，人们才送给了他“狮心王”的尊称。

秦始皇登基时年仅 13 岁，就已尽显一个伟大君王的气度与胸襟，他发誓要踏平诸侯六国，一统天下霸业。霸气是秦始皇的天赋，也是他一生功罪的根源。他坚信“天地间，唯我独尊”，他的霸气写下了他的恶名，他的霸气也成就了他的伟业。

纵观人类历史，凡终成大事者，大事之成无不始于霸气。李清照“生当作人杰，死亦为鬼雄”是超越生死的霸气；李白“乘风破浪会有时，直挂云帆济沧海”是气吞山河的霸气；杜甫“会当凌绝顶，一览众山小”则是不甘落后的霸气；王勃面对“时运不齐，命途多舛”的困窘，能以“老当益壮，宁移白首之心；穷且益坚，不坠青云之志”的霸气对待，成为蔑视逆境的楷模。曹操面对军阀割据，天下混乱的局面，发出“设使国家无有孤，不知当几人称帝，几人称王”的感叹，他凭借霸气统一了北方……霸气是人不可或缺的。霸气，是士兵克敌制胜的勇气，是运动员夺取桂冠的底气，是学子勇攀高峰的意气。霸气是王者之风，气压群雄；自信自尊，舍我其谁；永不言败，无所畏惧。霸气不该被挫折和岁月泯灭、不该用借口和逃避遮掩，更不该被堕落和颓废覆盖。霸气是在星云尘世中滋长的天赋，是我们的一种力量和智慧，是我们驾驭和征服途中不可缺少的气度。霸气是一把开拓的利剑，可以披荆斩棘，勇往直前；霸气是一种催化剂，可以激发内心的巨大潜能，助我们一飞冲天。有了霸气，才能在布满荆棘、坎坷不平的人生道路上勇往直前，实现自己的人生价值。

缺少霸气，就像缺了尾翼的飞机，即使有再好的发动机，也飞不起来；缺少霸气，就像缺少催化剂的化学试剂，即使其他条件再充足，也不能成功反应。无霸气，注定要失败。没有生当为人杰的豪气，没有舍我其谁的霸气，就只能像一只小小的鷃雀，一生飞行在蓬蒿之间。

成功者都有一个共同点，那就是有勇气去做别人不敢做的事情。他们不怕破釜沉舟，不怕从头再来，即使跌倒成百上千次，但成功的欲望不灭，心中的霸气不泯。他们把人生看做一次冒险的历程，不像常人那样对困难望而却步，而是乐于投入逆境的洪流之中，积极与大风大浪搏击，即使千回百转，也要达到成功的彼岸！

人生之路荆棘丛生，坎坷遍布。弱者面对挫折与逆境，就像遇到了拦路虎，望而却步，畏缩不前。不小心跌了一跤，从此一蹶不振，意志消沉。而强者胸怀霸气，向来藐视挫折与逆境，并用自己的力量征服它们，把它们当做垫脚石，当做登天梯，步入辉煌的殿堂，登上理想的峰顶。

人生路千万条，弱者常常选择那些一马平川的坦途，而强者往往选择布满荆棘的坎坷之路。因为弱者怕摔跤，没有勇气和自信，而强者不怕摔跟头，有勇气而且有霸气，相信自己能够达到辉煌的顶点，理想的彼岸！

(1138 年—1193 年)

萨拉丁 Saladin

浪漫骑士的精神楷模

萨拉丁的慷慨和仁慈不仅令部下万众归心，也得到了对手的由衷敬佩。他不仅在伊斯兰世界是一位了不起的英雄，而且他还以高贵的气度和宽厚的性格赢得了西方人的尊敬。萨拉丁用一生的言行向世人证明，刀剑无法化解世间的仇恨，只有宽容才能化解，以良知磨合争端、以“为民”为最高道义。

在今日叙利亚首都大马士革，历史英雄萨拉丁的陵墓每天都要接待成千上万名客人，世界各地的穆斯林都来此凭吊这位捍卫伊斯兰的英雄。公元 12 世纪，欧洲的基督教十字军侵占伊斯兰国家一百多年，萨拉丁领导阿拉伯人民坚持抵抗，经历了艰苦卓绝的斗争，在他的领导下，“统一了阿拉伯世界，光复了被十字军占领了 88 年之久的耶路撒冷，解放了巴勒斯坦的穆斯林，也解放了那里的犹太人。”他创立了伊斯兰的阿尤布王朝，被许多伊斯兰国家推选为领袖，同时担任埃及、叙利亚、也门和巴勒斯坦的苏丹王，并且统一了这些国家的信仰。

与嗜血成性、长于战斗的狮心王理查相比，萨拉丁是一位卓越的领导者与仁慈的胜利者，这两位同时代的英雄上演了一部浪漫的骑士故事。萨拉丁睿智、勇敢、慷慨无比，他是个英姿勃发的伟岸丈夫，一个让敌人都尊重和畏惧的英雄，终其一生从不会枉杀无辜，都是在光明正大地与西方军队作战。

当十字军再次来犯时，萨拉丁表现出了一个真正的理想主义者的高贵素质：竭力维护和平，但如果战争不可避免，则挺身而出、决不退缩。他承担起了一个骑士应有的保家卫国的荣誉和责任。

当理查一世攻入城内的时候，已经处于劣势的萨拉丁发现他的对手没有骑马，竟然找来两匹好马让弟弟阿迪尔在阵前送给理查一世，理查一世也没客气，欣然接受了战场上的对手的赠马。双方阵前的士兵都被萨拉丁赠马的举动弄得目瞪口呆。不过这件事后来广为流传，成为浪漫骑士精神的美谈。理查一世就是骑着萨拉丁的赠马把这位浪漫骑士赶出了雅法，而萨拉丁也是虽败犹荣，走得像个绅士。离开雅法的萨拉丁继续上演浪漫骑士的故事。当得知理查一世患病卧床的消息之后，他便派人给对手理查一世送去了水果和医生，而此时萨拉丁自己也是身染病疴。

伟大的狮心王最终未能撼动这位浪漫骑士固守的圣城，萨拉丁以一己之力捍卫了伊斯兰的圣地。萨拉丁认为战争的最高境界就是和平，刀剑无法化解世间的仇恨，只有宽容才能化解。今天，萨拉丁与狮心王之间的故事不是宗教间孰优孰劣的价值判断，不是征服与杀伐的道德评价，不是上帝选民与异教徒的贵贱之别，也不是对历史事件的单向度诠释，而是颂扬了在宗教与民族纷争中始终高扬的一种理想主义——以良知磨合争端、以“为民”为最高道义。

同时，萨拉丁的慷慨和仁慈不仅令部下万众归心，也得到了对手的由衷敬佩。他不仅在伊斯兰世界是一位了不起的英雄，而且他还以高贵的气度和宽厚的性格赢得了西方人的尊敬。其原因主要在于其人品的伟大，军事才能在它面前倒是有些相形见绌。相信许多民族都能找出几个创建丰功伟业的英雄好汉，但是一个像萨拉丁那样宽恕失败者的英雄恐怕没有第二人，因此欧洲的编年史学家视他为“浪漫的骑士精神”的楷模。

圣地的捍卫者

第二次十字军战争过去差不多40年的时候，一场被列为十字军战争史最激动人心的战争——第三次十字军战争登场了。这场战争是十字军战争进入第二个时期——穆斯林反攻时期最重要的标志。经过这场战争，十字军在第一次东征中摘取的最大一颗果实——耶路撒冷王国，从地中海东面的版图上消失了。战争同时也缔造了一位东方的英雄和伊斯兰圣地的捍卫者——萨拉丁。

萨拉丁的原名为萨拉丁·尤素福·本·阿尤布·本·沙迪·本·马尔旺·艾勒–阿尤比，英语的意思是“真理之正义”。他于1138年出生在提克里特城，他的父亲艾尤卜曾是当地的统治者。然而就在萨拉丁出生的那一年，艾尤卜被解职，被迫投奔摩苏尔的赞吉王朝。萨拉丁在8岁的时候，跟着父亲来到了大马士革，在那里度过了青少年时代。动荡的生活促使萨拉丁变得少年老成，他在大马士革完成了自己的学业，并在努尔丁国王的宫廷服务十年，以其对逊尼派经文的兴趣而著名。

1160年，努尔丁派遣萨拉丁的叔父谢尔库赫去埃及作战，他随行学习军事。1169年，31岁的萨拉丁取代了法蒂玛王朝的哈里发和他叔父成为埃及总督，当时法蒂玛王朝在内忧外患的相继打击下，已经濒于崩溃。就在这一年初，宰相沙瓦尔勾结外敌而被杀，年轻的萨拉丁取而代之，接管起这个没落王朝的烂摊子。起初，萨拉丁的政权很不稳固，没人认为他能长久待在埃及。但这只是这个少年得志的英雄实现他雄心和伟大事业开端，在他精明的经营和仁政的宽待下，国力迅速得到恢复，而他也成了全埃及人崇拜和敬仰的英雄。1171 年，法蒂玛王朝的哈里发阿迪德驾崩，萨拉丁凭着无与伦比的威望毫不费力地取代了法蒂玛，并建立了阿尤布王朝，而萨拉丁成为这个新王朝的君主。

此时的萨拉丁不过 33 岁，英姿勃发，岂甘于人下？1174 年时，萨拉丁的顶头上司、与他的王朝有臣属关系的宗主国叙利亚阿勒颇努尔丁王国的国王努尔丁驾崩，萨拉丁果断地与努尔丁王国断绝关系，宣布他的阿尤布王朝独立。没多久，他见时机成熟了，率兵攻打努尔丁王国，1183 年攻占该国的都城阿勒颇，努尔丁王国灭亡。随后周围诸小邦望风来归。1185 年，萨拉丁顺利地攻占摩苏尔，以不可思议的速度建立了一个庞大的阿拉伯帝国，疆域包括了今埃及、巴勒斯坦、叙利亚、也门以及今伊拉克北部。

在基本完成阿拉伯王国的统一后，萨拉丁才开始他的真正事业——与十字军作战。在萨拉丁之前，西欧国家一共进行了两次十字军东征，但那两次十字军东征的结果直接导致了拜占庭帝国的动乱，当时去的也不是什么贵族，大部分都是听信了教皇“赎罪”号召的贫苦百姓。在差不多半个世纪后，终于迎来了世界战争史上最激动人心的第三次十字军东征。这次东征，被人称作是诸名王会战，因为世界历史上最伟大的几位名王，将先后登场，在这个战场上角逐出谁是真正的英雄。

1187 年 6 月—10 月，萨拉丁以一场完美的胜利夺取了圣城耶路撒冷，完成了伊斯兰历史上最伟大的一次壮举。在这场恶战中，十字军几乎全军覆没。大约有 10 多万名基督徒被俘虏，当时这些人都觉得大祸临头，时日不多，但萨拉丁做出一个不可思议的举动，他命令士兵不准杀戮和掠夺，并允许这些人交纳少数的赎金后回国。就这样，大约有 8 万基督徒在萨拉丁士兵的保护下踏上回家的路途。实际上交得起赎金的只有 18000 多人，但后来许多交不起赎金的穷人也被萨拉丁放走了。

史料中记载，萨拉丁对待战俘非常仁慈，他曾将敌方的国王和贵族骑士们释放，普通军官和士兵并不杀害，作为战利品卖到埃及做苦役。伊本·沙达德在他的传记里也说萨拉丁是一个仁慈之主，尽管他一生都在征战中度过，但他仁厚的本性，注定他不会枉杀无辜。他有着古代贵族那种高贵宽广的胸襟和气度，这是任何人都模仿不了的。

萨拉丁收复圣城之后，罗马帝国皇帝巴巴罗萨、英格兰金雀花王朝（即安茹王朝）的狮心王、法王腓力·奥古斯都发动了旨在收复圣城和收拾萨拉丁的第三次十字军东征。巴巴罗萨霸气横秋，狮心王理查我行我素、桀骜不驯，奥古斯都少年早慧足智多谋，与萨拉丁的宽厚随和形成了鲜明的对比。然而在征战过程中，巴巴罗萨竟然在渡河时溺死。东方的基督徒只能把希望放在年轻的英王和法王身上了。

在这次十字军东征中，萨拉丁与理查一世的故事广为流传。当时萨拉丁在阿克城遇到他的第一个敌人，那就是法王腓力、施瓦本率领的日耳曼十字军，还有由英国巴德威大主教领导的英格兰志愿军，但他们将阿克城围攻了好几个月，却毫无进展。十字军损失严重，迫切地需要支援。心急如焚的巴德威大主教不得不断催促在路上磨磨蹭蹭的狮心王理查，让他快点赶来。可狮心王理查根本不愿受教皇的安排和羁绊，直到一年后，也就是 1191 年他才带着部队赶来。萨拉丁意识到，自己真正的对手才刚刚出现。

当时日耳曼军的施瓦本公爵因瘟疫已经丧命，法王腓力的部队也被萨拉丁消耗殆尽。尽管萨拉丁的部队十分顽强，但已经是强弩之末，于是萨拉丁主动放弃了阿克城，并答应给理查 20 万金币和释放 1500 名基督徒，条件是理查不得屠杀城内的穆斯林。但萨拉丁提出这个条件后便发现自己犯了个错误，因为他手头从来没有多少现金，虽然萨拉丁本人的生活十分简朴，但对别人一直非常慷慨豪爽，所以萨拉丁并没有什么积蓄，一时凑不齐 20 万金币，只得先给理查其中一部分。理查却不管萨拉丁什么理由，他将 2700 名穆斯林俘虏全部斩首，这让萨拉丁气愤不已。

由于狮心王理查的高傲，法王腓力无法忍受被他呼来唤去，8月份称病回国。对此，萨拉丁兴奋不已，而且是求之不得的。但在后面的交战中，萨拉丁发现自己的对手理查并非想象中那样不堪一击，相反觉得他是一个非常精明的将领，并对这个蛮横无理的理查一世非凡的军事天才和超凡的战斗能力钦佩不已。

9月14日，双方主力在雅法城附近的一片开阔平地艾尔苏夫（Arsuf）展开决战，两位英雄终于碰撞了，他们得以在战场上互见对方的英姿。战斗进行得非常激烈，萨拉丁惊异地发现，从前他那战无不胜、攻无不克的战术和勇气如今在理查面前全无法施展，无数萨拉丁的骑兵在英格兰长弓射出的狂风暴雨般的箭矢中倒下。萨拉丁率着骑兵绕到十字军阵中比较薄弱的后方，企图冲击并将十字军分割，但每次都被理查挡回，十字军的阵形在理查的亲自控制下始终未出现任何混乱。在金雀花王朝的狮心王理查一世的攻击下，雅法城被攻破，萨拉丁大帝不可战胜的神话被打破了。

然而，萨拉丁并不服气。1192年的夏天，他带着部队卷土重来，仅用两天的时间就将失去的雅法城夺回。当雅法城失守的消息传到理查一世的耳朵里时，他不禁高呼并赞美上帝赐给他这个强敌，他雄心顿起，并这样称赞萨拉丁："萨拉丁无疑是伊斯兰世界里最伟大、势力最强的领袖。"两位同时代的英雄，在1192年8月再次在雅法城相遇。双方使出浑身解数在雅法再次展开决战，战况异常激烈，两位国王都亲临战场，不仅仅是指挥战斗而已，而是浑身披挂，亲自杀敌。

在这次战斗中，萨拉丁被理查的勇猛所震撼，当他看见对手的战马被砍死之后仍向自己冲来时，连忙赠送给理查两匹骏马，他觉得这样的战斗才公平。两位英雄就这样展开了一场生死决斗，虽然战斗最终以萨拉丁战败而结束，但理查一世对萨拉丁更加敬佩。不过，萨拉丁的手下却对萨拉丁这种浪漫的举动弄得瞠目结舌，哭笑不得，都认为萨拉丁的骑士风度发挥得有些过头，对对手过于仁慈。

理查的十字军在雅法大会战中大获全胜，十字军以雅法为根据地终于兵临耶路撒冷城下，萨拉丁这才意识到事情的严重性。圣城耶路撒冷是绝不能丢失的，萨拉丁一方面不断地招兵买马，一方面想尽办法破坏十字军的补给线。此时的十字军已经是疲惫不堪了，而且错过了攻城的最佳时机，还有那些十字军的战士们经过长年累月的征战，思乡之情日益加重，已无东征之初的激情与斗志。

可萨拉丁日子也好不到哪里去，面对理查的大军压境，他不敢把国内本部的主力调来助防，因为当时幼发拉底河地区发生了叛乱，并且当时整个伊斯兰世界的联盟似乎出现了破裂的迹象，巴格达哈里发、突厥帝国的苏丹们个个都在埋怨萨拉丁，最重要的是，萨拉丁在这种危急时刻得不到他们的援助，这场战争已经成了萨拉丁一个人的战争。对于萨拉丁而言，不管情况多么艰难，他都要为荣誉作最后一战。

就在萨拉丁愁眉不展之时，理查一世的军队出现了变化。萨拉丁抓住时机，积极与理查一世展开和谈，两人签订了一份三年的和平条约。实际上，两位英雄的情况差不太多，都是国内发生了叛乱。战争刚一结束，萨拉丁便马不停蹄地杀回埃及，重振内政；而理查则等不及和他的军队一起回英国了。

1193 年 2 月 20 日，萨拉丁在大马士革感染了伤寒。他精神恍惚，神志不清，只是偶尔清醒一会儿。恐惧开始在大马士革传播开来，人们都盯着萨拉丁的亲信大臣法迪勒的脸色，以判断萨拉丁的病情。3 月 3 日深夜，萨拉丁病情恶化。法迪勒却不能整晚陪着他，因为如果他没有像往常那样晚上从萨拉丁的城堡回家，大马士革立刻就会陷入猜测和混乱之中。4 日清晨，一位宗教学者在萨拉丁的床前诵读《古兰经》。当念到“他是我的主，除他之外，绝无应受崇拜的。我只信托他”时，萨拉丁脸上露出平静的微笑，溘然长逝。

萨拉丁为人慷慨，从不吝惜钱财。他去世的时候，只留下 1 枚金币和 47 枚银币。后人曾这样评价萨拉丁：“萨拉丁睿智、勇敢、慷慨无比。正因为如此，我们有远见的贵族都相信他。要赢得下属的心，没有什么比慷慨的赏赐更有效的手段了。”萨拉丁不仅是伊斯兰的英雄，在西方也被视为骑士精神的楷模。为了纪念这位浪漫的英雄，普鲁士皇帝为大马士革萨拉丁墓赠送了一座大理石棺。

文明的标志——宽容

几百年来，萨拉丁作为一名骑士，一直被世人所尊崇。他身上曾具备的那些品质留存至今，似乎已经不合时宜，但他身上的耿直、宽容、风度在今天仍将世代传承下去，因为这些正是他留给人类的真正黄金般宝贵的伟大品质。

著名作家房龙在那本惊世之作《宽容》中，提到一个判断文明程度的标志——宽容。怎么才能理解“宽容”这个看似虚无的字眼呢？举例来说：如果你能容忍背后打小报告的同事，继续和友善地和他搭档，那么你就够得上宽容，并且要祝贺同事不日即将获得提升，因为这家公司里最有宽容之心的坐在巨大办公桌后老板椅上的那位正注视着你；如果媒体能不再播放受捐助者的窘迫和感激涕零的场面，那么这才能算得上有尊重、宽容之心的媒体；如果不再有人会为你的生理缺陷而冷眼相待，那么你应当感到无比的庆幸自己能够生活在一个宽容的文明社会。

人可以有文化优越感，但不可能有文明优越感，因为文化可以拿出来展示，而文明是不能用来炫耀的。绝不应自视是个文明人而有资格鄙薄乡下人。谁漠视了宽容，就是亵渎了文明。

公元十世纪的欧洲，就有这样一群以文明人自居的骑士、教士等社会精英组成的十字军，打着在当时看来最为神圣和高尚的旗号“上帝的意志”，来到耶路撒冷，誓要解放被野蛮的阿拉伯人统治的圣城，从而开始对这片土地长达两百年的屠戮和掠夺。当年的征服是以十字军杀光所有的异教徒开始，今日的失去却以数十万基督徒能够平安回家结束。曾经被视作蛮夷、只配血染黄沙的异教徒——

阿拉伯人，用无比的宽容饶过了困守孤城、只剩死路一条，曾经高贵的不得了十字军。

对于宗教，萨拉丁是宽容的，占领耶路撒冷皇宫后，在凌乱的走廊里，看到一个倒在地上的金色十字架，萨拉丁把十字架扶起来，轻轻地放在桌子上，一个伟人用自己的方式诠释着文明的内涵。毋庸置疑，萨拉丁绝对是人中之杰，他具备了一个王者所应拥有的所有优秀品格，但与其他王者不同的是，他的宽容却是他最美好的品格。历史学家都评价萨拉丁是一个仁慈的君主。尽管他的一生都在征战中度过，但他宅心仁厚，从不枉杀平民无辜。他的身上散发着古代贵族高贵的气质，他是一名真正的骑士。

萨拉丁为人十分的随和，就是成为苏丹之后他依然用平易近人的态度对待下属。这种平易近人，有的时候达到了让人难以置信的程度。他的秘书伊本·沙达德在他的传记里就曾提到萨拉丁的一些生活细节，有一次，一个冒失的老骑兵在萨拉丁很疲惫时呈给他一封士兵的申诉信，萨拉丁告诉他暂时不想看，可那冒失鬼固执地要他看，还把书信硬递到萨拉丁的面前，萨拉丁无奈只得把信看完。急性子的老骑兵接着要求他马上签写。萨拉丁身边没有墨水，墨水在军帐的另一头，于是他示意老骑兵去拿过来，可这个完全不通人情世故的老兵却示意让他的国王自己过去拿。萨拉丁也不以为忤，淡淡一笑，自己过去拿了墨水给老兵签了字。秘书伊本·沙达德对此看在眼里，非常吃惊，诚恳地赞美萨拉丁的善良，萨拉丁只是微微一笑，不置可否。

传说萨拉丁精通拉丁语，少年时代曾多次微服游历西欧各国，有一次无意中受到一对欧洲贵族夫妇的热情款待，使他一直铭记在心，引为知己。几年后那位贵族参战被俘，而成了萨拉丁的奴隶，萨拉丁发现故人后，想尽一切办法在最快时间里让他的朋友回到欧洲与家人团聚。

在对十字军的战斗中，萨拉丁的骑士风度征服了他的敌人。在一次围攻十字军的基拉克城的时候，雷纳德送给了萨拉丁一块蛋糕，表示城内有人结婚。于是萨拉丁就下令不得攻击举行婚礼的礼塔。而在歼灭十字军主力之后，萨拉丁仅仅处死了背信弃义的雷纳德，对其他人却十分的宽容，他甚至在设宴款待了耶路撒冷国王之后将他释放。攻克耶路撒冷之后，他恪守伊斯兰法规，基督徒有信仰和来去自由。愿意离去的在缴纳赎金后，可以带财产离开；愿意留下的，缴交税就可以安居乐业不受歧视。最后他还赦免了 2000 名无力赎身的俘虏。萨拉丁的仁慈已经超越了那个时代。但丁也在《神曲》中称赞萨拉丁是一个伟大的人。

萨拉丁在位 24 年，有 16 年是在战场上度过的，他一生廉洁无私，生活十分简朴。萨拉丁非常懂得财富的价值，他用埃及的财富征服了大马士革，用大马士革的财富征服了阿勒颇，用阿勒颇的财富征服了耶路撒冷。萨拉丁为人慷慨，从不吝惜钱财。作为一个帝国的统治者，他却只留下 1 枚金币和 47 枚银币。在临终前，他还一再叮嘱儿子“要敬畏真主，要体察民情，要关心百姓疾苦”。正是这样一位勇敢、智慧、仁慈的萨拉丁大帝赢得了全世界不同信仰人民的尊重——包括他的对手。当中世纪的欧洲被桎梏在黑暗枷锁中时，也正是伊斯兰世界的开明与宽容，为世界保留了光明的种子与希望。

西方的骑士和东方的剑客，同为道德的楷模、正义的化身，为世人推崇、向往和膜拜，但是当这些大侠们用剑践行着他们标榜的道义的时候，可曾顾及到周围无辜者的性命呢？在强者的道义和弱者的生命相抵触的时刻，能放下杀心的人，恐怕真的要让诸天神佛都敬他三分，所以伟大这顶帽子戴在萨拉丁的头顶上，人们丝毫不会觉得不妥。

如今的萨拉丁已经不只是一个名字了，而成为了一个标志。叙利亚、巴勒斯坦和其他阿拉伯国家，到处都能看到以萨拉丁命名的学校、街名和清真寺，也有许多家长给新生的男孩起名为萨拉丁，希望他们长大成人之后能像萨拉丁一样勇敢和正义。甚至是俄罗斯的穆斯林也把萨拉丁看做是自己的英雄，因为他的勇敢和正义行为，是全世界穆斯林的光荣榜样。

历史带给人们的不仅仅是书本上的一串串纪年符号而已。几百年来，萨拉丁作为一名骑士，一直被世人所尊崇。他身上曾具备的那些品质留存至今，似乎已经不合时宜，但他身上的耿直、宽容、风度在今天仍将世代传承下去，因为这正是他留给人类的真正黄金般宝贵的伟大品质。

宽容是一种修养

荷兰哲学家斯宾诺沙说："人心不靠武力征服，而是靠爱和宽容大度去征服。"萨拉丁的气度、宽容赢得了敌人的敬佩。生存需要的是竞争，但生活需要的却是宽容。

什么是宽容？安德鲁·马修斯在《宽容之心》中这样写道："当你的一只脚踩到了紫罗兰的花瓣上时，它却把芳香留在了你的脚上，这就是宽容。"

宽容是一种修养、是一种博爱、是一种胸怀、是一种风采。阿萨吉奥利曾说："如果没有宽恕之心，生命就会被无休止的仇恨和报复所支配。"美国的林肯竞选总统成功之后，准备起用一名曾迫害过自己的政客而遭到同僚们的一致反对，然而林肯对他的部下这样解释说："把敌人变为自己人有什么不好呢？我这样做既可消灭一个敌人，又会多得到一个朋友……"

在人生舞台上，要化解生活中存在的难题，最明智的选择是宽容。宽容是处世的良方。当我们具有宽容的心境时，犹如大海可纳百川，可容千帆，这是智者的胸怀，仁者的境界，所以，我们要宽容别人的失误，原谅别人的过错，不必为一些鸡毛蒜皮的小事而耿耿于怀。须知，生活中充满矛盾，为此必须学会泰然处之。一位哲学家说："有一颗体谅他人的心，就仿佛获得一把钥匙，它能开启未来闭着的大门。"著名作家萨迪也说过："谁若想在困厄时得到援助，就应该在平日里以宽待人。”

萨拉丁率领阿拉伯民族打败了狂热的十字军，捍卫了阿拉伯伊斯兰文明。更由于他的骑士精神，让那些以骑士精神自居的十字军彻底的汗颜。在遭受十字军蹂躏之后，所有的阿拉伯战士无不想疯狂地报复被俘虏的十字军，这些十字军也认为自己死定了，然而出人意料的是，萨拉丁真正的宽恕了他们，还赠送盘缠让他们回家。这样的仁爱在宗教仇杀到达顶峰的中世纪，简直就是不可思议的事情。萨拉丁的那种气度，萨拉丁的宽容，萨拉丁的聪慧，敌人都敬佩不已。这是一个连敌人都会敬重的英雄，这是一个用自己的胸怀，用自己的宽容，用自己的智慧，感动了无数人的萨拉丁。

1975 年，撒切尔夫人当选为英国保守党领袖后，立即把目标对准了唐宁街十号的首相官邸。但是，刚刚过去的竞选斗争中，撒切尔夫人与希思两军对垒，裂痕颇深，保守党的内部团结受到了严重损害。在英国，欲当首相必须是一个政党的党魁，因此，党内的夺魁斗争一向十分激烈。争夺各方常常是撕破脸皮，竭尽排斥、贬低和打击之能事。撒切尔夫人不赞成希思的政策主张，先是支持基思·约瑟同希思竞选，继而又亲自向希思挑战，使希思感到她有意与自己作对，心中大为不快。

在竞选期间，希思的人马故意打出“我支持杂货商，但不支持他的女儿”的口号，把撒切尔夫人的家庭身世也翻出来，作为攻击目标。这种做法，当时使撒切尔夫人十分气恼。双方的对立情绪一度达到空前的程度。

撒切尔夫人当选后，主动捐弃前嫌，表现出一种虚怀若谷、不念旧恶的气量。她获胜后的第一个行动就是拜会希思，热情地邀请他参加她领导下的影子内阁，但被一口回绝。她不灰心，其第二个行动是请希思手下的总督导员怀特洛出任保守党副领袖，怀特洛接受了邀请。由于撒切尔夫人的做法符合许多保守党人的心愿，得到了广泛的支持。

接着，撒切尔夫人于 1976 年 10 月的保守党年会上再次主动发出和解的信号。她在讲话中赞扬希思过去的政绩，在政策主张上作了一些调整和修补，又采纳了希思的一些观点，使两派在对内对外政策上明显接近。在此情况下，希思也就发表了对撒切尔夫人“完全相信”支持“影子内阁”的内外政策声明。

统治者胸怀宽广，才能招天下人归服。一个统御他人的人，要最大限度地发挥自己的影响力，虚怀若谷既是重要的思想作风，又是谋略手段。“君子之德如风”，宽容大度必能感召部属，赢得人心。撒切尔夫人的做法正显示了一个优秀政治家的素质和风度。

生存需要的是竞争，但生活需要的却是宽容。哲学家说宽容是一个人修养和善意的结晶，心理学家说宽容是家庭生活的“调味品”，历史和现实告诉我们宽容可免却世间诸多的烦恼和困扰。宽容是一剂让我们远离痛苦、愤怒、绝望的良药，也是如何处理好个人与他人之间关系的道德规范及准则。

我们每一个人都因出身不同、环境不同、经历不同、习性不同、觉悟不同、心境不同等原因，而会有不同的弱点、缺点，都会有不同的看法、心境，所以相互之间难免会有不愉快的事情发生，关键是我们自己去如何处理、如何对待。著名思想家波普就曾说：“错误在所难免，宽恕就是神圣。”

宽容是一双充满希望的眼睛，它会让人看到一个春光明媚的世界；宽容是一股潺潺流水，它会滋润最干涸的心田；宽容是一道温暖的阳光，它可融化最坚固的寒冰；宽容是一个坚硬无比的盾牌，它能挡住利剑般的流言飞语；宽容是一把强有力的巨伞，它可遮住狂风暴雨般的致命攻击；宽容是一剂化解矛盾的良药，它可让人类社会多一些和谐、安定。

在茫茫人海中，宽容的人总是能活得轻松自如，从容洒脱；在我们中间，宽容的人总是能把平淡的日子点缀得丰富多彩，富有情趣。没有宽容的社会，不是祥和文明的社会；缺少宽容的世界，到处都会充满邪恶和斗争。明代学者薛楦曾说：“惟宽可以容人，惟厚可以载物。”

能宽容别人是一种喜悦，被别人宽容是一种幸福。我们希望每个人都能用一种宽厚的胸怀，去接纳这个具有缺损的社会；愿我们每个人都能用“海纳百川”的气度，去换取人与人之间的真诚、信任及和睦；愿具有崇高美德的宽容之心，遍布整个世界的每一个角落。

（1162 年—1227 年）

成吉思汗

依循本性生活的天之骄子

真诚与狡狯、高傲与谦恭、仁慈与残忍、雄狂与谨慎、大度与褊狭，相反相成的侧面，构成一代天骄成吉思汗的复杂性格，又揭示了其赫赫武功背后的精神力量。他也正是依靠着这种力量影响了整个蒙古民族，甚至丰富和发展了中华民族的草原文化。

成吉思汗，一位天生的军事家、草原的角斗士、贪得无厌的世界征服者、恩威并施的帝国统治者。有人说他是一位可亲近的朋友，也有人说他是一个恐怖的杀手；在哲学家的眼里，他是一位无师自通的草原思想家，在平民百姓的心中，他是一个顶天立地的蒙古汉子。与他同时代的人对他作出了如此评价：马可·波罗说他是一个“正义、明智的人”；约因维尔说“他使人民保持了和平”；还有人说他是草原人中的亚历山大，是打开通往文明之新路的开拓者。

成吉思汗戎马一生，搏击一世，统一蒙古各部，出兵南下，他率领 20 万蒙古骑兵发动了人类历史上最大规模的战争。成吉思汗铁蹄纵横欧亚大陆几十年，征服了几十个国家，战争时间之长、规模之大，哪怕是世界著名统帅如恺撒、亚历山大、拿破仑者也只能甘拜下风。他创建了世界版图最大的帝国，而且是最早实行政治民主的帝王，奉行宗教信仰最自由的政策，同时他还是千年来世界上最富有的人。

作为军事家，成吉思汗一生经历60多场战争，却百战百胜，带着20万队伍横扫欧亚，这本身就是一个奇迹。后人曾评价道："《孙子兵法》里没有的东西他有了。"尽管有人说他不识字，但是他却极其尊重有文化的人，比如在对待耶律楚材的态度上。许多蒙古将士看不起这个手无缚鸡之力的书生，而成吉思汗却知道耶律楚材智慧的巨大价值。

成吉思汗是一个勤于思考的人，他具有健全的常识，特别善于权衡利弊和听取别人的意见。他对友谊忠贞不移，对坚定跟随他的人十分慷慨和充满深情。他具有真正统治者的素质，在他身上还有一种高贵和崇高的思想，靠这种思想，这位被当时一些作家们"诅咒的人"获得了"一代天骄"的美名。

一代天骄

公元13世纪是一个天翻地覆的世纪，是一个战火纷飞的世纪，是分裂400余年的中国完成第四次统一的世纪，也是中国打破闭塞状态、真正走上历史舞台的世纪。所有这一切都与一个伟大的名字联系在一起，这就是闻名中外的元太祖成吉思汗！他的战马的铁蹄留下的回声，却一直在震撼着人们的心；赞誉者有之，咒骂者有之，谈成吉思汗色变者亦有之。从中国到波斯，从波斯到欧洲，学者们争相了解他，研究他，探索着他之所以成为"一代天骄"的秘密。

1162年，在蒙古斡难河畔的帖里温孛勒塔黑，有个婴儿呱呱落地。这个男婴儿右手握着血块，“眼神如火，容颜生光”。按当时的蒙古谚语，这是吉祥的象征。这个婴儿就是后来名震四方的成吉思汗。

成吉思汗的父亲也速该·把阿秃儿是以有草原贵族的古老家谱而自豪的孛儿只斤氏乞延血统的首领，母亲名为岳伦。就在成吉思汗出生的这一年，也速该联合同盟击败了强敌塔塔尔部落，俘获敌酋铁木真，胜利凯旋。为了纪念出征胜利，也速该便给孩子取名孛儿只斤·铁木真。

在铁木真9岁的时候，父亲给他定了一门亲事，也速该的朋友特薛禅把自己的女儿孛儿帖许配给铁木真。按民族的传统习惯，如果男孩小时候与女孩结亲，男孩要到女方家中住一年或若干年。铁木真就这样留在特薛禅那里，而他的父亲只身踏上归途，半路上参加了一群塔塔人举行的宴会，也速该喝了仇人下过毒的酒，回家后不久就死去。

也速该死后的春天，在祭祀祖先的典礼上，铁木真的母亲虽然也坐在首领们当中，但是分鹿肉时候没分给她，她说了一句后来让他们都发抖的话：“也速该死了，你们以为他的儿子长不大吗?”后来那些人卷起营盘，把这一家孤儿寡母抛下。铁木真和母亲及三个弟弟过起了饥寒交迫的日子。少年时期的艰险经历，培养了铁木真坚毅勇敢的性格。岳伦为了培养儿子，给了他们无数的教诲，当时铁木真为和兄弟抢一条鱼而起了歹念，过后他果真杀死了这个敢反抗他的弟弟。他的母亲在这之后告诉他，在凶险的草原上生存就不能“影外无友，尾外无樱”。

成吉思汗生于蒙古高原最为混乱的时代，要想在草原中立足生存，就必须要有强大的盟友。当时，东南面是金朝和宋朝，西面是畏兀儿人和西夏，再往西是西辽和花剌子模。蒙古高原上的众多部族对金朝都有过臣属关系，并且是时服时反，各部之间也是仇杀不断，各种关系极为混乱。成吉思汗在这时学会了战斗，也学会了如何利用各种条件寻求支持者，变成了有人畏惧，有人开始与之结交的青年，他和当年订婚的女孩孛儿贴成了婚。青年时期的铁木真一表人才：他身材高大，四肢发达，前额宽阔，长长的胡须，而且还有一对“猫儿眼”。铁木真与孛儿贴成婚之后没多久，就遭到蔑儿乞部落的袭击，敌人还将他的妻子孛儿贴抢走。这件事激起了铁木真的怒火，同时也使他渐渐成熟起来。从此而开展的激烈而瞬息万变的部族战争，一方面磨炼着他的身心，一方面为他成为“一代天骄”开辟了道路。

> 青年时代的流浪生涯、对严寒和酷热的抵抗能力、超人的忍耐力，以及对创伤、失败、撤退和被俘等厄运泰然自若的态度，都足以证明他顽强的生命力。在最恶劣的气候和最不稳定的环境的磨炼下，他的身体从青少年时代起就习惯了忍饥挨饿。从一开始起，苦难的经历就培育了他的精神。这些经历把他锤炼成钢铁般的人，震惊世界的人。
>
> ——德阿·托隆

铁木真开始运用谋略实现自己的计划，他首先向父亲的兄弟蒙古克列部首领脱里罕求援，把妻子的嫁妆黑貂裘献给他，接着又取得朋友扎木合的支持，击败了蔑儿乞部落，夺回了妻子。铁木真命令手下，将参与抢妻的300人全部杀死，他的母亲在敌人的营盘里看到一个5岁小儿，把他收为养子。后来，她处心积虑地养了很多孤儿，把他们培养成她的“白日视之目，昏夜听之耳”，这些人后来都成了成吉思汗的战将。这场战役使铁木真名声大振，一些有识之士开始靠拢过来，铁木真的力量由此壮大起来。

在长期的部落纷争中，铁木真慷慨、英武的声誉越传越远，其他部族渐渐地集合到他的帐前。与此同时，他不仅学会了谋略，还日渐谙熟兵法。据说，铁木真每次发出集合队伍的号令后，便端坐毡帐中，闭目数算，当计数到一定数目时，突然睁开双目，军队刚好集中完毕。铁木真能运筹帷幄，决胜于千里之外，也能身先士卒、冲锋陷阵，他的军队纪律严明，战术灵活。他的铁骑部队冲锋时，如同草原上势不可挡的风暴，令敌人闻风丧胆。凭借这些勇猛无比的战士，铁木真先后打垮了泰赤乌部，消灭了毒死他父亲的塔塔尔部，联合脱里罕打败了扎木合，紧接着又消灭了脱里罕，最后战胜了当时蒙古高原最强大的部落乃蛮，从而统一了蒙古高原各部落。公元 1206 年，在斡难河畔，蒙古各部首领召开了忽里勒台大会，一致推举 44 岁的铁木真为全蒙古的大汗，尊号成吉思汗。“成吉思”是大海的意思，“汗”即王的意思，成吉思汗即“如大海般宽广的蒙古大汗”，也正是在这个意义上，成吉思汗被称为蒙古民族的祖先。

1207 年之后，乞儿吉思、畏兀儿等西域民族都归顺了成吉思汗，1211 年成吉思汗攻灭西辽，百多年前曾显赫一时的契丹王国最后终结。原来契丹的大辽为金所灭，契丹遗族在耶律大石率领下西迁，在今天的新疆一带打出一片天地，史称西辽，又延辽脉百年。成吉思汗灭西辽后，蒙古便与中亚穆斯林大国花剌子模接壤。

此时的花剌子模是一个强大的帝国，这个帝国的君王摩诃末自称“世界征服者”，他经过多年战争已经征服了伊斯兰世界的不少国家，也希望能够在斡罗思后征服东方。成吉思汗为了与西域通商，便派出使者来到花剌子模，对摩诃末说：“我愿与君友好，我之视君，犹如爱子。”意图要他称臣而为藩属，摩诃末怒道：“我亦大国，尔等应知，何敢谓我为子。”这次示好无疑是失败了。

1217 年发生的一件事，彻底改变了成吉思汗的想法。蒙古商队约 450 人往花剌子模通商，尽为花剌子模当做奸细杀死，接着又杀了谋求外交解决的蒙古使者，还把副使者胡须剃光，以示侮辱。摩诃末之所以敢杀死成吉思汗的使者，也显示了他不可一世、目空一切的狂妄气焰。听到这一消息，成吉思汗怒极而泣，登山告天，绝食三日，祈天助他复仇。成吉思汗随后于 1219 年率军 20 万亲征，架设 48 座木桥，得以通过天险塔里克峡谷。花剌子模拥军 40 万，而且与蒙古军一样是久经战阵的军队，本来应该有一场狮虎相斗，却错误地把军力分散在多个城市坚守，以致被成吉思汗各个击破。

摩诃末闻风丧胆，以致被部下看不起，众叛亲离，最后恼羞成疾，郁闷而死。其子扎兰丁却刚勇过人，纠集残部试图复国，然而被成吉思汗全歼。扎兰丁在印度河边死战，突围无望，于是一手持盾，一手持旗，从两丈高的河岸跃入印度河。蒙古士兵要放箭，成吉思汗制止了他们，指出像这样的英雄虽是敌人，也应该敬佩，还要士兵以他的勇敢为楷模。扎兰丁因此得脱，逃往印度，不知所终。花剌子模就此亡国。花剌子模的覆灭标志着成吉思汗开始成为当时东西方的共主，标志着这个草原帝国的开始。

1227年征伐西夏是成吉思汗最后的战争，虽然西夏有50万人迎战，却终不敌蒙古雄师。在征服西夏时候，成吉思汗在六盘山病重，他自知将死，就把儿子们找来，留下著名遗言，其中包括团结才能永保帝国的遗训，和联宋灭金的战略部署。

在历时7年的西征中，成吉思汗一度率军冲破了中亚、南欧各国的疆界，使罗马教廷及整个欧洲一片惊慌，同时，也在一定程度上促进了东西方的文化交流。西方史学家格鲁塞评价成吉思汗的这次西征时说："将环绕禁院的墙垣吹倒，并将树木连根拔起，却将鲜花的种子从一个花园传播到另一个花园。"成吉思汗以其军事家的雄才大略，为后来的继承者结束自唐"安史之乱"以来形成的割据分裂局面，建立统一的大元王朝，并为蒙古民族自立于世界民族之林，奠定了坚实的基础。元朝建立后，元世祖忽必烈追尊成吉思汗为元太祖。

天生的草原人

成吉思汗既不为绚丽的中原文明所诱惑，也不屈从于畏兀儿文明，更不醉心于西方伊斯兰文明。他终生没学外国语，按生来的原样始终信仰萨满教，他非常敬畏上天；他依循着草原人的本性生活，即便是敌视和憎恨他的史学家，也能数出他的若干美德。

成吉思汗曾经被人们像神一样虔诚地膜拜，当年他的子民甚至不能大声说出成吉思汗的名字。然而，这个曾经横跨欧亚，震撼中世纪世界的大帝国的缔造者，却被欧洲人看成是嗜血的恶魔，对他充满仇恨；可他的子民评价他是一个真正的宽厚仁慈的君王。作为一个真实的人，成吉思汗既有雄才大略，也有残暴凶悍。他有广阔胸怀，能听取逆耳忠言，求贤若渴，善于化敌为友、罗致人才，同时又不断总结实践中的经验教训，使自己的心灵得以逐步提升，他本身就是这样一个有血有肉、丰满的、活生生的人物。

成吉思汗降生之时，蒙古高原还是一个弱肉强食的世界。掠夺和残杀曾是这里的公理，任何一个文明的民族都要上演这样一幕。成吉思汗懂事伊始，就懂得了仇恨和厮杀，不仅施之于人，而且施之于己。在当时，蒙古草原内战纷纷，人民渴望统一，高原需要立法，这正是一个需要天才而且创造天才的时代。成吉思汗就在这个时候，站了出来。

成吉思汗是一位觉醒者和先行者。他在欺诈和孤独中长大，因此格外需要真诚和友情。当时的蒙古草原上群雄并立，而成吉思汗却势单力薄，当泰亦赤兀惕部袭杀之时，他只能飞马而逃，终不免在藏匿中被执，继之妻子又被掠走，匹夫之勇全无用处。胸怀大志又孤立无援的成吉思汗靠真诚的友情和一诺千金的信誉，最终脱离困境，迅速崛起并强大起来。他用真诚打动王罕，合兵报仇雪恨，在历史舞台上站稳了脚跟；少时的朋友，他与他们心心相印，生死相依，如博尔术、者列篾；遗弃过他的人，在他强盛时幡然来归，他不计前嫌，以诚相待，如蒙力克和他的七个儿子；徘徊于他和他的对头之间的氏族，困于饥饿要求参加围猎，他收纳他们并且分给他们的猎物超过其应得的部分。战阵之前与他拼死厮杀、并射伤他的战马的猛将哲别归附时他坦然相告：“凡有敌行者，于其所杀，于其所敌，常隐其身而讳其言。此人也，却不隐其所杀、隐其所敌，而径告之矣，可与为友之人也！”

成吉思汗以真诚为铁律，给混乱的草原立法；以真诚为大纛，召唤猛将如云，谋臣如雨。一支没有文化的军队攻无不克，战无不胜，成吉思汗的真诚是它的军魂；一盘散沙的蒙古高原凝聚成一个强悍的民族，成吉思汗的真诚是它的民族之魂。

成吉思汗对朋友是极为真诚的，对敌人则极为残忍。在成吉思汗以前的蒙古高原的历史上，从未诞生过这样完整和成熟的性格，并且，他的这种性格在不同的人之关系的作用下，又会呈现出许许多多不同的甚至是互相矛盾的侧面，这使他的性格表现相当丰富。

不过，成吉思汗始终是一个有自制力，有纪律和卓越而实际的草原人，并没有由于单纯的算计而变成一个喝血的嗜杀者。成吉思汗曾说“若想治身，必先修心。责人之前，必先责己”。

关于喝酒，成吉思汗就曾有这样的言论，并将其作为律令：“假如人不能禁酒，务求每月仅醉三次，三次以上即是罪行。能醉二次自较三次为佳，能醉一次更佳，不醉尤佳。然在何处能觅此不醉之人呢?”同时对于酒害举例不少，他说：“帝王武将饮酒过度，有损健康，败坏事业。连统帅部下也成为不可能。”

波斯人拉施德·丁在《史集》中也曾记载着关于成吉思汗的一个故事：一次，成吉思汗问博尔术，人间最快乐的事情是什么？博尔术回答道：“春日骑骏马，搴鹰鹘出猎。”接着成吉思汗又用同样的问题问及其他将士。他们的回答，或似博尔术，或附和博尔术。成吉思汗却说道：“不然，人生最大之乐，即在胜敌、逐敌、夺其所有，见其最亲之人以泪洗面，乘其马，纳其妻女也。”

由此可见，成吉思汗绝不是那种被一般的欢乐、光荣，或者甚至被权力所诱惑的人。他珍视胜利，珍视荣誉。虽然他也爱酒、爱色、爱马，但是最喜爱的还是狩猎，最重要的是他有严格的节度。他的话指出了人性的弱点，同时也教育人们要有自制力，才能成就事业。

成吉思汗是一位伟大的征服者，被各种物质所诱惑着，但他强大的自制力，能够使他控制自己的欲望。不仅如此，成吉思汗在激动的时候也善于自我克制，每次都能理智地作出判断。如他的叔父答阿里台曾经帮助王罕反抗他的侄子，成吉思汗意欲把他处死，但是博尔术对他谏奏道："自己的家自己毁坏，好像自己的火自己熄灭一样。你父亲的遗念，只留得你这个叔父，你怎忍废他呢？"于是成吉思汗的怒气平息了，他接受其僚友的意见，赦免了他的叔父。

成吉思汗虽然勇猛无比，但他有着许多征服者小心谨慎的一面。他深知"欲成事，必谨慎"的道理，当追击忽出鲁克的哲别传来获胜的捷报时，成吉思汗特意派遣使者告诫哲别："决不可因胜而骄。王罕、塔阳罕、忽出鲁克等皆因骄而亡。"还有一次，察合台赴任镇守西域时，他命博尔术给予教育，博尔术说："人经过艰险才能获得良好的土地。决不能安闲自在逍遥度日。"成吉思汗听了这话说："你说的同我想的完全一致。"

能折服一切接近他的人，具有吸引人的坚强品行。像年轻的博尔术对他一见倾心，愿意将自己的命运和他结合在一起。我们还要继续地看到，就像一种回旋越推越广的节奏，氏族、部落、人民不断归附于他，被他的天赋的统率能力，公平的理性，对于自己人的忠诚，对于效劳者知恩必报的品质所征服。

——雷纳·格鲁塞

成吉思汗十分注重信义，要知道一个没有度量，不守信义，只靠武力，是不可能创立一个伟大的国家的。当成吉思汗把妹妹帖木仑嫁给孛托的时候，问及需要奉献多少家畜的事。那时也普干说有马 30 匹，把一半作聘礼是 15 匹时，成吉思汗生气地说："结婚的时候把财产挂在嘴上，那不是和商人一样么？古人说：做到同心同德实在难，我希望的是同心，而不是财产。"毫无虚伪的掩饰，注重人生义气，这就是成吉思汗。

成吉思汗有着蒙古人天生的美德，他憎恨盗窃，对那些盗窃者一律处斩，决不容赦。虽然蒙古人无法律，但他们自动遵从自然，他们对所有污浊的罪恶，不道德的行为是憎恨的。在蒙古人看来，盗窃和撒谎都是被视为极端可耻的行为。

他们"对主人是忠实顺从的，也是诚实、公正的"，然而，蒙古人憎恨盗窃，讨厌欺诈，忠顺于主君，是游牧民族共同的性格。尊敬上天，款待客人与生活光明磊落都是成吉思汗所具备的。

成吉思汗既不为绚丽的中原文明所诱惑，也不屈从于畏兀儿文明，更不醉心于西方伊斯兰文明。他终生没学外国语，按生来的原样始终信仰撒满。他经常敬畏上天，这样他作为草原人属于何种类型呢？说起来蒙古人是“其俗淳朴而专心。因此不自食其言。其法，谎言者死，故莫敢诈伪”，甚至敌视和憎恨他的史学家，也能数出他的若干美德。

成吉思汗一生自始至终都是一个草原人，依循着本性生活。他曾给手下的文武百官这样的训诫：“高兴的时候要像三岁牛犊一般欢快；同敌人对阵的时候要像黄雀一样节节跃进；饥饿的时候就要像老虎一样；愤怒的时候就像鹭鸟一样；在明亮的白昼要像雄狼一样深沉细心；在黑暗的夜里，要像乌鸦一样，有坚强的忍耐力！”这也反映出成吉思汗的性格，假如用一句话来评价他的为人，那他就是“天生的草原人”。

自胜者强

只有修养好自己的品德，才能担负起天下“大任”；只有战胜了自己的人，实际上才是最高的胜利者。成吉思汗，这位几百年前的帝王用一生的实践，告诉了我们自胜者才会强大。

美国历史学家杰克·威泽弗德在他的著作《成吉思汗与今日世界之形成》里，凭借其人类学视角的观照来窥穿某些历史事件背后的文化涵义，指出：“几乎我们生活的每一个方面——边境、政治、科技、战争、商业、服饰、艺术、文学、语言、音乐——都留有成吉思汗和他所创立的王国的印记。”这样的论断很幽远，很深刻，也很耐人寻味。在世代相传、耳濡目染的口头文学中，每一个人都有着他心目中的成吉思汗的样子。然而，成吉思汗是人不是神。他是儿子，是父亲，是丈夫，是情人，有着和普通人一样的七情六欲、喜怒哀乐的情感世界。

蒙古人自古以来具有“其俗淳朴而专心，因此不自食其言”的优秀品格。这种朴实真诚的优秀品格的构成，源于草原游牧生活的自然环境所陶冶。成吉思汗就是这样一个人，他的道德标准和用人准则就是要诚实守信。成吉思汗曾经下令，凡背弃信义、擒杀故主前来投降的人一律斩首，凡放走、掩护故主对成吉思汗坚决抵抗的则给予赞扬，甚至是重用。这种做法在古今帝王中极为罕见，可见成吉思汗对诚信是多么看重。他重仁义、礼仪、道义、侠义、情义和义气，这也是他做人准则和行为规范，对待朋友，他是极为真诚的。他把自己士兵的痛苦当做自己的痛苦，还曾亲自予以善药，表现了他对将士的怜悯之心。他正是“以义感人者，人亦义而应”，从而赢得了众人的拥护。

成吉思汗成年后，敬天崇祖，更加讲求忠孝信义，坚毅骁勇，恩仇必报；他纪律严明，执法公正，知人善任，爱惜人才。成吉思汗多次九死一生的磨难和母亲对他的谆谆教诲，终于使其形成杰出的个人素质和修养。

常言道：“玉不琢不成器。”人不注重个人素质和修养，难以成为德才兼备的人。成吉思汗十分注重自己的修养，他知道要想治理好国家首要的是先修身，身修才能齐家，进而治国，最终才可以平天下，如果不修身，治国、平天下只是一句空话。修身才是治国的根本所在。对于这一点，成吉思汗一直以“若想修身，必先修心，责人之前，必先责己”为准则。他奉劝人们要有节制，绝不可堕入欲望的鸿沟。虽然成吉思汗也爱酒、爱色、爱马，但他能够严格地节制自己，显然与他注重个人修养有关。

德谟克里特有这样一句话：“和自己的心进行斗争是难堪的，但这种胜利则标志着这是深思熟虑的人。”成吉思汗无疑是一位胜利者，他强调一个人想要承担天下“大任”就要有甘受劳累的修养功夫，即“苦其志，劳其筋骨，饿其体肤”的修养功夫。

在选任将领方面，成吉思汗也是按照其修养标准来选择的。他说：“只有自己知道这种饥渴并在行军时能考虑不让军队饥渴、牲畜消瘦的人，才能配担任首长。”只有自己甘受劳累，才能了解别人疾苦，才能使人取得欢乐和幸福，这也是以己度人的修养方法。他能自己宁愿受劳累之苦，也先让别人尝受快乐，正是由于他这种德行，而使得许多人都投靠他。

在这位几百年前帝王的身上，我们今天仍然可以发现他在个人品德修养方面的闪光之处。他谦虚好学，虽然智勇过人，但他明白“人虽生而聪明，若不教亦不能成为智者”，他提倡自胜者强，严己宽人，对自己要严格要求，对他人耐心教育，这不失为一种美德。他“见善则迁，有过则改”，也就是知错改错，勇于对自己进行谴责，而且“慎独”，毫不隐瞒自己的过失。他还提倡“吃苦耐劳，换取快乐”的美德，因而现在的蒙古人的身上依然有着甘受劳累，勇敢无畏的精神，“在艰难困苦的境地中，他们毫不抱怨倾轧”，这正是成吉思汗言传身教的结果。

奥托大帝

最具勇气的帝王

(912年—973年)

尘世的一切荣光，奥托大帝早已厌倦。对于他来说，没有什么东西能比一顶华美的王冠与强者的身份相称。既然一开始教皇未曾召唤其到罗马接受加冕，他便决定依靠自己的力量成为帝国皇冠的拥有者。为了宣示自己对教皇和罗马教廷握有的权威，奥托大帝数次挑战罗马教皇的权威，迫使教廷服从自己的意志，他因此也成为最具勇气的帝王。

中世纪的欧洲战史，可谓巨星璀璨，亲自统率铁甲骑士笑傲沙场的“马上帝王”更是数不胜数，其中有两位武功赫赫的“大帝”最具影响力：一个是威震天下的法兰克王国加洛林王朝的查理大帝，另一个就是德意志王国萨克森王朝的奥托大帝。

奥托按照德意志的传统在公爵的辅佐下加冕，成为奥托一世，但是来自大主教的祝福并没有为其带来上帝的眷顾。奥托深知，如果一个人无法承担王冠的重量，这顶华美的王冠，无疑会给自己及其他的子孙带来无休止的羞辱与麻烦。只有一个永恒的真理：那就是谁拥有力量，谁就是主人。虽然他的父亲以他的宝剑制服了公爵们的叛乱，击溃了入侵的敌人，对手只能躲在黑暗的角落里诅咒，但却不能伤其一根毫毛，可奥托明白：要继承他父亲的伟业，带领着他的国家走向征程，只能依靠自己。

经过十余年的斗争，经历了多次的背叛之后，雄狮般的奥托终于将五大公爵一一铲平，他的威名也随之让同时代的人折服，他的胜利与成就让德意志的人民想起了一百多年前的那位“上帝的宠儿”——查理大帝。奥托终于以铁腕成为第一个完全控制五大公爵领地的强有力的王者。

对于他来说，尘世的一切荣光他都已经拥有，现在唯一缺乏的就是一顶帝国的皇冠。既然一开始教皇未曾召唤其到罗马接受加冕，他便决定依靠自己的力量成为帝国皇冠的拥有者。经过数次斗争，圣母圣烛节，永恒之城的街道上到处都是奥托的精锐禁卫军，在圣彼得大教堂，奥托接受了教皇约翰十二世的涂油加冕，自此，一个萨克森人，成为了罗马的皇帝，神圣罗马帝国就此掀开了在历史上的第一页。

日耳曼的雄狮

公元 962 年，德意志历史上第一个强大的帝国问世了，它的缔造者便是奥托一世。他的父亲建立了德国萨克森王朝，他登基时，德国正处在内外交困的境地。国内贵族兴兵作乱，法国和外族连连入侵。奥托一世力挽狂澜，稳定了政局，把德国建成了欧洲最强大的国家。他还对外频频征战，在 962 年，教皇给他加冕。他的帝国被称为神圣罗马帝国，并生存了 800 多年。

公元 919 年，做了 8 年有名无实国王的康拉德去世，其弟埃贝哈德继承了其原先的公爵领地，在贵族会议选举中，他的敌人推出了巴伐利亚公爵阿努尔夫作为国王的候选人，但这是一个实力决定一切的世界，最终捕鸟者亨利凭借自己的实力成为了新的国王，其年，他 41 岁，萨克森王朝的辉煌由此开创。

捕鸟者亨利无疑是一位彻头彻尾的现实主义者，信奉实力至上的原则。在加冕礼上，他宣布拒绝包括“涂油礼”在内的一切宗教仪式，使得那些脑满肠肥、以法袍掩饰无知与虚伪的僧侣们大惊失色。在亨利眼中，十字架连做剑的装饰的资格都属勉强。那些僧侣们面对寒光凛冽的长剑，只能在背后诽谤亨利，称之为“无柄之剑”。但是不管僧侣们如何诅咒，长剑依旧牢牢掌控在亨利手掌之中。耶稣号称能在钉上十字架后死而复生，但是那些口口声声称要为信仰殉难的教会僧侣们，却无人敢于实践头颅落地后的复活。

捕鸟者亨利的战绩虽然辉煌，在其统治期间实际上奠定了德意志国家的基础，但是面对其子奥托的光芒，他立刻黯然失色。其子奥托在历史上以奥托大帝而闻名，他也是神圣罗马帝国的皇帝。

奥托是其父捕鸟者亨利在其第二次婚姻中产下的长子。936 年，在亨利卧于病榻之上时，他在全德公爵大会上被指定为王位的继承人。奥托身材魁梧，相貌堂堂，蓄有茂密胡须，以致被人称赞为拥有“雄狮猛力”。936 年的 7 月 31 日，在亚琛大教堂查理大帝曾经登基的大理石宝座之上，在美因茨大主教希尔德贝特的主持下，他加冕为王。其年，他仅有 24 岁。

奥托的王座并不稳固。窥伺王位者在加冕礼上就开始策划着阴谋，那些看似在同一阵营中的武士们很快便会为了各自的利益刀兵相见。公爵们蠢蠢欲动，效忠的誓言并不具有任何的效力，而获取新的特权，扩大自己拥有的疆土才是他们真正的目标。年轻的国王面临着艰巨的考验，像加洛林家族一样，兄弟阋墙的悲剧再次发生，为了攫取权力，苍白的亲情被马靴践踏入污泥之中。国王的兄弟并没有成为王权的坚强柱石，而是竖起了叛旗，德意志的天空中，内战的烽火再次染红了天边的夕阳。各种各样的矛盾积聚在一起，在一瞬间爆发。国王的兄长坦克马尔与弟弟亨利都反对他，谁都认为自己生来就是国王。甚至连奥托的母亲也为了其宠爱的儿子在宫廷中策划着背叛。在赤裸裸的利益面前，混战就此拉开帷幕。形势越复杂越能显示出奥托的非凡手段，面对这些叛逆者，奥托外交和武力两手出击，将他们逐一平定，奥托成了德意志历史上第一个完全控制五大公国的强势国王。

为了让那些公爵们从此老老实实、服服帖帖，奥托把教会当做一个工具，他给教会辖区提供了不少好处，让那些主教和修道院院长拥有独立的行政司法权力，以教会的力量来与那些公爵们相互抗衡牵制。这就是历史上著名的“奥托特权”。当然，奥托也不会为了压制公爵而让教会太独立，所以那些大主教和大修道院院长都必须由他的亲信担任，全部对王室忠心耿耿，哪怕他们死了之后，接替他们职位的人也必须由国王挑选。这种帝国教会体制对德国历史影响深远。

此时，来自德意志外部的威胁依然存在，而且力量颇强，这一大威胁主要就是马扎尔人。虽然他的父亲亨利一世曾打败了斯拉夫人和马扎尔人，但这些胜利并不具有决定意义，尚不足以一劳永逸。事实上，德意志经常遭到马扎尔人的骚扰，马扎尔人自称只要没有天塌地陷，他们就天下无敌！对奥托来说，马扎尔人的威胁不亚于内部的叛乱者，不消灭他们，就永不得安宁。

955 年，马扎尔人再次闯入德意志，一路烧杀抢掠，直逼莱希河畔的奥格斯堡城。奥托大帝，这头“日耳曼雄狮”终于怒吼了。他立即召集兵马前往奥格斯堡附近迎战敌军，德意志各路公国也空前团结，迅速集结精兵，组成抗敌大军。955 年 8 月 10 日，两军在奥格斯堡附近的莱希费尔特展开激烈对决。在这场决定匈牙利人和日耳曼人命运的大战刚开始的时候，奥托的德意志大军险些被击溃。不过，奥托大帝率领的德意志大军还是取得了最后的胜利。传说在两军厮杀时，奥托喊道：“虽然敌军在数量上比我们多，但是他们的武器不如我们，也没有我们的勇气！最重要的是——他们没有上帝的帮助，这是对我们最大的鼓舞！”

这场战争不仅彻底打击了马扎尔人，也改变了奥托与德意志王国的命运，奥托的威名响彻整个欧洲，列国的使臣纷纷来朝拜贺。奥托不仅获得了“祖国之父”的无上荣耀，他的野心也越来越大，“国王”这一头衔已不能让他满足，他要当——皇帝！

奥托一直认为，自己就是古罗马帝国的合法继承人，他也要建立昔日古罗马帝国和查理曼帝国一样的宏伟霸业，为了这个梦想，他在位期间东征西讨，耀武扬威，征服波希米亚，讨伐斯拉夫人，尤其是三次出兵侵入意大利的战争，更是惊天动地。

962 年 2 月 2 日，奥托来到了罗马，教皇约翰十二世在圣彼得大教堂为他加冕，称为“罗马人的皇帝”。就这样，奥托开创了德国历史上的第一个帝国时代——“神圣罗马帝国时代”。从此，历代德意志国王要做皇帝梦，都要进军意大利，让罗马教皇为自己加冕。

罗马教皇约翰十二世虽然给奥托带上了皇冠，但他逐渐感觉到奥托的野心毫无止境，奥托在意大利的权势将给自己的地位带来极大威胁。刚给奥托加冕不到一年，约翰十二世就出尔反尔，预谋除掉奥托。为此奥托再次出兵进入意大利，废黜了约翰十二世，选了一个新教皇——利奥八世。不久，利奥八世也死了，奥托又指定了一个新教皇——约翰十三世。此时的奥托已然强悍无敌，甚至罗马教皇也由他随意废立。

966 年，为了帮助新教皇约翰十三世镇压罗马暴乱，奥托第三次杀入意大利，这一次奥托和拜占庭帝国发生了冲突，奥托大军虽然兵强马壮，但久经战阵的拜占庭帝国军队亦非二流，两强大打出手，互有胜负，没想到打着打着，两个帝国竟然打成了亲家——奥托以联姻的手段与拜占庭和解，他的儿子奥托二世娶了拜占庭公主西奥芬诺，拜占庭帝国也承认了奥托的帝国。

973 年复活节，踌躇满志的奥托在奎德琳堡召开宫廷大会，参加者除了本国的主教、贵族之外，还有来自罗马、拜占庭、俄罗斯、匈牙利、保加利亚、波希米亚、丹麦甚至非洲的使节团。奥托与其帝国的声望达到巅峰，确实有点狮王睥睨百兽的味道。两个月后，这位威震天下的“日耳曼猛狮”病逝，终年 65 岁。

挑战权威的王者

奥托大帝号称莱茵河畔的龙虎君。少年时的他就敢作敢为，如同一只好斗的公狼惹人注目。他几乎是强迫罗马教皇为自己戴上了圣洁的皇冠。他深知，不敢挑战权威，永远不能成为权威。只有挑战权威，才有可能成为权威。

奥托大帝生得仪表非凡，目似朗星，发如狮鬣，身材魁梧，若是头戴王冠、身披大氅、腰悬宝剑，更是威风凛凛，煞气腾腾，人们都赞誉他为“日耳曼的雄狮”。奥托大帝一生业绩显著，威震史册，也确如雄狮一般威猛强悍，堪称德国历史上第一位具有世界性影响的军政巨头。

同查理曼大帝一样，奥托也有一个很有作为的父亲——亨利一世。亨利一世是德意志王国萨克森王朝的开创者，其被通知当选国王时正在放鹰逮鸟，所以得了绰号“捕鸟者”。当时的德意志有五个大公国，分别是萨克森公国、巴伐利亚公国、施瓦本公国、法兰克尼亚公国和洛林公国，公爵之间你争我夺，几乎没人把德意志国王当一回事。亨利一世原是五个大公国之一的萨克森公国的公爵，919年继承了德意志的王位，开始了德意志王国历史上的萨克森王朝时代。

虽然亨利一世的绰号“捕鸟者”并不威猛，但亨利是一位了不起的雄才君王。他在位期间，依靠教会的势力和中小封建主的支持，征服了五大公国中的施瓦本公国、巴伐利亚公国和洛林公国。在抗击入侵德意志的马扎尔人的战斗中，亨利一世锻造了一支悍勇骑兵。经过亨利一世的一番苦心打造，萨克森王朝的王权和势力大大加强，也为儿子奥托日后能缔造更辉煌的功业打下了一个极好的基础。

人们喜欢将查理曼和奥托大帝相提并论，这两人确实也有诸多共同之处。他们都是神圣罗马帝国早期的皇帝；他们都有一个能干的父亲，为他们的事业打下坚实的基础；他们都通过一系列的征战，确立了一个庞大的帝国，在这个过程中几乎未经历过失败；他们都扶助过罗马教皇，并被教皇加冕为皇帝，但相比起来，奥托的帝国不包含法国，疆域不如查理曼的大；查理曼不但武功赫赫，而且也是一个伟大的立法者和文艺赞助者，奥托的功业则主要只来源于马背上。直到晚年，白发飘飘的老奥托依然挥舞着军刀四处征战。奥托之子曾这样评论自己的父亲："他像一头狮子抓住他所占领的各个国家，而对我，他的儿子，却一点也不给。"

奥托大帝，作为德意志民族的第一位大帝，在两个方面成为后继者榜样：一是压服德意志诸侯，使德意志联邦团结在国王的旗下；二是进军意大利，控制教皇和城市贵族，由教皇加冕为皇帝。事实证明，做到第一点者才能维护德意志和平稳定发展。至于第二点，虽然奥托大帝的所作所为给德、意人民带来了巨大的灾难，但可以看出这位龙虎之君的王者风采。

对于奥托来说，尘世的一切荣光他都已经具有，现在唯一缺乏的就是一顶帝国的皇冠。既然教皇未曾召唤其到罗马接受加冕，他便决定依靠自己的力量成为帝国皇冠的拥有者。他不仅是一个敢于挑战权威的人，还是一个勇于创立规则的人。他三次出兵意大利，废黜约翰十二世的教皇地位，选了两个新教皇利奥八世和约翰十三世。奥托大帝的举动为后世的独裁者定下了一个规矩：那就是想要做皇帝，就进军意大利，让罗马教皇为自己加冕。事实也是如此，在此之后的一百多年里，历代德意志皇帝一共 18 次进军罗马！

要知道，中世纪的欧洲是教会的欧洲。早在公元 325 年，罗马皇帝君士坦丁主持制定了《西尼亚信经》，确立了正统教义；50 多年后，罗马皇帝狄奥多西正式确立基督教的国教地位，从此基督教在西方世界占有统治地位；而由于罗马皇帝的支持，罗马教皇的权威不断提高。可以说，当时的教权高于王权，国王只能借助教会的力量巩固王权，如果得不到教会的认可就是名不正言不顺。奥托大帝敢作敢为的举动，就足以说明他的强大。

奥托大帝号称莱茵河畔的龙虎君。少年时的他就敢作敢为，如同一只好斗的公狼惹人注目。为了重振萨克森王朝的雄风，初登王位的奥托首先拿异母兄弟开刀，他两次统兵征讨，将一些贼心不死的叛乱之臣斩立决，并扶持起一批亲信傀儡，以稳固其政权。作为一代龙虎君王，奥托大帝的政治手腕别出心裁，他一边咬牙切齿地用武力大加挞伐，一边用联姻的方式来换取暂时的和解，他让儿子迎娶了希腊公主，自己也笑纳了意大利国王的遗孀，并最终将罗马据为己有。他几乎是强迫罗马教皇为自己戴上了圣洁的皇冠。

奥托大帝身上有一种敢作敢为的勇气，他敢于挑战教皇的权威。不敢挑战权威，永远不能成为权威。只有挑战权威，才有可能成为权威。当然，奥托大帝的挑战远不及马丁·路德伟大，他仍然依附于宗教，通过宗教的力量达到自己的目的，但在愚昧、黑暗为主流的中世纪，奥托大帝的行为可以说足够大胆了，当然此时的他如日中天，权力和声望都达到了巅峰。不可否认，奥托大帝的行为唤醒了后世的独裁者，要想成为皇帝就让罗马教皇为自己加冕，当然你要有足够的实力。

在罗马帝国全盛的时期，几乎所有的皇帝都想过要征服日耳曼，但是都因为种种的原因没有成功。虽然罗马皇帝们没能够统治日耳曼，却也能够凭借强大的帝国使他们俯首称臣。当时的日耳曼部落，被人们看成是一群野蛮人，但这群“野蛮人”在长期与罗马人交流的过程中学到了不少先进的文化与科技，并不断地发展起来。与日耳曼部落相反，强大的罗马帝国则开始衰落，贵族们不再能征善战而是纵情声色，皇室内部也是斗争不断，帝国开始显现出老态，而此时的日耳曼人逐渐强大起来。罗马教皇在他们的眼里，只不过是达到自己统治目的的一个工具罢了，奥托大帝的行为就是最好的证明。

敬畏之心与挑战权威

真理从来都不是权威的产物，而是时间的产物。只有在不停的质疑和摸索中，才会诞生真理！

在国际象棋比赛中，有一种比赛，简称“卫冕”战。某人赢得了冠军，被誉为“皇帝”、“皇后”，同时，他或她就有义务接受别人的挑战。取得最高权威的人，没有权力拒绝别人的挑战。谁拒绝，就判定谁失败，这是毫不客气的规则。新生力量，后起之秀，要登上宝座，成为新的权威，只能以挑战者的姿态出现。“卫冕”的仅一人，挑战的有一群。这种竞赛，高高举起了挑战权威的旗帜，高高张扬着挑战权威的精神。

挑战权威不仅是一种竞技，在西方还是一种学术风气，以至形成了一种学术风格。达尔文够权威了，进化论够权威了。但是直到今天，它始终都在接受严厉的挑战。向达尔文挑战，向进化论挑战，是不少学者的研究方向，他们以此作为取得学术成就、登上科学高峰的重要途径。

进化论出现之前，“上帝创世说”最神圣、最权威。政教合一，全力维护，谁挑战便镇压谁。西欧中世纪宗教的黑暗，提供了充足的明证。托勒密的“地心说”统治了世界一千多年，这一千多年的错误，既是“权威”过分强大导致的，也是缺乏挑战权威的精神所致。从最初的开普勒，到后来的布鲁诺和伽利略，许多崇尚科学的科学家前赴后继地去传播“日心说”的思想，但都牺牲在了罗马教庭手下；直到20世纪70年代，罗马教皇才恢复了伽利略等人的名誉。

大凡权威者，均在某一个领域有卓尔不群的表现和令人叹服的建树，使人高山仰止，叹为观止。如果这权威成了一座不可逾越的大山，那么也就自然成了后进者的障碍。如果冲不破这障碍，那后人只能永远匍匐在前人脚下，所以，有志者只有冲破这障碍，勇敢地向权威挑战，才有可能闯出一番新的天地，使自己成为新的权威。人类正是在这种相互超越之中才得以发展的。

提倡挑战权威，实质上是提倡建立一种竞争机制。许许多多的领域需要引入这种机制，打破沉闷，激发活力，展现蓬勃进取的生机。谁最权威，谁就要接受挑战，谁拒绝挑战，那就表明他并不权威。权威要勇于接受挑战，不能害怕挑战。权威在挑战中形成，也在挑战中发展。

敢于挑战权威是一种境界，它需要实力与勇气。挑战者认为世界上没有绝对的权威，权威是在不断的更新中。这是一种进步的思想，这种挑战者是某领域进步的推动力之一。

与之相反，另一种人更多的怀有敬畏之心，他们崇拜权威，尊敬任何人，给人以非常谦虚的感觉，不自大，不狂妄。这样的人认为权威之所以是权威，经过了历史的重重考验，权威的能力非自己所能及，权威永远是自己学习的目标和努力的方向。这样的思想也是进步的，它给出了一个良好的学习氛围，人们各自取长补短，共同进步，同样构成了某领域进步的推动力之一。

敬畏之心与挑战权威不是截然对立的，而也有统一的一面。如上面所说，二者同样能成为某领域进步的推动力。一方面，敬畏之心是挑战权威的基础和前提，只有先有敬畏之心掌握了一定的本领才能有资格去向权威发起挑战。另一方面，挑战权威是为了更好地树立敬畏之心。挑战者们一次一次的向权威发起挑战，使他们更清楚地看到了自己和权威的差距，从而加深了自己的敬畏之心，而一旦权威被重新确立，那么整个领域的人们的敬畏之心就都会随之升华。

诺贝尔物理学奖获奖者大卫·J·格罗斯曾说：“获得诺贝尔奖我并不惊讶，但我惊讶的是在2004年获得！”对于这份迟来30多年的重量级“礼物”，格罗斯听到这个消息的时候正在睡觉，他认为获得这个奖项只是时间问题。人应该敢于把目标定得高远，敢于挑战权威，敢于雄心勃勃！如果没有 30 多年前格罗斯的大胆设问和勇于挑战，30 年后他和他的学生维尔切克也不会站在诺贝尔奖的领奖台上。正如一位先哲说的那样：“真理从来都不是权威的产物，而是时间的产物。只有在不停的质疑和摸索中，才会诞生真理！”

(1712 年—1786 年)

腓特烈大帝

教会普鲁士 坚韧的铁血君王

腓特烈二世是普鲁士霸业的缔造者，是普鲁士王国真正的创立人；腓特烈是欧洲近代最开明的封建君主，在他的统治下，普鲁士民智开化，社会贤明，经济发达。腓特烈是欧洲近代集权统治的集大成者，他所建立的社会秩序，他所遗留的普鲁士军官团，都升华成了普鲁士精神，这个国王也以“战神”的形象留在青史之中。

他虽是国王，却被后人称为大帝。1806 年，法兰西第一帝国的皇帝拿破仑在耶拿战役一举击溃普鲁士军队。拿破仑进入柏林后，这位天才统帅却保持着清醒的头脑，在柏林郊外，他用马鞭指着一座墓碑说：“如果这个人还活着，我们就不可能站在这里了！”这个拿破仑对之充满了深深的敬意和崇拜之心的人就是腓特烈大帝。

英国大文豪卡莱尔称腓特烈为“欧洲最后一位国王”，他仿佛是古代暴君或文艺复兴时代的意大利王子，而不像他这个时代中行将崩溃的专制帝王和正在兴起的立宪君主。更形象地说，他就是马基雅维里理想中的“君主”，他的一切行为几乎都能达到《君王论》所揭示的标准。

与他父亲不同，腓特烈二世尊重哲学和文学，法国的著名哲学家伏尔泰称腓特烈大帝是“哲学家国王”。腓特烈坚决实行强权政治，他谨奉“强权即公理”的信条。腓特烈视国家的利益高于一切，为了国家利益，甚至不惜牺牲自己的声誉，甘愿为之背上出尔反尔的“骗子”恶名。思想的理性与实践的强权，两者在腓特烈身上得到了极致结合。英国历史学家麦考莱为此评价腓特烈说：“就思想而言，他是一位法国哲学家，而在行动上他则是一位日耳曼君主。”

普鲁士军队的缔造者

腓特烈大帝是18世纪中后期欧洲颇有影响的一位君主。在他的统治下，普鲁士强盛起来并加剧了军国主义化，腓特烈二世的雄才大略在西洋军事史上留下了如此难以磨灭的烙印，以至于我们今天再度回首，仍然会感到普鲁士军队那激越的战争脉动。

腓特烈·威廉一世在1712年得到了他的第三个儿子，也就是日后的腓特烈二世。腓特烈·威廉的前两个儿子都因为疾病而早早夭折，所以这个儿子就是他唯一的继承人，对他而言无疑是上帝的恩赐。腓特烈·威廉是一个坐在皇位上的军人，同时也是一个守财奴。据说他曾一生中为柏林图书馆只捐过两次钱，捐的数目令人瞠目结舌，第一次是捐了4个塔勒（15世纪末以来主要流通于德意志地区的一系列大型银币的总称），第二次是5个塔勒，但就是这样一个吝啬的国王，却肯用600万塔勒来搞军队建设。他酷爱军队，把军官看成是“兄弟和独子”，成天泡在军营，用操练和体罚训练军队的纪律，他的要求是“服从服从再服从”。

尽管如此，他对腓特烈二世的教育十分重视，他严格限定腓特烈二世的教育范围，只要求教授给他关于军事和政治方面的知识。按腓特烈自己的话来说，那简直就是“斯巴达式教育”。

腓特烈·威廉给宫廷教师定下了这样规矩：“我不希望腓特烈脑子里充斥无用的玩意。只许教他现代的德意志历史、政治经济学、军事策略、数学、德语和法语。他不需要学习任何16世纪以前的历史，之后的也仅仅是德意志的日耳曼历史。不准教他拉丁语，绝对不需要！”

然而年幼的腓特烈二世却远远不满足于父亲定给他的课程，在他8岁的时候向自己的老师提出要学拉丁语，教师起初很犹豫，但是在腓特烈的死缠烂打下，终于妥协并开始偷偷教他拉丁语，同时也开始传授那些腓特烈·威廉禁止的知识，比如文学和音乐。不过没过多长时间，这个秘密就被老腓特烈·威廉无意中发现了，一气之下一边对着教师大骂“你在教我儿子什么鸟语”，一边挥舞着拐杖追打教师。尽管这样，腓特烈始终没有放弃学习这些知识，他自己偷偷购买文学和哲学书籍，并悄悄学起了音乐，还尝试吹奏长笛。

与老腓特烈相反，腓特烈的母亲索菲亚·多罗西亚一边和自己的丈夫唱反调，一边鼓励自己的儿子去学习自己爱好的知识。每当威廉对腓特烈发火要惩罚他的时候，他就会逃到母亲那里“避难”。之后，他更是通过母亲得到了大量“启蒙运动”的哲学书籍，阅读了大量伏尔泰的著作，不但自己陶醉于此，还说服自己的姐姐一起学习，姐弟二人常常在一起朗诵、探讨法国文学。此时的腓特烈和他父亲的关系日益紧张，他讨厌父亲把那些不喜欢的东西强加给自己。不过腓特烈对军事十分感兴趣，当他只有10岁的时候，就开始对亚历山大大帝和恺撒等等名将事迹表现出了极大的兴趣。

腓特烈少年时代是一个酷爱自由，喜欢文学艺术，反感专制和服从，充满叛逆性格的人。他偏偏有一个古板固执的“军人国王”父亲，于是父子间展开了一场管制与反管制的较量。少年腓特烈经常遭到父亲的棍棒殴打和言语刺激，18岁时为抗拒父亲为他安排的婚姻，计划同几个同伴出逃，结果被关进监狱，还被安排了观看同伴被砍头的血腥场面。不过，腓特烈最后还是听从了父亲的建议，迎娶布恩斯韦克的公主伊丽莎白为妻，这个女人大半生都被腓特烈安排在柏林。

1733 年，腓特烈在父亲的安排下开始接触国政，他经常作为父亲的钦差大臣在国内四处视察。1735 年他被派往瑞因斯堡担任地方长官，其间写了一部政论书籍《反马基雅维里》，书中首次提出了所谓关于“公仆”的概念，并指出所谓国王不应该以玩弄权术为目标而是应该以“国家第一公仆”为准则。此书次年以法文在荷兰出版得到了伏尔泰的好评。之后，腓特烈和伏尔泰之间也开始了密切的书信往来。

另外在这段时间，腓特烈的长笛演奏水平也是突飞猛进，获得了不少音乐家的指点，也常常在自己的官邸举办音乐会。当腓特烈 28 岁的时候，老腓特烈·威廉因突发心脏病去世。临死的时候，腓特烈·威廉先是说“我赤裸裸来到这个世界上也该这样离去”，但随即又挣扎地坐起来说，“不，我至少要穿着我的军服去死。”随后腓特烈匆匆赶回了柏林继承王位，史称腓特烈二世。

腓特烈·威廉去世时留给了腓特烈二世一支 8 万人的精锐常备军，这和当时奥地利的军队数量相当，然而后者却比普鲁士大上 10 倍。腓特烈上台后马上就显示出卓越的领导才能和充沛的精力。

腓特烈即位第一年就遇到了实践的大好机会。1740 年奥地利女大公玛丽亚·特蕾西亚继承父位，因为女性继位在德意志史无前例，腓特烈便以此为借口同法国、巴伐利亚、萨克森结盟，发动对奥地利的战争，奥地利一方则有英国支持，这场战争史称“奥地利皇位继承战争”。腓特烈对奥地利的皇位不感兴趣，他要的是德意志人集中的发达工业基地西里西亚。战争进行得十分顺利，普军很快就占领了整个西里西亚，并先后在莫尔维茨会战和霍图西斯会战中击败奥军。腓特烈聪明地利用奥地利同法国、巴伐利亚的矛盾，节节胜利，最后通过《德累斯顿和约》割占了整个西里西亚，成为这场战争最大的受益者。

但倔强的奥地利女皇玛丽亚·特蕾西亚不肯善罢甘休，扬言："为了奥地利的强大，我不惜卖掉最后一条裙子！"她决心夺回西里西亚，通过外交手段将法国、俄国、瑞典都拉拢到自己一方，而腓特烈则同英国结盟。1756年狼烟再起，这场战争更加惨烈，英法主要在海外作战，而欧洲大陆则是普鲁士独自跟奥、法、俄等国较量。

腓特烈在外交上的失策导致自己以寡敌众，但在军事上却取得一系列经典之战的胜利。1757年的罗斯巴赫一役是运动战中歼灭敌人的杰作，洛伊滕战役是"斜进战斗队列"的完美实践、"动机和决心的杰作"，但尽管如此，面对力量远大于自己的各大敌国军队的步步进逼，普鲁士的国力消耗几尽，柏林危在旦夕，腓特烈一度亲临前线，携带烈性毒药随时准备自杀，幸亏俄国政权更迭使他得到了喘息之机，最后体面地结束了"七年战争"，保住了西里西亚。"七年战争"不但影响了欧洲，也影响了美洲和亚洲。由于腓特烈最大限度地牵制了法国的军力，使法国无法顾及其在北美洲和印度的殖民地，加拿大和印度的控制权由此落于英国人之手。

七年战争使得普鲁士崛起，成为欧洲列强之一，但也使王国本土成为一片废墟。在这七年的战争中，普鲁士有40万人丧生，经济面临崩溃。腓特烈从战场回来后就立即到各地进行视察，他下令凡战争中住房被毁的农户，每户可获得50塔勒的安置费和部分木料，协助农民重建家园。他还从军队中抽出6万多名士兵，派到人烟稀少的地方帮助农民修建房屋，恢复生产。他还大兴水利建设，开凿多条运河，既发展了航运，又灌溉了农田。

在贸易方面，腓特烈积极推行重商主义政策，扩大对外贸易；另一方面又加强关税壁垒。他为扶植国内生产发展，尽可能提高某些外来商品的关税。他禁止输入盐、瓷器、铁器等，以刺激本国生产这些商品。在国内市场，他对生活必需品尽量减少税额，而对奢侈品则提高税率。

财政方面，腓特烈根据不同时期的需要来调整财政支出。战时军费高，平时就减少军费，增加建设资金，并向私人提供贷款。为此，他分别开设了柏林国家银行和军队银行。法律方面，普鲁士当时没有一部全国通行的宪法，有些地方还存在着中世纪的领主裁判所，各自为政的现象普遍存在。1784 年腓特烈颁布了第一部宪法，宪法在扩大民主方面迈出了不小的步子，如允许言论自由，取消新闻检查制度；宗教自由；规定适龄儿童都要上学等。

在腓特烈的努力下，普鲁士终于又繁荣了起来。此后的岁月里，腓特烈不再直接进行战争，但这并不妨碍他从别国那里攫取土地，他凭借的是自己的战略眼光、政治手腕和外交能力。1772 年，他伙同俄国和奥地利瓜分了波兰，普鲁士得到了西普鲁士，普鲁士王国终于形成一个整体。腓特烈满意地说："这是一件极其有意义的战利品。"他名正言顺地去掉了"普鲁士的国王"这个头衔中之"的"字。普鲁士终于被认可为一个欧洲强国。

腓特烈的战略眼光也越来越独到，他不顾英国盟友的反对，大力支持美国的独立战争，甚至鼓励自己的部下到华盛顿麾下当志愿军，他致信华盛顿说："欧洲最老的军人向你表示敬意。"他也赢得了华盛顿的敬意，他死后，全体美军就曾降半旗致哀。

1786 年，74 岁的腓特烈坚持在大雨中检阅军队达 6 个小时，早已心力衰竭的他因此病故。他的最后一句话是"我将毫无遗憾地离开这个世界"。他留下的是一个领土和人口增加了 60%多的欧洲强国，和一支用棍棒调教出来的 20 万大军，还有 5100 万塔勒的国库，这相当于两年半的国家收入。更重要的是他为德意志的统一留下了坚实基础和实现统一的方式，在德意志民族性格中烙上了坚韧、负责的印迹。奥地利皇帝约瑟夫二世获知腓特烈去世的消息后，长出一口气，心情复杂地说："一个时代结束了。"

腓特烈精神

腓特烈二世既是文人也是军人，他仿佛是古代暴君或文艺复兴时代的意大利王子，而不像他这个时代中行将崩溃的专制帝王和正在兴起的立宪君主。概括地说，他更像是马基雅维里理想中的“君主”，他的一切行为几乎都能达到《君王论》所揭示的标准。他的所作所为，深深地影响了德意志人的思维方式，从而影响并改变了德意志民族的命运。

1806 年的一天，在柏林郊外的一个墓地，一代枭雄拿破仑和他精悍的军官们静静地伫立着，几周前，拿破仑统率的法国大军刚横扫了普鲁士的十万大军。可是，面对眼前墓地主人，骄横不可一世的拿破仑和他的军官们，却表现出一种罕见的恭敬、肃穆和庄重之情。拿破仑举着马鞭指着墓碑，对他的军官们郑重地说：“如果这个人还活着，我们就不可能站在这里了！”墓中沉睡的主人，就是普鲁士不朽的神话——腓特烈大帝！

腓特烈大帝既是文人也是军人，并且把哲学与战争结合起来——在他的许多著作中充满了自我表现和矛盾，很难发现其真正个性。比如说很少有伟大的军人像他这样铁石心肠，敢于挑起战争，但是也很少有人能像他对战争具有如此彻底的认识，知道用哪种手段来达到目的。在《军事条令》中，他曾经这样写道：“如果不是对胜利者和对于失败者具有同样致命的危险，那么凭借这样的部队（他的部队），就足以征服世界。”在他说的许多诗句中，对战争曾经有如下描写：“这个铜头巨怪，战争之魔，一心只想饮血和毁灭。”虽然如此，他却坚持说：“我们不应该讥讽战争，而是应该铲除它，好比医生铲除热病一样。”

虽然在他内心深处是谴责战争的，但他对于和平的观念也非常具有讽刺意味。从各种资料来看，他确实承认战争是一种“原罪”。

有一次当他与教育大臣舒尔茨谈话时，舒尔茨对他说，过去大家都相信人性是恶的，现在却又相信它是善良的了。腓特烈的回答却是说：“啊！我亲爱的舒尔茨，你并不认识这个该死的人类！”

从国王的身份而言，他心胸广阔，热爱自由。他说：“我同我的人民已经获得了一个双方满意的谅解。他们说他们所想说的话，我做我想做的事。”他对所有的宗教派别，都一律大度包容，因为他相信每个人都可以“经由他自己的道路进入天堂”。他开放言论自由，取消严刑逼供，发展科学研究，免费给穷人供食，为数千名老妇开办养老院，但是却不让她们白吃，而是让她们从事纺织，这可以表现出他讲究经济的个性。虽然如此，有时他会十分野蛮。有一次他说道，获得情报的最好方法，就是抓住一个富人，给他换上穷人的衣服，将他送往敌国去，同时威胁他说：“如果在一定时限之内不完成任务回来，就烧了你的房子，并把你的妻儿砍成几块。”他有如一个由普克和马基雅维里混合形成的怪物，由雷神之槌在火神的铁砧上锻炼成形。

除了亚历山大以外，在古今所有名将中，腓特烈是最具有进攻意识的。科灵在他的《战争的演变》一书中作了如下评论：“腓特烈二世所呼吸的空气中只有进攻精神，无论在什么情况下，在任何作战中，即使面对优势的敌军，他也总是采取攻势，他自己就是后续力。”有一次他说，凡是不主动进攻而坐以待敌的军官，他都要加以处罚。他总是采取攻势，而且几乎总是先下手为强。他说：“我们部队的整个力量完全寄托在攻击上，如果没有真正的理由而放弃攻击，那才真是蠢蛋。”

腓特烈作为军事统帅最大限度地发挥了他的智慧和经验。他比同时代的任何人都理解战争的精髓，他穿着最朴素的士兵制服和自己的战士待在一起，他用军人的自豪感来激励士气。在鲁腾会战中，他对部队说：“一旦战斗打响，我下令出击后，如果骑兵中有谁在冲锋中踌躇不前，战斗结束后我得叫他滚下马鞍，充任后备队。如果战斗打响后步兵中有谁表现犹豫不决，甚至胆怯得提不起军刀，我就叫人撕去他军服上的花饰。先生们，再见！用不了多久，我们要么在胜利中相会，要么就此永别！”

险恶的形势要求腓特烈必须作出最精确的指挥，甚至作出看似不可能的冒险计划，这要求完美的指挥和坚决执行命令的军队融为一体，腓特烈和他的军队无疑做到了这一点，以至于拿破仑赞叹说：“除非有腓特烈的精神，否则这种腓特烈式的行动毫无用处。”

腓特烈要求军人以服从命令为天职，哪怕前进一步就是死亡也决不后退半步。但他并不是嗜血的魔君。他说，“如果毫无理由地让士兵流血，这是非人道的屠杀。”有一次，腓特烈问一个逃兵：“你为什么要离开我？”这个逃兵回答说：“陛下，说老实话，我们的情况太糟糕了。我不认为我们可以打赢。”腓特烈开玩笑说：“好吧，今天让我们再打一仗，如果我失败了，明天我们大家一起逃走好了。”随后就把这个逃兵送回原来的部队并且不加处罚。

腓特烈的才华和身先士卒赢得了战士的心。他带着普鲁士军队在 7 年时间里大小数十战，常常以反常规战术和普鲁士军人的英勇，以少胜多。当时的英国人作为腓特烈的盟友经常为他的胜利燃放焰火表示庆祝。英国国会在 1757 年，很勉强地给予腓特烈 16.4 万英镑的军事援助；而到 1758 年，却自动增加到 120 万英镑。当时在英国的德国作曲家亨德尔，还应英王的要求为庆祝腓特烈的胜利写下了后世闻名的《焰火音乐》，不但如此，腓特烈大帝还给了普鲁士人出版和言论自由。他甚至不顾国王的“光辉形象”，允许书店展示以自己为对象的漫画。对此，腓特烈作出这样的诠释：“我和我的人民达成了这样的协议：我干我想干的事，而人民则说他们想说的话。”

腓特烈大帝的所作所为，深深地影响了德意志人的思维方式。那种重视教育，重视科学的态度，一直延续到今天。而正是这种重视教育，重视科学的优良传统，极大增强了德意志民族的素质和改变了德意志民族的命运，使这个国家在两次世界大战中举国成为废墟之后，能迅速重新崛起，成为世界强国。

普鲁士精神

普鲁士精神，这是一个令人十分敬畏的名词，这种精神是建立在它的军国主义体制的基础上的。整个国家就是一座大军营，整个国家机构就是一部军事机器，全力支持着一支代表国家荣誉的庞大军队。“普鲁士精神”在腓特烈二世时代发展到了极点，这个国王也以“战神”的形象留在青史之中。

起源于瑞士霍亨山上的索伦城堡的霍亨索伦家族一手缔造了普鲁士，17 世纪才是普鲁士真正崛起的时候，那时这个德意志的几个城邦中的成员——普鲁士先以东普鲁士为基础发展起来，由于贫穷他们更相信战争。日耳曼人曾是十字军东征耶路撒冷的骑士团的主要兵源的提供者，他们保留了骑士团“守贞、忘命、安贫”的传统，身穿黑白两种色彩服装的骑士们，曾经显示出的野蛮与凶悍也被普鲁士军人保留了下来。

从“军人国王”腓特烈一世投入的巨大的军费与学校教育费用，到腓特烈二世近半个世纪的精心训练，普鲁士军人成为了这个国家唯一的臣民。普鲁士的军人几乎是战无不胜，普鲁士成为了德意志最强大的邦国。

腓特烈之所以能战无不胜，完全由于他的部队素质较佳。腓特烈对于军官的素质十分重视。从本质而言，普鲁士军官团完全是由贵族所组成，但他们与其他国家的贵族有一点不一样，那就是他们与王室有长久共患难的经历，所以乐于为王室效命。从腓特烈曾祖父的时代开始，普鲁士即相当重视军官的教育，而腓特烈本人则更强调军官的精神教育，使每个人都有为普鲁士王国而战的决心。他尤其重视军官的勇敢和决断。他说：“一个勇敢的校官构成一个勇敢的营，而在危机时一个校官的决定可能左右国家的命运。”

腓特烈在他的《军事条令》中这样说道：“一支军队的大部分

都是游手好闲的人，除非将领们不断监视，否则这个由人组成的机器就会自动崩溃，于是所谓纪律之师就只剩下一句空话了。”他又说：“如果我的士兵都开始自己思考，那么就没有人肯当兵了。”此外，他还说：“军人所应做的就是要具有‘团队精神’，就是承认他自己的团队是举世无双的。因为军官总是要领导他们走向最危险的地方，而他们这些人又不受荣誉感支配，所以必须使他们害怕军官有甚于眼前的危险。”

除此之外，腓特烈十分重视给部队灌输荣誉感。一次部队休息之后，腓特烈命令继续前进，直抵波尼村。各团的军乐队一路吹奏。军人们开始高唱军歌，歌词如下：“我要尽忠职守，我的地位是您赐予，我要快乐而勇敢的工作，我这样工作，一定能成功！”有一位军官问国王是否应命令他们停止唱歌。腓特烈回答说：“完全没有这个必要，有这样的部下，上帝在今天一定会赐给我胜利的。”

到了 19 世纪，俾斯麦就是靠着这支曾经的战无不胜的军队通过铁血战争打败了丹麦、奥地利、法国，统一了德国，从此普鲁士军官传统延展到整个德意志。

这不是一支无知军队，他们有着深厚学识与严谨的作风、忠诚的理念，可是哲学的深邃与音乐的狂热并没有带给他们理性，几百万的军人像一部冷冰冰的机器那样有条不紊地运转着。十月革命前夕，列宁结束流亡生活回到国内，他不仅带回了世界革命思想，还带来了对普鲁士精神的景仰，要求俄罗斯人认真学习德国人的纪律性、理性等优点。列宁深信德国精神对俄罗斯人非常有

拿破仑对腓特烈大帝的评价：

越是危急关头，越显示出他的伟大，这是我们所能说的最好的赞誉之词。

使腓特烈显得杰出的，不是他的运动技巧，而是他的胆大妄为。他所做的事情，有很多是我所不敢做的——他会放弃他的作战线，有时好像完全不懂战术。

在七年之间，普鲁士凭一国之力挡着欧洲三个最强大的国家。这不是普鲁士的陆军力量，而是腓特烈大帝一个人的功劳。

益，他多次要求布尔什维克人向德国人学习。他在演讲中经常说："有理智的人不会反对我们革命者向德国人学习。我们要学习德国人的纪律性，否则，我们民族将会灭绝，将永远被奴役。"列宁还要求俄罗斯人学习德国人严格的自我管理、系统性、条理性及卓越的经济管理才能等优点。

一个法国人这样说：德意志不是一个拥有军队的国家，而是一个拥有国家的军队。可见普鲁士精神就是一种"忠诚、服从、秩序"。而这种精神与德意志文化被德意志人一齐吸收、融合在自我的精神气质中，挥发着魔鬼与天使相结合的魅力，理性与狂热相结合，荣誉与毁灭相伴，梦幻与现实相杂糅……

这种精神，也铸就了德国民族性。这个欧洲大陆民族国家靠着这种精神，一步步迈入巨人的行列中。从条顿森林里的战歌，到欧洲巨人法兰克；从祖国之父奥托，到德意志艰难中诞生；从屈辱的卡诺莎之行，到空位时代的无奈；铁与血打造的统一，在炮火中化为瓦砾；魏玛的萧素成就了纳粹狂魔，战争的阴云笼罩大地；阴霾过后，浴火重生。这个"古板"的民族除了盛产"战争狂人"，也出产了大批的哲学家和艺术家，歌德的小说，巴赫的舞曲，贝多芬的交响乐，黑格尔的批判，哲学与艺术，如同并蒂的雪莲，在德意志的沃土上怒放。这些精神群雄同样傲视世界。

德国在策动世界大战前文化艺术已经登峰造极，遭到惨败后经济却突飞猛进，是什么力量让它不低下高贵的头颅？是什么样的文化价值让这个民族在狂热行为的背后仍然保持思维方式的尊严，在省讨自身罪恶的同时又在恭敬地向自身求索思维的高度？正是其民族精神，那种深沉、内向、稳重、静穆的精神。二战之后的几十年，无数德国人不断地进行自我检讨，对民族的罪恶观念进行批判，对形成罪恶的社会政治体系进行剖析，甚至还要进一步批判日耳曼人本性上的罪恶因素。正是这种近乎苛刻的自责精神，使德国很快取得了欧洲乃至世界的谅解，顺利融入新的政治和经济秩序。勇于自责是一种境界，一种智慧，更是一种不可不察的力量。只有勇于自责者才能不断净化品质，提升境界，蓄积发展的能力。这也算是一种现代普鲁士精神。

德意志是个神奇的民族，智慧的群体加上民族整体自责的精神，让这个国家绽放无限的生机和活力。

忽必烈 胸怀世界的众汗之汗

(1215 年—1294 年)

忽必烈的先辈们从不曾有过他那种统一并统治整个已知世界的梦想，后继者中再也没有人有过这样的襟怀。这位胸怀世界的众汗之汗以一种超乎人们想象的力量和精神，开拓了一个世界帝国，同时也被后人所铭记。

13—14 世纪的世界被史学家称为大蒙古时代。成吉思汗的伟大功绩不仅在于颠覆了东西方的旧秩序，还在于缔造了一个强大的“新世界体系”，“世界征服者”几乎被当做成吉思汗的代名词。作为成吉思汗的嫡孙，世界有史以来疆域最辽阔帝国的缔造者，忽必烈不但继承了成吉思汗的雄才大略，更实现了祖父号令天下的理想。

在欧美，忽必烈的知名度甚至超过了成吉思汗。莫里斯·罗沙比曾在《忽必烈和他的世界帝国》一书中这样写道：“虽然他的遗产是短命的，但他一生的成功已经为他赢得了持久的声望。当时的欧亚史学家和旅行家在谈到他时，总是称赞有加，马可·波罗的报告使得欧洲人了解了大汗的宫廷和他所统治的庞大帝国，而拉施都丁则把他的声望传遍了整个伊斯兰世界。”马可·波罗称忽必烈是真正的

"君主"，"从亚当时代至今，世界上曾有过的、统治着人民、土地和财富的最强大的君主"。法国著名的蒙古史学家雷纳·格鲁塞也说道："作为至高无上的汗，忽必烈既是成吉思汗的继承人，也是中原王朝的忠实延续者。在征服土地以后，他也完成了对人们头脑的征服，他想获得的最伟大的名声也许不是'他是世界上第一位征服全中国的少数民族皇帝'，而是'第一位治理中国的少数民族皇帝'。"

远征的惨败、无度的财政需索、个人健康的衰退，使得忽必烈建立世界帝国的梦想最终未能实现，但这无损于他的荣光。他的先辈们不曾有过他那种统一并统治整个已知世界的梦想，后继者中再也没有人有过这样的眼光。忽必烈继承的不只是祖上的财富，还有蒙古人天生的开拓精神，胸怀世界的思想。也正因为此，他才被世人所铭记。

众王之王

马可·波罗采用蒙古人的称呼，称忽必烈为"大汗"（即"众王之王"的意思)。在马可·波罗的眼中，他是有史以来臣民最多、疆域最广、收入最丰、具有绝对权威的君主。忽必烈中等身材，四肢匀称，面目清秀，眼睛乌黑，显得精明强干。他英勇善战，具有杰出的军事才能，即位前是一位战功卓著的军事统帅，成为皇帝之后又是一位贤明的君主。

1215 年 5 月，成吉思汗率领蒙古军团最终攻占了金中都，四个月后，他的孙子忽必烈在这里出生。关于忽必烈的童年、所受教育以及他早期生活的记载很少，尽管忽必烈是成吉思汗正统的后裔，蒙古人合法的统治者，但当时的忽必烈只不过是皇室旁支的一员而已。而他即将作为众汗中之大汗来接受成吉思汗那个不可能实现的幻想的挑战，并且为了使之成为现实而付出了比其他任何一个领袖都要多的努力。

忽必烈幼年时，一直在母亲唆鲁禾帖尼别吉教育下长大成人的。唆鲁禾帖尼别吉是一个和别人不太一样的女人，她深知想要让自己的儿子有一天能够登上王位，首先必须要让他们具备过人之处。和所有其他蒙古人一样，唆鲁禾帖尼别吉要求年轻的忽必烈必须精通马术和射箭，并让年幼的忽必烈参加狩猎，与此同时，唆鲁禾帖尼别吉还专门聘请了一名叫脱罗出的畏兀儿人教他读写蒙文，让忽必烈掌握文化知识。

忽必烈从小就开始接触汉族文化，这也与他的母亲有关。1236年，蒙古大汗窝阔台赐给唆鲁禾帖尼别吉一块封地，地点在真定，这个地方就是现在的河北省。就这样，忽必烈的母亲成了汉族农民而不是蒙古草原游牧民的领主。在同一年，窝阔台也赐给忽必烈一块有一万户人口的封地，地点在河北邢州。

窝阔台于1241年逝世，这为忽必烈登上历史舞台提供了契机。此时的唆鲁禾帖尼别吉通过慷慨地赠与蒙古贵族礼物和成功地治理自己的领地，悄悄地收买人心，网罗政治盟友。1251年，她的长子蒙哥，也就是忽必烈的哥哥登上王位。一年后，唆鲁禾帖尼别吉逝世。虽然蒙哥成为蒙古最高统治者，但其他家族对此并不承认，称其是非法的。

接下来发生的冲突标志着汗位争夺的第一次激烈斗争开始。蒙哥汗在两三个月之内便击败了他的对手，在肃清政敌之后，蒙哥成了蒙古帝国无可争议的统治者。他继续着宗教信仰自由的政策，资助清真寺和佛教寺院。

一位波斯历史学家指出，蒙哥曾“给予伊斯兰教徒最大的荣誉和尊重，并且送给他们大量的礼物”。和他的前辈一样，蒙哥也在积极拓展蒙古帝国的版图，他的弟弟旭烈兀在1258年建立了阿巴斯王朝。而忽必烈因征服了大理国为自己建立起巨大的声望，积累了问鼎蒙古大汗宝座的足够实力，同时也赢得蒙古贵族们的尊重。

1257 年，蒙哥决定攻打南宋，他的进攻一开始就很顺利。到 1258 年 3 月，他的军队已经攻陷了四川重镇成都。一年后，蒙哥召集高级军事将领并决议继续进攻，不惜一切代价占领合州。不幸的是，他的努力却以失败告终。1259 年 8 月 11 日，蒙哥死于钓鱼山下。蒙哥的死震撼了整个蒙古帝国，汗位争夺的斗争再次发生。蒙哥的两个弟弟，忽必烈和阿里不哥都想继承汗位。他的三弟旭烈兀更希望忽必烈问鼎大汗宝座。事情的发展也是如此，忽必烈在 1260 年春天到达开平的时候，很多王子催促他接受蒙古帝国汗位。《元史》上说他们“乞求”他登上汗位。在三次礼节性的拒绝之后，忽必烈最后同意了他们的请求，5 月 5 日，忽必烈历经数十年，最终成为蒙古人的合法统治者。

1264 年 8 月，忽必烈改燕京为中都，改年号为元，1271 年正式建立元朝，宣布在中都东北建造都城作为京城，称为大都。忽必烈建立元朝后，一方面采取种种措施巩固政权，另一方面，致力于经济的恢复和发展，他特别重视农业的发展。即位之后，即首诏天下：“国以民为本，民以食为天本，衣食以农桑为本”。

在稳定局势恢复生产的同时，忽必烈积极图取南宋，终使南宋皇帝于 1276 年正式投降。忽必烈征服南宋之后，没收了一些宋朝皇室的衮冕、圭璧以及其他珍宝，并向南宋普通官员和百姓许诺，将以仁爱之心厚待他们，还命令手下将士善待儒士、道士、佛教僧侣等。他承诺，政府将抚恤鳏寡孤独者。如此，他向人们传递了这样一个重要信息：他绝不会容忍对被征服地区的任何掠夺行为。相反，他会在南方采取和北方同样的政策，即医治战争创伤，促进经济增长。

统一中国之后，忽必烈获得更大的野心与勇气，相信海洋也能成为自己的囊中之物。恐怕正因为这种天性中的豪放，成吉思汗及其后裔才缔造了空前绝后的一个横跨欧亚的大帝国。而元朝，才做了别的朝代没能做的事情：先后于 1274 年和 1281 年，两次跨海东征日本。对于忽必烈来说，如果能与日本重建朝贡关系，就为自己在汉人心目中树立起更高大的形象。忽必烈数次派出使节，向日本皇室表明，日本应该向他称臣纳贡。日本人当然不欢迎蒙古使团，这也为忽必烈提供了进攻日本的借口。忽必烈被日本人的“傲慢”激怒了，无论是作为蒙古大汗还是作为中国皇帝，怎能容忍被一个小国羞辱?

忽必烈在1274年和1281年，分别两次远征日本，但均以失败告终。尤其是第二次远征，忽必烈分别从朝鲜和舟山群岛出发，总兵力达14万人，船只共4400艘，被称为“迄至近代世界史登场以前最庞大的渡海部队”。黄仁宇说：“在现代社会出现之前，很难能有一个陆上强国也可以同时成为一个海上霸王。”这两次跨海作战虽以失败而告终，但这更像是理想主义的远征：草原的骑士渴望成为大海的水手——并且不计代价地这么干了。这种豪赌（并且连续赌了两次），是别的民族无法想象也无力承担的。这两次渡海东征的最高指挥者，是元世祖忽必烈。向真正的大海进发，向日出的地方进发，抢滩日本列岛——这是天之骄子对海之骄子的挑战。

跨海征服，征日本，征爪哇，我们可以看到后两者是中国历史上前所未有的。单是向海洋发展这方面，我们可以说忽必烈开了一个新的纪元，忽必烈的帝国在大踏步地向海洋开拓。

——著名元史专家　李治安

尽管两次远征日本都以失败告终，但丝毫没有影响到忽必烈的形象。忽必烈虽然出身蒙古草原，但他在中国的皇帝中是第一个放眼看世界的人。他之所以征服东南亚，不光是打通中国到印度洋的商路，还要打顺商路。在他坐稳中国皇帝的宝座之后，开始接受汉文化，但并不局限于此，而是促进不同地区和不同族群的文化形式。同时，对外来文化采取开放和吸收的态度，为元朝文化的发展和繁荣提供了很重要的条件。

忽必烈的晚年过得并不安稳，遭遇了一连串的挫折和不幸。先是他最钟爱的妻子察必在1281年去世，四年后他的儿子真金也英年早逝，这使忽必烈陷入孤独和痛苦之中。由于痛苦，忽必烈养成了酗酒的恶习，身体状况急转直下。衰老、倦怠、失望和酗酒无度终于敲响了他的丧钟。1295 年 2 月 18 日，这位“众王之王”在紫檀殿驾崩，享年 80 岁。

开创自己的史诗

忽必烈，这位倥偬一生的马背帝王，战场上他残暴精悍所向无敌，生活上他仁慈宽厚大爱无疆，他的几十个儿子们分散在各个战场上，用生命捍卫国家和族人的荣光。忽必烈胸怀大志，更勇于冒险。在他的带领下，那些逐水草而居、弯弓射大雕的游牧者们踏上东征日本的战舰，尽管他们葬身大海，但仍永不言败，并且最终在别处战胜了更大的风浪。忽必烈这位古老英雄给今天的我们做出了榜样，他告诉我们要敢于面对现实，勇于冒险，这样才能够开创一部属于自己的史诗。

历史上，一个人如果能够肆意横扫欧亚大陆，以铁骑踏碎众多强大国家，那么，他绝对有理由成为后人刻骨铭记、反复吟诵的一位伟人，成吉思汗无疑就是这样的一个人。在许多人心目中，他是被神化的英雄；而在另一些人心中，他犹如一场噩梦。其实，更可怕的是，他还有一个绝对厉害的孙子——忽必烈，正是此人，第一次以外族身份统一了当时人口最多的中国，一个令人望而生畏的元帝国崛起在世界东方。

忽必烈所统治的帝国，代表着当时世界范围内最先进、最富庶的东方文化。这种文化通过畅通的丝绸之路，毫无保留地被传播到南洋、印度洋，直至欧洲腹地，使西方人对东方文明产生向往和倾慕，并刺激了哥伦布远航寻找新大陆。“远征的惨败、无度的财政需索、个人健康的衰退，使得忽必烈建立世界帝国的梦想最终未能实现，但这无损于他的荣光。”莫里斯·罗沙比如此评价忽必烈。为什么忽必烈会缔造一个横跨欧亚的帝国，在他身上有许多迷雾令人困惑。不过，我们不难发现，这取决于他具有宽广的胸襟、敏锐的洞察力和出色的领导驾驭能力。

中国正史往往将忽必烈描写成一位典型的儒君，而不是一位有血有肉、活生生的人。马可·波罗和忽必烈有过多次交谈，并对这位大汗进行了非常生动逼真的描写。他亲眼看见了正处于权力巅峰时期的忽必烈，对这位大汗的描述极尽赞美之能事。

马可·波罗对忽必烈的评价是，“俾世人皆知我言尽实，皆知其为世上从来未有如此强大之君主。”他在描写忽必烈的体貌特征时也是赞美有加，马可·波罗说忽必烈“不高不矮，中等身材，筋肉四肢，配置适宜”。根据马可·波罗的说法，他有一双黑眼睛，一个高耸且大小适中的鼻子。他的面部呈白色，虽然偶尔他的面色会变成玫瑰红色。马可·波罗非常详细地描写了忽必烈生日和新年的庆祝活动，大汗亲自主持的狩猎和放鹰活动，以及忽必烈的皇后和妃子等。

实际上，这位倥偬一生的马背帝王，和他的祖父成吉思汗一样，战场上残暴精悍所向无敌，生活上仁慈宽厚大爱无疆，用生命捍卫国家和族人的荣光。更重要的是，在治理国家方面，忽必烈已经远远超越了他的祖父——成吉思汗。

在蒙哥即位后，由于忽必烈在其同母弟中年龄最大而且有贤能的美名，蒙哥汗把漠南汉地军民庶事，全部委任给忽必烈管理。让他在此积聚力量，为南下伐宋做准备。蒙古政权在蒙哥汗阵亡以后，大蒙古帝国暂时出现了权力的真空，各王族为了成为王位继承人，争权夺利，互不相让，早已分崩离析。

忽必烈是一个具有雄图远略、胸怀大志的英雄人物，他熟悉汉族文化，对儒家经典颇有涉猎。年少时，就立志以唐太宗李世民为榜样，做一个贤明的君主，建立一个强大统一的政权。拥有了权位以后，有意识地招贤纳士，笼络人才。

忽必烈了解到“修身、齐家、治国、平天下”乃儒家的平生志向。要想平治天下，就离不开有真才实学的大儒；要想治理好中原，必须实行孔孟的圣人之道。在金莲川开府建衙中，忽必烈注意招揽汉族人才，他首先重用了海云和尚及其弟子刘秉忠。后来，忽必烈欲招致更多有才干的汉人为己所用。忽必烈十分爱惜文天祥，正是因为“既壮其节，又惜其才”。文天祥越是对宋尽忠，忽必烈越是更强烈地敬重他。

忽必烈曾认真考虑过释放文天祥，不管是从社稷出发，还是从个人出发，忽必烈都是不愿意让新帝国和他个人失去一次向全天下和历史展示开明帝国开明君主的形象反而要背上一个杀文人的罪名，但文天祥死意已决，忽必烈才不得不下令杀他。行刑之际，忽必烈突然后悔，可此时文天祥已死。事后忽必烈不无惋惜地说：“好男子，不为吾用，杀之诚可惜也。”敬重之情，溢于言表。

忽必烈不仅胸怀大志，更勇于冒险。他一直想做出许多足以改变世界的重大决策，比如他两次作为渡海东征日本的最高指挥者。在《马可·波罗游记》就曾这样记载道：“大汗平时住在都城，在每年三月离开此地，向东北方前进，一直瞳到距海仅两日路程的地方……当大汗向海滨前进时，会有许多富于趣味的事件伴着狩猎活动而出现，这真可以说是世界上其他任何游戏所无法比拟的。”

从这段叙述里，能管窥出忽必烈对大海的向往与好奇。蒙古人习惯将湖称为海，豪迈中不无夸张——如同他们面对世界的那份主人般的狂放。正是这些把湖泊称为海，有着广阔的胸怀和超人视野的英雄，逐水草而居、弯弓射大雕的游牧者，这些快马加鞭、风雨兼程的骑手，这些气吞万里如虎的悲歌慷慨之士，在忽必烈的带领下，开始一次次远征。

尽管这两次远征以失败告终，但忽必烈作为自己民族的舵手，其意义是积极的、伟大的，它标志着这个游牧民族在不断地调整航向、谋求发展。也正是在这样的航行中，他们学会了规避漩涡、暗礁；在航行中永不言败，并且最终在别处战胜了风浪。

这个世界上从来就没有什么避风港，一个拒绝航行的人注定会萎缩、会渴死，而一个缺乏冒险精神的民族也必将走向没落，一个畏惧悲剧的民族本身就是最大的悲剧。忽必烈这位古老英雄给今天的我们做出了榜样，他告诉我们要敢于面对现实，更要勇于冒险，这样才能够开创一部属于自己的史诗。

开拓精神的荒野

对于古代蒙古人来说，面对现实，直面人生是他们最基本的人生信条。严酷的自然环境、动荡的社会现实，使他们养成了反对玄想空谈，而崇尚脚踏实地的态度，不论是在宗教信仰、民间文学中，还是在伦理道德、政治生活中，都显著而深刻地表现出了这一点。而对于今天的我们来说，这些又何尝不该是我们生活的态度呢？

十三世纪，整个世界都在蒙古军团的铁蹄声中颤抖。成吉思汗一手创立的帝国可以说是一个真正意义上的世界性帝国。这个古老的“黄金家族”的王子们，统治着大大小小无数的王国，“长生天”的福祉，瞬间使蒙古民族达到了他们荣耀的巅峰。成吉思汗攻灭诸国最盛时，手下蒙古军队只有十来万。忽必烈获取汗位后，手下真正的蒙古族兵将比这还要少，也只有六七万人，其数十万大军，大部分以雇佣军为主。可以想见，无论是成吉思汗，还是忽必烈，仅靠着十来万人就能横行天下，称霸欧亚，建立起一个令人瞠目结舌的庞大帝国，不得不让后人拍案称奇。

忽必烈是一个地地道道的蒙古人，他的身上流淌着游牧民族的鲜血，自然天生也具备了这个剽悍民族的品性。在他和他的祖辈身上，我们都可以看到这种品性的闪光之处，那就是蒙古人天生的开拓精神。草原上的好汉没有不敢骑烈马的，真正的蒙古人没有一个不敢远走冒险的。在生活实践中的这种精神状态，逐渐内化成为一种民族性格。敢于冒险的开拓精神是蒙古人发动征服战争，从一个小小的草原游牧部落一跃发展成为世界性帝国的原始精神动力之一。

冒险是开拓所必须付出的代价，既谓开拓，那就意味着要必须具备勇气，敢于向未知挑战，并承担风险。蒙古人即便是在日常的游牧生活中，也会遇到各种各样突如其来的危险，或天灾或人祸，因此在这种平常的游牧活动中必须要有随时去冒险的精神准备，敢于冒险是他们必须具备的心理素质。

> 忽必烈之所以能成就其大一统和有效治理的非凡功业，一个重要原因是他具有宽广的胸襟、敏锐的洞察力和出色的领导驾驭能力。他招募了一个包罗蒙、汉、中亚穆斯林等在内的国际性幕僚团队，任用并驾驭了一大批优秀人才，因此他的各项措施也必然比以往的中国朝代更能体现一种全球性的视野。
>
> ——《华盛顿邮报》

这种开拓精神也表现在好奇上，他们对知识的渴求，对未知事物的探寻以及对物质享受的永不满足，最后变成一种行动的目标。而目标一个接着一个，相应地行动也必须是一个接着一个。正是在这种连续不断的开拓行为中，蒙古人铸造了自己民族的开拓精神。忽必烈远征日本的故事，便是这种精神的体现。

今天，这群游牧民族仍保持着顽强的精神。古代的草原尽管常有宜人的季节，有如诗如画的美景，但牧民们面对最多的还是各种各样的灾害，因此，坚忍不拔、百折不挠是真正草原牧人必须具备的心理素质。生活环境所逼迫生成的个体心理素质，逐渐上升为一种大众化的社会心态时，民族文化中就具有了顽强的精神。蒙古人入主中原近达百年，轮流执政的有 11 个皇帝，在这种处于文化劣势的环境中，能够保留住自己的文化传统实属不易。元朝末代皇帝妥懽帖睦尔逃离大都时，还能够用蒙古语书写诗词令人敬佩，在历史上任何一个统治中原的北方民族都未能做到这一点，这也充分说明了草原传统文化的顽强的性格精神。

从萨满教的英雄化的保护神中，从民间文学对英雄的歌颂中，从对祖先和成吉思汗的虔诚热烈崇拜中，我们都能看到并深深感受到蒙古人对英雄崇拜之盛行不衰及英雄精神之深入人心。英雄精神激励着他们开创了一个属于自己的英雄时代——史诗时代。在历史的长河中，从某种意义上说，这个英雄时代一直是蒙古人记忆的一部分，即使是在历史发生了根本性的转折之后，在他们的情感深处仍然保留着有关那个时代的记忆。英雄精神从未在他们的情感中消失，从未在他们的记忆中抹去，并且已成为他们所追寻的永恒意义。当英雄精神集中体现在某些英雄人物身上时，这些英雄人物表现为勇敢顽强、视死如归、疾恶如仇和负有责任感，从而成为蒙古民众普遍接受的一种民族精神载体。以蒙古族为代表的北方民族共同拥有的史诗文化和英雄精神不仅是重要的历史财富，更是激励我们的动力。

对于古代蒙古人来说，面对现实，直面人生是他们最基本的人生信条。严酷的自然环境、动荡的社会现实，使他们养成了反对玄想空谈，而崇尚脚踏实地的精神，不论是在宗教信仰、民间文学中，还是在伦理道德、政治生活中，都显著而深刻地表现出了这一点。对于今天的我们来说，这些又何尝不该是我们生活的态度呢？我们决不应放弃这些宝贵的精神——开拓、进取、创新。我们有权选择一种最值得回味的人生来丰富眼前的世界。我们更应像那些远去的英雄们那样敢于冒险，也善于冒险，敢于承担责任，也善于接受挑战。

伊丽莎白一世
精神女王的完美典范

(1533年—1603年)

献身是一种人生追求完美的崇高力量，这种力量在伊丽莎白一世身上得到了最完美的体现。这位终生未嫁的女王将自己的一生献给了英格兰，以及她的人民，这位以事业作为生命从而有着献身精神的女王，在事业的延续中获得生命的永恒。

对于16世纪的英格兰来说，没有一个人能像伊丽莎白一世那样引人注目，即使是同一时代的欧洲君主、大公、教宗，绝大多数都已经湮没在历史的长河之中，被人遗忘，而伊丽莎白一世却在历史中巍然屹立，她开创了英格兰崛起最为辉煌的时代——伊丽莎白时代。

英国人也把最好的赞美和最崇高的敬意都给予了他们的女王。英国在北美建立的第一块殖民地被命名为弗吉尼亚，就是为了向他们的“童贞女王”表达敬意。伊丽莎白一世是英国君主中最英明、最有魅力，同时也是最富有才华的一位。她对男人和女人同样具有吸引力——她高雅、强悍。她是一位从灵魂到肉体浑身都流淌着高贵血液的女性。即使是她的敌人，也不得不佩服女王的谋略。他们对女王有这样的评价："这只凶狠的老母鸡一动不动地蹲着，孵育着英格兰民族；这是民族初生的力量，在她的羽翼下快速地成熟，并走向强大。"综观伊丽莎白近半个世纪的统治，女王始终奉行和平主义，维护着英格兰民族国家和新兴的资产阶级利益，使英格兰顺利地从中世纪封建社会向近代资本主义社会过渡，因此，诗人托马斯·德克把祖国比作"伊丽莎白的庙宇"。

伊丽莎白一世的人格和尊严，她的冷静和理性，她的包容和坚毅，已经远远超越了自我的范畴，她是一个国家的形象，一个民族的脊梁。可以说，是她培育了英格兰的民族精神。亨利八世曾经希望自己的子女能做到"不屈服于任何人"，"伊丽莎白时代"的英国确实做到了这一点。伊丽莎白一世的血管里流着纯正的英格兰人的血液。伊丽莎白视英格兰为她的一切，她比其他任何统治者都更好地代表了英格兰。女王的独身，也被英国人看做英国摆脱任何外来干涉的象征。在"伊丽莎白时代"，英格兰民族精神逐步形成。同莎士比亚一样，伊丽莎白女王逐渐成为英格兰民族精神的象征。

终身未嫁的女王

伊丽莎白一世，16世纪英格兰统治者，都铎王朝黄金时代的缔造者。作为女王，她维护国家统一，战胜不可一世的西班牙无敌舰队，是不列颠帝国海上传奇的奠基人；作为女人，她终身未嫁，舍弃了肉体的欢愉和成为一个完整女人的幸福。她以坚忍的意志与清醒的头脑维护自己的统治，并培育了英格兰的民族精神。

百年战争之后，英格兰在各个方面迅速衰落，不但一无所获，还几乎丧失了所有在法国的领地，结果迫使其放弃大陆称霸的企图。不过，亨利八世的宗教改革，使英格兰从欧洲大陆转向大洋扩张。1533年，亨利八世的女儿伊丽莎白在英格兰的格林尼治诞生。她的母亲安妮·波琳是亨利的第二个妻子，1536 年安妮被斩首。几个月以后，国会宣布当时只有 3 岁的伊丽莎白是私生女，这意味着伊丽莎白没有继承王位的资格。尽管如此，伊丽莎白还是在英格兰皇室中被哺育成人，一天天长大，同时她也受到了当时最好的教育。

1547 年，亨利八世的离世给英格兰带来了不小的波动。伊丽莎白同父异母的兄长爱德华六世随后继承了王位，这位新王身体羸弱，患有肺结核，只执政了 6 年便死去。此时，英格兰的王位由爱德华的姐姐玛丽一世继承，玛丽女王在其当政的 5 年间，支持罗马教皇的至高权力，恢复了罗马天主教。这一政策给英格兰国教徒带来了巨大灾难，约有 300 人被处以死刑。玛丽一世当然也不能容忍伊丽莎白的新教信仰，因此百般刁难她。为了争取生存，缓和与玛丽的矛盾，伊丽莎白违心地接受了天主教，但还是遭到玛丽的攻击。伊丽莎白意识到，自己必须尽快地离开玛丽。1553 年 10 月，她回到了阿什瑞泽庄园。

然而，事情并未算完。为了使自己的王位更加稳固，玛丽一世找到一个严厉制裁伊丽莎白的机会，并命令伊丽莎白立即来伦敦，准备把她囚禁起来。而此时的伊丽莎白已患上了猩红热病，她的双腿水肿，肾脏也遭到严重损伤，身体极度虚弱。因此，她写信告诉玛丽不能前往，请求原谅。玛丽一世怀疑她的病情，便亲自派医生前往检查。医生的结论是：如果有舒适的马车，前往伦敦还不至于丧命。就这样，人们用担架把伊丽莎白抬到马车上，经过了数天的奔波，伊丽莎白最终还是来到了伦敦。在去伦敦之前，伊丽莎白意识到自己这次生还的可能性很小，便穿着一身白衣，蜷缩在马车的窗户旁，以便最后看看英格兰的山川原野。

伊丽莎白来到伦敦后，玛丽命令她在枢密院审查其问题期间严禁与外人接触。在枢密院会议上，一位名叫加德纳的爵士宣称，“如果伊丽莎白活在世上，我们就永远看不到英格兰和平的希望”，要求处死她，然而，其他成员则担心，如果处死伊丽莎白，无子女的玛丽死后，英格兰王位继承必将陷于混乱。枢密院最终作出决定，暂时将伊丽莎白送进伦敦塔，以待审问。不过，英格兰政府还是下令释放伊丽莎白，将她流放到牛津以北约 40 英里（1 英里约为 1609 米）的伍德斯道克，由伯丁弗尔德爵士监护。

在伍德斯道克，伊丽莎白度过了 10 个月艰难的流放生活。直到 1555 年 3 月，伊丽莎白才获得自由。此后，伊丽莎白和玛丽一世的关系产生了不可弥合的裂缝。伊丽莎白在玛丽的威胁下苟且生存，而玛丽的日子过得也并不轻松。她一方面要警惕自己的王位不受阴谋者的篡夺，另一方面，无子女的痛苦以及由于与西班牙丈夫分道扬镳所带来的情感创伤也在折磨着她。

1558 年 11 月 17 日，玛丽终于在痛苦与孤独中去世。同年，25 岁的伊丽莎白在经历了生死磨难后，终于登上了英格兰的王位。在前去加冕经过伦敦城时，她特意停留片刻，对夹道欢迎的人群作了简短的演讲。她激动地说："是时间把我带到这里，并承认我为女王。"

伊丽莎白即位初，罗马教廷拒绝承认她的王位合法性。伊丽莎白像父亲亨利八世一样，断然决定脱离与罗马教皇的关系，宣布英格兰为新教国家，确立了女王在国教中的最高地位，从而使英格兰摆脱了罗马教廷的控制。虽然身为女王，但伊丽莎白深知要想让自己的地位稳固，就必须处理好与议会的关系，所以她十分谨慎，每当议会与王权发生矛盾和冲突时，她总能以灵活手段，甚至以妥协方式加以解决。议会对这位新女王的表现十分满意，女王灵活的政治态度也保持了英格兰政治的平稳发展。

在伊丽莎白执政时期，英格兰的财富积累迅速加快。当时英格兰负债累累，人民的生活水平极低。到 16 世纪 80 年代，英格兰的财政比 1568 年增加了两倍。英格兰不仅偿还了外债，而且国库已有相当积累。英格兰财政的改变，与女王个人推行的政策密不可分。伊丽莎白女王生性节俭，对宫廷开支总是精打细算，省之又省。据统计，伊丽莎白时代的宫廷开支不到玛丽时期的三分之一。伊丽莎白的节俭几乎达到了吝啬的程度，甚至宫廷每次举行大型舞会都将地点选到大臣的庄园和官邸。这笔巨额开销也由这些大臣来承担，许多大臣为此而叫苦不迭。女王的节俭同时也影响着这些大臣，他们也不敢过于奢侈。

伊丽莎白一方面厉行节约，另一方面推行各种经济制度，增加收入。在理财、投资上，她借助于商人和海盗。为了增加王室收入，女王聘请被称为“商人之王”的格勒善为财政顾问。1560 年，格勒善在伦敦市中心建立起一座巨大的交易所。这个交易所将交易、仓储、服务融于一体，交易所云集英国和欧洲各地商人，生意红火兴隆。交易所的开办使女王的钱袋很快地鼓了起来。

伊丽莎白终身未婚。自她即位后，议会一次次恳求女王择偶，期望她能为王室留下继承人。然而，女王对此无动于衷。后来，当议会代表团再次恳求女王时，她戴上了结婚戒指，并说道：“我已经献身于一个丈夫，这就是英格兰。”

随着时光的流逝，女王红颜褪尽。在她的治理下，英格兰已经强盛起来。她曾自豪地对大臣讲：“再也不会有像我这样的女王，把满腔热忱倾注于国家，精心料理我的臣民。”1603 年 3 月，这位让英格兰不断强大的伊丽莎白女王病倒了。临终前，她用手势向议员传达了她的遗嘱：苏格兰国王詹姆斯为英格兰王位继承人。3 月 23 日，女王去世，身边的人默默地从她手上取下了那枚象征嫁给英格兰的结婚戒指。

女王与她的强国精神

在伊丽莎白女王的骨子里，她永远是伟大的亨利八世的女儿，血管里流着同样顽强、固执的血液。她用坚强的意志背负起国家、民族沉重沧桑的命运；用柔弱的双肩挑起万民的今天与明天，生存与延续。

在人类历史上，很少有统治者特别是女性统治者，像伊丽莎白一世这样，从小经历过如此之多的忧患，承受了如此之多的血雨腥风。虽然伊丽莎白生于王室，然而这位“千金”在继承王位之前，却很少享受到王室的荣华与富贵，相反，却被宫廷一系列阴谋、迫害所包围。

她的一生像大海一样的风起云涌，像战场一样的面临着你死我亡的阴谋暗算。这些斗争有来自国外动荡不安的局势，有来自国内争权夺利的政治斗争。对外，她要抗拒强大不可一世的西班牙霸权主义；对内，则时刻要提防苏格兰女王争夺王位的阴谋。然而，这位弱小的英格兰女子的骨子里，永远是伟大的亨利八世的女儿，血管里流着同样顽强、固执的血液。她用坚强的意志背负起国家、民族沉重沧桑的命运；用柔弱的双肩挑起万民的今天与明天，生存与延续。

在伊丽莎白的所有贡献中，留给世人最大的启示，并不是她的政治手腕和文治武功，而是她的宽容与为国献身的精神。女王对国家的治理更善于依靠智慧而不是凭借暴力，表现出更多的宽容而不是专制。

伊丽莎白一世是个威权主义的君主，但却不是一个暴君，也不是一个企图为所欲为的人。在伊丽莎白一世45年的治国生涯里，这位善于协调各种关系的女王没有滥用自己权力和威望，她终身节俭，不轻易发动战争。当王权与议会发生矛盾的时候，她总是会根据情况作出必要的让步。在她一生中，王权的扩张始终控制在议会能够忍受的范围之内。这二者之间的平衡和秩序给英国带来了一个相对稳定和宽松的社会环境，所以有人说，伊丽莎白一世能够给英国带来早期的辉煌，在相当程度上，是因为她像这大笨钟的指针一样，遵守了《大宪章》的约定，维持了王权和贵族议会之间的平衡。

伊丽莎白女王的开明并不仅仅在处理国家事务时，所表现出高超的技巧和智慧，还表现在对待艺术的态度上。在莎翁的历史剧当中，君主往往是反面角色。伊丽莎白女王当然知道这一点，她并没有下令禁止演出莎士比亚的戏剧。尽管在《哈姆雷特》这样的剧中，就有“脆弱啊，你的名字是女人”这样的台词，但是这并没有影响伊丽莎白女王就坐在舞台对面的包厢里看戏。

女王的宽容，成就了莎士比亚的艺术高度，女王明白，权力的基础是全体英格兰人组成的民族，没有民众的支持做后盾，王朝就没有立身的可能。当查理一世登上王位之后，面对伊丽莎白一世的王权曾经所带来的荣耀，这位站在先王威权之上的年轻君主深信：自己是上帝派到世间的最高权威，拥有无上的权力。但他却忽视了一点，那就是——民众的支持和民族的利益。这个常常出现在伊丽莎白一世脑海中的概念，在查理一世的思想中逐渐消失了。

伊丽莎白为国献身精神更是值得称道，为了国家，她甚至不惜牺牲自己的爱情，“只嫁给英格兰”的豪言壮语感动和激励了无数的英格兰人。伊丽莎白即位后，西班牙国王菲利浦二世以及瑞典国王、奥地利大公、法国国王、萨伏依公爵、安茹公爵等王公贵胄纷纷向其求婚。但伊丽莎白知道，与这些宗教信仰水火不容、家族利益你死我活的求婚者中的任何一个结合，都可能使英格兰卷入欧洲大陆无穷无尽的冲突中。结果她毅然作出了一个令所有人都未想到的选择，那就是终身不嫁。

就在伊丽莎白 40 岁的时候，英格兰的那些大臣纷纷开始向她提出赶快结婚的请求。面对大臣们的提议，伊丽莎白一边把弄着手中的戒指，一边用温和并略带嘲讽的语气说：“你们认为我该嫁给谁?”大臣们一时哑口无言。这时，伊丽莎白庄重地将戒指戴在自己的无名指上，并说：“我只可能有一个丈夫，那就是英格兰。”

伊丽莎白的话，在英格兰人心中造成了空前的震撼，他们更加热情地把女王奉为神明，将她比做月神，比做贞洁的凤，比做为国尽职的鹈鹕。从那时起，她的爱心被比喻成太阳，给她的子民们送去温暖；她的贤能被比喻成像甘露一样，滋润着万物生长；她的品格被比喻成宝石，熠熠生辉，像月亮一样地清艳孤傲。

伊丽莎白视英格兰为她的一切，并最终比其他任何统治者都更好地代表了英格兰，最终也成为英格兰民族自我意识觉醒的象征。温斯顿·丘吉尔曾这样说道："伊丽莎白女王和臣民的关系是长期调情的关系。"

女王对待英格兰及其臣民的这种脉脉温情，这种个人与祖国的白首之盟，使她赢得英格兰人的格外敬仰与尊重。同时，伊丽莎白用行动培育了英格兰的民族精神。

1588 年西班牙与英格兰矛盾激化，两国发生了一场规模庞大的大海战，在这次海战中英格兰取得了辉煌的胜利，英格兰从此踏上通向海上霸主的台阶。对西班牙战争的胜利，使女王感到从未有过的兴奋和惬意，这位 55 岁的女王特意请来了画师为自己画像：她穿上华丽耀眼的上装，箍裙折痕笔挺下垂，尖削的脸颊带有一丝冷漠，显出她的高傲和庄严。她目光中，充满着自信和得意。伊丽莎白女王的用意就是让人们从自己的身上看到一个新英格兰的形象：自信与高傲。

在漫长的岁月长河中，伊丽莎白一世一直被视为英格兰精神的象征，也一直被视为英格兰王室的基柱，因为，她用她的忠诚和勇气支撑着王室，保护着英格兰。她经历了人的一生中所有的荣耀和苦难，她为全体英格兰人树立了一个精神女王的完美典范。

伟大的献身

一种自我生命的价值，不是以生命的时限来衡量，而是以他是否成功地为后人留下了点什么来评判的。无论是古希腊神话中的普罗米修斯，还是中国古代传说中的女娲和大禹，或是那位终生未嫁的伊丽莎白女王，他们一样都以自己的献身精神创造和奋斗，造就自己非凡卓绝的成功，从而使自己的人生有一个不朽的永恒归宿。

在人生中，美好的东西也许很多，但没有一样可以比崇高的献身更美，更能激动人心。人生正因为有了这样一种精神，生命之花才能开得那样绚丽，那样灿烂，人类历史也才显示波澜壮阔的磅礴气度。

车尔尼雪夫斯基曾说："一个没有受到献身的热情所鼓舞的人，永远不会做出什么伟大的事情来。"的确，早在16世纪的英国女王伊丽莎白就用——"我只可能有一个丈夫，那就是英格兰"这样一句话，作出了最好的证明。这位土生土长的英国女孩，从未因身居高位而忘乎所以，从未被君权所带来的一切荣耀所迷惑，反而她更加兢兢业业，顽强不屈。她之所以能做出终身不嫁的选择，完全源于自己对英格兰的一片赤子之心和忠诚的爱，还有对英格兰全体人民利益的考虑。也正因为这种献身精神，这位女王才会被世人所传颂，被她的国民世代敬仰。

印度诗人泰戈尔认为献身是一种人生追求完美的崇高力量，他说："人生一方面有追求愉快的欲望，另一方面又向往着自我牺牲。当前者遇到失望的时候，后者就得到力量。这样便发现了更完美的范围，一种崇高的热情把灵魂充满了，因此，当我们在微小的困难面前是懦夫的时候，巨大的忧伤激起了我们更真实的丈夫气概，使我们勇敢起来。"

英国思想家罗素深受着人类这种献身精神的感染。他在其"自传"的前言中真挚地写下了这样动人的一页："三种单纯而极其强烈的激情支配我的一生，那就是对于爱情的渴望，对于知识的追求，以及对于人类苦难不可遏制的同情心……爱情和知识只要存在，定是向上导往天堂，但是，同情心又总是把我带回人间。痛苦的呼唤在我心中反响，回荡。孩子们受饥荒煎熬，无辜者受压迫者折磨，孤独无助的老人在自己儿子的眼中变成可恶的累赘，以及世界触目皆是的孤独，贫困，痛苦——这些都是对人类应该过的生活的嘲弄。我渴望能减少罪恶，可我做不到，于是我也感到痛苦。"

正是这种爱心使罗素在从事理论著述的同时积极投身于呼唤正义和良知的社会活动中去，他甚至为此而耗去了诸多的精力和财力，也因为他的这种献身精神使他赢得了世界人民的爱戴。

读过埃斯库罗斯剧作《普罗米修斯》的人，决不会忘记普罗米修斯被缚在崖石上，受鹫鹰撕啄的悲壮的一幕。马克思青年时代就受到人类这种献身精神的巨大感染，他把普罗米修斯称为“最崇高的圣者和殉道者”。显然，这种为人类献身的精神支配了他的一生，使马克思造就了自己那伟大而极不平凡的人生。

无论是古希腊神话中的普罗米修斯，还是中国古代传说中的女娲和大禹，或者是基督教中的耶稣，犹太教中的摩西等人，他们都是人类幸福的殉道者，是人类献身精神的榜样。千百年来，他们几乎为一切人类文化所赞美和颂扬。他们之所以感动了一代又一代人，正由于他们所具有的献身精神。人类的进步，就是这样一代接着一代人献身的结果。我们甚至可以说，没有献身的时代，不是真正的时代；没有献身的历史，不是真正的历史。真正人类的历史正是献身者创造的。

爱因斯坦曾断言：“人是为别人而生存的。”可见，一个人的价值，并不是一种轻松的自我感觉，而是一种社会责任的负担。我们为社会、为他人承受得越多，付出得越多，我们的价值也就越大。因此，一个没有社会责任感的人是不会有真、善、美价值的。从而，我们也很难说他是一个成功的人。因此，在我们的理解看来，人生价值中最美好的东西是为社会而献身的精神。这就如屠格涅夫所说：“如果一个人能够从周围的人眼中看到自己的价值，这就是幸福。”

在现实生活中，最常见的献身是为自己，我们称之为个人奋斗。若是仅为了满足自己个人的私欲，那么这种献身必然是非常可怜的。美国著名作家杰克·伦敦曾在文学史上留下了许多不朽的作品，但是当他公开声称自己写作的目的是为了钱时，他也就开始走上了不幸的歧途。他成名后，开始过着豪华奢侈的生活。而为了维持这种豪华奢侈的生活，他又需要更多的钱。于是，他粗制滥造，写了一些完全背离自己信念的拙劣之作。这不仅毁坏了自己的名声，也使他自己为此日益感到厌倦。1916 年月 11 月 22 日，他终于以自杀的方式结束了他年仅40岁的生命。

歌德曾经谈到，能够满足人的关于生活意义的东西，不是占有，不是权力，不是感觉上的满足，如果人们停留在这些东西上，就脱离了自身的整体性，因而是不会幸福的。在歌德看来，只有事业上的献身精神，才能使人认识到生活的意义，而当他这样享受他的生活时，他是充实丰富的。晚年的歌德，正值收获的黄金季度，满载着成就与荣誉，然而，他总结自己的一生时却说："我这一生基本上只是辛苦工作，我可以说，我活了七十五岁，没有哪一个月过的是真正的舒服生活，就好像推一块石头上山，石头不停地滚下来又推上去。"但歌德从毕生辛劳所创造的非凡的文学成就和业绩中，赢得了自身存在的充实和幸福，并因这一卓绝献身精神而使自己英名永存。

1955年春天，在人们为爱因斯坦逝世举行的葬礼上，爱因斯坦生前的一位朋友朗诵了歌德当年悼念席勒的诗句。在这些诗句中，歌德这样写道："我们全都获益不浅，全世界感谢他的教诲，那专属他个人的东西，早已传遍广大人群。他像行将殒灭的彗星，光华四射，把有限的光芒同他的光芒永相联结。"其实，歌德自己的一生就正是超越了有限而使自己具有了无限和永恒之意义的成功一生。我们谁都景仰歌德具有如此壮美的人生，可我们在景仰的同时不是更应该从歌德一生的追求中感悟出成功人生的某些哲理吗?

人生在世，我们是该追求名利，还是自由自在，或者是承担更多的责任，作出更大的贡献?也许每一个人都有着自己的答案，但有一点你要相信，人只有在"为大家而献身"的人生价值追求中，才会体验和领略到人生最伟大的幸福和快乐。

康熙大帝

勤奋成就的帝王

（1654 年—1722 年）

天下太平是康熙的治国目标，勤奋则是他的为君之道。康熙皇帝一生都在遵循这样一个真理：凡事皆在人为，绝不用“天命”之类的话语来掩饰自己的庸碌无为。他深知没有一劳永逸的宝座，唯有勤奋才能成就永世的帝王。

17 世纪是一个盛产伟人的世纪，英国的护国主克伦威尔、印度莫卧儿王朝的皇帝阿克巴等人无一不是称雄当时的人物。在这些伟人中，有三个人的名字无疑是最响亮的，他们就是中国的康熙大帝、法国的路易十四和俄罗斯的彼得大帝。其中康熙大帝被誉为王者中的王者，在这位千古明君的统治下，康熙时的大清帝国，成为当时世界上幅员最辽阔、人口最众多、经济最富庶、文化最繁荣、国力最强盛的大帝国。那时清朝的疆域，东起大海，西至葱岭，南达曾母暗沙，北跨外兴安岭，西北到巴尔喀什湖，东北到库页岛，总面积约 1300 万平方公里。此时的美国还没建立，英国的工业革命尚未开始，德意志还处在分裂的状态，而日本也还没开始明治维新。尽管康熙即位之初，社会经济衰败，内有分裂危机，外有其他国家的侵略威胁，但他励精图治，一方面努力振兴经济，一方面消灭内部割据、叛乱势力，倾力反击外来侵略，保卫了自己帝国的领土完整，显示出超人的才干。

康熙大帝是中国在位年限最长的统治者，长达61年。他学识广博、雄才大略，一生孜孜不倦、勤奋探索、悉心求治，在政治、军事、经济、科学和文化各个方面皆有重大建树。他执掌皇权，靠武力恢复版图；重视农业生产、奖励垦荒、停止圈地；兴修水利、治理黄河、减轻水患、保证大运河的畅通，进行全国性大地测量，完成《皇舆全图》的绘制；开博学鸿辞科、明史馆，编纂《全唐诗》、《佩文韵符》、《康熙字典》等书籍；调整工商业，废止禁海令；严惩污吏，省悟自身；重视儒学，革新除弊，接受西方科学……正因为此，清初出现了国泰民安的盛世景象。

法国传教士白晋就把康熙列在了路易十四的前面，他认为当时在世的英国安妮女王、俄国彼得大帝都在康熙之下，称“这位皇帝是自古以来君临天下的最完美的英明君主”。

身体力行的帝王

康熙经过艰苦卓绝的努力，奠定了清朝兴盛的根基，开创出康熙盛世的大局面。他被人们看成是中国自秦始皇以来少有的好皇帝，是一位英明的君主、伟大的政治家。

1654年的春天，爱新觉罗·玄烨生于北京紫禁城景仁宫，他就是后来被人誉为“千年明君”的康熙大帝。康熙的儿子雍正曾在《清圣祖仁皇帝实录》中把康熙皇帝的出生描绘得神乎其神：孝康章皇后（康熙帝的母亲）诣慈宁宫问安，将出，衣裾若有龙绕，太皇太后（孝庄）见而异之，问知有娠。顾谓近侍曰：“朕襄孕皇帝时，左右尝见朕裾褶间，有龙盘旋，赤光灿烂，后果诞生圣子，统一襄区。今妃亦有此祥征，异日生子，必膺大福。至上诞降之辰，合宫异香，经时不散，又五色光气，充溢庭户，与日并耀。”这段记载是雍正皇帝为了神化他的祖父和父亲而编造的，实际并不可信。康熙本人说过：“朕之生也，并无灵异；及其长也，亦无非常。”这就是说，康熙帝认为自己只是一个普通人。

1661 年，顺治皇帝去世，当时的爱新觉罗·玄烨只有 8 岁便登上皇位，翌年改元康熙，史称康熙皇帝，从此清朝的历史进入了以康熙为标志的一个蓬勃发展的时代。玄烨刚即位，祖母孝庄太皇太后就问他，当了皇帝以后，有什么欲望。年幼的康熙便这样回答道：“惟愿天下乂安，生民乐业，共享太平之福而已。”由此可见，康熙皇帝的伟大志向和抱负。不过，摆在康熙面前的道路依然充满风险和坎坷，而且障碍重重。

康熙即位之初，国内大规模的内战已接近尾声，而此时占据云贵、两广、福建等省的吴三桂、尚可喜、耿精忠等人的军事力量，对康熙的中央集权已经构成了极大威胁。此外，李自成、张献忠余部并没有停止对清朝的武装反抗，以郑成功为首的原明朝将吏还掌握着一支强大的军队，占据东南沿海，后退入台湾，继续抗清。可以说，康熙刚刚执政的时候，国内政局并不稳定，人心也不安定。由于连年战争，使国内的人口锐减，生产力大大下降，国家征税，各省无不拖欠。如四川，直到康熙十年，仍是“有可耕之田，而无耕田之民”。繁华的江南也是“所在萧条”，“人少而地亦荒”，这都是对当时经济残破景象的真实写照。而此时，康熙的四大辅臣之一的鳌拜又趁乱滋事。解决和处理这些纷繁而复杂的问题，对于一个少年皇帝来说，确不是一件易事。

在祖母（孝庄文皇后）的辅佐下，康熙先是智擒鳌拜，康熙对鳌拜及其党羽的三十大罪作了高度概括。鳌拜被抓之后，恳请再见康熙一面。康熙赐恩准见，他请皇上看了搭救清太宗御驾时，在自己身上留下的伤疤。为此，康熙帝动了恻隐之心，念及鳌拜自皇太极以来一直为国家建树的功勋，改死刑为革职拘禁，没收家产，也免去鳌拜之子的死罪，同父一起终身禁锢。不久之后，鳌拜死于囚所，康熙帝将其子释放。鳌拜等人看轻了康熙，低估了他的才能，也是造成失败的一个因素。年轻的康熙从这一事件中开始崭露头角，并显示出一个政治家的风度和胸怀。

康熙清除了鳌拜集团之后，开始走上了自主治理国家的道路。时隔不久，爆发了以吴三桂为首的大规模武装叛乱，这场叛乱对于才迈入青年时期的康熙帝无疑是一次命运攸关的考验。当时的康熙年仅 20 岁，他沉着镇静，以巨大的勇气，压倒一切的气概，独领平叛之任，为巩固国家的统一和挽救清政权免遭覆亡而进行了一场命运攸关的殊死搏斗。康熙废除“三藩”，使整个大陆重新获得了统一。他又乘“平吴”之势，立即着手解决台湾问题。康熙采取既抚且剿的方针，于 1683 年 8 月，准予郑氏政权投降，从来就是中国领土的台湾，自此正式并入清朝版图。康熙执政期间，沙俄殖民强盗也不断挑起战端，与此同时，在我国西北又爆发了以葛尔丹为首的准噶尔部的入掠，康熙采取一系列的政策和措施，为安定北疆、巩固多民族的国家，作出了巨大的努力，历史上有名的康熙盛世自此发端。

智擒鳌拜，裁撤三藩，收复台湾之后，中国出现了历史上的“康乾盛世”。它标志着清王朝经济取得了前所未有的发展，呈现出空前繁荣的局面。康熙在位 61 年，是“盛世”的开创和开始的时期。他在经济领域的建树，为“盛世”确立了稳固而坚实的物质基础。早在康熙 14 岁时，便对吏部各部门发出指示：“民为邦本，必使家给人足，安生乐业，方可称太平之世。”

康熙的一生都在不断阐述这一观点，这也是他所追求的治国目标。在当时，京城周边的许多土地都为满族贵族私人所有，许多贫民根本没有自己的土地，由此社会各个阶层矛盾重重。康熙执政后立即废除了贵族圈地的命令，他的这一举措深得民心，社会也得到安定。

除此之外，康熙还极力鼓励农民垦荒，为了调动农民归乡、垦荒的积极性，康熙帝一再放宽起科的年限。后来干脆下令，通过垦荒，其土地即归开垦者所有，“不许原主复问”。这项改革，使农民增加获得土地的机会，也减轻了负担。康熙在位时期，耕地面积不断增长，为国家的长治久安积蓄了丰厚的物质财富。康熙还很重视兴修水利，他认识到水利与发展农业生产息息相关，把它看成是自己为政的一件大事，直到逝世，康熙始终没有放松对水利的整治。

康熙身为帝王，时时不忘民生。他不只是说说而已，而是身体力行。他曾这样总结自己的治绩：“朕宵吁孜孜，勤求民瘼，永惟惠下实政，无如除赋蠲租。”数十年来，他躬身实践，收效明显。1712 年 2 月，康熙帝向全国宣布：“滋生人丁，永不加赋。”康熙大胆取消新增人丁的人头税，这是历代君王都未曾做过的大事，同时这也标志着当时的经济已达到高度繁荣的程度！康熙帝的这一重大政策的转变，大大地解放了生产力，促进人口与经济的迅速增长。至康熙帝晚年，全国耕地面积大幅度上升，人口也由数千万骤增至一亿数千万！因此，康熙帝宣布“滋生人丁永不加赋”，实际上也是宣告“盛世”的开始！

康熙一生都主张“见诸实行，不徒空谈”。他自己这样做，要求大小臣属也这样做。他认为，凡事皆在人为，取决于人的主观努力，反对用“天命”一类的“虚文”来掩饰自己的庸碌无为。他承认自己是一个普通的人，正如他自己所说的那样：“朕之生也，并无灵异；及其长也，亦无非常”，“惟有实心行实政而已”。所以，康熙一生从不许谈论什么“景星”、“庆云”、“芝草”等祯符祥瑞。手下的臣子每逢国家庆典对他称颂、上尊号，祝寿，这些都为康熙帝所拒绝。群臣准备为他庆七十寿辰，这最后一次请求也被他拒绝了。

1722 年，康熙帝走完了他人生的最后旅程，终年 69 岁，葬于景陵。

康熙的为君之道

康熙是个独裁者，对政敌或争位的人绝不手软；但他把人民永远放在第一位置。这个皇帝聪明、勤劳、客观、好学，凡有传教士不远千里而来，他必虚心求教，要多知一点怎样才可以改进人民的生活。康熙大帝作为一个历史人物长驻于烟尘之中了，但他的文治武功却给我们这样一个启示：不经过“淬火”的人是没有生命力的。

自康熙皇帝的幼年时代起，人们就已经发现了他的伟人特质。他的嗜好和兴趣均高雅不俗，他为人公正，主持正义，倡导德行，爱民如子，具有服从真理的可贵品质，他精神上的美好品质都与他的帝王身份十分相称。

1684 年，路易十四派遣耶稣会神父白晋作为亲善特使到中国，白晋是一名法国人，他曾与张诚（法国人）以数学家的身份来到中国，经常为康熙讲述天文历法、数学、医学、化学等自然科学知识。白晋深受康熙的赏识。白晋在与康熙大帝的密切接触后，写出一本《康熙帝传》，在书中这样评价康熙：“他有高尚的人格，非凡的智慧，更具备与帝王相称的坦荡胸怀，他治民修身同样严谨，受到本国人民及邻国人民的崇敬。从其宏伟的业绩来看，他不仅威名显赫，而且是位实力雄厚、德高望重的帝王。在边陲之地能见到如此英主，确实令人惊讶。简言之，这位皇帝具有作为英明君主的雄才大略。他是自古以来，统治天下的帝王当中最为圣明的君主。”

白晋最钦佩的是康熙的人品，他在《康熙帝传》中写道：“他有处理复杂纷繁事务的刚劲毅力，他有制定、指挥、实现宏伟规划的坚强意志。他的嗜好和兴趣高雅不俗，都很适于帝王的身份。他为人公正，伸张正义，倡导德行，爱护臣民。他具有服从真理的性格以及绝对抑制情欲的克己之心。诸如此类高贵品德，不胜枚举……康熙皇帝在政治上公正无私，按国法行事；在用人上任人唯贤，并把这些视为施政中严守的信条。因此，从未发生过因徇私情或出于个人利益而反对康熙皇帝的事件。”

尽管康熙皇帝为一国之君，但他一生都过着极为朴素的生活。就从衣着上看，没有丝毫让人感觉到奢侈浪费，这并非由于他爱财和吝啬。他对自己极为节俭，对用于国家的经费却特别慷慨。只要是有利于国家、造福于人民的事业，即使支出数百万两的巨款，他也从不吝惜。为了修缮官署，以及为了改善人民生活、促进商业发展，而治理河流、运河，建设桥梁、修造船只及其他类似的事业，他经常拨出巨款。由此不难看出，康熙皇帝的朴素生活，完全是由于他懂得节约的意义，也是由于他希望做一个为臣民所爱戴的君主和国父，所以努力为国家的实际需要积累财富。

康熙皇帝重视并严格选拔优秀官吏，监督他们的行动，这表明皇上平素对于臣民的仁爱之心。此外，当某省发生严重灾荒时，从他内心中表现出来的异常忧虑之情，也充分说明他作为一国之主和国父的强烈责任感。

康熙皇帝为了了解国民的生活和官吏们的施政状况，时常巡幸各省。视察时，皇上允许工匠和农夫接近自己，并以非常亲切慈祥的态度对待他们。皇上温和的问询，使对方甚为感动。康熙皇帝经常向百姓提出各种问题，而且一定要问到他们对当地政府官吏是否满意这类问题。如果百姓倾诉对某个官员不满，他就会失去官职，但是某个官员受到百姓的赞扬，却不一定仅仅因此而得到提升。

如果说天下太平是康熙的治国目标，那么勤奋学习就是他的为君之道。在中国古代众多的帝王中，清朝的康熙皇帝是唯一认真学习过西方科学知识的皇帝，他通过学习，吸收了许多欧洲的数学、天文、地理、物理、化学等方面的知识，并主持了几项大规模的科学活动，这些真实的故事，不仅在典册中有真实记载，而且在他生活过的紫禁城中，至今仍留下了上百件他学习和从事科技活动的仪器。白晋就记述了康熙帝学习科学的情节：“皇上认真听讲，反复练习，亲手绘图，对不懂的地方，立刻提出问题，就这样整整几个小时和我们在一起学习。然后把文稿留在身边，在内室里反复阅读。同时，皇上还经常练习运算和仪器的用法，复习欧几里得的主要定律，并努力记住其推理过程……有一天皇上说，他打算把这些定律从头到尾阅读 12 遍以上……皇上使用这些仪器，有时测量某座山的高度，有时测量某个显眼地方的距离。这些测量都是在随驾朝臣面前进行的。”

不仅如此，康熙为了能将大清社稷绵延万年，对皇子皇孙的教育，更可谓望子成龙而煞费苦心。他亲自为皇子们选定老师，让皇子皇孙接受学校教育，并定期检查他们的功课，这些在清史典籍中都有明确记载。

康熙是个独裁者，对政敌或争位的人绝不手软；但他把人民永远放在第一位置。这个皇帝聪明、勤劳、客观、好学，凡有传教士不远千里而来，他必虚心求教，要多知一点怎样才可以改进人民的生活。康熙大帝作为一个历史人物长驻于烟尘之中了，但他的文治武功却给我们这样一个启示：不经过“淬火”的人是没有生命力的，成功的人无不是经历一番苦难与艰辛地打拼，才能有所成就的。

勤奋是一种态度

没有天才的个人，只有勤奋的态度。如果你有天赋，勤奋会使它变得更有价值。如果你没有天赋，勤奋可以弥补不足。天才需要勤奋，就像勤奋成就天才一样。

古罗马人有两座圣殿，一座是美德的圣殿，一座是荣誉的圣殿。他们在安排座位时有一个顺序，即必须经过前者的座位，才能达到后者——勤奋是通往荣誉圣殿的必经之路。勤奋与功绩是罗马人的伟大箴言，也是他们征服世界的秘诀所在。

勤奋使平凡变得伟大，使庸人变成豪杰。康熙从小立下了治国平天下的大志，为达目的靠的就是两个字：勤奋。从 8 岁继位，到 69 岁病故，终生勤政，终生勤学，终生勤奋，终生勤俭。康熙反对无所事事，贪图安逸，他告诫子孙们切不可沉湎于物质享受，必须勤奋。康熙则一直是身体力行，属守勤谨。从他登基后，夙兴夜寐，日夜操劳，坚持日日视朝，不论寒暑风雨无阻，遇身体欠佳也坚持不怠。他一生好学不倦，读书用功到咯血的程度。这对一个拥有无数财富和美女的帝王来说，实在难能可贵。康熙认为一个人的贫与富不在命运，而在勤勉，因此，每一个人应当读书乐志，勤学力行。康熙的一生，是勤奋的一生。以他勤政为例，在位六十多年从不懈怠，御门听政，始终如一。康熙帝主张君子“五不敢”——“勤修不敢惰，制欲不敢纵，节乐不敢极，惜福不敢侈，守分不敢僭”。著名学者阎崇年就曾说：“这样一个胸怀大志又肯于学习的人，一个不断吸收中西文化成果，用于治理国家的皇帝，能不成为一代明君圣主吗?”

没有天才的个人，只有勤奋的态度。如果一个人有天赋，勤奋会使他变得更有价值。如果一个人没有天赋，勤奋可以弥补不足。英国画家雷诺兹说：“天才除了全身心地专注于自己的目标，进行忘我的工作以外，与常人无异。”在现实生活中向来就没有一劳永逸的宝座等待我们稳坐，唯有我们脚踏实地地干好每一天的每一件事情，才能取得自己所要的东西；也唯有我们专心致志地博学好问，才能采集自己想要的喜悦。贪图安逸将会使人堕落，无所事事会令人退化，懈怠会引起无聊，无聊也会导致懒散。懒惰会吞噬人的心灵，使心灵中对那些勤奋之人充满了嫉妒，懒懒散散更会给我们带来巨大的不幸。只有勤奋工作才是最高尚的，才能给人带来真正的幸福和乐趣。

在古罗马，农业生产是受人尊敬的工作，那些凯旋的将军都要归乡务农。罗马人之所以被称为优秀的农业家，其原因也正在于此。正是因为罗马人推崇勤劳的品质，才使整个国家逐渐变得强大。成功者的人生，无一不是勤奋创造、顽强进取的过程。勤奋不仅是一种人生态度，也是一种成功的进取精神。实实在在付出心血，才会换来真正的享受。

勤奋是一种生活态度。勤奋是一种聚精会神的投入，而不是投机取巧的糊弄；是精益求精的渗透，而不是自吹自擂的浮夸；是一心一意的深沉，而不是一知半解的附和；是坚持到底的稳重，而不是走马观花的丢弃。人生，不在于我们曾经怎么样的腰缠万贯，而在于我们曾经是否助人为乐地给出资助；也不在于我们曾经怎么样的一鸣惊人，而在于我们曾经是否乘风破浪的显出勇敢；更不在于我们曾经怎么样的飞黄腾达，而在于我们曾经是否勤学苦练，付出虔诚。

天道酬勤，勤奋是我们生活中的有力后盾，也是我们生命里的优质保证，更是我们不断积累的财富。成功的背后一定是善于苦干加巧干的结晶。任何盲动和倦怠都是徒劳无益的，也是没有丝毫的收获可言。只有时常埋头苦干、苦心孤诣，才能博取辉煌的胜利。在前进的道路上，鲜花往往都仅仅是为辛勤的耕耘者绽放馨香；累累硕果也都只是为勤奋的人采摘。

没有资料证明成功的人比其他的人更聪明，他们的成功是因为他们比常人付出更多，是他们更勤奋努力的结果。由此可见，勤奋是成功的基石，成功需要勤奋的积累。一个人的进取和成才，环境、机遇、天赋、学识等外部因素固然重要，但更重要的是依赖于自身的勤奋与努力。美国作家比彻就曾说："在任何知识领域，从来没有哪一本书或者哪一种文学作品或者哪一种艺术流派，没有经过长期艰苦的创作就获得流芳百世的名声。天才需要勤奋，就像勤奋成就天才一样。"

用我们的勤劳去找机会，用我们的勇气面对机会，用我们的智慧去创造机会吧。

彼得大帝 I

帝王改革家

（1672 年—1725 年）

历史书里面毫不掩饰地说：“俄罗斯民族是在彼得大帝的肩膀上壮大起来的。”彼得大帝，这个为追赶欧洲强国的现代化步伐曾以学生身份四处寻师问道的帝王，凭借自己大刀阔斧的激进改革，将俄罗斯扩张成为地跨欧亚两大洲的大帝国。这位俄罗斯历史上思想最开放、最富有改革精神的帝王，用一生的作为明示后人：只有改变才能创造奇迹。

中国的康熙大帝和俄国的彼得大帝，被人推为 17 世纪的两个最伟大的帝王。康熙缔造了一个封建盛世，俄国沙皇彼得大帝成功地把俄罗斯从黑暗的中世纪带到资本主义的阳光地带。

300 多年前，俄国沙皇彼得一世来到涅瓦河中心的一个小岛上，用刺刀指着脚下的沼泽地充满自信地说：一座城市将在这里诞生。他要在这里实现强国的梦想。正如他自己所说的那样：“伟大的事业不是靠力气、速度和身体的敏捷完成的，而是靠性格、意志和知识的力量完成的。”彼得大帝亲手将俄国推入了近代世界，他深知“拖延就是死亡”，所以挑战数百年的无知与孤立，推动巨大的变革，将数百万人拖离黑暗时代，使俄国的版图不断地拓展，取得了前所未有的成就。因此，彼得一世也被称为“俄国之父”。1782 年，人们在这座俄罗斯最迷人的城市——圣彼得堡落成了彼得一世的纪念碑——青铜骑士，彼得一世也被人们尊称为“彼得大帝”。从此，伫立在广场上的这位巨人见证了俄罗斯的风云变幻。

在古今中外的历史学家眼中，彼得大帝不仅是俄罗斯帝国史上的中兴之王，而且也是历史上少数雄才大略的贤君之一。彼得大帝以自己的野蛮征服了俄罗斯的野蛮，全盘向西方学习，才有了后来俄罗斯的近代化和现代化。他变法维新灌入西欧文化，使得俄国洗刷了被其他欧洲人所歧视的耻辱，一跃成为欧洲最为强盛的雄邦。

有人说彼得不仅是沙皇，他还是一个神。俄国诗人、文学家、历史学家罗蒙诺索夫就曾这样说：“他是神，俄罗斯的神！”“如果一定寻找人间的神，那么毫无疑问，按照我们的理解，除了彼得大帝，不会有其他人。”普希金也曾说过：“彼得在众人的簇拥下走了出来，他两眼炯炯有神，面部表情却十分骇人，他虽匆匆而过，却是步履优雅，他就是雷神。”彼得大帝以不懈的精神造就了他人难以企及的伟业和神话。也有人说彼得大帝是一个人，因为他向来一身几任，除沙皇外，他还以炮手、船长、团长、造船工匠等身份“为国服务”，并对各种身份的直接上级保持尊敬，甚至亲自驾驶小船攻击敌军战舰。晋升将军后，他要求人们不要拿他当皇帝，要称他为“海军少将先生”，他以自己的人格魅力和桀骜性格创造出传世佳话。彼得大帝不仅造就一个时代，而且成就了一个欧亚大帝国，彼得大帝在政治、经济、军事、社会和文化等各个方面为后来者作出了深邃的明嘱和暗喻。

改革的皇帝

彼得大帝从小喜欢军事游戏，登上沙皇的宝座后，他由一个

“瘦高个儿、浑身沾满泥浆和火药灰，不安分、性情多变的青年”变成了杰出的政治家、军事家和改革家。作为俄国历史上最伟大的政治家和改革家，他挑战数百年的愚昧和无知，将他的人民带离黑暗时代；他把贫穷落后的俄国带上近代化的道路，使之成为一个在世界上举足轻重的强国。

1672年5月30日，彼得诞生了。这个初到人世的婴孩就是全俄罗斯的统治者——沙皇阿列克谢·米哈伊洛维奇的儿子。当时这个看上去几乎不可能继承俄国王位的孩子，却成为俄国历史上最杰出的沙皇，并将最终改变整个俄罗斯帝国的命运，他就是著名的彼得大帝。

少年时，彼得就经常和居住在俄国的外国人来往，向他们学习数学和航海知识。西方文化对彼得有着深刻的影响，他幼小的心灵对西方文化有着无比的倾慕，彼得非常希望改造已是老态龙钟的俄国。直到1689年底，彼得成功地夺取了政权，一个喜欢玩打仗游戏的十几岁的年轻人，成为俄国无可争议的最高统治者。作为这个国家史无前例的新一任君主，他以空前的气魄挑战数百年的愚昧、无知和孤立，重塑俄罗斯。

当时，欧洲各国纷纷兴起，而俄国还是一个极为落后的国家，到处盛行着农奴制——实际上农奴的数目在增加，而其合法权利在减少。俄国已经错过了文艺复兴和宗教改革的大好时机。神职人员愚昧无知，文学暗淡无光，数学和自然科学无人问津。同欧洲的其他国家相比，俄国几乎还处在中世纪。

1697年，彼得化名为彼得·米哈依洛夫，他以下士身份带领俄国考察使团出发，并自称是“一个寻师问道的学生”。彼得深知要想俄国强大起来，必须依靠水域，于是他说：“水域，这就是俄国所需要的。”为此，他亲自到造船厂去当木匠，学习造船技术。彼得曾在阿姆斯特丹的一家造船厂当了四个多月的学徒，只要一有空闲，他就会去参观手工工场、博物馆，访问那里的学者、科学家，并聘请他们去俄国工作。在伦敦，彼得考察了英国的国家制度，还出席了国会的会议，参加了英国王宫组织的化装舞会。他利用一切机会学习西欧先进的东西，就是为了改造老朽落后的俄国。

彼得一世回国后，准备进行一场翻天覆地的改革。1698 年，彼得大帝穿着西装回到莫斯科，手下的大臣们欣喜若狂，并大摆宴席为归来的沙皇迎风洗尘。彼得一世回来后的第一件事就是将所有人的胡子全部剪掉。千百年来，胡子一直是俄罗斯男人自豪的象征，刮胡子更是大逆不道的行为。在当时，一个俄罗斯的男人下巴光洁没有胡子的话，是难以在人前抬起头来的，甚至没有女人会嫁给他。彼得一世则认为，留胡子正是俄国落后的象征，必须剪掉。随后他颁布法令规定：剪胡子是全体俄罗斯男人的义务。如果有人执意要留胡子，那就要交重税。官吏和贵族每年 60 卢布，平民 30 卢布。要知道，彼得一年的开支才 1000 卢布。因胡子而交税，在世界税收史也算是千古奇闻独此一家了。如果此人付不起罚款，就必须去服劳役，直到他挣到的钱够交罚款为止。

此外，彼得一世还改变了俄罗斯人多年的衣着习惯，从根源上废除长袍。许多俄罗斯人对彼得一世的做法很不理解，他们觉得新衣服并不适合俄国寒冷的气候，但彼得一世坚持认为，只有这样俄国人才会像英国人、奥地利人和法国人一样，具有文雅漂亮的举止。

彼得一世深知，外观的改变并不能使俄国真正强大起来，只有从内心彻底武装俄国人才能达到强国的目的，因此，彼得一世改革的第二步就是开办了各种工程技术学校、航海学校、造船学校、海军学校等专门学校，并派遣俄罗斯的年轻人到西欧去学习。他还创建了博物馆、图书馆和剧院，创办俄国第一份报纸《新闻报》，由他亲任主编。

彼得一世执政前的俄罗斯人，以野蛮著称，但为了改革，彼得更加野蛮。对于敢于提出反对意见的大臣，他动辄用棍棒殴打，直到大臣屈服他的意志为止，甚至以他的帝王之尊去充当刽子手。普希金说：“彼得大帝的诏书是用鞭子写成的。”彼得兴办大量的学校，学校的管理是军事化的，上课时，教师后面会有一位士兵手持皮鞭，随时准备教训那些不认真听课的学生。对于贵族，要求更加苛刻，如果贵族子弟的数学或者外语不及格，那么不得保留贵族称号，甚至不准结婚。这些强制手段，从外到内改变了俄罗斯民族。

在军事方面，彼得一世不断地发展俄国的海军。通过征兵、造船、造炮等一系列措施，建立了一支由步、骑、炮、工组成的 20 多万人的正规陆军和一支由 48 艘战舰、大批快艇和两万八千名水兵组成的海军舰队。彼得意识到建立俄罗斯帝国的重要步骤是夺取领海权。

不仅如此，彼得一世在经济领域中推行了一系列的改革，大力发展工业，提高就业率，为俄国奠定了雄厚的工业基础。原来的俄国手工工场只有 21 家，到了 1725 年发展到将近 300 家，其中冶金、纺织和造船业发展得最快。当时在乌拉尔就开办了 11 个炼铁厂和炼钢厂，建起了俄国的第一个冶金工业基地。彼得一世为了扩大国内市场，征召大量农奴开凿运河，建设一些通商口岸以发展集市贸易。对外贸易方面，彼得实行保护关税政策，奖励输出，限制输入。1714 年，为保护本国工业的发展，彼得发布指示：“凡国内能够生产的产品，一律提高关税率。”

彼得大帝还发布了新的官阶表，并废除了贵族世袭官位的传统，以政绩表现选拔官员。这样，一批饱食终日、无才无能的旧贵族丢掉了官职，而一批出身贫贱、精明能干的人受到提拔和重用。这些人在彼得所进行的改革，以及对外战争中发挥了不可替代的重要作用。

改革之后，俄国逐渐变得强大起来，彼得大帝即开始为俄国寻取出海口。彼得审时度势，认为南方土耳其实力太大，就把眼光投向北方，首要的进攻目标就是瑞典。1700 年，他发动了长达 21 年之久的俄瑞“北方战争”，这场战争终于以俄国的全胜告终。彼得与瑞典人签订了合约：俄国夺取了波罗的海的里加湾、芬兰湾以及波罗的海沿岸的大片土地。1722 年至 1723 年，彼得又与波斯交战，夺取了里海西岸和南岸一带。不久以后，彼得的拥护者们请求他接受“彼得大帝”的称号，他答应了，这一年他已 51 岁。

两年后，1725 年 1 月 28 日清晨 6 时，彼得因患尿毒症病情急剧恶化而不治去世，享年 53 岁。彼得大帝在取得空前成就的盛年去世，长眠在雄伟的彼得保罗大教堂。

渴望改变的沙皇

在世界历史上，还从来没有一个大国的君主能像彼得一世这样，远涉重洋去国外吸取先进的科学文化知识，他的这一行动在俄罗斯激起了轩然大波，同时他也凭借着自己的力量使俄罗斯帝国最终变成地跨欧亚两大洲的大帝国。

17 世纪末期，俄国似乎被历史忘记，这个古老的帝国已经被欧洲国家远远地抛在身后。在西欧人看来，俄罗斯就是一个野蛮之邦，俄国人都“土得掉渣”。当时的欧洲人正在被牛顿的《自然哲学原理》这一伟大发现刺激得精神紧张，法国人在等待大革命的宿命中焦灼不安，英国人也正忙着为自己的国王限定权限。而此时的俄国仍处在黑暗中的奴隶制中，人们还是依靠农业来维持生活，军队的装备还是古老的冷兵器，那些王公贵族们则蓄着大胡子，穿着艳丽笨重的长袍在宫中走来走去，无所事事。几百年来，无论是农民、教士还是几代沙皇，都从没有想过要改变什么，因此整个俄罗斯始终是节奏缓慢地发展着。

在世人的眼里，彼得一世这个刚刚登上皇位不久的新沙皇，也许不会有什么作为，俄罗斯极端富裕与极端贫困交织的画面也不会有什么变化，但是所有人都错了。彼得大帝对俄国的传统怀有强烈的憎恨，他不愿意留俄国式的大胡子，而是喜欢留西欧式的小胡子。在衣着方面，他宁愿穿西方的服饰，不愿穿俄国式的传统礼服和有腰带的长袖衣服。他甚至讨厌自己的新娘，因为她是一个传统的俄国女孩，他更喜欢“西化”的姑娘。

论热忱、权势和情性的冷酷，彼得大帝绝不输于许多最成功的革命运动或民族运动的领袖。他渴望改变俄国的一切，把俄国转化为一个西化国家。在俄国的发展史上，彼得大帝已经成为一个坐标，一个研究近现代俄罗斯历史的原点。

正是彼得大帝，认识到了庞大的俄罗斯与西欧强国之间的巨大差距，并致力于缩小这种差距。为了深入了解西方的强国，彼得大帝曾乔装打扮深入了荷兰、英国等国家，在世界历史上，还从来没有一个大国的君主能像彼得一世这样，远涉重洋去国外吸取先进的科学文化知识。1697 年 8 月，俄国的沙皇彼得一世以学生身份四处寻师问道，他来到了荷兰的赞丹。这里曾是欧洲最大的造船中心之一，这里建造的船只航行在世界的五大洋之上。彼得一世和工匠们住在一起，吃粗茶淡饭，凿木头、造军舰、学驾船，由于手艺出色，他被师傅和工友们推荐为“优秀工匠”。

其实，早在彼得 19 岁时，他就以下士的身份在军中服役，靠着战功，而不是沙皇的身份获得了海军中将的军衔。在有生之年，他的个人薪水从来没有超出一个海军中将的薪俸。他甚至到一个钢铁厂像普通工人那样劳动一天，用挣来的 8 块钱买了一双新鞋子。在一次接见海外归来的留学生时，彼得伸出右手说：“你看，老弟，我是沙皇，但我手掌上有老茧，这些都是为了给你们示范。”

彼得一世把自己的一生都献给了国家，他希望所有的人也能像他那样。除了荷兰，彼得一世还到了瑞典、普鲁士、奥地利、英国等国家，对周围的一切表现出异乎寻常的兴趣。他在荷兰学习城市建设，在英国学习建筑学，他还获得了相应的证书。他和牛顿有过交往，与他讨论了科学方面的问题。他参观博物馆、音乐厅、各种文化艺术场所。

彼得一世按照自己的意愿，生前为自己建造了一座前所未有的纪念碑，这座纪念碑不是一座神秘的金字塔，也不是一个豪华的宫殿，也不是一座大教堂，而是一座胜过莫斯科的大都市——圣彼得堡城。当时，彼得大帝所拥有的只是海滩上的黄沙、光秃秃的石头和一望无际的沼泽地。然而，彼得大帝从士兵手中抢过铁锹铲下两块草皮，然后把草皮摞成十字状，并庄严宣告："这里将崛起一座城市！"

彼得一世将圣彼得堡城建在芬兰湾的几十条河流和支流上，仅就建城环境这一点来说，假如不是意志坚强的彼得大帝，恐怕任何时候、任何人，都不会在如此恶劣的位置建城。他仅仅是在这里建一座城市吗？不。他要使这个建于荒凉地带的要塞成为面向西方的窗口，成为俄国的首都！

"彼得大帝用无数具尸体填平了沼泽地，又在尸骨山上建起了这座圣彼得堡城。也许没有必要如此操之过急，也许改革的步伐可以放慢一些，也许这样的改革可以用整个18世纪的时间来进行，同样可以达到彼得大帝所要达到的目的。实际上，假如历史上没有这个'急性子'的彼得大帝，其他的历史活动家也是极易出现的，而他们不一定能像彼得大帝那样为国家作出贡献，因此，我们不该指责彼得大帝，应该正确理解他所处的时代和世纪之交的俄罗斯国家之需求"（俄罗斯当代历史学家、文化学学家利哈乔夫曾如此说）。所有改革、所有的历史变革都需要人们付出艰苦的努力，克服重重困难，需要作出重大的牺牲。在这个前提下，我们可以认为，彼得大帝这个野蛮的沙皇，用极其野蛮的手段，拯救俄罗斯，并且把她带向强大和文明。

要渴望改变自己

伟大的改革从来都是伟大精神的产物。彼得大帝改变了俄罗斯人的内心，内心的变化比政治经济领域内的变化更深远。彼得大帝改变了俄罗斯人的思想，而思想是最有力的武器。生活是需要改变

的，不要让我们的肉体还活着，而心灵已经死亡。否则，我们输掉的不仅仅是自己的精神，还有我们的人生。

伟大的改革从来都是伟大精神的产物。彼得大帝改变了俄罗斯人的内心，内心的变化比政治经济领域内的变化更深远。彼得大帝改变了俄罗斯人的思想，而思想是最有力的武器。翻阅历史，我们可以发现每个历史的转折和朝代的更迭，几乎都和“改变”有关系。因为贫穷落后，所以要改变；因为新事物的涌现，所以变革势在必行。重要的是，那些站在历史前方的人总有一种开放的胸襟和变革的意识。彼得大帝正是这样一个人，他不是一个顺乎潮流的君王，而是一位站在时代前列的改革家。他的先见之明使俄国历史发生了巨大的变化，他富有改革意识和开拓精神，不仅让俄罗斯的男人刮掉胡子，脱下长袍，还使俄国走上了一条以前从未想过要走的路。

历史上那些能够成就一番伟业的人，都勇于追求改变，同时又懂得坚守像价值观这样不变的东西，而那些失败者则是那种不肯改变自己的人。李自成一生在战场上驰骋，他是个伟大的英雄，但却不是一个合格的领袖。他的悲剧不在于他输了，而在于他差一点赢了。李自成进入北京后，完全是一副暴发户的做派。一如崇祯皇帝，国家已都是他的了，居然还要敛财。他没有改变自己，因此他也无法改变世界。

人生要么是一幅伟大的作品，要么就是一团糟，因为每种习惯的养成要么是精心培养的结果，要么是放任自流的结果。任何成功的来源，往往在于经营好两样东西：改变与不变。歌德就曾说：“生活在理想的世界，就是要把不可能的东西当做仿佛可行的东西来对待。”生活的最大成就是不断地改造自己，以使自己悟出生活之道。可是，我们习惯于固守着熟悉的生活、熟悉的环境、熟悉的作息时间；执著于心爱的人或物……当我们的生活朝不保夕，完全无力控制我们的生存环境时，仍会执著于熟悉的生活方式。我们通过把生活模式固定化去对抗深深的不安全感。借此我们给自己制造了一种幻象：不可测性已为我们所驯服。我们对自己所不熟悉的都心存恐惧，我们害怕改变会夺去我们所掌握的“确定感”，因此当我们一觉得有任何不确定感，内心本能地就会加以抗拒。大多数人都是这样，一辈子都在这种死胡同里绕来绕去走。一方面想逃脱，另一方面又害怕承受痛苦，结果把自己弄得十分矛盾，挣扎、折腾了一大圈又绕回到了起点。改变是痛苦的，但是，如果不改变注定将会失败。

在英国威斯敏斯特教堂地下室里，英国圣公会主教的墓碑上写着这样一段话：“当我年轻自由的时候，我的想象力没有任何局限，我梦想改变这个世界。当我渐渐成熟明智的时候，我发现这个世界是不可能改变的，于是我将眼光放得短浅了一些，那就只改变我的国家吧！但是我的国家似乎也是我无法改变的。当我到了迟暮之年，抱着最后一丝希望，我决定只改变我的家庭、我亲近的人，但是，唉，他们根本不接受改变！现在临终之际，我才突然意识到：如果起初我只改变自己，接着我就可以依次改变我的家人。然后，在他们的激发和鼓励下，我也许就能改变我的国家。再接下来，谁又知道呢，也许我连整个世界都可以改变。”自古以来从未改变的事情只有一件，那就是“变化”，只有“改变”，才能适应不断的变化。我们可能没有能力改变这个世界，但我们有能力改变自己。

当然，这个世界总得有人失败，正因为此，成功才显得尤为珍贵，令人向往和渴望。很多人渴望成功，也追求成功。真正意义上的成功者是那些超越自我的人，并不是说财富要达到多少才是成功，或者说做到一个什么样的职位算成功。成功的真正判断依据是我们是否超越了自己，改变了自己。

生活是需要改变的，不要让我们的肉体还活着，而心灵已经死亡。否则，我们输掉的不仅仅是自己的精神，还有我们的人生。

路易十四

期许伟大的帝王

（1638 年—1715 年）

路易十四，不是一个帝王，而是一个敢于期许伟大的普通人，一个对光荣和荣誉充满强烈渴望的男人，一个不肯向传统世俗低头的绅士。他用一生向我们昭示着这样一个真理：一个敢于做自己命运的主人的人，永远值得人们去缅怀他的伟大。

王者绝不是天生的，这个世界也从来没有过什么天生的王者。即使是“宙斯之子”亚历山大、狮心王理查一世、千年帝王阿育王、战略之父汉尼拔等等这些名垂千古的帝王也不例外。他们在出生之时也是凡人，但他们皆因具备了人类至高无上的品质而建功立业，并著称于世，然而，要想成为王者，只具备这些至高无上的品质仍是不够的，更重要的是要有一颗敢于期许伟大的心。被人称为“太阳王”的路易十四正是这样一个人。

这个从出生便众所瞩目的君王，童年过着无忧无虑的生活，他注定有一天会成为法兰西的国王，可他并不想成为波旁王朝约定俗成习惯中的摆设，他想成为法兰西真正的主人。他渴望自己能有所作为，渴望所有人都能记住自己，渴望荣誉、渴望光荣。于是，路易十四说出了“朕即国家”这样一句话。将“一个国王，一个法律，一个宗教”从理想变成了现实，成为“专制统治最完美的化身”。没有任何一个统治者的话，能像路易十四这句话豪气万丈。正如一位史评家所说的，在“太阳王”路易十四面前，即使是最自傲的帝王也会相形见绌。

作为一个威名赫赫，充分享受权柄和荣耀的名君，路易十四视荣耀高于一切。他毫不忌讳自己对荣耀的喜爱，公然说“荣耀是我的最爱”。他认为，国王的职位本身就是伟大、尊荣且令人喜悦的。路易十四一方面通过在战场上树立的丰功伟绩让世人永远铭记自己，另一方面尽心竭力为法国谋取利益，法国的农民们至今还在传诵“要让乡亲们的每个礼拜日锅里都有一只鸡”的话。平实的话语，为路易十四赢得了更多农民的尊敬。路易十四还在凡尔赛给自己竖立了巨大的纪念碑，驱使和激发自己国家的艺术家和工匠将法国铸造成了优雅、精致和华丽的代名词。

路易十四已经不被人看做一个国王，而被看成一个时代。拿破仑说：“路易十四是个伟大的国王，是他造就了法国国际中第一流的地位，法国自查理曼大帝以来，又有谁能在各个方面与他相比呢?”阿克顿勋爵对他的评价是：“他是现代国王中，至今为止最有能力的人。”

人无完人，金无足赤。路易十四一生多年从事战争，大兴土木，虽然这为法国带来了名声和霸主地位，但是也耗尽了法国的元气。为此，歌德写道：“路易十四是自然造就的帝王的完美样本，但是这样做，却使他自身耗竭，且毁掉了模子。”不过没有浴火的凤凰，怎能有伟大的重生？今天，金碧辉煌的凡尔赛宫不正在静静地诉说着路易十四时代的光荣吗?

朕即国家

路易十四，一个从出生便众受瞩目的君王，他的存在为法国带来了繁荣，如同一朵全然盛开的玫瑰，直到最后的一刻也极致艳丽。他造就了巴黎，造就了法国，也造就了“他”的王国。

1638年9月5日，已经37岁的路易十三与妻子终于有了自己的儿子，他就是路易十四。路易十四不过是个普通人，但由于先王膝下无子极久，当时的人们把路易十四当成“天赐”一般的礼物。5年后，路易十三撒手人寰，路易十四理所当然地登上王位。

当时的法国正处于波旁王朝立国以来的一种约定俗成的习惯中，即政权由谋臣执掌。国王没有任何执政的权力，完全就是一个微不足道的角色，甚至可以说就是一个摆设，国王最大的权力也就是主持一下宫廷生活，因此，路易十四在成年前的教育几乎是空白的。在他幼年时，朝政大权一直被首相马萨林把持着，这也使得路易十四对所有的学科都一无所知，有时甚至会当众做出荒唐、庸俗的举止，以至于有人认为路易十四的智力生来就低于一般人。

不过，路易十四毕竟是法国的国王，他也有一位专门的老师，就是纳夫维尔元帅的父亲维勒卢瓦侯爵尼古拉斯·德·纳夫维尔。这个人学识渊博，和蔼可亲，是个相当称职的老师。只可惜当时的内战打乱了这位侯爵的教育计划，路易十四在他身上几乎什么也没有学到，尼古拉斯·德·纳夫维尔只教给了小国王一些近代史，可惜的是，有关这方面的著作都是一些不入流的作家所写，根本就不值得一看。马萨林对此毫不关心，因为他更希望国王知道的越少越好。

这个时候的路易十四看起来很不起眼，有时胆子还很小。不过在他母亲安娜的熏陶下，逐渐拥有了源于当时西班牙气质高贵并略带傲气的高雅风度，以及法国独有的温文尔雅、端庄得体的气质，毕竟路易十四身体里天生有着西班牙人的血统。与此同时，幼年的路易十四接触过形形色色的人，这种接触使他受益无穷，他用心地学习，润色、提炼、借鉴别人的东西而不流于模仿，终于使他的修养达到上乘。

当时的法国十分动荡，巴黎时常发生动乱。路易十四先后两次因为投石党运动（法国反对王权的运动）而逃离巴黎，颠沛流离，吃了不少苦头。少年时的路易十四就是在这种情况下不断成长起来的，由于他一直被马萨林压制着，终日的游手好闲与吃喝玩乐曾经使他一度委靡不振。不过在这段难得的清闲日子里，路易十四并没有终日沉迷于娱乐，而是专心阅读各种书籍。其中，他尤为喜欢各种描写风流轶事和高尚行为的诗歌和小说，他通过阅读高乃依的悲剧逐步培养了自己的鉴赏能力。在路易十四 18 岁到 20 岁的这段时间，他通过大量的阅读吸取了不少知识，比他童年时所受到的教育取得了更大的进步。

一些人还以他的名义出版了《恺撒战记译述》，用他兄弟的名义出版了《弗洛吕斯》的一卷译文。事实上，这两位王子除了选过这些作品中的几段作为无谓的翻译练习之外，并没有参与翻译这些作品。这一切使整个宫廷都认为他会像他父亲路易十三那样任人支配摆布，然而所有人都想错了。

1661 年，大权独揽的首相马萨林终于死了，那年路易十四刚刚 22 岁。朝廷大臣由于长期没有向国王汇报工作的习惯，只好问路易十四："您尊贵的助手踏上了天国的旅程，请问，我们今后有事找谁?"路易十四镇定自若地回答道："找我。"众臣对此非常惊讶，因为当时欧洲的国王未必都是亲理国政的。马萨林死后，路易十四决定塑造一个真正全新的法兰西帝国，他希望整个法兰西只听从他的命令，而且没有任何人敢违背。

路易十四向所有人宣布："上帝任命国王为大众福利的唯一守护者"，他们是"上帝在尘世的代理人"，他们须有"完全的自由处置所有的财产，不论属于教士或平民的"。路易十四十分注重王权，他在回忆录中声称："构成国王的伟大和尊严的不是他手中的权杖，而是他手执权杖的方法。由臣民来决定一切，君主只是受到人们的尊重，这就歪曲了事物的面貌。唯有君主才有权考虑和决策，其他人的职责只不过是执行君主的命令而已。”路易十四将所有权力都掌握在自己手中，拒绝任命首相来分享他的权力，臣子和国民都要无条件地服从他。当然，任何人都可以向他提出建议，但最终的裁定权仍由他一人掌握。可以说，路易十四将法国专制主义推向了巅峰。

对于法国的老百姓来说，自从伟人亨利去世以后，他们就从没见过真正的国王，他们已经厌倦甚至痛恨王国由首相所掌控，他们太渴望能有一位年轻有为的新国王站出来了。路易十四正好在这个时候出现，年仅 22 岁的他所做的一切正是亨利四世 50 岁时才做的事。亨利四世不任用首相，因为那会造成势力强大的乱党死灰复燃，他会垮台；路易十三不能没有首相，因为体弱多病且意志薄弱的他，会不堪国事的压力；而路易十四不任用首相，显示出他强大的王者气质。老百姓们为此激动不已，并对这位新国王充满了信心。在法国的百姓心中，路易十四是一个敢于追求各种荣誉的王者，不怯懦，不做作，不虚伪。除了政治领域之外，路易十四还将这种制度扩展到了法律和宗教的领域中，向众人宣扬国王就是王法，所有的臣子和国民都要保持与国王相同的宗教信仰，那就是“一个国王，一个法律，一个宗教”。就这样，路易十四成为“专制统治完美的化身”。路易十四的一声令下，使得法国只有两种人：国王和臣民。

路易十四认为天地万物之中，只有太阳才能赋予众星光芒，使大地充满光辉。另外，太阳还代表着规律和秩序，这种寓意最适合伟大的国王。于是，路易十四把自己比作是希腊神话中的太阳神阿波罗，以“太阳王”自称，开始了他波澜壮阔的政治生涯。

无论是内政还是外交方面，路易十四都展现出过人的统治能力，可以说他执政早期是相当成功的。他大搞经济改革，大兴土木建设，在战场上英勇善战，颇得人心，创造了法国历史上的一个鼎盛时期。

路易十四有条不紊地治理着自己的王国。他首先从整顿紊乱的国家财政入手，柯尔伯是路易十四重用的宠臣，他大力推行重商主义政策。在柯尔伯的管理之下，路易十四统治期间的法国经济得到了迅速发展，出现了空前的繁荣。

法国的人民对路易十四很尊敬，这种敬仰来自于路易十四的勤政。路易十四可以被视为君主勤政的典范，他的勤勉程度堪称法国历代君主之首。在当时，所有的法国人都知道这位勤奋的国王每天工作 8 个小时，每周 6 天，从不间断。他在位 54 年，躬亲政事绝不松懈。同时，路易十四也表现出亲民的姿态，他曾说："臣民不分贵贱，可以在任何时候亲自或书面向我进言。"虽然几乎没有人这样做过，但他的态度博得了所有人的好感。

路易十四酷爱艺术，并且有着极高的艺术鉴赏力。在他的统治期间，法国文化、艺术得到了飞速的发展，也正是因为他慷慨地对艺术与科学赞助，一大批具有古典风范的巨匠涌现出来，如法国喜剧作家莫里哀、法国画家查理·勒·布伦、建筑家勒沃、法国宫廷建筑师曼沙特和法国作曲家让－巴蒂斯特·吕里，这些人都成为法国人的骄傲。路易十四还不遗余力地推动建筑、绘画等艺术形式的发展。他快速重组绘画雕刻学院为皇家艺术学院、建造了巴黎天文台，1671 年，又成立了皇家建筑学院，激发艺术家从事建筑与装饰来体现国王认定的优美格调。他还成立法国皇家学院，教授古典与文艺复兴时代的各种艺术，并赋予这些艺术华丽的法国风格，产生了一系列让世人赞叹的艺术作品。

路易十四在其统治期间一共发动了 4 次战争：1667 年至 1668 年，同西班牙的遗产继承战；1672 年至 1678 年同荷兰的战争；1688 年至 1697 与奥地利皇帝为首的奥格斯堡同盟的九年战争以及 1702 年至 1713 年的西班牙继承权战争。另外法国也参与了西欧国家掠夺海外殖民地的竞争，在印度、路易斯安娜、加拿大和西印度群岛扩大殖民地侵略。1685 年，路易十四还颁布了"黑法"，允许在法国所有的殖民地贩卖奴隶。

在路易十四统治期间，法国成为当时欧洲最强大的国家。在 17、18 世纪，法语成为欧洲外交和上流社会的通用语，就连 18 世纪的俄罗斯上层贵族说法语也多于说俄语，但与此同时，由于常年征战，法国也负债累累，路易十四又大肆修建凡尔赛宫，每年几乎一半的税收用于凡尔赛宫的日常开销，平民百姓在苛捐杂税压迫下生活非常贫困。对此，路易十四在临终前对自己的曾孙路易十五说：“孩子，你将成为伟大的国王，不要模仿我对于建筑和战争曾有的嗜好，相反，你要尝试与邻邦和睦相处……努力带给百姓舒适，这是我很遗憾地未能倚重到的。”

1715 年 9 月 1 日早上八点，照耀了欧洲半个多世纪的“太阳”陨落了。路易十四 77 年的生命当中，有 72 年统治着法国，最后留下的是一个几乎亏空殆尽的国库。他的死也标志了一个时代的完结，伏尔泰称之为伟大的路易十四时代。

严格的自我期许

路易十四只不过是一个善良而毫无邪恶瑕疵的男人，尽管他虚荣、偏执，甚至残忍，他只不过是一个从出生到死亡，为了法国鞠躬尽瘁，直到临终仍惦念法国安危的男人。他一手创造了法兰西的伟大，当然他为了造就这一切选择了一条最奢靡的道路。不管怎样，这个敢于做自己的主人、做命运的主人的人，都值得我们去缅怀他的伟大。

路易十四被后人称为“荣誉之王”、“战争之王”，他的登基被后人看成是“一个神话”，他长期治理国家的时期被后人称为“伟大的世纪”，他是“世界上最伟大的国王”和“欧洲的主人”，但是，如此通俗的、世俗的颂词显然还不完全符合人们的口味，这些人还将赞语推到了最高级，将这位国王神化，路易十四因而获得“伟大时代的太阳”、“太阳王”、“天主可见之形象”和“副天主”等称号。无疑，查理五世与路易十三等都曾被人称做“太阳”，但是到了路易十四，“太阳王”才成了这位君主的代名词。

路易十四有着许多优秀的品质，无惧、智慧、深沉、干练、机智在他的身上得到了完美的体现，因为只有这些优秀的品质才能支撑起他作为君王的资格。他坚忍不拔，即使受到马萨林的压制，仍能通过各种机会衡量自己的力量，并暗试自己的才能，以便能更好地统治自己的王国。他下定决心，并坚持到底，直至生命最后一刻。

路易十四是一个典型的国王性格的模范，聪明、深沉、执著、高傲又残酷。他是一个控制欲极强的男人，尤其是对权力。他做事条理清晰，规定好每个大臣的职权范围，并命令他们定期汇报。他给予大臣们足够的信任，大臣们凭借着这些信任更好地为国王效力，同时国王监督大臣的为人行事，以防这种信任被滥用。他更是一个骄傲的人，他不喜欢承认错误，据说他唯一一次被人指正错误而没有动怒的是布瓦洛纠正他文学方面的错误时。

路易十四的睿智远不及恺撒，功绩也远不及亚历山大。他所受的教育对于一个君王而言，远远不够。但他却用毅力弥补了这方面的不足，他的心灵远比头脑来的伟大——他温文儒雅——这得归功于他母亲的教育。安娜皇后不仅训练了他良好的仪态，而且教导他拥有了非凡的幽默感和骑士风度，虽然这些常常被他那几乎狂热的权力欲所掩盖。完美是一种追求，追求本身就是一种崇高。路易十四是一个对自己要求很严格的人，他那日臻完美的仪态，完全是后天努力的结果。

路易十四要把混乱的世界变得整齐，变成秩序井然、条理清晰。他注重细节，不辞辛苦，事必躬亲，不放过一件小事，甚至连发护照等小事也要过问。他希望有秩序和有规律。在公共场合，没有人比路易十四更善于按年龄、功绩、身份区别对待他所接见的人，所以他阅兵时接受各种敬礼的态度都是有分别的，对各种人他会给予最适合其身份的礼仪。国库建设得井井有条，军队纪律严明，士气高涨，所有技艺都受到鼓励提倡。宫廷也被华丽奢美的装饰和端庄的礼仪装点美化。路易十四就这样在法国，在宫廷，树立了威信，并维护了作为国王的荣耀。

抛开这些品质不谈，路易十四严格的自我期许，才是他走向王者之路的关键。他期许伟大，期许自己能有所作为，对光荣与荣誉的渴望促使他不断向前，他要为实现自己的作为清除一切障碍。他深信王者不是天生的，尘世间的英雄出生之时都是凡人，他们皆因具备了人类至高无上的品质而建功立业，并著称于世。除此之外，最重要的是要有一颗敢于期许伟大的心。年轻的路易十四是一个严肃而又高傲的青年，对于自身的高傲和周围人的献媚阿谀，使得他对于自己王位是天赐君权的观念更是深信不疑。路易十四是高傲的，正是这种严格的自我期许孕育了他的高傲，这是王者高贵的高傲，绝不是毫无资本的高傲。

在路易十四的遗传血统中，来自哈布斯堡家族的部分比波旁家族的部分还多。他继承了一连串伟大欧洲亲王的血脉，包括勃艮第的“大胆的查理”、佛罗伦萨的“高贵的梅迪契·洛伦佐”、神圣罗马帝国皇帝查理五世，以及西班牙的腓力二世。如此令人印象深刻的血缘，使他观察欧洲的角度与当时其他国家的统治者完全不同。他们只将注意力集中在自己所治理的区域或国家，而路易十四则是放眼整个欧洲大陆。几乎欧陆的每个区域他都感兴趣，这正是路易十四的伟大之处。

中年的路易十四高傲得几近偏执，尽管法国的国库已经空空如也，但他仍坚持不断发动扩张战争。他在欧洲境内征战十余年，为的就是让使法国令全欧洲畏惧，让法国变成顶级强国。的确，他也做到了这一点。法国因他达到了历史最鼎盛的时期。此外，他也促使法国进入一个科学、文化大繁荣的时期，有人说路易十四可比奥古斯都。

路易十四自认为是一颗永生的太阳，然而他实则是一颗闪亮划过法国历史上的流星，并不能永生。当他的灵车从他的人民面前经过时，怨恨他的人们甚至觉得不值上前侮辱一番。路易十四只不过是一个善良而毫无邪恶瑕疵的男人，尽管他虚荣、偏执，甚至残忍，他只不过是一个从出生到死亡，为了法国鞠躬尽瘁，直到临终仍惦念法国安危的男人。他一手创造了法兰西的伟大，当然他为了造就这一切选择了一条最奢靡的道路。不管怎样，这个敢于作自己的主人、做命运的主人的人，都值得我们去缅怀他的伟大。

“痴心妄想”的勇气

我们大部分人是不敢期许伟大的。人生和战场一样，战壕里面是没有巫神论的，作战的人没有悲观的权利。有时候，人缺少的并不是目标，最需要的往往就是“痴心妄想”的勇气。

英雄与王者，这样的词汇在今天似乎已经老去。作为普通人的我们更不敢去奢望成为英雄，变成王者。我们都十分清楚自身的有限性，并时刻地牢记我们自身的界限，但我们是否想过这样一个问题：我们想成为什么样的人？过什么样的生活？我们愿意成为一个正直的人，还是一个扭曲的人？我们愿意成为一个完整的人，还是畸形的人？我们愿意成为一个有力量的人，还是一个时时都无能为力的人？无论是谁，有没有这样的思考很重要。

英国作家克莱夫·贝尔在他的《文明》一书中写道：“有些人你永远也说服不了他，除非你有本事把打开天堂的钥匙塞在他的手中，或者直接把天堂的大门打开让他瞧上一眼。”但又有谁能做到这一点呢？

愿望是表达一个人想过一种比现在更合理、更有意义的生活的热切期望，透露出人对于理想的无比向往及对于自身的一种礼遇。早在两千多年以前，苏格拉底就说过这样振聋发聩的话：“未经审视的人生不值得一过。”在这种“审视”中，最重要的是“认识你自己”。除此之外，苏格拉底还告诉我们，每个人在认识自己之后，更应该有“痴心妄想”的勇气。

腰带的长袖衣服。他甚至讨厌自己的新娘，因为她是一个传统的俄国女孩，他更喜欢“西化”的姑娘。

论热忱、权势和情性的冷酷，彼得大帝绝不输于许多最成功的革命运动或民族运动的领袖。他渴望改变俄国的一切，把俄国转化为一个西化国家。在俄国的发展史上，彼得大帝已经成为一个坐标，一个研究近现代俄罗斯历史的原点。

正是彼得大帝，认识到了庞大的俄罗斯与西欧强国之间的巨大差距，并致力于缩小这种差距。为了深入了解西方的强国，彼得大帝曾乔装打扮深入了荷兰、英国等国家，在世界历史上，还从来没有一个大国的君主能像彼得一世这样，远涉重洋去国外吸取先进的科学文化知识。1697 年 8 月，俄国的沙皇彼得一世以学生身份四处寻师问道，他来到了荷兰的赞丹。这里曾是欧洲最大的造船中心之一，这里建造的船只航行在世界的五大洋之上。彼得一世和工匠们住在一起，吃粗茶淡饭，凿木头、造军舰、学驾船，由于手艺出色，他被师傅和工友们推荐为“优秀工匠”。

其实，早在彼得 19 岁时，他就以下士的身份在军中服役，靠着战功，而不是沙皇的身份获得了海军中将的军衔。在有生之年，他的个人薪水从来没有超出一个海军中将的薪俸。他甚至到一个钢铁厂像普通工人那样劳动一天，用挣来的 8 块钱买了一双新鞋子。在一次接见海外归来的留学生时，彼得伸出右手说：“你看，老弟，我是沙皇，但我手掌上有老茧，这些都是为了给你们示范。”

彼得一世把自己的一生都献给了国家，他希望所有的人也能像他那样。除了荷兰，彼得一世还到了瑞典、普鲁士、奥地利、英国等国家，对周围的一切表现出异乎寻常的兴趣。他在荷兰学习城市建设，在英国学习建筑学，他还获得了相应的证书。他和牛顿有过交往，与他讨论了科学方面的问题。他参观博物馆、音乐厅、各种文化艺术场所。

彼得一世按照自己的意愿，生前为自己建造了一座前所未有的纪念碑，这座纪念碑不是一座神秘的金字塔，也不是一个豪华的宫殿，也不是一座大教堂，而是一座胜过莫斯科的大都市——圣彼得堡城。当时，彼得大帝所拥有的只是海滩上的黄沙、光秃秃的石头和一望无际的沼泽地。然而，彼得大帝从士兵手中抢过铁锹铲下两块草皮，然后把草皮摞成十字状，并庄严宣告：“这里将崛起一座城市！”

彼得一世将圣彼得堡城建在芬兰湾的几十条河流和支流上，仅就建城环境这一点来说，假如不是意志坚强的彼得大帝，恐怕任何时候、任何人，都不会在如此恶劣的位置建城。他仅仅是在这里建一座城市吗？不。他要使这个建于荒凉地带的要塞成为面向西方的窗口，成为俄国的首都！

“彼得大帝用无数具尸体填平了沼泽地，又在尸骨山上建起了这座圣彼得堡城。也许没有必要如此操之过急，也许改革的步伐可以放慢一些，也许这样的改革可以用整个 18 世纪的时间来进行，同样可以达到彼得大帝所要达到的目的。实际上，假如历史上没有这个‘急性子’的彼得大帝，其他的历史活动家也是极易出现的，而他们不一定能像彼得大帝那样为国家作出贡献，因此，我们不该指责彼得大帝，应该正确理解他所处的时代和世纪之交的俄罗斯国家之需求”（俄罗斯当代历史学家、文化学学家利哈乔夫曾如此说）。所有改革、所有的历史变革都需要人们付出艰苦的努力，克服重重困难，需要作出重大的牺牲。在这个前提下，我们可以认为，彼得大帝这个野蛮的沙皇，用极其野蛮的手段，拯救俄罗斯，并且把她带向强大和文明。

要渴望改变自己

伟大的改革从来都是伟大精神的产物。彼得大帝改变了俄罗斯人的内心，内心的变化比政治经济领域内的变化更深远。彼得大帝改变了俄罗斯人的思想，而思想是最有力的武器。生活是需要改变

路易十四的伟大不仅仅在于他创造了法兰西的伟大，还在于他对自身严格的自我期待，这才是使他走向伟大的关键。伏尔泰在《路易十四时代》一书就这样写道：“发生在1665年的一件事情稍微改变了人们的看法，那是在路易十四第一次出席教皇为他举行加冕典礼以后，高等法院还想集会讨论国王颁布的几项敕令，而国王身着猎装，脚穿皮靴，手执鞭子，由全体宫廷人员跟随，走进法院说了下面一席话：‘你们这些集会带来的祸害大家都知道。我命令你们停止讨论我的敕令。首席法官先生，我禁止你准许开这类会议，禁止你们之间任何人要求开这类会议。’”他威武的身材，高贵的容貌，已经告诉人们：他们的国王业已成人。而他讲话时所显露出的主人的口吻与高傲的神态，更表达了他作为国王令人敬畏和折服的威严。

路易十四摆脱了法国波旁王朝的传统，他使法国的国王从宫廷深院中走出来，坐在人民的面前。成为法兰西真正的主人，正是路易十四内心真切的愿望，这是何等的勇气？正因为这份撼天动地的勇气，人们才将他看成主宰整个欧洲的“太阳王”。

当一个人对自己的期许有所不同时，这个人必将因为改变对自己的看法而改变一生。曾经有这样一句话：“一个人注定一生都要寻找一些什么当做一生的目标，没有找到目标之前，他会像是暗夜里行走的人，茫然，凄然，面对岔路的时候惶恐地抉择，然后就要面临由犹疑而带来的诸多负结果——悔恨、更多的迷茫、失望、自我否定、绝望，从而影响以后一系列的生活和工作行动。”人是要有一种精神的。为人也好，做事也罢，都应该有一种崇高而良好的“自我期许”。

虽然我们不是名门之后，没有殷实的背景，但这并不妨碍我们去做一个完美的自己。勇于期望养成自我观察、自我反省的习惯，勇敢地面对自身及不回避与自己的对话，面对周围铺天盖地的压力，勇于做自己才是真正的成功。有些人对自己没有期许，没有期待，最后变成随波逐流的浮萍，他们的成败只系于风云际遇，大部分以庸碌的老去收场。如果你意识到明天想做一个什么样的人，那么今天就必须做些什么样的事情。倘若连自我期望的勇气都没有，更别指望别人对你有所期望！

可悲的是，我们大部分人对自己毫无期望。人生和战场一样，战壕里面是没有巫神论的，作战的人没有悲观的权利。有时候，人缺少的并不是目标，最需要的往往就是“痴心妄想”的勇气。英特尔公司的总裁和执行长安迪·格鲁夫曾说过他很信守“只有偏执狂才能生存”这句格言。他曾写过一本最谦卑的书，书中提到：为什么我们公司今天还能够生存下来，是因为我们一直都在想，我们明天就要灭亡了。我们一直在想我们明天就要灭亡，就这样想到我们变成了偏执狂。人生又何尝不是如此？你越是不敢去渴望、不敢奢望，命运就会一块一块窃取你的激情和梦想，直至最后一无所有。

如果一个人对未来对自己的愿望都充满恐惧，那他就不可能完全控制自己，有些人则会做一些无关紧要的事情，来证明自己不是一个懦弱的人。可你要知道，真正的懦弱恰恰是需要这种做给别人看的“证明”。勇敢的人只需在任何情况下坚持自己的愿望，并踏踏实实地实现自己的愿望，哪怕有时一声不响。

如果一个人普普通通，一向乖乖做事，生活风平浪静，人生还有什么意义？不要做这种人，这种人不会产生想要去试一试的渴望，也不能坦然接受错误的洗礼。给自己一个严格的自我期许，同时也是你意愿选择的期待，并为之不断努力。无论做到什么程度，你都不会计较太多，因为你是在成就自己。

叶卡捷琳娜二世

征服自己的女皇

(1729 年—1796 年)

意志，这个被人视做血性代名词的东西，这个被人奉若神灵的词汇，在沙俄女皇叶卡捷琳娜二世的身上得到了完美的体现。她不甘寂寞而积极地用实际行动来改变自己的命运，生性让她以最彻底的方式来填补生命中的缺憾，所以有人说，叶卡捷琳娜二世在征服那些皇宫贵族、政客之前，她首先征服了自己。

叶卡捷琳娜二世——这个统治沙俄长达 34 年，继彼得一世之后被后人誉为“大帝”的女皇，三十余载在俄罗斯帝国庞大的版图上呼风唤雨、叱咤风云、不可一世，甚至是飞扬跋扈。她不仅是史上最风流的女皇，同时也是最具男人气概的女皇。她曾这样评价自己：“我是真正合格的骑士，在我的头脑中占支配地位的总是男子汉大丈夫的做法，而不是妇人之见，这同男人毫无不同之处，而且，人们可以从我身上发现，除了男人的思想和性格之外，我还有一个娇媚女人的吸引力。”叶卡捷琳娜二世和伊丽莎白一世一样，有着王者的魄力和女人的魅力。

叶卡捷琳娜二世在众人面前总是高高昂起头，目光锐利如鹰，喜怒不形于色，一副善于驾驭所有人的气概。波兰作家瓦利舍夫斯基说：“这种自制力使叶卡捷琳娜受到了朋友和敌人的敬仰，她在任何人和任何事物面前，从不张皇失措，永远能很好地控制自己。”

对于后来人而言，作为一代帝王，叶卡捷琳娜二世为我们留下的不仅是曾于欧亚大陆间纵横捭阖、穷兵黩武后战争弥漫的硝烟，还有她在深深庭院之内博览群书的身影，孤独时力图改变自己命运的决心。叶卡捷琳娜二世是在几乎没有正规教育的情况下登上顶峰的，但她花了 18 年时间扑入书堆，去探寻纯粹的知识，她成为 18 世纪许多知识分子的庇护者，其中包括伏尔泰、狄德罗、格林和波多米格，她致力于哲学和思想，负责资助第一本百科全书出版，并在自己的沙龙里款待哲学家和知识分子。叶卡捷琳娜尊重知识、尊重哲学和世界历史，这些帮助她奋斗成为历史上伟大的女领袖之一。

征服世界的雄心

帝王的荒淫，宫廷的政变，王位的争夺，宠臣的专权，频繁的战争，这一切使刚刚崛起的俄国在前进之路上蹒跚起来，直到叶卡捷琳娜二世的出现。这位俄国最著名的女沙皇融合了女人自身的优雅和男子的权威气魄，对于任何她渴望的事情，她都以耐心、理智、强硬、勇气来获得，必要时冒极大的风险，以突然变化进程来更有把握地达到目的。她将俄国送上了欧洲化、也是当时现代化的高峰，俄国不仅跻身于世界强国之林，而且在国际舞台上有了掷地有声的发言权。

叶卡捷琳娜二世原名叫索菲亚·弗列杰里卡·奥古斯特，1729 年 5 月 2 日生于斯德丁（今波兰的什切青），她的父亲是公爵，母亲出身于北德意志霍尔施坦－戈多尔普亲王的家庭。索菲亚一开始懂事时，父母就给她找了一个法国的家庭女教师卡苔莉小姐看护。

除此之外，索菲娅还有几个方面的启蒙教师：两位法国教师分别讲授宗教和书法；两位本地教师分别教授本国语言和音乐。在这些教师当中，卡苔莉小姐在索菲娅的心中占有特殊的地位，卡苔莉不仅让索菲亚读法国诗人拉辛、法国古典主义戏剧创始人高乃依和法国喜剧作家莫里哀的著作，同时也把自己的“头脑”或多或少地传授给了她，那是一个灵活、机敏、求实的“头脑”。

除了上述教育外，索菲亚在少年时代还跟随母亲游历过许多欧洲城市，拜访了不少德国诸侯的宫廷，也见到过后来武功显赫的腓特烈大帝。宫廷中的明争暗斗、尔虞我诈，在索菲亚幼小的心灵中早已打上了深深的烙印，这对于她日后在俄国宫廷中的不愉快生活，作了思想上的准备。总之，当时这位德国公主的教育和生活起点就是如此。

1745 年，16 岁的索菲亚被接到俄国，同彼得三世结婚，后改名为叶卡捷琳娜·阿列克谢耶芙娜。彼得生性轻浮，对叶卡捷琳娜二世的遭遇不闻不问。宫廷里尔虞我诈、争权夺利的气氛和追求皇位的野心，使她在寄人篱下的逆境中，培养出坚强的性格。她同寂寞作斗争的良师益友就是书籍。据叶卡捷琳娜自己说，当时她“无时没有书，无时没有痛苦，但却永远没有欢乐”。

1761 年 12 月 25 日，叶卡捷琳娜二世的丈夫彼得三世登上了皇位，这使她向皇位靠近的机会来临了。彼得三世是个才能平庸、秉性顽劣、头脑简单的人。即位前，他几乎每天都身在醉乡，即位后，变本加厉，日益放荡不羁。从德国到彼得堡整整 18 年，还讲不好俄语，并且经常以德国人自傲看不起俄国人，甚至公开说俄国是一个讨厌的国家，因此大失人心。

而叶卡捷琳娜二世则与她无能的丈夫截然相反，自从她来到俄国后，从不为眼前的荣耀所眩惑，而是深谋远虑地为将来的皇位作准备工作。首先，她刚一到俄国就意识到，要待在俄国，要在俄国有所作为，就应当成为一个俄国人。于是她就拼命地学习俄语，据说为了学好俄语，她经常半夜起床温习功课。为了避免睡着，她就光着脚在房间里来回地走。结果，有一次着凉病倒了。在生命垂危的 27 天中，她允许医生放血治疗，有时一昼夜就放血 4 次。最后，她以坚强的意志和青春的体格战胜了病魔。

叶卡捷琳娜刻苦学习的行为和同疾病作斗争的精神，很快就赢得了人们的好感。因为大家都知道她的病是怎样得的，一位年轻的妇人，不畏严寒，光着脚，每夜学习俄语的音韵，这个形象是迎合人意的，并且具有传奇色彩。病愈后，她更加专心致志地学习俄国文学和俄罗斯语言。为了锻炼自己的口语能力，她特别喜欢和年老的妇女接触，而这些人在原来的宫廷里是得不到宠信的。她把她们请来，和她们进行长谈，既逐渐地掌握了讲俄语的习惯，同时也把这一部分人变成了自己的势力。

彼得三世上台后，俄国并未取得更多的领土，反而因多年的战争而赤字猛增、国库空虚，国家濒临危机，国内反对彼得三世的呼声日高。叶卡捷琳娜二世巧妙地利用彼得三世上台后种种失策以及俄国贵族和军队对他的怨恨，发动了宫廷政变，推翻彼得三世。于是，33 岁的叶卡捷琳娜用彼得三世的血衣剪裁出最有气派的女皇长袍而成为叶卡捷琳娜二世。

1756 年，俄国与普鲁士的战争爆发了，当时俄国国力大减，彼得大帝引以为骄傲的波罗的海舰队早已失去作战能力，俄国作为一个海上强国的威望在急剧衰落，国家处于新的动荡不安之中，而这时，欧洲各国的争夺也日益激烈。面对这样的形势，叶卡捷琳娜二世一是要稳定国内的局势，二是要在错综复杂的国际舞台上，尤其是在欧洲各国的争夺中重新掌握主动权，获取与彼得大帝在世时相等的话语权。

叶卡捷琳娜二世是个成功的政治家和外交家。她在位 34 年，是俄国农奴制度的黄金时代，此间俄罗斯国家的土地面积扩大了 67 万平方公里，打开了通向黑海和波罗的海的出海口，击败了俄国的老牌敌人土耳其和瑞典，还和普鲁士、奥地利一起瓜分了波兰，从而得到波兰 46%以上的土地。但这并不能说明女皇本人是个战争狂人。

事实上，她赞助和支持俄国艺术的发展，反对愚昧和落后，比西欧任何一位君主都更慷慨地资助哲学家和艺术家。伏尔泰形容她是欧洲上空最耀眼的明星。另外，女皇还在狄德罗最需要帮助的时候对他施以援手。哲学家窘迫到不得不变卖自己的大量藏书来获得生活费的时候，女皇资助了他几十万卢布买下了他所有的藏书，只提出了一个要求，就是在狄德罗去世之前不要让他和他的书分开，因为“这是一件最痛苦不过的事”。

在日常生活方面，叶卡捷琳娜二世也十分有规律，而且待人和善。几乎所有伺候过她的妇人都对她的人品交口称赞。叶卡捷琳娜二世有一位外国厨师，他做的饭菜并不适合女皇的胃口，但女皇不忍心辞退他，因此忍受了好长时间他的饭菜。某晚她到大厅找人帮她送信，结果发现侍从们正在大厅打牌，结果她吩咐其中一个去送信，然后自己坐下来继续打。

1796 年 11 月初的一天，叶卡捷琳娜二世像往常一样享用了浓咖啡之后独自到换衣间去更衣。很长时间之后，宫女打开大门，发现女皇倒在地上不省人事——她中风了。1796 年 11 月 6 日，叶卡捷琳娜二世在极度痛苦中结束了她辉煌的一生。这位不可一世、鼎鼎大名的沙俄女皇始终没能忘记自己死后的名声，在她 60 岁的时候就已经为自己撰写了墓志铭：

“叶卡捷琳娜二世长眠于此。

她于 1744 年前来俄国，和彼得三世结为伉俪。14 岁时，她立下三重决心：要博得丈夫欢心，取悦伊丽莎白并使全国满意。为此目的，她兢兢业业，从不懈怠。她博览群书，借以消磨十八载寂寞无聊之光阴。她登上俄罗斯皇位以后，竭尽全力为其臣民谋取幸福、自由与繁荣。她，宽宏大量，待人敦厚。她，体谅下情，悠然自得，秉性开朗。她，高朋满座，胜友如云。她，热爱工作，喜欢交际，爱好艺术。”

意 志 为 王

叶卡捷琳娜二世不甘寂寞而积极地在用实际行动来改变命运，生性让她以最彻底的方式来填补生命中的缺憾。北冰洋的寒气没有冰结这位为牟取大权而处心积虑进行布置的女人的热情与意志，正如冰山下的火种，一旦勃发，势不可挡。

从叶卡捷琳娜二世看到彼得三世起，她就对自己的爱情心如死灰，不再抱有什么幻想，而这绝非每个情窦初开的少女所满心期待的结局。1754 年，在叶卡捷琳娜二世生下自己的儿子保罗之后，伊丽莎白女皇不失时机地把她的儿子从其身边夺走。作为妻子，她得不到丈夫给予的爱；作为母亲，她失去了疼爱生子的权利；当时的俄国混乱腐败，皇宫里处处充满了尔虞我诈、争权夺利，即便是谨小慎微，处处小心，心腹之人还是一个个从身边消失，唯独不该受到遏制的该是天生的机敏与好学之德。于是她只有奋力一搏，为自己确定了目标：我要的远不止一个丈夫和一个儿子！全俄乃至可及的臣民终将匍匐在我的脚下！

叶卡捷琳娜二世用行动向我们证明了，一个人只要有坚强的意志为实现最终目标而努力，就可以进入自己想进入的世界，并获得成功。叶卡捷琳娜二世在困难面前不动摇，在危险面前不退却，勇敢承担责任，以自己的付出，换来别人的认可。叶卡捷琳娜女皇在回忆录中写道：“我内心中有一种难以言传的力量，使我一刻也不怀疑我将自然而然地变成俄国女皇。”这是她刚刚进入俄国宫廷时就具有的自信，也是她为自己所确定的目标。因此她以坚强的意志为这个目标努力奋斗了 18 年。为了学好俄语，她每天只睡几个小时，当睡意袭来时，就干脆光着脚站在冰凉的地板上，最终患上严重的肺炎。她的作为让所有的俄国人深受感动，当她拖着病体在皈依仪式上用略带日耳曼口音的俄语背诵了长达 50 页的祈祷文时，曾经一度反对她的大主教也不由自主地热泪盈眶。作为一名女性领导者，叶卡捷琳娜女皇终以她的自信和努力赢得了俄罗斯的民心。

叔本华曾说：“所有具有特权身份或出生在特权世家的人，即使他是出生在帝王之家，比起那些具有伟大心灵的人士来说，只不过是为王时方为王而已，具有伟大心灵的人，相对于他的心灵来说，永远是王。”叶卡捷琳娜二世便是这样的王者，她通过自己的坚强意志、果断的魄力和足智多谋的头脑，使身为俄国沙皇的彼得三世在不知不觉中忘记了自己真正的身份，并成为叶卡捷琳娜二世精神上的俘虏。彼得三世是一个心中无数、胸中无术、只知玩乐的人，他所酿造的苦酒也最终由他自己来品尝——在关键时刻，他自己解除了武装，竟无力进行自卫。腓特烈在谈到彼得三世时就说：“他就像被打发上床睡觉的孩子一样，轻易地让叶卡捷琳娜二世把他赶下王位。”

同在一个舞台上，有的人是帝王，有的人是阁员，有的人是将军、士兵或奴仆，他们彼此不同的并不仅仅是身份的不同或是外在的不同，大人物之所以成为大人物，就因为他们永远不会纵容自己，他们总是不断地反省，永远地自律，所以在人生的舞台上，他们往往是最后的胜利者，因为他们最先战胜了自己。法国王后安托瓦内特与叶卡捷琳娜二世形成了鲜明对比，前者天性轻浮，把本该是伟大的责任，当做一时的消遣娱乐。高贵的权势在她看来不过是逢场作戏，她抓到的权力只不过是为了拱手授予那些与己同乐的男人们。身为奥地利的小公主，安托瓦内特从小就听惯了无止无尽的奉承和甜言蜜语；身为法国未来的王后，她是人人注目的焦点，她从来不需要努力就可以遂行己愿，也不必用心机、诡计。正是在这种思想的支配下，安托瓦内特公主成了人们的众矢之的，1793 年 10 月 16 日，这个傲慢不知控制自己的王后被押上革命广场的断头台。

意志力是一位天生的“国王”，在特定的范围内，其权威为人全身的各个部分所认同。像大多数国王那样，他一旦决定要扩展自己的疆域或是增加自己的权力，他也能够办得到。只要他动用行政权和执法权，采取直接而有力的措施，便能使每一个器官组织心悦诚服地接受他的支配。相反，如果他对所处的地位毫不在意、偷懒马虎，对经常性的警戒和辛劳感到厌倦，他就会发现，自己手中的权威在慢慢地消失，直至最终沦为奴仆。

坚强的意志造就了叶卡捷琳娜二世的成功与伟大，她不甘寂寞而积极地在用实际行动来改变命运，生性让她以最彻底的方式来填补生命中的缺憾。北冰洋的寒气没有冰结这位为牟取大权而处心积虑进行布置的女人的热情，正如冰山下的火种，一旦勃发，势不可挡。确实，机会总是眷顾有准备的人。

征服自己就会征服一切

一个有心修炼和提升自己意志力的人，将获得无比巨大的力量。这种力量不仅能够完全地控制一个人的精神世界，而且能够让人的心智达到前所未有的高度。意志力是一把能够开启人的洞察力和征服力的神奇钥匙。

人可以使用一切手段去征服大自然，征服这个星球上所有的生物，然而许多人却征服不了自己。生命中的成功不是因为巨大的权力，而是源自坚强的意志。对此，叶卡捷琳娜二世深有体会。她知道要想让世界万物臣服于自己的脚下，首先必须征服自己。叶卡捷琳娜二世是期盼完美幸福的婚姻家庭生活的，即便亲手操纵杀死丈夫，但在墓志铭中显然透露出了些许的凄凉与无奈。身为妻子要能博得丈夫的喜欢，而她未能如愿。叶卡捷琳娜二世是落寞的，表面的风光只是人为的假象，内心的悲苦才是她最真实的感受。她不能说出心中的悲苦，只有按照自己的目标一步一步地向前走，但她深知只要登上了皇帝的宝座，就断绝了她的平凡。叶卡捷琳娜二世也确实做到了这一点，虽为女流之辈，但她的魄力非同小可，其运筹于帷幄之中，决胜于千里之外的大手笔博得无数崇拜者与追随者——外国的使臣接踵而至匍匐脚下，手下的贵族为之顶礼膜拜……

人与人之间、强者与弱者之间、大人物与小人物之间最大的差异，就在于其意志的力量，即所向无敌的决心。诗人席勒就曾说："使人伟大或渺小皆在其人之志。"意志就像是一位神勇的统帅，在行动的战场上到处都有它的身影。强大的意志力是身体的主人，正确的意志力是心智功能的统帅，完善的意志力是个人道德的导师。一个人，纵然身处逆境，纵然他地位卑下，若能表现出强大的意志力，他便拥有了勇不可当的勇士所具有的力量，这是一种特殊的东西。

强有力的意志是身体的主人，它总是借助于各种欲望或理念来指挥着我们的身躯。更重要的是，强有力的意志还是我们心智的统帅。拿破仑在埃及看望那些遭受瘟疫的病人的时候，他的行为充分证明了他是一个从来都不会为任何困难所吓倒的人。

拥有坚强的意志力就相当于为身体注入了强劲的补药，它曾经激励无数伟大的人物获得了最后的成功。坚强意志曾使许多病入膏肓的人起死回生，激励人们充满勇气地大展宏图。爱丁堡大学的乔治·威尔森教授身体非常虚弱，没有人想到他竟然能够坚持到最后，成为著名的学者。尽管当时很多人都被顽固的制度吓倒，但他还是勇于表达自己的观点，毫无畏惧。在面临切除一只脚、大出血等种种不幸的时候，他没有退缩，而是凭借坚强的意志顽强地生存下去了。在顽强的生命力面前，死亡也无能为力，最终落荒而逃。即使因为科学上的发现而被捕入狱，伽利略仍旧能够在狱中用稻草秆做实验，继续刻苦地钻研下去；即使双目失明，仍旧以超乎常人的毅力不断地进行数学演算。在条件极其恶劣的监狱中，那位伟大的思想家贝德福德，依然谱写了世界文明的寓言故事。牢房的墙壁上刻下的就是他那种不屈不挠的精神。精神的东西是恒久的，具有顽强的生命力，它的影响力遍布天涯海角的各个角落，世人总是能够听到具有坚强意志的那些人的呐喊。

我们常说“性格决定命运”，而意志是性格的“脊梁”，意志是性格的君王，即决定命运的君王。性格是天生的，但意志不是。它就好像藏在我们身体里的一把剑，不断地磨炼它，它才可能变成我们抵挡一切厄运的利器。在人生的战场上，竞争就是意志与意志的较量，我们拼的是血性、拼的是意志。

杜伯尔不为当代人熟知，但是他的语言却是发人深省的：坚强的意志能够创造无数奇迹；勇敢斗士翻江倒海的气魄，足以使巨人瑟瑟发抖，落荒而逃。也许这句话，正是我们一直在寻找的通往成功的钥匙。

了身孕。13 个月后，这个小孩诞生了。由于是日吉权现所赐之子，因此夫妻二人给他起名叫木下日吉丸。

这个传说在丰臣秀吉的《关白任官记》里也有记载，这只不过丰臣秀吉用来自我宣传的手段罢了。实际上，丰臣秀吉只是一个普通农民的儿子，家境贫寒，他的父母都是当时日本最底层的农民。而且他生来就相貌丑陋，猥琐不堪，貌如猿猴，所以周围的人都给他起了个外号，称呼其为“猴子”。哪怕后来成为织田信长手下第一大将时也是一样。此外，传说秀吉还有个外号，叫做“秃鼠”。因为丰臣秀吉中年以后，毛发逐渐脱落，晚年出征的时候，为了使自己更有威严，经常要画眉毛，装假胡须。无论是家境，还是长相，丰臣秀吉都无法与织田信长相比。

在丰臣秀吉 8 岁的时候，他的父亲突然离世，没多久母亲就嫁给了一个叫筑阿弥的茶艺师。这个茶艺师一点也不喜欢这个长相丑陋的男孩，由于家境贫穷，因此就命丰臣秀吉出去当帮佣。幼年的丰臣秀吉无论走到哪里，都不受欢迎，每个地方都待不多长时间。16 岁那年，丰臣秀吉拿着生父留给他的永乐钱（明朝货币）离家出走，独自寻找帮佣的主人。

丰臣秀吉出生于尾张，当时这个地方可以说是仅次于京都的繁华地带。这个地方商人熙来攘往，因此可以接触各地来的讯息。在这种环境下，丰臣秀吉自然也得到一些商业的资讯，再加上他天生聪慧，在旅途中，他将永乐钱换成便于携带的商品“木绵缝针”，然后再将缝针卖掉，给自己赚一些旅费。丰臣秀吉最终如愿以偿，进入远江国的松下嘉兵卫家中充当帮佣。

在那里，这个卑微的少年开始了他的第一件工作，那就是帮主人拿拖鞋。到武士家工作是丰臣秀吉当时最大的愿望，所以他十分珍惜这样的机会，每天都努力工作。正因为他的勤奋，马上受到了嘉兵卫的重用，将他提拔为出纳管理员。然而好景不长，秀吉的能干与勤奋受到同事的嫉妒，一大群人经常在嘉兵卫的面前中伤他，尽管嘉兵卫再三保护他，但阻止不了众人的诽谤，秀吉终于在嘉兵卫善意地说明原委之后遭到解雇。丰臣秀吉在松下嘉兵卫家里工作了四年，虽然遭受解雇，但是他仍然感谢嘉兵卫对他的提拔与呵护。后来，丰臣秀吉称霸天下之后，他特意派人去寻找松下嘉兵卫，赐给了他大片领地，并任他为大名。

从嘉兵卫家中出来后，丰臣秀吉回到自己的故乡，由于机缘巧合，他来到了织田信长家中，侍奉这位将军，他的工作仍是替主人拿拖鞋。丰臣秀吉是一个非常聪明的人，他想尽种种办法接近信长。虽然同样是拿拖鞋的工作，但丰臣秀吉比从前更加用心。在寒冬的清晨，他将信长的拖鞋放进怀中先暖一暖，等到信长起床后再给他穿上。丰臣秀吉的细心自然不会逃过信长的眼睛，所以织田信长也对这个其貌不扬的下人另眼相看。

1560 年，织田信长一跃成为全日本的名将。此时的丰臣秀吉已经从一个帮主人拿拖鞋的侍者变成了杂物采购官，这项工作丰臣秀吉也做得十分出色。清州城城墙破损而没钱修理时，丰臣秀吉毛遂自荐担任了营缮官，将城墙修补完毕。就在桶狭间之战的那一年，秀吉与织田家的浅野又左卫门长胜的养女结婚。由于他是从步兵之子入赘于武士之家，所以改名为藤吉郎，另一名字为秀吉。此时丰臣秀吉已经 25 岁了。

此后，丰臣秀吉开始逐渐崭露头角。1566 年，织田信长开始攻打美浓的斋藤氏，织田军最重要的战术工作就是于墨俣建筑堡垒，织田信长将建筑堡垒的工作交予丰臣秀吉。丰臣秀吉先将建筑堡垒的木材运往木曾川的上游，然后用木筏沿着河流运送下来。不到三天，丰臣秀吉就完成了所有工作，史称“墨俣一夜城”。之后，丰臣秀吉又建议借用当地土豪的野武士力量，夜袭敌阵，结果大获全胜。这次大捷，使丰臣秀吉建立了声誉，织田信长开始意识到这个曾经为自己拿拖鞋的侍者绝非等闲之辈，于是马上提拔他成为一名大将。此后，丰臣秀吉又成功说服智谋卓越的竹中半兵卫重治为自己效力，并依靠他的谋略策反了“美浓三人组”，成功地协助织田信长统一了美浓，从而一跃成为织田信长手下的第一大将。至此，丰臣秀吉辉煌的一生慢慢拉开帷幕。

丰臣秀吉 38 岁时，他改姓为羽柴，就是羽柴秀吉。1578 年 7 月，织田水军与毛利军交战，发动了两次木津川口水战。结果织田家的九鬼嘉隆用“大安宅船”击败了毛利水军，中断了本愿寺与毛利家的补给，本愿寺解散军队，退往纪州。同时，织田信长让羽柴秀吉经营西国。羽柴秀吉不负众望，干净利落地在西国屡屡击败毛利军，拖住了对手，其间发动了著名的“水淹高松城”之战。

1582 年，丰臣秀吉迎来了改变他一生的一年。织田信长在本能寺自杀身亡，这一事件彻底改变了秀吉的命运。丰臣秀吉平定了明智光秀的叛乱，他的声望扶摇直上。后来丰臣秀吉于 1584 年与德川家康、织田信雄组建成的联军，大战于小牧、长久手。遇到骁勇善战的德川家康，士气如虹的秀吉首次碰到钉子，但是他非常聪明，立刻与家康和谈，并收家康的次子秀康为养子。其余的战争，如 1585 年攻打纪州与四国，1587 年征讨九州，1590 年出征小田原，丰臣秀吉的军队都势如破竹，迈向统一日本之大道。

1585 年，也就是秀吉五十岁那一年，他改姓藤原，升任代表朝廷最高权势的“关白”一职。“关白”一职虽然代表最高权势，但从正统的律令制度来看，仍属“令外之官”，从此看来，秀吉拟依律令制度的官位重建天下秩序。另一方面，或许秀吉认为藤原这个姓太过老旧，无法显现出他是历史上最大的伟人，因此秀吉又获得天皇的许可改姓丰臣，象征日本统治者的丰臣秀吉终于“诞生”。

此后，丰臣秀吉野心勃勃，把目光投向了朝鲜，但最终以失败告终。丰臣秀吉一直活到 63 岁，最后在伏见城内结束他那坎坷辉煌的一生。他留下一首辞世歌：“随露珠凋零，随露珠消逝，此即吾身。大阪的往事，宛如梦中之梦。”

草根的成功

作为侵略者他是可耻的，作为奋斗者他是可敬的；作为终结者他是优秀的，作为建设者他是天才的；作为部下他是谦逊的，作为统治者他是狂妄的。对于所有人来说，丰臣秀吉也许是一个好战者，但他的奋斗史才是他人生的精华。

在历史的长河里面，所谓英雄，都不过是万里滔滔中的一片浪花而已，而丰臣秀吉便是这其中令人敬佩的一朵。他没有织田信长的张扬和霸道，有的是无数的艰辛和苦难。丰臣秀吉，一生充满了无数浪漫的传奇。一个贫苦农民家庭出身的地道草根，在基本未受任何高低等教育的情况下能够统一全日本，并一度几乎占领大半个朝鲜半岛，需要怎样的智慧、隐忍、胆识和运气呢？

丰臣秀吉汇集了强者的很多优点：智略出众，勇敢善战，果断，知恩图报……他统一了日本，他是一个从地下走到了天上的人。作为侵略者他是可耻的，作为奋斗者他是可敬的；作为终结者他是优秀的，作为建设者他是天才的；作为部下他是谦逊的，作为统治者他是狂妄的。对于所有人来说，丰臣秀吉也许是一个好战者，但他的奋斗史才是他人生的精华。

丰臣秀吉相貌丑陋，从小被称作猴子，以及中年以后被称作秃鼠，这些均被史册记载。他卑微，无论最终如何编造天皇私生和太阳神之子的谎言，他始终是贫苦农民木下弥右卫门的儿子；他隐忍，三餐不继的童年教会他努力和用心，在做织田信长的低级佣人的时候，他会在寒冬的清晨将信长的拖鞋放在自己怀里温暖后再奉上；他有智慧，所以他能够收服贵族出身的蜂须贺小六，并通过清洲缮墙正名，通过墨俣筑城崛起，并最终通过连续七日豪雨夜奔一百零八里路的山崎之战和随后的贱岳之战继承了信长的衣钵，进而取得天下；他有胆识，所以他能在织田家夺权过程中败给善战的德川家康后竟然成功招降了德川家康，虽然付出了把妹妹嫁给家康并把自己的母亲送去作人质的代价；他自卑，所以他的一生才不断改换自己的名字，从日吉丸到木下藤吉郎，从木下秀吉到羽柴秀吉，从藤原秀吉到丰臣秀吉，所以他要修一座比信长的安土城更华丽的大阪城，所以他后宫的二百多佳丽多为名门闺秀；他有运气，试想如果不是明智光秀叛乱后的密使误入秀吉的军营，日本战国历史还要有怎样纷乱的改变呢？

这就是丰臣秀吉，你可以鄙视他的出身容貌，你可以批驳他对德川家康的养虎为患，你甚至可以怒斥他对朝鲜人民的残酷屠戮，但你不能不佩服他的智慧、隐忍、胆识与一路走来艰辛。长期为仆为奴、寄人篱下的屈辱生涯，并没有磨灭他努力向上的追求，反倒锤炼出他坚忍不拔的意志和永不服输的乐观态度。今天，丰臣秀吉的传奇被不断演绎，最终代表了一个时代的日本文化，鼓励少年人应心存高远。

综观丰臣秀吉的一生，唯一值得借鉴的长处也许就是踏实。他这一生没有豪言壮语，因为出身的卑微，他总是小心翼翼，不展露锋芒。自从帮信长捂鞋子开始接触到信长之后，他就认准了这个主子，跟着他的发展轨迹一步步来，把每一个分配的任务做好，当自己能胜任某个职位时主动请缨，不能胜任某个职位时就靠热情弥补、靠学习让自己胜任，一步步地成长，纵然最后一步有命运关照的成分，但即使舍去最后的这段辉煌，相对于他的起点，丰臣秀吉的成功仍然是辉煌的。

努力向上的追求

人，既然无法选择出身，那么唯一可以把握的，只有自身的轨迹和如何选择人生道路。丰臣秀吉一生的经历将告诉我们，机会只留给那些有准备的人，可能我们的起点并不高，但是通过努力奋斗，我们会达到人生的最高峰。

凡是心智强大的人都有一种为了自己的梦想而坚持不懈努力的激情，他们不在乎自己的出身，只是始终相信自己以后将会有所作为，并且愿为之奋斗，而成功正是起源于这份强烈的企盼，孕育于痛苦的挣扎。心灵与梦想是每个人与生俱来的“隐形翅膀”，只有勇于展开它们的人，才会懂得飞翔，超越一切，抵达成功的彼岸。纪伯伦曾说：生命的确是黑暗的，除非有了激励；一切激励都是盲目的，除非有了知识；一切的知识都是徒然的，除非有了梦想。

如果我们生下来时贫穷，那不是我们的过错，是因为我们的父辈年轻时没有创富的野心和行动，但是如果我们临终时仍然一无所有，就一定是我们的过错。我们不能成为富人的后代，但我们依然可以成为富人。而这一切的关键，就在于我们是否有成为富人的强烈欲望和野心。

法国传媒大亨巴拉昂，以推销装饰肖像画起家，在不到 10 年的时间里，迅速跃身于法国 50 大富翁之列。不幸的是，1998 年他因患上前列腺癌在法国博比尼医院去世。随后，法国《科西嘉人报》刊登了他的一份遗嘱：“我曾经是一位穷人，去世时却是一个富人。在跨入天堂的门槛之前，我不想把我成为富人的秘诀带走。现在，秘诀就锁在法兰西中央银行我的一个私人保险箱内，保险箱的 3 把钥匙在我的律师和两位代理人手中。谁若能回答“穷人最缺什么?”而猜中我成为富人的秘诀，他将能得到我的奖金——留在保险箱内的 100 万法郎，还有我在天堂给予他的掌声。”

遗嘱刊出之后，该报收到大量的信件，很多人寄来了自己的答案。当然，答案五花八门，应有尽有。有的人认为，穷人最缺少的就是金钱；有的人认为，穷人之所以穷，最缺少的是机会；有的人认为，穷人最缺少的是技能；还有的人说，穷人最缺少的是帮助和关爱……在巴拉昂逝世周年纪念日，他的律师和代理人在公证部门的监督下，打开了银行内的私人保险箱，公开了他致富的秘诀：穷人最缺少的是成为富人的野心。

野心是永恒的“治穷”特效药，是所有奇迹的萌发点。某些人之所以贫穷和失败，大多是因为他们有一种无可救药的弱点，也就是缺乏致富与成功的野心。《辞海》对野心的释义是犹言野性，放纵不可制伏的性子，引申为对名利、权位的强烈愿望。穷人之所以穷，是因为缺乏对名利、权位的强烈愿望，没有野心的支撑，少了奋斗的动力。这便是穷困的根源。

走进生活，我们常常会发现这样一些没有野心的人——他们习惯于安逸、舒适，总有很多的担心、忧虑，日子一久，他们便渐渐丧失了进取的勇气和力量。即使行动了，稍遇挫折，或垂头丧气，或怨天尤人，或一蹶不振，给自己的生活抹上许多阴影。同时，我们也会看到另外一些人无论在何时何地，他们总有热望、总有激情，总在积极、认真、努力地经营着每一天，纵使历尽磨难，也野心不改，最终为自己赢得了不薄的财富。

安于现状、不思进取的人称这些有志之人为“野心家”。丰臣秀吉就是一个不折不扣的“野心家”，他也在这种野心的推动下一步一步走上了“天下人”的位置。他的野心有些是来自于他对自己的身世或许还有相貌的自卑，想必他在被人家叫成猴子的时候，心里一定在默默地想着以后要让大家都不敢叫他猴子吧？所以他在成功后拆除了他家在乡下的老房子，也不准人家提起他的身世，但就是这种自卑时时刻刻在提醒他要超越别人，要站在一个万人仰视的位置。

丰臣秀吉并未受过良好的教育，但他有把一切事情做好的专注和决心。实际上，把每一件简单的事做好就是不简单；把每一件平凡的事做好就是不平凡。丰臣秀吉就是这样的一个人，所以，这种能力也是他成功的原因之一。丰臣秀吉也是幸运的，他是一个很会把握机遇的人。即使没有机遇，他也会主动创造机遇，主动接近信长，修筑城墙，筑墨俣城，金崎殿后等等都是很好的证明。秀吉不是个机会主义者，但是他很会创造机会，这确实不是一个人容易办到的。

丰臣秀吉，这位日本历史上的平民英雄用自己的一生向我们证明，谁也无法将时光倒流，教你再投胎到豪门望族，成为一个幸运的“二世祖”，但任何人都可以扭转劣势，从零做起，石破天惊地开创一番事业。

德川家康

最伟大的“忍”者

(1543年—1616年)

强者的强大在于他们骨子里的精神，也在于他们对强者的态度。有些人对于强者，更多是崇拜，既不过分向往也不嫉妒仇视，还有一些人对于强者，则是先屈服，后学习，最终超越他。德川家康的一生就可以概括成两句话——在忍耐中学习，在坚持中崛起。

德川家康是日本战乱时代的终结者，也是德川幕府的奠基人。他能取得最后的成功并非意外而是必然。德川家康最初仅仅是三河国一个很小的领主，但是他的家族松平氏却是很有威望的古老贵族源氏的后裔。虽然在那个实力决定一切的年代，血统的作用不再占绝对地位，但是一个人对德行和品行的修炼往往会决定自己的命运。

作为一个普通人、一个孝子的德川家康，他在战国群雄里始终保持着忠厚长者的形象，孝顺的品质就是基础；作为一个武士、一个乱世英雄的德川家康，他相信统领天下的人，是受到神佛庇护的人。他忍耐、等待、积累，直到认为神佛终于改变了心意，在织田信长、丰臣秀吉之后，选择了他来掌管天下。这个过程如此漫长，江山都几易其主，43 年，少年头上也爬满华发。因为心中的“天下”二字，他忘却人质之耻，担待丧子之痛，背负不忠之名，从冈崎城赶往江户，完成他的使命。

德川家康的成功向我们昭示这样一个真理：谁控制了自己，谁就能控制天下。他视奢华风雅为累赘，面对无常世事，他能屈能伸，强攻善守。发于当发，止于当止，一举一动都不偏不倚，一言一行能恰到好处，当天下已经唾手可得的时候，他也已经是众望所归的“天下人”。

日本第一“忍”者

德川家康幼年便饱受不幸，人质生涯堪称其一生不堪回首的记忆，好不容易摆脱了人质生涯，天下霸者又成了织田信长，自己不得不臣服于信长，信长死后，虽然在长久手合战击败羽柴秀吉，但是却在战略上被秀吉压制，但德川家康并不气馁，而是隐忍不发，忍人所不能忍，最终达到一统天下的目标，成就了一方霸业。

德川家康生于 1543 年 1 月 31 日，为冈崎城主松平广忠的正室水野於大之子。德川家康的先祖是发迹于三河地方的一个土豪，在战国时代逐渐上升为战国大名，到松平广忠这一代时，松平氏已经是西三河的大豪族。不过其地位很不牢固，实际上是被夹在势力较强的两个大名尾张的织田氏和骏河的今川氏之间。

1547 年，松平广忠与织田信秀发生战争，为了能够得到今川义元的援助，松平广忠不得不将 6 岁的德川家康送给今川义元做人质，但中途又被户田康光所夺，最后送到织田氏的热田，德川家康在热田被监禁了两年之久。在此期间，其父广忠被自己的近臣所暗杀。1549 年，担任今川军师的太原雪斋指挥 7000 大军攻陷三河的要冲安祥城，并掳获了守将织田信广，雪斋随后跟织田信秀交涉，成功以信广交换被劫走的松平竹千代（德川家康），这样德川家康才得以返回冈崎，可是不到10天又做了今川义元的人质。德川家康的从8岁至19岁这12年间，一直以人质的身份生活在骏河。

1560年桶狭间合战，织田信长大败今川氏，今川义元阵亡。德川家康这才摆脱今川氏而独立。两年后，19岁的德川家康与织田信长结成同盟，开始全力经营三河。由于竹之内波太郎等人的支持以及各寺院的煽动，激起了1563年三河国全境的起义。经过近半年的征战，最终用攻心的方法瓦解了起义，巩固了自己的统治基地。

1568年，织田信长进入京都，迈出了统一全国的第一步。这时已在三河打下了坚实基础的德川家康开始采取东进政策，但这时武田信玄也想夺取全国政权，为扫清进军道路上的障碍，屡次出兵远江和三河。1572年10月，武田信玄动员25000人意图进军京都，途经德川家康的远江国。德川家康闻讯率自己所部5000人及织田信长援军3000余迎战于三方原，史称三方原会战。由于双方兵力悬殊，且用兵之妙信玄又略高一筹，结果德川、织田联军大败。此战德川军死伤无数，其部下分四批陆续扮成德川家康吸引了信玄军兵力，德川家康本人这才得以逃脱。此役德川家康虽然打了败仗，但武田信玄却十分佩服德川军的勇猛顽强。武田信玄的猛将马场信房事后对信玄说："看了三河军的尸体，面朝我军倒下的都是脸朝下，面向滨松倒下的都是脸朝上，这说明这些士兵都是向前冲杀时战死的，因想逃跑而被处斩的一个也没有。"德川家康经过此役而取得了"海道一雄"的名号。

武田信玄继续西征，但攻下野田城后突然折返，原因是信玄病重，折返的时候病逝，结果德川家逃过了被灭亡的一劫。此后德川家康一面与武田氏对抗，一面加强内部建设。1582年，织田和德川联军打败了武田家族，与织田信长不断杀害武田的遗臣不同的是，德川家康则是积极招降武田家的遗臣。打败武田家之后，织田信长开始以"天下人"自居，进入京城，德川家康因战功，被织田信长加封骏河一国。

到这里，德川家康的实力不断增强，而德川家康历史远未到此结束。这 10 年，可以说使德川家康深深了解到“有勇无谋”的危险。他体会到不遵守兵法的乱仗硬挺是不足以成大事的，自己如果有志于“进出京都，号令天下”，就必须改变战略。德川家康在这 10 年之中，意志力、判断力、组织力还有预见力均得到了加强。

在这 10 年之中，还发生一件事令德川家康痛苦不已。有人向织田信长汇报德川家康的老婆有意投奔武田，织田信长得知这一事勃然大怒，德川家康百口难辩，他不得不作出抉择，为求自保赐自己的妻子自尽，而他的儿子德川信康得知这一噩耗以后，也切腹自尽。这一举动使德川家康得到了织田信长的信任，但德川家康却承受着巨大的痛苦。

此后，织田信长委任家臣明智光秀督建浩大工程安土城，并且开始进攻中国（日本中海道地区），意图号令天下。没想到的是，织田信长最信任的大将明智光秀发动了本能寺之变，织田信长死于本能寺。信长一死，围绕政权落入谁手的问题各大名之间展开了激烈斗争。本能寺之变时德川家康正在堺市，因急取近道需经伊势返回三河，期间由服部半藏等护送平安回到三河，才免遭危难。

德川家康返回冈崎后，正想出兵攻打明智光秀，却发现被丰臣秀吉抢先一步消灭了明智光秀从而获得了中部地区的实权。德川家康积蓄实力准备将来与丰臣秀吉分庭抗礼，他更加坚定了东进的决心。不过，最后德川家康与丰臣秀吉还是议和了，并将自己年仅 12 岁的次男秀康送往大坂城（今大阪）做人质，德川家康却无意臣属；不过当丰臣秀吉将他的生母大政所送往冈崎城作为人质之后，德川家康决意臣从。因为当时以德川家康的实力，无法与丰臣秀吉对抗，为了保存自己的实力，德川家康再一次忍了下来，臣服于丰臣秀吉。此后丰臣秀吉步步推进国内的统一，不久当上了关白和太政大臣，名副其实地掌握了全国政权。丰臣秀吉与德川家康之间也很自然地变成了近似于主从关系的一种关系。这种关系一直持续了 14 年，直到丰臣秀吉于伏见城逝世。

丰臣秀吉死后，德川家康以五大老首领的身份代理国政。这是他生命中的一个转折点，从此德川家康不再弱势。这一年德川家康55岁，比织田信长小9岁，比丰臣秀吉小7岁。从1598年起，德川家康成为“天下人”只是时间问题，就是走走形式。1600年7月，他发布讨伐令，佯装进攻上杉景胜。接着于当年9月挥军美浓，在关原之战中打败石田三成及诸敌对大名，掌握了全国政权。1603年2月，被朝廷任命为征夷大将军、右大臣、源氏的长者（即源氏的族长、家主）。同年，他在江户开设幕府。1605年，把大将军职让给了儿子秀忠，宣布家天下，自称大御所并隐居骏府城，但在背地仍然掌握着军政实权。1615年5月大坂之役，灭掉丰臣秀赖，实现了所谓的“元和偃武”。1616年3月，出任太政大臣，并向明朝皇帝称藩，被明皇帝册封为“日本国王”。4月17日死于骏府城，终年73岁，葬于久能山。

“大谋”始于“小忍”

“小不忍则乱大谋”，德川家康的“大谋”正是始于他的“小忍”，而其智慧，就在于能审时度势，在特定的形势下作出准确的判断与明智的抉择。这样，才能在忍耐之下蓄势以待时机。所以柏杨先生将德川家康成功的因素归结为“无比的谋略，无情的忍耐”。

织田信长、丰臣秀吉和德川家康都是日本战国时代的枭雄，他们奠定了日本统一的基础，然而这三人却有着不同的成功秘诀。当人们问到“杜鹃不啼，而要听它啼，有什么办法”时，三个人给出了不同的答案。织田信长威风凛凛地说道：“若它不啼，就杀掉它。”丰臣秀吉深藏不露地笑道：“若它不啼，就逗它叫。”而德川家康则沉稳冷静地回答：“若它不啼，我就等它叫。”德川家康，这位日本战国时代的终结者、德川幕府的奠基人作出了与众不同的回答，而他的语言里蕴涵着的正是他走向成功的秘诀。

织田信长一生征战，不惜一切代价打败对手的决心与毅力成就了他的辉煌，可他那不可一世的嚣张气焰也给自己挖掘了一个坟墓。出身卑微的丰臣秀吉却更注重权术与智谋，他总能兵不血刃地降服反对者，即使要发动战争，丰臣秀吉也会精打细算，以多数的军队来彻底击垮对手。工于心计的丰臣秀吉在有生之年统一了日本，他也是战国第一个结束乱世的天下人，然而如此足智多谋的丰臣秀吉却因多虑，束手束脚，导致犹豫不决，最后以失败告终。他一手建立的政权也被取缔，代替他的人是德川家康。

使德川家康成为日本战国时代的最后胜利者的唯一秘诀，就是忍耐。当今川义元代自己管理自家的领地时，他选择了忍耐；在主公今川义元战死时，他并没有意气用事，非但未遵守武士精神，反而与敌人缔下盟约；当织田信长要他杀掉儿子时，他竟残忍地以“莫须有”的罪名逼迫长子信康自尽；信长死后，他没有逐鹿中原，而是静观其变；此后，他在得胜的情况下也选择了归顺丰臣秀吉。终于，在强敌一个又一个去世后，他无情地挑起了关原合战，以自己杰出的政治、军事才能力压群雄，实现了自己等待 40 多年的大志，杜鹃鸟终于啼叫了。

德川家康对于他的敌人，总能作出无条件的让步，这便是他的忍耐。然而忍耐并不代表怯懦，更不代表屈服，能够忍常人不能忍之事，恰恰是一个坚强的人。中国历史上的勾践卧薪尝胆，韩信甘受胯下之辱，都成就了他们日后的崛起。“士可杀，不可辱”，“宁为玉碎，不为瓦全”，这样的豪言壮语使烈士动容，但往往是能忍受屈辱，宁为瓦全的人能等到实现抱负的一天，所以苏轼说：“古之所谓豪杰之士者，必有过人之节。人情有所不能忍者，匹夫见辱，拔剑而起，挺身而斗，此不足为勇也。天下有大勇者，卒然临之而不惊，无故加之而不怒。此其所挟持者甚大，而其志甚远也。”德川家康的忍耐让他得到了最大的报偿，他用一生的等待，最终获得了成功。

当然，如果一味地忍耐，并不能保证成功。德川家康之所以能忍人之所不能忍，完全在于他的心态与智谋。在逆境面前，他总是保持着清醒的头脑；在强敌面前，他总能保持着昂扬的斗志。即使是在顺境，德川家康也能保持平和的心态，静观其变，伺机而为。而织田信长和丰臣秀吉这两位同样伟大的人，犯了同样的错误，那就是他们都自以为是、妄自尊大。信长随意谴责下属，残暴地屠杀反抗的百姓，激起天下之愤；丰臣秀吉则刚统一天下就发兵侵略外国，劳民伤财，最终丢盔弃甲。而德川家康无时无刻不在完善着自己，他学到了信长的果断，学到了秀吉的策略，当他败给武田信玄时，也领悟到了武田战法的精髓：其疾如风，其徐如林，侵掠如火，不动如山，难知如阴，动如雷震。

“小不忍则乱大谋”，德川家康的“大谋”正是始于他的“小忍”，而其智慧，就在于能审时度势，在特定的形势下作出准确的判断与明智的抉择。这样，才能在忍耐之下蓄势以待时机。所以柏杨先生将德川家康成功的因素归结为“无比的谋略，无情的忍耐”。

积极的忍耐

如果我们没有耐心忍受成功的苛求，那么，我们只好用一生的耐心去面对失败。积极的忍耐是一种智慧，是成事之方。积极的忍耐是一种主动收缩、自我控制的人生智慧，一种审时度势的智慧，一剂保全自己的良方，一种以退为进的策略，一种经历挫折的持重。

“忍耐之草是苦的，但最终会结出甘甜而柔软的果实。”辛姆洛克的这句话给现代人以深刻的启迪。在人生的道路上，积极的忍耐是自我控制的智慧。如果我们没有耐心忍受成功的苛求，那么，我们只好用一生的耐心去面对失败。

德川家康之所以被日本人奉若神明顶礼膜拜，在于他胸怀大志又能忍辱负重，懂得时机不成熟的情况下要等待，哪怕是很长的时间。德川家康把忍辱负重做到了极致，他先后被迫效忠于织田信长和丰臣秀吉，韬光养晦长达40年之久，比越王勾践更加卧薪尝胆。其间他的儿子和妻子被迫自杀，他压抑心中的悲愤，身经百战终于打败了所有的对手，建立了德川幕府。强者的强大在于他们骨子里的精神，也在于他们对强者的态度。有些人对于强者，更多是崇拜，既不过分向往也不嫉妒仇视，还有一些人对于强者，则是先屈服，后学习，最终超越他。德川家康的一生就可以概括成两句话——在忍耐中学习，在坚持中崛起。

德川家康的八条家训：

1. 人生有如负重致远，不可急躁。
2. 视不自由为常事，则不觉不足。
3. 心生欲望时，应回顾贫困之时。
4. 心怀宽容，则能无事长久。
5. 视怒如敌。
6. 只知胜而不知败，必害其身！
7. 责人不如责己。
8. 不及胜于过之。

忍耐不是怯懦，更不是屈服，只有伟大的人才知道忍耐的意义。积极的忍耐是一种智慧，是成事之方。积极的忍耐是一种主动收缩、自我控制的人生智慧，一种审时度势的智慧，一剂保全自己的良方，一种以退为进的策略，一种经历挫折的持重。

如果说忍耐是德川家康的灵魂，那么坚强与努力则是德川家康的气魄。积极忍耐的人总是品尝先苦后甜的味道，而不是在一时的舒心后肆意地挥霍人生。积极忍耐是保存实力待时重新崛起的缓兵之计。一时的冲动往往会让人后悔，而忍耐却是后发制胜的武器。在织田家，德川家康没有任何挑战的资本，所以蛰伏；在丰臣家，德川家康已经有了资本但是他认为时机未到，于是继续蛰伏；直到丰臣秀吉死后，天下人舍我其谁？眼前的石田三成已经不是家康所惧怕的，于是他选择出击，关原一战而定天下。一味地忍耐而不反击，那才是真懦夫。积极忍耐的艺术就在于等到自己有了可以抗争的资本，马上破壳而出，这才是大智大勇。

大仲马出神入化的巨著《基度山恩仇记》的最后一句话，就是——“等待！”这是一个奥秘，卑屈的懦夫用它遮羞，坚强的巨人把它作为跳板。日本战国时期，英雄豪杰辈出，但除了丰臣秀吉之外，也只有德川家康深深领悟到了这个奥秘。

曾有二人向酒神乞求酿酒之法。酒神授以诀窍：精选五月初五端午当日之饱满谷粒，与冰雪初融时清冽之洋调和，注入千万紫砂铸就之陶瓮，再以初夏迎接第一缕阳光之新荷将其盖紧，紧闭九九八十一天，直至鸡鸣三遍方可启封，则酒成矣。二人假以时日，历尽千辛万苦，克服重重艰难险阻，才将所有材料备齐。依酒神吩咐，二人将酿酒材料调和之后密封于陶瓮之中，然后，专心等待那激动人心的时刻。

等待是如此漫长……终于熬到了第八十一天。两人彻夜难眠，等着鸡叫。这时，远远传来了第一声鸡叫。似乎过了很久很久，才依稀传来第二遍。究竟何时才能听到第三遍呢？其中一人忍耐不住，迫不及待地打开了陶瓮。令其大惊的是，陶瓮里只是一汪又苦又酸的浑水。他后悔至极，失望地把酒液泼在了地上。而另一个人，欲望似火在心中慢慢燃烧，引诱着他，但他下定决心坚持到最后。第三遍鸡叫终于响彻天空，他打开陶瓮，扑鼻而来的美酒是如此甘甜清澈、沁人心脾！他成功了。与前者相比，他只不过多等了一遍鸡叫而已。

很多时候，失败者并不是输在才能与机遇上，他们也不乏艰苦的劳作和智慧。他们仅仅败在了那一点点坚持和忍耐上，这或许是一年，或许是一天，也或许仅仅是一遍鸡鸣。

乔治·华盛顿

人类精神的完美楷模

(1732 年—1799 年)

华盛顿具有一种阿巴拉契亚山脉的气势，就像是美国结出的第一个真正的果实，也像是这个国家的化身。从来没有人像他担任公职时那样正直清廉，以致没有一点自私的情感；他血管里蕴藏的是对国家的热忱，他心中回荡的是对人类深深的同情，他脑中是深邃的思想，他是集责任、荣誉和国家信念于一身的典范。

平民——将军——平民——总统——平民，这便是乔治·华盛顿的一生。美国历史学家约瑟夫·J.埃利斯曾这样说：“与乔治·华盛顿相比，亚历山大·汉密尔顿更有才华；托马斯·杰斐逊的学识更为精深；詹姆斯·麦迪逊在政治上更为精明。但这些杰出人物却一致肯定乔治·华盛顿是他们中最杰出的。”

8 年的军旅时光，乔治·华盛顿置生死于度外，率领一支缺乏训练、流动涣散、补给匮乏的军队去和强敌周旋拼杀；8 年的总统生涯，正值美国最艰难之刻，没有任何“荣福”可享；功成名就的华盛顿理所当然会成为这个新生国家的君王，但民主思想根深蒂固的华盛顿在胜利之后交出了权力；他以身作则，为新生的共和国奠定法治基础……每一次都是临危受命，力挽狂澜；每一次都是听从国家召唤，履践一个公民的纯洁义务。华盛顿将他的灵魂祭献给了建立一个民主国家的圣坛；华盛顿为世界所有的人做出了道德榜样；为公正、为人民，华盛顿作出了良心的承诺，也献出了他伟大的心中的激情；他们在一块没有历史的土地上缔造了一个伟大的国家。这是美国的幸运，上帝将这样一位人格高尚，无私正派，才能卓越的人恩赐给了美国，也便把好运一起带给了美国。

华盛顿坦荡无私，朴实真诚的本性和品格更是他广受爱戴、备受欢呼的根本所在。作为基督的信徒，乔治·华盛顿是一位真正的上帝之子，一位无可争议的人类楷模；他人格崇高，品质卓越，目光遐远，胸怀广阔；他将自己磊落光明坦荡诚实的一生，无私无欲地奉献给自己忠爱的国家和民族，成为后世来者醒身自检、律己奉公的一面无尘明镜。他的美德与智慧为上帝所称叹，为世人所景仰。

美利坚合众国的缔造者

华盛顿在美国人民心目中的崇高地位至今无人能够望其项背。美国人尊称他为“国父”。华盛顿以他无与伦比的领袖风范以及崇高的人格和威信，倾尽毕生心血，给美国和世界留下了宝贵的财富。在他去世的时候，美国国会指定一个两院联合委员会起草悼文说：他是一个“在战争中居于首位，在和平中居于首位，在同胞中居于首位”的人物。

在美国波托马克河旁的山丘上，坐落着的一幢白墙红瓦的两层小楼，便是乔治·华盛顿的故居——弗农山庄。华盛顿从 11 岁开始就随哥哥生活在这里，乡村的山水滋养了少年华盛顿热爱生活的天性，在这里，他被培养成了一位英国上流社会的绅士，举止文雅，彬彬有礼，具有很强的道德观念，并学会了跳舞和骑马。华盛顿 27

岁与卡斯蒂斯夫人结婚，并在弗农山庄度过了一生中最为宁静愉快的时光。

正在这时，华盛顿平静的生活被打破了。连绵不断的战争使英国的财政入不敷出。于是，英国颁布了一系列法令，限制殖民地独立发展经济。他们不准当地的人民制造铁器，禁止生产毛皮制帽，禁止发行纸币。除此之外，英国政府还不断增加殖民地的税收。美洲自治权受到压制令华盛顿深感忧虑，他预感到将要面临一场艰苦的斗争，并写道："看来有必要采取某种措施，以维持祖先给我们的自由。为了保卫与我们生命息息相关的宝贵自由，我们每个人都应毫不犹豫地拿起武器。"

1775 年 6 月，华盛顿被众人推选为大陆军总司令，向英国宣战。华盛顿赴任的时候，正当盛年。他相貌堂堂，一表人才，风度雍容高贵，举止沉静威严。当他威风凛凛地骑在马上的时候，他的军人气派使人人都感到赏心悦目。不管他走到什么地方，迎接他的都是一片欢呼声。

尽管华盛顿早年参加过 7 年战争，熟悉北美大陆，精通作战指挥，但此时的他深感责任重大，任务复杂艰巨。他所指挥的军队，成员大多是匆忙召来、未经训练的农民，大部分士兵没有军服或军事装备，许多新兵的武器只是一把铁锹、铁镐，或者是一把绑在木杆上的镰刀！而他们面对的英军则装备精良、训练有素、久经沙场，但是，华盛顿没有沮丧，他决定从零开始，认真全面地训练这支肩负美洲人民重大使命的军队。他每天四处巡查，整顿纪律，惩治犯错误的士兵。不久，军营的面貌便焕然一新。

在华盛顿的领导下，大陆军与英军的战争一直艰苦地打了 8 年。1783 年 11 月 25 日，最后的英军撤出纽约。那天，纽约的上空飘起了星条旗，美利坚合众国实现了独立。

独立战争胜利后，人们需要一个有威望的人来掌管政府，华盛顿是唯一能够当此重任的人选，甚至有军官要求他做皇帝，但华盛顿则一心盼望回到家乡过平静的生活。他说："大家知道，我们当时离开家乡是万不得已的事，在离开家乡的漫长痛苦的岁月里，我从来没有断绝过引退回家的念头，我希望在那远离世上纷扰的地方平静地度过余生。”终于，在服役将近 9 年之后，华盛顿回家了。当他回到弗农山庄时，窗口闪烁着烛光，正是圣诞之夜。华盛顿体会到了“一个肩挑重担、筋疲力尽的行人，在经过千里迢迢步履艰难的旅行，到达终点后的那种轻松之感”。

但是，独立并未换来国家的稳定和繁荣。独立后的 13 个州实际上只是一个非常松散的联盟，美国的一些重要人物在政见上仍有许多分歧，民生凋敝，财政困难，捐税沉重，各州怨声载道，骚乱蜂起，刚刚挣脱英国殖民统治的新国家走到了一个历史关口。就在这个关键时刻，出于对这个新生国家的由衷热爱，出于对民族前途的强烈责任心，华盛顿作出了他一生中的又一次重要抉择，他踏上了去费城的马车，投身于主持制定国家宪法的重任中。1787 年，华盛顿主持了制宪会议，制定了世界上第一部资产阶级成文宪法——《联邦宪法》。两年后，华盛顿成为了一位全票当选的总统。他打点了一下行装，坐着自家的马车上路了。在日记中，他写道：“我告别了弗农山庄，告别了平民的生活，告别了家庭的幸福，带着无法用言语形容的忧虑不安的心情，动身前往纽约。”

担任总统后的华盛顿，第一件事就是着手组建第一届联邦政府，他注重以才能和品德来选拔人才，使各种人才都能够在适当的位置发挥所长。他任命杰斐逊为国务卿、汉密尔顿为财政部长，把当时最伟大的政治家团结在自己的周围，使之造福于国家。争权夺利，或许是政治场上不可避免的事，这种事在华盛顿的政府中也发生了。杰斐逊主张对中央政府的权力进行限制，向各州进一步放权。而汉密尔顿则支持一个相对来说强有力的中央政府。

杰斐逊与汉密尔顿争论的升温，在政治上逐渐演化为两个党派之间的争斗，共和党和联邦党的轮廓开始变得清晰起来。面对党派之争，华盛顿总是冷静地用超人的智慧加以调解，不带偏见地将对美国有利的观点集中起来。他成功地处理了当时纷繁的国内事务，妥善处理了联邦党人和共和党人的论争，使草创时期的美国跨过了一次次危机，走上了稳定的道路。在人们的劝说下，华盛顿同意参加第二届总统竞选，并再次当选。

华盛顿渴望自由自在的生活，希望安享自己的晚年。1797 年 3 月 3 日，他等待已久的一天到来了，这是他担任公职的最后一天。就这样，在人们的惋惜、痛苦和眼泪中，华盛顿回到了他的弗农山庄，他的退隐为美国总统的任期立下了不超过两届的先例。

两年后，这位功勋卓著的老人永远地停止了呼吸。弥留之际，华盛顿对陪伴在他身边的亲人、秘书和医生，再三表示了深深的感激。他去世的消息传出后，举国哀痛，昔日的敌人英国也为他的逝世鸣放礼炮 20 响致哀。接替他担任总统的约翰·亚当斯的夫人艾比格尔这样评价他："他拥有权力，具有广泛的影响，但他只是在为了国家利益时才使用这种权力和影响……如果我们纵观他的一生，历史将不会再产生一个与他相匹敌的人物。"

开创一个时代的伟人

> 使华盛顿得以声名远播的品质——尊严、崇信上帝、冷静的判断力、使命感以及远大的目光是任何时代都需要的。华盛顿，作为生命个体，他的清白、诚实及所有伟岸特征皆完整保持到了生命终点。华盛顿，作为一个响亮的精神名词，其理想内涵未因光阴的淘洗而褪色变质，相反，却历久弥新，来自后世的敬重与感激亦随着历史经验和世界参照的积累而愈发强烈。

美国，作为一个新国家几乎是在还没来得及形成自己的历史之前就诞生了。美国人怀着满腔热情很快把华盛顿奉为圣人，没有任何事能比这一事实更好地说明他们是多么迫切地需要一个崇高的、可向之顶礼膜拜的民族英雄。华盛顿命中注定要在死后升华到一个高度，一个他生前从未达到过的高度，华盛顿也最终成了半神半人和美国之父。在欧洲历史中，需要几个世纪的时间才能把一个人奉为神明；而在美国，这在几十年内就完成了。

华盛顿这个人究竟是个什么样的人物？他代表着一种什么样的精神？现代的史学家和传记作家都曾以不同的形式描述过华盛顿令人崇敬的人格。历史上有无数作家对他进行了描述，拉尔夫·瓦尔多·爱默生以他惯有的一丝不苟的准确笔触，将华盛顿这个谜一般的人物作了一个总结："华盛顿具有一种阿巴拉契亚山脉的气势，就像是美国结出的第一个真正的果实，也像是这个国家的化身。他的嘴有一种沉重、深刻的沉默，就好像他把美国所有的宁静和安详全都集中到他一人身上，没有给他那些从不安分、东倒西歪、歇斯底里的同胞们留下一丝一毫。"当代最杰出的华盛顿立传人詹姆斯·托马斯·弗莱克纳也曾这样写道："我一直为了将真正的华盛顿从那些形形色色的象征性的华盛顿中区分开来，将他这个人以及他的业绩从二百多年来人们出于对他的怀念在他身上加上的一层又一层传奇色彩中抢救出来……我努力去忘掉我过去听过的所有关于华盛顿的事……我决心从一张白纸开始。"结果弗莱克纳发现了"一个有血有肉有灵魂的凡人——不是一尊大理石雕像或木雕像。同时我也不可避免地发现了一个伟大、正直的人，这是千真万确的事。纵观人类历史，很少有几个像他这样一个手握重权的人能将手中之权用得那样恰当、得体，谦恭，因为这些伟人的最善良的本能告诉他们，手中的权力是为大众乃至全人类谋福利的。"

华盛顿不朽的魅力不仅仅在于他的建立国家的功劳上，还在于他淡泊名利的品格上，在于他为国家而无私无畏的操守上，在于他坦荡公正的胸怀上。作为北美大陆最富裕的人士之一，他没有被财富腐蚀；作为执掌军政大权十几年的领导，他没有被权力腐蚀。他有良田万顷，农庄数个，原本不必通过革命来求得荣华富贵的，却立下遗嘱，押上身家性命去革命。八年战争艰苦血腥，他率领一支兵力不足、缺乏训练、流动涣散、补给匮乏的军队去和强敌周旋拼杀，并使美国独立战争获得胜利。功成名就的华盛顿理所当然会成为这个新生国家的君王，但民主思想根深蒂固的华盛顿在胜利之后交出了权力。

1796年9月17日，在第二任期即将结束时，华盛顿在费城《每日新闻报》上发表了感动几代美国人的《告别演说》：“我现在应当向大家有所表示，就是已下决心谢绝把我放在被选之列。我秉持公正，热诚献身，我为国家服务已经45年了。希望此后因为能力有限而犯的过失，会随着我的长眠地下而湮没无闻。”两届任满，他如释重负，放弃连选连任，不仅为以后的总统树立典范，也被天下传为美谈。

谦逊、正直、和蔼、慷慨是华盛顿的伟大品格和人格力量，他牺牲个人的财富和安逸舒适的生活，接受国家的召唤。从来没有人像他担任公职那样正直清廉，以致没有一点自私的情感；他血管里奔流的是对国家的热忱，他心中回荡的是对人类深深的同情，他脑中是深邃的思想，他是集责任、荣誉和国家信念于一身的最完美的典范。

华盛顿的英明和伟大集中体现在他对祖国和人民的无限忠诚和无比热爱上，这是美国的幸运。面对美国版的“黄袍加身”和“民间请愿”，华盛顿毫不动心，因为他既不是导演，也不是演员，更不是观众，而是一位将这类丑剧和丑角的无情清理出历史舞台的清场者。他亲手将那顶别人要给他戴在头上的金色王寇打碎并丢进了时代垃圾桶；他把自己的赫赫战功和崇高威望全部奉献给了自己的祖国和人民，从未想过要用它去兑换王位和特权。正是他的这种无私高贵的品质，才让美国没有走上君主专制的道路。他不但为当时美国的和平与稳定打下了良好的基础，更为这个新生的国家在未来发展上指明了方向。正基于此，美国经过一代代的继承和努力，终于发展成今天这样一个超级繁荣、强大、富足而美丽的国度。

华盛顿的无私品质和崇高思想深深地影响着美国，直到今天，“国家利益至上”和“军队效忠政府”的思想与体制仍然是美国最显著、最具标志的政治特征，这种国家意识已经内化成一种国民性格，美国的历任总统无不把国家利益放在首位，甚至有些总统为了国家利益而忍辱负重，将个人的小名小利，小得小失抛在脑后，这已不单单是机制的结果，更是一种内在的国民意识和民族精神，这种深扎于美国国民心中的精神意识，恰是源于伟大的华盛顿总统人格力量的深远影响，他超凡卓越的品质已经在美利坚这块土地上国格化和精神化，成为美国领先于世界最原始、最根本、最具能量的动力。

乔治·华盛顿，这位美国的幸运之星，他将自己平淡、优雅但又充满卓越与非凡的一生全部贡献给了自己的祖国和人民。每当国家需要，他都会倾注自己全部的热忱去为国效命；每当国家有难，他又总是心急如焚挺身而出。为了国家，他一生身经百战，战功卓著，但他从不居功自傲，更没有过拥兵自重的念头，因为他根本就不贪恋权力，更不贪图名利。他是一个无私的国家主义者，而这种思想，不但影响了整个美国，也影响了美国的整个历史。

林肯说：“要想给太阳再增加点光亮，或者说给华盛顿的名字上再增加点荣耀，都是不可能的，我们不必那样去做。当我们庄严、崇敬地称呼这个名字的时候，他的不朽的光辉就已明确如实地流传下去了……”正如林肯所说的那样，伟大人物的伟大，不需要渲染，真正的伟大，自将永垂不朽。

进退之间的智慧

在进退之间，在显赫的权势和淳朴的平民生活之间，华盛顿找到了自己最准确的位置。他的隐退不仅体现了淡泊名利、谦逊、高度责任感的品质，还告诉我们所有局限和节制都有助于增进我们的幸福。我们应将生活变得尽可能地简单，不择手段地寻求娱乐、社交、奢华、赌博、酗酒，给人们带来的只是各式各样的懊丧、不幸以及金钱和健康的损失。

人类历史上曾经出现过形形色色的逊位、下野、惧怕各种祸乱而“功成身退”的范例，而华盛顿却与众不同。他不恋权位，激流勇退，是为了让一个更崇高的精神力量决定国家的命运，绝非一时冲动，个人好恶。

伟大不排斥野心，荣耀不拒绝利益，年轻时代的华盛顿性情暴烈，对土地有着强烈的占有欲，然而他勇敢却不鲁莽，真挚却不狂热，他对名声的珍视和一丝不苟的行事风格，使他最终走向成功。就在华盛顿担任大陆军总司令之职时，大陆会议批准给他个人每月500美元的薪金，他拒绝了。他说：“对金钱的考虑是不能促使我牺牲家庭的舒适与幸福来接受这一艰巨的任务的。”在他第一次走下政坛时，宾夕法尼亚州议会通过代表向大陆会议提出建议，要求对华盛顿的贡献和牺牲给予补偿，但华盛顿明确表示，决不接受任何补偿。他家乡所在地弗吉尼亚州议会，将波托马克河与詹姆斯河的股份各赠送给他。华盛顿知道，此举显示了国家对他的高度评价、爱护与关怀，他如果拒而不受，可能被看成对国家美意的不敬、蔑视，甚至“被误解为蓄意炫耀自己的无私与美德”。经过再三斟酌，他最终还是将全部赠予捐献给了慈善机构。

1783年12月23日，当华盛顿以简短的讲话交出手中的权力时，一如他平时的朴实谦逊。他说：“现在，我已经完成了赋予我的使命，我将退出这个伟大的舞台，并且向庄严的国会告别。在它的命令之下，我奋战已久。我谨在此交出委任并辞去我所有的公职。”议长则答道：“你在这块新的土地上捍卫了自由的理念，为受伤害和被压迫的人们树立了典范。你将带着同胞们的祝福退出这个伟大的舞台，但是，你的道德力量并没有随着你的军职一齐消失，它将激励子孙后代。”的确如此，拜伦就曾这样说：“乔治·华盛顿得到了感谢，此外一无所有，除了解放他的祖国的光芒万丈的荣耀。”其实这个荣耀还在延伸。华盛顿在他身后留给他的国家和世界最宝贵的财富是，一个毫无瑕疵的生活楷模——伟大、诚实、纯洁和高尚的品格，这是所有后来人形成自己的品格时效仿的榜样。他是他所属国家的真正的力量源泉，通过自己的生活的榜样作用和自己所遗赠的品格，他支撑和鼓舞了自己的国家，强化和巩固了自己的国家，使它更为高贵，使它闪烁出绚丽的光辉。

综观华盛顿的一生，他一路走来，从平民到总司令，再到总统，然后重回平民，他没有一丝犹豫和留恋。在进退之间，在显赫的权势和淳朴的平民生活之间，他从来都能找到自己最准确的位置。华盛顿的选择体现了他淡泊名利、谦逊、高度责任感的品质，国家利益至上，这些都源于他对自由、民主、平等信念的追求。

歌德曾说："我从不寄托希望在任何事情上。"这句话的意思是只有当人摆脱了对权力、地位、名誉的期望，返回自我，人才能领会到精神上的安宁，而精神的安宁却是幸福的基础。德国物理学家斯塔克显然没有明白这一点，这位物理学的天才因发现极隧射线的多普勒效应和在电场作用下光谱线的分裂现象，获得 1919 年诺贝尔奖，当时他年仅 45 岁。功成名就的他曾一度放弃科学研究，在德国北部创办了一个瓷器工厂，然而却没有成功。斯塔克试图重返学术生活，也没有成功。此时的他变得刚愎自用，狂妄自大，普遍不得人心。到 1928 年他先后遭到 6 所德国大学的拒绝，这一切使得斯塔克的权力欲望更加强烈。1933 年，斯塔克当上了帝国物理技术研究所所长，并试图以这个研究所为权力基地，控制德国物理学。他的名声越来越坏，甚至狂妄自大，并宣称量子理论和爱因斯坦的相对论为犹太科学的产物，开始肆意挑起反对近代理论物理的论争，攻击诽谤劳厄和索末菲等人。他追随希特勒，甚至成为纳粹分子，为希特勒政权充当帮凶。第二次世界大战结束后，这位曾经的诺贝尔奖获得者被德国军事法庭判处 4 年苦狱，受到科学界和人民的唾弃。

这个世界所能给予我们的最好东西，不外乎就是一种没有苦痛的、宁静的生活。我们应该把对快乐、财产、地位、荣誉等等的期望调至一个节制、适宜的尺度，因为正是对荣耀排场的渴求和争取，给我们带来了巨大的不幸。我们必须限制对这个世界的期望和要求，这样，我们才能更有把握实现它们。歌德青年时期的朋友梅克曾写道：“我们对于幸福的过分期待毁坏了这世上的一切，毁坏的程度与我们做梦的程度相一致。谁要是摆脱了过分的期待，除了自己已经拥有的以外，不再奢望更多，那么，他就能够安然无恙地生活下去。”

让我们再去想一想华盛顿那严峻、神秘的沉默，想一想那座神秘的纪念碑，一座空白的方尖碑，没有任何姓名和个人的标志，再想一想他的隐退。让我们把华盛顿想象成一声回音——也许那正是人类最高贵精神的回响，让我们去接近这种精神，并将其作为指导我们建立内心美德的一个框架。到那时，我们就不会过分热烈地追求这尘世的一切，也不会强烈抱怨我们计划的落空和事业的功败垂成。相反，我们会牢记安瓦里的那句格言：“如果你失去一个世界，不要为此悲伤，因为这是微不足道的；如果你得到一个世界，不要为此高兴，因为这是微不足道的；苦乐得失都会过去，都会离开这个世界，因为这都是微不足道的。”

(1783 年—1830 年)

西蒙·玻利瓦尔

追求自由的革命者

这位毕生都在追求自由的革命者，始终怀着一种带有平等意识的使命感，在许多场合耐心地向美洲大众灌输自由意识，并孜孜不倦地教诲他们走向自由的途径，这已经成为他毕生的使命。这种强烈的使命感构成了玻利瓦尔的活法和品行——他放弃了衣着光鲜地活着，而选择了衣不遮体地死。

玻利瓦尔，一个深受欧洲浪漫主义影响的加勒比人，一个以拿破仑为榜样的人，一个试图更正全世界过错的狂人，依靠人格魅力迅速组建了一支革命军，谱写出反抗西班牙殖民统治的壮丽诗篇。

这位传奇式英雄的一生是辉煌的：他始终不渝地追求美洲的自由和统一，他作为军人、战略家、解放者，终生进行了英勇而百折不挠的斗争；他经历了无数的痛苦、悲伤、不幸和失败；当他辞去哥伦比亚总统一职时，他孑身一人，形影相吊，凄凄惨惨，在极度孤独和痛苦中受着熬煎。这位传奇英雄远离政权，面色如土，那极度虚弱的躯体只是由钢铁般的意志支撑着。朋友和人民都背叛了他，就连自己的肉体和智慧都不再听他使唤。他穿着一身比他大得多的制服，完全是一副失势落魄的样子。尽管如此，在后人的心目中，他的目光，他的气概，比起那些只想把在西班牙殖民帝国尸体上建立起来的可怜共和国据为私有的军阀强人们要远为恢弘、广阔。

他对当代的洞察力比同时代的任何人都深刻，他是一个了解自己国家道德需求的幻想家，他也是个为达目标，行动果断的行动者；在危难关头，他有时利用职权，独断专行，但是面临一种抉择时，他愿意将个人的雄心大志置于民众的福利和民主的理想之下，不断放弃自己手中的权力。虽然玻利瓦尔并没有完全达成自己的理想，但仍不影响他成为一个真正伟大的人。他如一面镜子照出了西班牙殖民者的贪婪、卑劣、狡猾和残忍，他的光辉如同阿兹特克和印加神圣的太阳，和玛雅金字塔上那最高级的祭司，后来的诗人何塞马蒂、革命者卡斯特罗、委内瑞拉现总统查韦斯，还有那些格瓦拉式的世界游击战士，都视他为自己的榜样。

解 放 者

玻利瓦尔是一个目光远大的理想主义者，但他的雄心壮志远比华盛顿大得多。他心中有的不仅仅是委内瑞拉的解放事业，还有整个南美的独立与联合。这一抱负使玻利瓦尔解放了一个又一个南美国家，并因此获得了解放者的光荣称号。曾一度有人要封他王位，但被他拒绝了。无疑他感到自己已被授予“解放者”这个称号比起任何王冠都是一种更大的荣誉。

玻利瓦尔于 1783 年 7 月 24 日在西属美洲委内瑞拉都区府首府加拉加斯出生，父亲是胡安·维森特·玻利瓦尔 – 庞特，母亲堂娜·玛丽亚·德拉孔塞普西翁·帕拉西奥斯·伊·布兰科。在玻利瓦尔出生时，这对老夫少妻（父亲 57 岁，母亲 25 岁）已育有二女一男。而这个新生命的名字，取自他的祖先西蒙·玻利瓦尔。

玻利瓦尔出身贵族家庭，早在 1589 年他的家族作为西班牙皇家法院的法官来到加拉加斯。那时，西班牙征服委内瑞拉才 30 年，加拉加斯建成也不过 22 年。此后的 200 多年，家族不断和其他当地豪门联姻，且在西班牙本土也持续保持着影响力。玻利瓦尔母亲的家族，在加拉加斯也有着举足轻重的影响力。在玻利瓦尔出生时，其父亲已经是上校军衔，并拥有相当可观的产业。

在玻利瓦尔 10 岁之前，他过得很幸福。由于家境优裕，玻利瓦尔少时衣食无忧，一直在玩耍中度过了童年，虽然在 1786 年 1 月 19 日，他的父亲去世了，但那时他不过才两岁半，不太懂得亲人离别的意义和痛苦，加上母亲健在，他舅舅埃斯特万也经常照顾他。但在玻利瓦尔 10 岁那年，1792 年 7 月 6 日，玻利瓦尔的母亲死于和父亲一样的肺结核，10 岁大的玻利瓦尔已经能够体味到亲人的意义，而他外祖父指定的抚养人埃斯特万舅舅却不在美洲，对玻利瓦尔的抚养由另一位舅舅卡洛斯担任，而很不幸的，卡洛斯和埃斯特万有明显的区别，很粗暴，玻利瓦尔开始有了孤独的感觉。

在失去母亲之后，10 岁的玻利瓦尔才开始接触正规教育，他的老师中有著名诗人安德烈斯·贝略，但对他影响最大的还是西蒙·罗德里格斯。罗德里格斯也是克列奥人，且也是个孤儿，但是家境远不如玻利瓦尔，少年在孤儿院中长大，年纪稍长时就出海谋生，游历了西班牙、德国、法国。在欧洲，罗德里格斯接触到了法国大革命的先进思想，并找到了自己的理想和目标。一位同样是孤儿的人——卢梭，成为了他的导师。本来不信教的罗德里格斯有了信仰，他成为了一名卢梭主义者。回到南美洲的罗德里格斯希望能够实践卢梭的理想，于是投身教育界，开始尝试自然教育思想，并取得了一定的成绩，但是无后台的他，想大力推广这一理想是不现实的。玻利瓦尔的外祖父聘用他作打字员这一件事改变了他的命运，也改变了南美大陆的命运。

13 岁的玻利瓦尔无法忍受卡洛斯舅舅的管理，出逃到姐姐家，后来被送回。在玻利瓦尔经历这件事之后，罗德里格斯辞掉了在学校的职务，开始担任玻利瓦尔的私人教师。在玻利瓦尔身上，有着爱弥儿所应具有的所有条件：孤儿，出身高贵，健康富有，有想象力，没有书本知识，罗德里格斯倾其所有，按照卢梭的教育思想不断地改造着玻利瓦尔，进而成为了玻利瓦尔的良师益友。玻利瓦尔在成年之后仍对罗德里格斯敬重有加，并不断求教于他，而罗德里格斯也很欣赏自己的弟子，两人之间的关系早已超出寻常师生。在玻利瓦尔看来"自己的言行，自己的灵魂，自己的思想"都是这位伟大导师赋予的。可以说，今后的玻利瓦尔的性格，志向，品质，那些灵魂深处的事物，都是由罗德里格斯一手塑造的。很难想象，没有这位非常成功的教育家和哲学家的帮助和指导，玻利瓦尔能够成长为日后的"解放者"。多年后，玻利瓦尔在写给桑坦德的信中，把罗德里格斯誉为"加拉加斯的苏格拉底"。

1797 年，拉瓜伊爆发了加拉加斯军官和法官组织的"自由革命"，虽然那时的玻利瓦尔还没有什么具体的理想和价值观，但是一件事改变了他今后的命运，他的导师——西蒙·罗德里格斯被捕。玻利瓦尔最终探望到了老师，这时罗德里格斯告诉他"天生想要做大事的人不惧怕上刑场"，虽然玻利瓦尔还年轻，不能完全理解，但这为玻利瓦尔今后的勇敢作为打下了基础。最后由于缺乏证据，罗德里格斯被释放，同年 7 月，罗德里格斯出国寻找新的思想和自由。这一举动使得和卡洛斯舅舅关系不睦又失去导师的玻利瓦尔产生了又一个对他今后影响重大的想法——去欧洲。

1799 年 11 月 9 日，17 岁的玻利瓦尔来到了西班牙。在这里他遇到了自己人生中第二位导师——乌斯塔里斯侯爵。乌斯塔里斯侯爵具有丰富的学识和智慧，开明的思想。如果说，罗德里格斯之前的教育是教会玻利瓦尔热情和理想的话，乌斯塔里斯侯爵就是教会他冷静和处事的态度。后来玻利瓦尔的风范和严谨宽容都是来自这位乌斯塔里斯侯爵。

1804 年 4 月，玻利瓦尔来到巴黎。当时正值法国大革命时期的巴黎是世界上最有魅力、最活跃、最快乐的城市，玻利瓦尔在那里开始产生了建立自己雄伟事业的萌芽思想。随着玻利瓦尔的思考和成熟，另一位历史的巨人，当时如日中天的拿破仑·波拿巴对他也产生了巨大的影响。1804 年 12 月 2 日，拿破仑在巴黎圣母院加冕，玻利瓦尔也在观礼人群之中。可以想象，一个 22 岁的年轻人看到一个 35 岁的人被全世界敬仰和尊敬，会对他产生什么样的震撼。在目睹了拿破仑因为引领人民而获得的巨大声誉之后，玻利瓦尔开始明晰了自己的道路。1805 年 8 月 15 日，玻利瓦尔发表了“为了我父母的在天之灵，为了我本人的荣誉，为了我祖辈生活的故乡土地，我起誓，不砸碎西班牙压迫的锁链，我决不停止斗争”的著名宣誓。这次宣誓，标志着玻利瓦尔正式公开并确立自己的志向，走上了自己争取美洲独立的道路。

1806 年，玻利瓦尔回到祖国，立刻投身于反抗殖民统治、争取民族独立的斗争中去。1810—1812 年，委内瑞拉第一共和国成立，玻利瓦尔因积极革命而成为领导人之一。第一共和国失败后，他重新组织力量，继续斗争。1813 年，他率领革命军解放了加拉加斯等地区，打败了殖民军，建立了委内瑞拉第二共和国。他号召人民起来战斗，“向可恨的奴役者宣布一场决死战”。正是在这时，他被授予“解放者”的称号。不久之后，第二共和国又失败了。玻利瓦尔不得不流亡于牙买加、海地等国家。

在海地，玻利瓦尔结识了海地总统佩蒂翁，佩蒂翁被他的热情所感动，并决定支持这位年轻的革命者，还当即答应送给玻利瓦尔 7 艘船和大批武器弹药，玻利瓦尔非常感谢，表示要像海地那样，赶走殖民者。随后的岁月中爆发了一系列的战争，继短暂的胜利之后是惨痛的失败，但是玻利瓦尔从未动摇过自己的决心。直到 1819 年，玻利瓦尔的革命之路出现了转机，由他率领的平民军队，对哥伦比亚的西班牙军队发起了进攻。在那里他赢得了具有决定意义的波亚卡战役，使战争出现了真正的转折点。最终，委内瑞拉于 1821 年获得解放，厄瓜多尔于 1822 年获得解放。

与此同时，在阿根廷爱国主义者何塞·圣马丁的领导下阿根廷、智利和秘鲁纷纷获得了解放。两位救星于1822年夏在厄瓜多尔的瓜亚基尔相会。1824年玻利瓦尔的部队已经解放了今日的秘鲁，1825年彻底歼灭了驻守在上秘鲁（今日的玻利维亚）的西班牙军队。

玻利瓦尔余年的生涯不免有些凄凉。美国的榜样给他的印象颇深，他渴望建立一个新南美洲民族联邦政府。事实上，委内瑞拉、哥伦比亚和厄瓜多尔已经形成了一个大哥伦比亚共和国，玻利瓦尔任共和国总统。可惜在1826年玻利瓦尔召开泛美会议时，只有四个国家参加了会议。没有更多的国家愿意加入大哥伦比亚共和国，而这个共和国也很快就开始土崩瓦解。1828年出现了一起暗杀玻利瓦尔的阴谋之后，委内瑞拉和厄瓜多尔先后脱离了共和国。玻利瓦尔认识到自己是和平的累赘后，于1830年4月不得不宣布辞职。

此时的玻利瓦尔已是一个被命运的重负压得委靡不振的瘦弱病夫，因为与他作对的不仅有为数众多的政敌，还有潜伏在他肌体里的世纪之病——肺结核。他虽然是一位身经百战、历尽艰险的斗士，但面对啮食着他躯体的病症，却束手无策。他并不奢求获得死神的宽恕，但他回避对病魔的攻击，拒绝接受彻底的治疗，因为他要把所剩无几的时间用来实施他重建大哥伦比亚的宏伟计划，然而，这个计划最终还是化为泡影，玻利瓦尔这位传奇英雄于1830年12月病逝，享年47岁。

为自由而战的战士

西蒙·玻利瓦尔本来富可敌国，也能够轻松地当上将军，但他选择的是为自由而战斗。当他躺在为之奋斗的土地上，闭上追求自由的双眼时，他衣不蔽体。有时为自由献出的不仅仅是生命，还有人生拥有的一切！

玻利瓦尔出生的年代正是南美人民反对西班牙殖民统治的斗争

不断发展的时期，作为一个土生白人，玻利瓦尔从小受到的熏陶和教育，就是走上功名显赫、并同他身份相符的军人道路，所以，他的老师罗德里格斯坚决反对他成为神职人员，而鼓励他从军。

由于家庭环境的优越，玻利瓦尔从小就学会了击剑、骑马，这对于他后来的戎马生涯起到了关键性的作用。房龙在《美洲精神》中阐述了玻利瓦尔之所以走上革命道路的原因："这些不幸的人们营养不良、疾病缠身、精神崩溃，他们做梦都不会想到要反抗无情奴役他们的权势，因此，这个社会的中下层阶级，不可能成为革命的潜在力量。每一次革命的成功都离不开民众的支持，这是毋庸置疑的事实，但是，民众只扮演次要角色，就像歌剧中的合唱一样。当从你的祖上六代或八代起就吃不饱肚子，你就不可能精力充沛地勇敢地面对训练有素、给养充足的警察或军队。所以说，几乎每一场革命的真正领导者都出自社会的上层阶级，他们的经济保障和世代相袭的优越感孕育了他们的独立意识和反抗精神，使他们萌发了革命的念头并甘愿冒险，而这正是对抗当权势力枪口的不可或缺的武器。"

华盛顿是当时北美大陆最富有的人，杰斐逊也是一个有钱的地主，富兰克林事业有成收入丰厚。欧洲大陆的情况也一样：真正点燃法国革命火焰的是贵族阶级，当他们从前台退居到幕后，下层民众才有了机会；荷兰反抗西班牙的起义，是由一位王子领导的；甚至列宁，也不是一般认为的无产者，而是出身于一个小贵族家庭。而玻利瓦尔出身于美洲土生西班牙人最显赫的家族。高贵的血统和显赫的社会地位，铸就了玻利瓦尔特有的性格，他脾气暴躁，但喜欢书。

在玻利瓦尔的生活目标和指导原则中，自由和荣誉是他为之奋斗的伟大事业，这是他的前辈向他灌输的思想，但是，在玻利瓦尔看来，自由比荣誉更重要。因为在西班牙人的殖民统治下，南美人民连民族主权和起码的人权自由都没有，何谈荣誉？当然，在玻利瓦尔的著作中，他曾多次把自由和荣誉相提并论，因为他争取自由的思想和他的一切行动，自始至终受着荣誉感的推动，他那崇高的品德也与自由和荣誉这两个最高目标分不开，但是，如果要对两者进行抉择，他会毫不犹豫地选择自由。他曾说：“我最大的弱点就是酷爱自由。我愿为了自由忍受一切。我宁可为理想捐躯，绝不充当暴君，即使被人认为可疑分子也在所不惜。我热切的心情，我最大的愿望，就是得到自由爱好者的称号。”

对于自由，玻利瓦尔的解释是十分明确的，那就是自己的祖国取得独立。他曾明确指出：“为了我父母信奉的上帝，为了我父母的在天之灵，为了我本人的荣誉，为了祖国，我在您面前起誓，不打碎西班牙当局压迫我们的锁链，我绝不停止奋斗，也绝不会感到安心。”正是这种立志为祖国的解放和自由而献身的精神，使玻利瓦尔成为伟大的、受人尊敬和爱戴的南美解放者。

对于荣誉，玻利瓦尔也有着自己的看法。他说：“做一个伟大的人，做一个有用的人，这就是荣誉。”曾经有人问他什么才能称得上伟大和有用，他回答道：“标志着伟大人物的突出品德是：临危不惧，多谋制胜，热爱祖国，憎恨暴虐。”这就是玻利瓦尔对伟大的观点。他把一个人的伟大同勇敢精神、伸张正义和爱国主义结合在一起。至于什么叫“有用”，玻利瓦尔则用事实加以回答：凡是崇高的工作，都不是地下的，都不是低俗的，都不能视为卑贱的，都是有用的。玻利瓦尔不仅胸怀大志，高瞻远瞩，勾画着南美解放的壮丽美好的前景，而且注意一点一滴的小事。在后来的南美解放战争中，玻利瓦尔经常亲自安排作战细节，关心部队后勤给养等许多细小的事情，而从不认为这有损于他的崇高身份。

对于拉丁美洲人民来说，独立之前的300年是在西班牙的殖民统治之下，毫无主权可言。许多人都是在为推翻殖民主义、争取民族独立而斗争，玻利瓦尔是无数民族战士之一，但是，像玻利瓦尔这样为民族独立而呕心沥血、奉献终身者，并不多见。玻利瓦尔被誉为“南美洲的乔治·华盛顿”，他是一位才华出众、勇敢无畏的军事领袖。有史家称玻利瓦尔打仗就和用长矛挑战风车的堂吉诃德差不多。虽然如此，但他还是凭借非凡的号召力和组织能力与百折不挠、坚忍不拔的精神，缔造了一个永载史册的传奇。以几千人的队伍几乎解放了一个大洲，仅凭这点，他就足以被载入世界名将之林！

使命的召唤

拥有自己认定的人生使命并愿意为之奋斗的人，不在乎过程的艰辛，更不在乎自己能得到什么。西蒙·玻利瓦尔正是这样的人，这位毕生追求自由并为之奋斗的人，在拉丁美洲解放的大路上艰难前行，最终闭上了追求自由的双眼，但他却给后人带来了希望的火种。

如果玻利瓦尔不投身于追求自由的事业，他会成为南美洲最富有的人之一，他也会在委内瑞拉的政坛上扮演重要的角色，他也会成为地方国民军的将军，而最后的事实却是，他死时身上唯一一件衬衫已经破烂不堪，穿着一件别人的衬衫走进坟墓。可以说，是强烈的使命感构成了玻利瓦尔的活法和品行——他放弃了衣着光鲜地活着，而选择衣不遮体地死。

玻利瓦尔，这位拉丁美洲的战神在看到由他一手创立的大哥伦比亚已经四分五裂时，理想与现实，爱情与革命，统统交织在这个面容憔悴伤痕累累的47岁的“解放者”兼“独裁者”心中；新格拉纳达蔚蓝的加勒比海岸边清冷的圣马尔塔庄园，有没有让他回想起少年时代加拉加斯郊外那片属于他的天堂和爱人？如果再给这位解放者一次选择的机会，他会选择做一个富甲一方妻子承欢的庄园主，还是不后悔18岁那年在罗马城的圣山上和他的精神导师罗德里格斯一起立下的誓言“为了我父母的在天之灵，为了我本人的荣誉，为了我祖辈生活的故乡土地，我起誓，不砸碎西班牙压迫的锁链，我绝不停止斗争”？

这种猜测并没有任何意义，但有一点是可以肯定的，玻利瓦尔不是一名普通的解放者，他毕生都在为追求真正的自由而奋斗着。他不仅具有杰出的军事指挥才能、政治家的远见卓识，而且学识渊博，富有深邃的人道主义思想。他的思想没有局限于政治领域，他的思想深处是关于人如何走向彻底自由的命题。在玻利瓦尔思想的深处，始终有一种带有平等意识的美洲使命感。他所提出的统一西班牙占领下的美洲的“大祖国”的思想，如今已经形成拉丁美洲思想史上最重要的精神遗产之一。

玻利瓦尔在《安戈斯图拉演说》中曾这样说道：“追求真理的本性使我们生而具有自由倾向，然而，也许是出于惰性，也许是人类天性使然，自由总是安然静止不动，尽管身上带着被强加的锁链。”玻利瓦尔关于美洲自由深远意义的说法，并不是一种空洞言辞，而是玻利瓦尔深刻思考的外露。他认为：“自由是一份难以消化的美餐。我们虚弱的同胞必须先强化他们的精神，方能消化自由中有利于健康的营养。”因此，玻利瓦尔在许多场合耐心地向美洲大众灌输自由意识，并孜孜不倦地教诲他们走向自由的途径，这已经成为他毕生的使命。

这种使命感也深深地影响着整个拉丁美洲，并使这片土地上不断涌现出伟大的人，如写出《我们的美洲》的古巴卓越的诗人、杰出的民族英雄何塞·马蒂、《宇宙种族》的作者墨西哥作家巴斯康塞洛斯，乃至20世纪被人誉为“尘世中的耶稣”、伟大的革命战士切·格瓦拉，在这些人的思想中都有玻利瓦尔的影子。

使命是一种吸引强者走向成功的动力，它可以将人的信念、价值观、行为以及自我认知提炼成为一个相互支撑的有机整体。正是这个有机整体在人生使命的感召下，激发出了生命的热情、活力和梦想，让人们坚定地前行。有人说玻利瓦尔野心勃勃，实际上只是他的理想过于远大，在当时是无法实现的。他用自己的思想栽种了一粒种子，并且用他的生命滋养了这颗种子。如今，这颗种子正在茁壮地成长，玻利瓦尔的思想也正在南美洲被慢慢实现！

拥有自己认定的人生使命并愿意为之奋斗的人，不在乎过程的艰辛，更不在乎自己能得到什么。西蒙·玻利瓦尔正是这样的人，这位毕生追求自由并为之奋斗的人，在拉丁美洲解放的大路上艰难前行，最终闭上追求自由的双眼，但他却给后人带来了希望的火种。

今天的世界比起玻利瓦尔时代已经有了很大的改变，但是人类追求自由过程中的艰难和代价依然是不会变的，在世界上还有许多自由光芒照不到的角落，贫穷而愚昧的人们依然受尽权势者的敲诈、欺骗和盘剥，在那些阴暗的角落，当绝大多数人沉默、恐惧、忍受着的时候，也会有一些如同玻利瓦尔的人站出来抨击暴政，作为人类良知的发言人，这些人的血管里流淌的是自由和独立的血液，而这正是无法征服和收买的人类最宝贵的美德。

做一个有使命感的人吧，因为这样就可以为我们带来一个完全不同的人生。一个使命可以让我们精神焕发，让我们每一天的行动有一个明确的方向，所有的梦想和智慧会被激发，只为了服务于这个使命的实现。这个使命将让我们的生命变得有意义，推动着我们走向未来；这个使命将让我们现在所从事的工作变得有更丰富的意义，给我们的生命注入更多的内涵，而这种使命正体现在我们所做的每一件事中。

人生使命的发现来自于我们每一个人的内心深处，我们需要这个使命所带来的意义，让我们所做的每一件事都可以显现出不一样的色彩。沿着我们自己内心的需求去一路发掘，我们会渐渐看清自己来到这个世界上的使命和价值。当我们明确了我们自己的使命，我们的生命就被赋予了意义。

San Martin 圣马丁

懂得放弃的战士

（1778 年—1850 年）

何塞·圣马丁，这位世人称道的英雄人物在他事业的巅峰之时，在世人的一片不解和讶然之声中抛弃了自己荣誉的桂冠，悄然隐退。这种高尚也正是圣马丁人格中的光辉亮点，正是他被世人所赞扬的原因。这位南美洲的“解放者”把自身作为南美洲自由的奠基石，他的品德和他的功绩一样不朽。

1812 年，一位高大的青年草草收拾了自己的行李，登上了返回阿根廷的轮船。遥远的拉普拉塔河澎湃的河水在呼唤这位久别故土的青年，他是在战壕里度过自己在西班牙的最后年月的，他的敌人是拿破仑，这一刻他作为一名阿根廷的西语后裔投入到反抗侵略的战斗中。他的家庭曾是西班牙驻阿根廷的官吏。两年后这位满腔热血的青年已然是拉普拉塔联邦军队的北路军司令，整个阿根廷和西班牙都知道他的威名。他是卢梭和伏尔泰的信徒，或许正是这两个人在天堂里改变了他的一生。他就是“阿根廷之父”，声名显赫的何塞·圣马丁。

圣马丁在南美解放运动中树立了不朽的功勋，享有“南美洲的解放者”，秘鲁、智利、阿根廷三个共和国的“祖国之父”和“自由的奠基人”等各种称号。可以说，没有圣马丁，就没有南美的解放，就没有南美各共和国的独立和自由！然而，就当他取得了赫赫战功，阿根廷人民准备热烈欢迎他时，他却悄悄地躲开了。圣马丁把自己毕生为之奋斗而取得的，也是南美洲最辉煌的胜利果实与最高权力、荣誉主动拱手让与了他的革命伙伴同时又是对手的玻利瓦尔，因此，他受到了全世界许多人的赞扬，被称为“一个在历史上几乎无双的灵魂”！

圣马丁曾说过：“我并不寻求荣誉”，“我的剑绝不为争权夺利而出鞘！”只要秘鲁和整个拉丁美洲真正独立，我“将远远地离开这里”。

为了纪念这位伟大的革命者，有一位诗人曾经这样写道：“圣马丁无私、善良的手，轻轻揩干美洲母亲的泪水，给母亲带来自由与民主、独立与欢乐，消除了母亲三百余年的痛苦与伤悲！胜利谁能比配？丰功伟绩如激动人心的春雷。何等值得自豪啊，祖国纯洁高尚的儿子！南美永远盛开的蓓蕾——圣马丁，最能使你万古不朽的，还是你急流勇退！”

南美安第斯山的骑士

何塞·德·圣马丁，19 世纪初期拉丁美洲独立运动中的杰出领袖，是当时拉丁美洲与西蒙·玻利瓦尔齐名比肩的“解放者”，但他比玻利瓦尔更具有无私奉献的精神，对财富和权利无丝毫野心，其高尚品德令世人钦佩，被誉为“最可敬最伟大的南美爱国者”。他极具战略眼光，兼有灵活的战术才华，能以极小的代价换来极大的胜利。圣马丁去世的 28 年后，阿根廷、智利和秘鲁三国举行了纪念这位英雄诞辰一百周年的隆重庆典，尊他为三个国家共同的“祖国之父”。

1775 年 4 月，一个名叫胡安·德·圣马丁的西班牙军官来到阿根廷境内的一座美丽小镇亚佩尤。跟随他一起搬迁来的有他的太太以及三个儿子和一个女儿。来到亚佩尤不久，胡安便被西班牙殖民当局任命为驻亚佩尤地区的副都督，掌管一方行政事务。

1778 年 2 月 25 日，胡安的第五个孩子出世了。他们给这个男孩子起名为何塞·德·圣马丁。圣马丁的双亲都出生于军人世家，因此他们从小就希望自己的后代能够继承先辈的戎马传统，长大后投身军旅，建功立业，光宗耀祖。圣马丁一岁半的时候，他的父亲因工作职务的变动，带上全家回到阿根廷最大的城市布宜诺斯艾利斯。圣马丁 6 岁那年，父亲又奉调回国。全家人坐着大轮船漂洋过海，横渡大西洋，返回祖国西班牙。回到西班牙马德里之后，圣马丁被家人送入一所贵族神学院读书。学校的课程有数学、地理、法文和拉丁文，以及美术、音乐、舞蹈和剑术。圣马丁勤奋好学，成绩优异。他尤其喜爱几何与绘画，在这两方面表现出较高的天赋，受到老师和学校的好评。1789 年 7 月，年仅 11 岁的圣马丁中断了在贵族神学院的学习，离开家人和繁华的首都，来到西班牙穆尔西亚步兵团，当上了一名拿津贴的见习军官。随着法国大革命的爆发，圣马丁接触到了自由、平等、博爱的思想，他如饥似渴地阅读着传播大革命思想的著作。尽管当时的他还不能够完全理解书里的内容，但伏尔泰、卢梭、孟德斯鸠、狄德罗等启蒙思想家的名字却已深深地印在他的脑海里。

1793 年，年仅 15 岁的圣马丁因对法作战勇敢，被提升为穆尔西亚步兵团的少尉。1804 年，26 岁的圣马丁又因作战有功而被晋升为西班牙皇家陆军上尉，并受到上级的嘉奖。1808 年，圣马丁的人生历程发生了重大的转折。这一年的春天，拿破仑派遣大军占领了西班牙，5 月 2 日，西班牙打响了反抗入侵者的第一枪，很快又扩大成遍布全国的反法独立战争。如果说在此前的军事生涯中，圣马丁都是替西班牙封建王朝卖命的话，那么从这时起，他就是在为祖国的独立和自由而战了。

1808 年 7 月，圣马丁因在巴伊伦战役中表现突出，被晋升为少校，这时他刚满 30 岁。1811 年，圣马丁又因在阿尔布艾拉战役中作战勇敢，指挥有方，战后升任萨贡托龙骑兵司令。经过 20 多年的战争锤炼，圣马丁已经成长为一名具有丰富陆战和海战经验的优秀军官，而他的骑兵作战经验尤其老道，深受上级和同事们的好评。大家都一致认为这名青年军官前程远大，不可限量。然而就在这时，33 岁的圣马丁却以身患多种疾病为理由，毅然离开了他为之浴血奋战 20 多年的西班牙军队。曾与他一道南征北战、出生入死的战友们，对圣马丁中校突然放弃步步高升的大好前程百思不得其解："是他已对连年不止的战争感到厌倦了，还是他的大脑出了问题?"当他们还在对这位龙骑兵司令的举动争论不休的时候，他们的老战友已经悄然登上一艘海轮，离开了还在战火硝烟笼罩下的西班牙。

圣马丁自从接受了法国启蒙思想家有关自由、平等、博爱的学说后，便一直希望能将这些美好的理想付诸实现。他将目光投向了他的出生地、大洋彼岸的阿根廷。此时此刻，他觉得自己有义务为真正的祖国阿根廷而战，他必须奔赴那块充满了勃勃生机的新大陆，而不是待在这块死气沉沉的旧大陆。

1812 年，圣马丁回到了阿根廷。此时的布宜诺斯艾利斯已经经过两年前的"五月革命"，赶走了西班牙国王委派的总督，建立了临时革命政府。然而，革命政府面临的问题很多，尤其是政府没有一位真正称职的领导，军事上也缺乏强有力的统帅。在此情况下，圣马丁请求革命政府允许他组建一支武装力量。由此圣马丁招募了几百名青年，成立了骑兵团。他还精心挑选了一批在南美洲土生土长的白人爱国者作为军官，对这些官兵亲自进行严格的军事训练，常常一练就是好几个小时，力求在最短的时间里培养出一支纪律严明、素质高超、作风过硬的威武之师。

1813 年 1 月，阿根廷宣布独立。而西班牙殖民当局哪肯善罢甘休，派出一支军队从海上前来进犯。革命政府命令圣马丁率领骑兵团前去迎敌。圣马丁和他的骑兵团首战告捷，声名一下子传遍了整个阿根廷。一年后，随着拿破仑的战败下台，西班牙国王费尔南多也在反法联军的刺刀保护下，回到马德里重新执政。他恢复王位后，立刻派遣大军前往美洲，镇压那里的独立运动。拉丁美洲的解放运动到了一个严峻的关头。此时，担任阿根廷库约省省长的圣马丁又组织起一支有 5000 多人的爱国军，准备翻越安第斯山脉，去解放在西班牙人统治下的智利。

1816 年 8 月 1 日，布宜诺斯艾利斯国民议会发布命令，将爱国军正式命名为“安第斯军”，圣马丁为这个军的总司令。第二年的 1 月，一切准备就绪的安第斯军离开所驻扎的门多萨小城，受到全城居民的夹道欢送。圣马丁将军当众展开那面由雷梅迪奥斯亲手绣制的蓝白两色军旗，神态庄严地道：“士兵们，这是拉丁美洲第一面神圣的独立旗帜，你们要宣誓永远保卫它，誓死捍卫它！”全体官兵立刻振臂高呼：“我们宣誓，我们宣誓！”

圣马丁率领远征军兵分四路，沿着崎岖山路，艰难地从隘路、峡谷和关口跨过海拔四千多米的安第斯山脉。经过半个月常人难以想象的艰苦跋涉，他们终于胜利地翻过了这座南美第一高山，到达智利境内。后人把圣马丁的这一英雄壮举称之为“军事史上最惊险和最光辉的长征之一”，认为它足以和两千多年前汉尼拔成功翻越阿尔卑斯山的壮举相媲美，而他本人也足以和汉尼拔、拿破仑等大军事家相提并论。

1818 年 2 月 12 日，圣马丁大军出其不意地抵达智利的恰卡布科，一举歼灭敌军 5 万多人。两天之后，解放大军胜利地开进智利的首府圣地亚哥。继阿根廷之后，南美又一个国家智利也获得了独立。接下来，圣马丁的目光瞄向了秘鲁。1820 年的 8 月，圣马丁指挥着一支由 4000 多名陆军和 1600 多名海军组成的远征军，离开智利的瓦尔帕莱索港，向着西班牙殖民者在南美洲的老巢——秘鲁进发。经过十几天的航行，远征军到达秘鲁的皮斯科城。解放秘鲁的战斗由此拉开了序幕。经过将近一年的战斗，远征军几经反复，取得了最终胜利，赶走了西班牙占领军。

1821年7月28日，秘鲁的独立庆典在首都利马隆重举行。在人们的欢呼声中，圣马丁登上主席台，下令降下西班牙的红黄两色国旗，升起秘鲁的红白两色国旗。随后，他大声宣布："从现在起，秘鲁由于人民的意愿以及由她的上帝保卫着的事业的正义性，宣告自己自由和独立了！"

由于圣马丁在争取秘鲁的独立与解放事业中所起的巨大作用，他被秘鲁议会推举为"秘鲁护国公"。然而仅仅一年后，在秘鲁第一届国会的会场上，圣马丁庄重地走上讲台。他取下了象征荣誉和权利的绶带，郑重地宣布辞去国家首脑和军队领袖的职务。议员们秉烛倾听，整个会场一片寂静。

他说："……而今桂冠布满了整个南美洲战场，我的头颅却要躲避最后胜利的桂冠！我的心灵从来没有被甜蜜的感情激动过，然而今天却激动了我的心！对一个为人民的自由、民主、幸福而战的斗士来说，胜利的喜悦只能使他更加诚心诚意地成为使人民享有权利的工具……我异常高兴地见到了国会的成立，在这届国会上，我辞去我所拥有的一切最高权力！我今天讲话的目的只有一个，那就是，请所有议员先生都不要投我继续执政的选票！"

在经历了一阵伤感的劝说之后，圣马丁默默地离开了会场。远离了政治权力中心的圣马丁本想过一个幸福安乐的晚年，可是老天爷偏偏有意与他作对。1824年初，一场病魔无情地夺去了他的爱妻、他的事业上的得力助手雷梅迪奥斯的生命。没有了事业、失去了亲人的老英雄万念俱灰，于同年2月10日带着年幼的女儿永远地离开了他为之流血牺牲过的美洲大陆。圣马丁的余生在欧洲度过。他先后在伦敦、布鲁塞尔和巴黎居住过，最后定居在法国的滨海小镇布洛涅。1850年8月17日，久病缠身的圣马丁在这座远离尘嚣的小镇与世长辞，终年72岁。

圣马丁的隐退

为了拉丁美洲人民的利益、为了拉美独立的奋斗目标，而放弃了个人的荣誉、权力和地位。这种高尚也正是圣马丁人格中的光辉亮点，正是他被世人所赞扬的原因。

何塞·圣马丁与玻利瓦尔是同一时代中不同的两位革命战士，就在玻利瓦尔成立了大哥伦比亚共和国之时，圣马丁已经领导阿根廷、智利和秘鲁的民众们取得了独立。两位伟大的革命者为了取得更大的胜利，在瓜亚基尔举行了秘密的会谈，但两人的会面并没有达成一致的协议，即使在会面中圣马丁慷慨地表示甘愿让出指挥权，服从玻利瓦尔的统一指挥，可是因为玻利瓦尔“在很久前就确立了打到南美殖民权力堡垒秘鲁去的远大目标”，他不愿有人跟他共享完成解放大业的光荣，圣马丁依旧没有得到玻利瓦尔的大力支持。为了实现南美洲的最后独立，圣马丁隐退了。

这次的隐退使圣马丁从此不再活跃于南美的政治舞台之上，再也无法亲率军队驰骋沙场，亲手结束他为之耗尽心血的独立战争。但这却无损后人对其无比敬仰，因为他在这一行动中所表现出来的精神风貌足以使他成为历史上的精神丰碑。

圣马丁出身于军官家庭，他不仅有着卓越的军事才干，而且青年时期就博览群书，受卢梭、伏尔泰、孟德斯鸠、狄德罗等启蒙思想家的影响很深。他从参加反对西班牙殖民统治的斗争之日起，就一直把给整个拉丁美洲大陆人民带来独立和自由作为自己的奋斗目标。

他意识到在当时的情况下单凭自己一支军队的实力是无法取得革命胜利的，并且若与玻利瓦尔发生冲突，就会削弱革命力量，给敌人喘息和反扑的机会，推迟革命取得最终胜利的时间，因此，以解放大局为重，圣马丁选择了“为了美洲的胜利，让他进来吧。”他这种高风亮节绝不是一时的冲动，而是其一贯高尚品格的表现。圣地亚哥议会曾送给他一万比索黄金，他却把这些钱用于建设一座公共图书馆，还强调启蒙教育和促进文化发展是为人民造福的万能钥匙，并希望人人都有受教育的权利。他做省长时一直只领一半薪水，另一半全部捐给国家，以至于有一次他妻子回布宜诺斯艾利斯探亲，不得不卖掉家具来凑齐路费。他到任门多萨时，市政府按照惯例特地为他准备了一所豪华考究的官邸，但被他拒绝了。他这样做"是为了减轻人民的负担，他的任务是解放身罹水火的人民，而不是享乐，这是他一生的处事原则"。

圣马丁不但轻视金钱，也淡泊名利和职位。智利解放后，他并没有担任政府职务，而是将最高长官职位让给奥希金斯。"圣马丁解放了自己的奴隶，招募黑人奴隶参加安第斯军，并把他的全部财产贡献给拉丁美洲的独立解放事业。"秘鲁宣布独立后，圣马丁接受了"护国公"这一称号是因为当时秘鲁还没有一位可以让他把担子交托的可靠的人，一旦秘鲁能建立自己的政府，他就毫不犹豫地让贤。他在给奥希金斯的信中提到："我希望我的任期不超过一年，因为你是了解我的感情的，你知道我的愿望只不过是安静的生活和隐居在家休息。"

同时，圣马丁为了避免秘鲁的混乱，维护已经取得独立的胜利果实，为了拉丁美洲最后的完全解放，他只有退出现在所在的这个政治舞台。"圣马丁头脑清醒，谦虚谨慎，有自知之明，他准确地估计形势和在这种形势下他应尽的义务。""他懂得不应充当自己祖国的军阀，没有权力为了个人出人头地而要求人民作出牺牲。""他不愿成为暴君，又无充分的物质力量足以结束这场战争，于是选择适当的时机让位了，在被无力左右的事态发展推倒以前自己走下台来。"为此，圣马丁在秘鲁第一届国会上宣布辞去"护国公"的职务，并取下了他身上象征权力与最高荣誉的两色绶带，而后离开秘鲁。

圣马丁与玻利瓦尔有着不同的个性，玻利瓦尔出身于西班牙血统的贵族家庭，有着雄心勃勃、鲜明、勇敢、浪漫的个性。这些性格可以从他撰写的文章、慷慨激昂的演讲、书信的言辞中得到证实。这样的性格使他成为一个成功的政治家，即使他在战略战术上没有特殊的才能，甚至可以说是资质平庸，而圣马丁从小生长在一个军官家庭，养成了沉稳内向的性格，他“性格含蓄，沉默寡言，不愿引人注意，而且几乎是羞怯怯的”。正是由于他谦逊和踏实的个性，使他能够信任并敬重既是他的革命伙伴又是他的竞争对手的玻利瓦尔。有感于玻利瓦尔的出色和卓越，圣马丁才可以安心地把重担交给玻利瓦尔。圣马丁对玻利瓦尔始终是尊敬、友好的，直到 1850 年在法国临终之时，一直是挂着他女儿所作的委内瑞拉人（指玻利瓦尔）的画像。这说明圣马丁是毫无怨气地将完成独立大业的最高荣誉留给玻利瓦尔的。

以上诸多事实足以证明圣马丁品质的高尚和灵魂的圣洁，他有伟大的政治理想却没有个人的政治私心，正因如此，他才能作出激流勇退的决定。正像《圣马丁传》里写的那样：“在快要完成大业的时候，他心甘情愿地把事业交给更加幸运的对手，把光荣留给他，把完成事业的荣誉留给他。历史上没有比这更为善良、更为自觉、更为谦虚的行动。”

圣马丁的放弃

圣马丁以他对祖国自始至终不渝的忠贞，勇敢地放弃了权力，他的放弃代表了智慧，他的放弃还是对他个人意志的考验，更是他伟大胸襟的体现，或许这就是伟人的智慧。

在人生中，必要的放弃不是失败，而是智慧；必要的放弃不是削减，而是升华。圣马丁以他对祖国自始至终不渝的忠贞，勇敢地放弃了权力，却获得了永世的荣誉和世人赞扬。就在他放弃权力的那一刻，所散发出的人性光芒，足以使其被载入史册。尽管他无法在战场上坚持到最后并彻底完成一名解放者的使命，但他给美洲人民甚至全人类留下了一笔更为丰裕的精神财产，其影响更为深远。

人生如果总是无休止地追求，而不知道放弃，对完全没有实现可能的目标仍然穷追不舍，结果不但会无端地浪费时间和精力，而且会因达不到预想目标而烦恼不堪，痛苦不已。其实，放弃就是面对生活的真实，承认挫折，明智地绕过暗礁，避凶趋吉，让自己理性地抵达阳光的彼岸。敢于放弃，是一种明智的选择，是一种境界，是另一种更实际更科学更合理的追求。放弃代表一种终结，同时意味着另一种开始。学会放弃是一种人生哲学，更是一种生存智慧。学会放弃，将有助于在前行的路上成为更大的赢家。

人们常常赞誉那些功成名就的幸运者，认为必须学会坚强、执著、永不放弃，才能成为生活的强者。殊不知很多时候，必须学会放弃，而选择放弃也是一种生存的智慧。懂得放弃，不进行无益的竞争，将使人们避开锋芒，避免无谓的浪费，从而以退为进，赢得胜利；懂得放弃，不是想放就放，而是经过冷静的思考；有时放弃并不代表懦弱和窝囊，而是一种清醒和理智。圣马丁的隐退向后人展示了他性格中冷静、谨慎以及坚毅的一面。他在与玻利瓦尔将军的会谈中并不因没有达成协议而方寸大乱，而是冷静地思考，分析并得出他的存在是玻利瓦尔将军拒绝联合作战的唯一障碍的结论。

放弃还是对一个人意志的考验。尽管圣马丁对会面的结果及玻利瓦尔将军的态度甚感失望，但他依旧冷静且谨慎地想到假如公开自己与玻利瓦尔将军之间的分歧和竞争的话，就等于给了敌人一个分化革命阵营的绝佳机会，独立战争胜利结束的日子就会延后，人民就得付出更高的代价，所以在会面后直到向世人宣布引退那一刻，他都没有公开会谈的内容，也没对亲信吐露任何不利于玻利瓦尔的言辞，甚至在后来祖国人民对其产生误解，指责其当年的引退是为了逃避战争责任等，他都默默承受了下来而没有公开自己的苦衷。

圣马丁的放弃更是他伟大胸襟的体现。他之所以隐退最主要的原因是想尽快结束战争，推动和平的早日到来，还美洲人民独立与自由。在圣马丁放弃一切的背后，有一颗大爱天下的心。当与玻利瓦尔的意见产生分歧时，他写信给玻利瓦尔，坦率地说出了隐退的理由：“如果没有您军队的援助，如果没有强大的军队从另一方面引住敌人的注意力，争斗将会在不确定的时间里持续下去。我说不确定，因为我确信，不论眼前这场战争会出现什么波折，美洲的独立终究是不可改变的，但是，我也同样认为，战事的旷日持久将给人民造成灾难。对于那些寄托着人民命运的人们来说，避免这一糟糕的延续是一个神圣的义务。”

圣马丁宣布隐退的当天晚上，他对其忠实的追随者吉多将军的一番话也表明了他反对内战的决心，他说：“不管命运偏向哪一方，我们不共戴天的敌人都可能抓住这种愚蠢的行为，而我们自己则将变为没有价值的痛苦的工具……我宁愿忍受痛苦，也不能以那种代价取得桂冠。”

也许玻利瓦尔已经被这位自由主义者所折服，几年之后他不再提起圣马丁，直至 1830 年去世。圣马丁则在欧洲一直闲居到 1850 年，他余生一直关注着南美动荡的局势，一直热爱着那片土地上的人民。

(1815 年—1898 年)

俾斯麦
Bismarck

实干的宰相

德意志因俾斯麦而突然崛起于欧洲，但是，由他一手缔造的帝国仅仅在他死后二十多年就化为乌有，可他的功绩却成为不朽，他本人也获得了永世的名誉。这位伟大的奋斗家、斗士一生都在与停滞和无所作为做斗争。正如他自己所说的：“有创造的生活，是从奋斗中得来的，无斗争则无生活”。

1800 年之前，德国曾被讥笑为“欧洲病夫”。马克思曾经不无讽刺地评论道：所谓“神圣罗马帝国”，即不神圣，亦非罗马。这个“神圣罗马帝国”从一开始就是有名无实的。而历代欧洲强权也都一直标榜所谓“尊重德意志自古以来的自由”，对德意志民族实行分化政策，这一切直到俾斯麦的出现才被终止。

无论是过去，还是现在，人们只要一提到奥托·冯·俾斯麦，脑海里就会呈现出这样一种印象：身材魁梧、桀骜不驯、刚愎自用、飞扬跋扈、傲慢无礼、性格粗俗、暴力残忍。像彼得大帝、拿破仑一样，俾斯麦在世时就是人们争相传颂的传奇式人物。

俾斯麦于 1815 年出生在勃兰登堡阿尔特马克舍恩豪森庄园，天生的我行我素、自满狂妄，使我们从这位传奇人物的身上看到了他对权力的渴望、强烈的意志、无与伦比的智慧、天赋和充满矛盾的性格。如果简单地称他为英雄或者魔鬼，都会显得片面。俾斯麦在经过充满田园气息的童年、狂野的学生时代和四处游历的青年时代后，终于在32岁走向了权力之路，并为德意志奋斗了终生。列宁曾经指出："俾斯麦依照自己的方式，依照容克（德国贵族）的方式完成了历史上进步的事业。"

在俾斯麦的案头一直有这样一句座右铭："对于意志永不屈服的人，没有所谓的失败。"他凭着德意志民族固有的自负和强硬的秉性，有力地贯彻了自己的信念。他说："让我们把德意志扶上马，它一定会策马奔腾!"俾斯麦用"铁血政策"完成了德意志的统一大业，把德意志作为世界强国推上了历史舞台，同时也将自己的名字永远刻在历史之中。

伟大年代的英雄

俾斯麦生长于贵族世家，贵族的荣耀给他骄傲的资本，但贵族的身份又给他为国家分忧的责任。当时的德意志是一盘散沙，拿破仑三世形容说："德意志无非是一架拆散了的蒸汽机，散作一团。"但是，俾斯麦用自己的手将这个蒸汽机完美地重新组装在一起，并且亲自实现了这台蒸汽机的高速运转。

1815年4月1日下午，被后人称之为"伟大年代的英雄"的俾斯麦出生在普鲁士舍恩豪森一家容克家庭，他的童年是在他父亲的庄园里度过的。俾斯麦出身名门望族，但绝不是一个纨绔子弟。相反，他从小就胸怀大志，诸多在平民眼里高不可及的社会地位和财富，对俾斯麦而言是唾手可得和与生俱来的，正是这般天生优越养成了他独特的个性。他脾气暴躁，做事雷厉风行，性格果敢坚强，态度强硬粗鲁，甚至有些刚愎自用。尤其是在大学期间，他骨子里的狂放而又机智的性格尤为突出，曾与同学作过 27 次决斗，一次受了重伤缝了 14 针。尽管俾斯麦劣迹斑斑，但他总算勉勉强强毕业了。

1830 年，欧洲大陆连续发生大规模革命，这对于正处于求学阶段的俾斯麦影响很大。作为一个德国人，他深切感受到国家四分五裂的痛苦，从而在内心深处萌发了统一德国的念头。1832 年俾斯麦考上大学，在当年美国独立战争纪念日上，他同自己的美国朋友莫特利用 25 瓶香槟酒打赌：25 年内德意志必然统一。德意志统一比他的赌注晚了 10 年，但却是在他的手中实现的。

1835 年于柏林大学毕业后，俾斯麦回到老家管理自己的两处领地。强壮的体格，粗野的个性，对待农民的残忍，追求目标的毅力和不择手段以及现实主义的态度，构成俾斯麦鲜明的性格特点。1846 年秋，俾斯麦被任命为负责易北河右岸从耶里肖夫到圣道的一段堤坝总管，这是他的第一个独立自主的公职，也是他从政的开始。1848 年德国革命期间，俾斯麦居然在自己领地上组织起军队，准备前往柏林“勤王救驾”，武力镇压革命。他尖刻地嘲讽法兰克福全德国民议会中资产阶级代表们的高谈阔论，主张用武力把他们驱散。俾斯麦狂热的容克信念和立场赢得国王的赏识。1851 年，年仅 36 岁的俾斯麦作为一名新代表进入了法兰克福联邦议会。

当时的联邦议会是由各国代表组成的，奥地利在各邦中势力最为强大，而俾斯麦所代表的普鲁士势力相对较弱。在联邦议会中，他对奥地利藐视一切的做法十分不满，想找机会对奥地利人提出挑战。在议会中有一个不成文的惯例，就是只有担任主席的奥地利人才有权吸烟。俾斯麦看不惯这种做法，在一次会议中，当主席抽出一支雪茄烟时，他立即拿出一支烟，并向主席借火点燃，大模大样地抽了起来，以此表明普鲁士与奥地利是平起平坐的。当然，因为两国实力相差悬殊，很难争取真正的平等，但俾斯麦这一举动令主席和其他各邦代表刮目相看。

俾斯麦做梦都想击败奥地利，统一德国，但俾斯麦深知，此时普鲁士的实力远不及奥地利强大，发动战争的后果只能是以卵击石。于是，他在国会上屡次主张和平，他说：“没有对于战争后果清醒的认识，却执意发动战争，这样的政客，请自己去赴死吧！战争结束后，你们是否有勇气承担农民面对农田化为灰烬的痛苦？是否有勇气承受身体残疾、妻离子散的悲伤？”在国会上，他还为奥地利的行动辩护，这与他一向的立场背道而驰，很多人都被他迷惑了，他甚至公开鼓吹要满足奥地利的要求来让德国统一。当然，这并不是俾斯麦真正的意图，他在等待机会。

俾斯麦的名言

如果人生的途程上没有障碍，人还有什么可做的呢？

劳动可以使身体得到休息，劳动可以使精神得到休息。

对于意志永不屈服的人，没有所谓的失败。

失败是坚韧的最后考验。

我对青年的劝告只用三句话就可概括，那就是，认真工作，更认真地工作，工作到底。

有创造的生活，是从奋斗中得来的。无斗争则无生活。

我的抱负是指挥别人，而不是听人指挥。

1862 年 9 月，俾斯麦迎来了人生中最重要的转机，普鲁士国王威廉一世任命他为普鲁士首相兼外交大臣。从此，统一德国的大业即将开始，而俾斯麦也将因此成为“千古名相”。在普鲁士议会的首次演说中，俾斯麦大声宣称：“德意志的未来不在于普鲁士的自由主义，而是权力……普鲁士必须积聚自己的力量以待有利时机，这样的时机我们已经错过了好几次……当代的重大问题不是通过演说与多数人的决议所能解决的——这正是 1848 年和 1849 年的错误——而是要用铁和血。”俾斯麦的“铁和血”，是他统一德国的纲领和信条，他的“铁血宰相”的别称也由此而得名。俾斯麦正是凭靠这种暴力，大胆而又狡猾地利用国际纠纷和有利时机，决定性地使德国通过“自上而下“的道路统一起来。

在统一德国过程中，俾斯麦纵横捭阖，无所不用其极。俾斯麦统一德国的第一步，就是1864年初挑起对丹麦的战争，把属于丹麦的石勒苏益格－荷尔施泰因两公国（居民多数为日耳曼人）并入德国。第二步是1866年挑起对奥地利的普奥战争，同年4月8日，他同意大利结成同盟，随时准备向奥地利开战。但是俾斯麦的战争政策遭到宫廷和许多民众的反对，大家都指责俾斯麦如果推行武力政策失败，他将成为历史的罪人。俾斯麦在御前会议上坚定地说："我知道，我被许多人咒骂。正像人们常说，命运无常。我拿脑袋作赌注，哪怕我上断头台，也要赌到底。普鲁士和德意志都不能保持原状，两者都必须走（武力）这条路，别无他途！"俾斯麦的强硬态度，遭到了群众的强烈反对。群众的反战情绪也达到极致，甚至有一次俾斯麦险些被枪杀。

如果普鲁士在那场萨多瓦战役中失利的话，俾斯麦将成为千古罪人。可事情完全是按着俾斯麦预想的那样发展的，1866年7月3日普鲁士获得决定性的胜利。根据1866年8月的布拉格和约，奥地利退出德意志联邦，普鲁士兼并了荷尔施泰因以及战争中站在奥方的几个德意志联邦诸侯国，统一了德意志的北部和中部，建立起在普鲁士领导下的北德意志联邦。

普鲁士统一了德国整个北部和中部地区，建立起了一个北德意志联邦后，这时只有德意志南部紧邻法国的四个小邦国仍旧保持着独立。俾斯麦想兼并这四个小国，但法国也有同样想法。俾斯麦知道，只有打败法国，才能统一德国。俾斯麦"铁血政策"的第三步，就是打败法国。

拿破仑三世曾露骨地表白，"德意志不该统一，应分成三个部分，南北德国应该对立起来。这样法国才可以从中渔利。""只有俾斯麦尊重现状，我才能保证和平；如果他把南德意志诸帮拉入北德意志联邦，我们的大炮就会自动发射。"不仅拿破仑三世如此，当时法国的另一位大臣梯也尔也哀叹："奥地利的失败意味着法国400年来遭到的最大灾难。从此，失去一张阻止德国统一的王牌！"

1870 年 9 月 17 日，在俾斯麦的挑动下，法国向德国宣战。拿破仑三世吹嘘说，这只是一次“到柏林的军事散步”。但他碰到的已不是昔日的普鲁士，而是一个比较强大的、坚决反对分裂的德意志民族。他对德国事务的不断干涉，激起德国民族运动的高涨，同时欧洲列强因同法国有矛盾而宣告“中立”。俾斯麦利用这些有利因素取得节节胜利。1870 年 9 月 2 日，德军在色当战役取得了对法国的决定性胜利，生俘了拿破仑三世。至此，统一德国的障碍已除，德国的民族战争的任务已经完成。俾斯麦驱兵直入巴黎。1871 年 1 月 18 日在凡尔赛宫宣告了德国的统一，成立了德意志帝国。俾斯麦也同时出任德意志帝国的宰相。

俾斯麦统一德国后，执行为大资产阶级和贵族地主利益服务的政策，推动了德国经济的发展，但他的“铁和血”却没有因此而停止。到 19 世纪 80 年代末，俾斯麦的内外政策连遭失败，被迫于 1890 年 3 月 17 日下台。俾斯麦退出政坛后，长期居住在汉堡附近的弗里德里希斯鲁庄园里，晚年期间他写了一部回忆录——《思考与回忆》。

俾斯麦本人虽然退出了历史舞台，但他的“铁和血”政策却深深地影响了以后的德国历史。1898 年 7 月 30 日，这位名震天下的铁血宰相俾斯麦悄然离世，享年 83 岁。他的墓碑上只是简短地写着这样几个字：“冯·俾斯麦侯爵……威廉一世皇帝忠实的德国仆人。”

实干的俾斯麦

俾斯麦的实干精神使其成为一个辉煌的传奇人物，并完美地与德国历史紧密结合在一起。德国成就了他的人生，他实现了德国的统一，他与德国犹如双生儿，彼此相辅相成。

在德国的历史上，很少有人会像俾斯麦一样受到后人如此多的追溯。这个被称做“铁血宰相”的伟大人物，像谜一样吸引着人们的眼球。尊贵的出身赋予了他坚强的性格，丰富的经历给了他灵活的手段。穷尽一生，他用自己的方式完成了德国的统一，又引导其走入欧洲强国的行列，使之成为近代欧洲不可小视的政治力量。正像彼得大帝、拿破仑一样，俾斯麦在世时就已经是一个传奇式的人物。

> 俾斯麦有着杰出的天赋、坚强的意志和专横的权力欲望，他能把无偏见的想象力和政治上敏锐的判断力及对切实可行的事情的可靠感觉结合在一起。
>
> ——迪特尔·拉甫

在当时的欧洲，无人能与俾斯麦的睿智相匹敌，并且这时的帝王们既缺乏想象力，也缺乏实干精神。弗兰茨·约瑟夫缺乏阅历；拿破仑三世的精力已消耗殆尽；亚历山大又太笨了；威廉、维多利亚、维克多·埃马努埃尔等诸王都是中等之才，缺乏实施自己决策的能力；格拉得斯通与狄斯累利都不掌握实权；戈尔查科夫太好虚荣；加富尔虽有真才实学，名声威震四方，然而在俾斯麦登台时，他却刚刚去世。

俾斯麦人生境界的飞跃是普奥战争打响的那个夜晚，贝多芬人生境界的飞跃是他耳朵全聋写下遗嘱以后不久。他们都在各自的领域超越了拿破仑。世界自从有人类以来，理性与非理性总是水火不相容，当理性振振有词地绞杀非理性时，它没有想到自己也走到了反面。若俾斯麦当年不是通过假宪法“漏洞”，非法地强行通过战争拨款，他就无法以王朝战争统一德国。若贝多芬在海顿、莫扎特身后亦步亦趋，他就不可能建造出光辉灿烂的浪漫主义音乐圣殿。他们都在各自的领域成就了自己的事业，成为一代伟人。

俾斯麦诞生在一个典型的普鲁士容克家庭，普鲁士容克不是养尊处优的人。他们经营庄园，工作辛劳，样样农活都干，容克们将无地农民当奴隶看待。当时的普鲁士也没有西方大城市中社交沙龙之类的场所和活动，因此这时的容克们也不知人文精神为何物。与西方贵族相反，普鲁士容克是些粗野、专横、傲慢的人，他们大多没有教养、没有文化、目空一切、冷酷无情、心胸狭隘、斤斤计较、爱占小便宜，但是，不能不说忠诚、勇敢、守纪律、服从权威、服从集体、既长于抽象思维也十分讲求实际是他们的优点。由此可以理解俾斯麦的外交政策和铁血政策。

俾斯麦之所以能走上外交家的道路很大程度上应归功于他的母亲，他的母亲就希望他成为一个外交家，因此很早就把少年俾斯麦送入了柏林最好的普拉曼学校。其后他又先后进入了腓特烈·威廉文科中学和灰衣僧修道院文科中学。

俾斯麦的骨子里有日耳曼民族天生的狂放基因，有着不切实际的幻想，同时也有着踏踏实实的实干精神。俾斯麦是一位伟大的斗士，只不过他是一个满是骄傲，勇气与怨恨的斗士。他敢大爱，敢大恨，强硬地将德意志统一在普鲁士的旗帜下。从闲人到功臣到执政再到最后的逐臣，俾斯麦的一生都打上了传奇的印迹，厌倦与慈爱，和顺与固执交织，人性的优缺点在他的身上得到了最好的演绎和融合。

> 俾斯麦是一个因为连连得胜而四处找事的将军，一个满肚子都是骄傲、勇敢和怨恨的人——这三种元素构成了他性格的基石。俾斯麦的一生永远都在不停地奋斗，有时打胜仗，有时也打败仗，永不停止激情，永不满意现状。有时候他也办了不少错事，但即使办错了，也总是带着天才的特色。总之，他是一个令传记作家们着迷的人物。
>
> ——艾密尔·鲁特维克

俾斯麦喜爱风暴、大海，热衷于狩猎等冒险活动，因为他继承了父辈勇敢的作风，所以他敢冒天下之大不韪而发动对奥地利的战争。但是俾斯麦如果仅仅具备这样的性格的话，那么，他也就只是一介武夫，无法成为一代名相。关键的是俾斯麦还具有无边的智慧和超乎常人的理智和冷静。

法国外交家格拉蒙就曾对俾斯麦进行过细致的观察，深刻揭示了俾斯麦善变而灵活的秉性：“他的眼睛从来不显出笑意，他说话时好像总咬着牙关；他的言行举止表现出他对秘密故意采取一种满不在乎的态度，似乎他不愿意影响事物的自然发展。尽管如此，却使人感到他随时都准备斗争。”再如，当对奥地利战争已经取得决定性胜利的时候，普军包括普王都急不可耐地想进军维也纳，要将奥地利这个和自己作梗多年的敌人好好地作践一番。但是在这个时候俾斯麦站出来了，他认为无需过分地削弱奥地利，应与它和平相处，日后它将成为德意志忠实的伙伴。结果证明俾斯麦是对的，普法战争的时候，奥地利就没有为难普鲁士。

在性格特征上，俾斯麦具有不服输的精神和刚毅顽强的本性。同时，俾斯麦也有非常强烈的控制欲，他曾说：“我知道，我的抱负是指挥别人，而不是听人指挥。”

如果要对俾斯麦的整个政治生涯盖棺论定，“铁血”两字是不够的，俾斯麦高瞻远瞩、务实、强悍，他缔造了统一的德国，在一个复杂的时代，复杂的国际背景下，为德国创造了一个高速、稳定发展的空间。人们往往误以为俾斯麦喜欢战争，实际上他只是利用外交胜利辅助内政，显示了一个杰出政治家在内政和外交战略上的深谋远虑：要稳定和发展，就要有正确的政治、经济政策，还要安全的外部环境。

俾斯麦天生是个独裁者，很清楚自己的力量，他的奋斗既不为忠君，也不是为什么所感动，既不为爱国，也没有对广大群众负责任的念头；他是一个伟大的独立者，愤世嫉俗者，是一个奋斗家，是一个革命家，很不安分的等待时局的改变；他还是个冒险家，看不起现存的停滞不前的一切，他要照自己的意思去节制一切，绝不容忍任何人在他之上。这也许就是俾斯麦。

但是，无论如何，“统一、粮食、钢铁、保险”使俾斯麦从历史中获得的务实之名远甚于铁血之名。德意志帝国的创建是一个人——俾斯麦——的杰作。他依靠普鲁士的军事实力抗拒欧洲和德国国内的所有反对力量，缔造了这个国家。迪特尔·拉甫在《德意志史》中写道：“俾斯麦有着杰出的天赋、坚强的意志和专横的权力欲望，他能把无偏见的想象力和政治上敏锐的判断力及对切实可行的事情的可靠感觉结合在一起。”

实干成就理想

今天这个时代并不缺乏理想者、梦想者，也不缺少理论家，缺少的是实干的精神。如果你不甘成为别人的附属品，那么请记住这样一句话：人生最宝贵的精神是实干的精神，最重要的行动是实干的行动。

亨利·基辛格曾说过这样一句话：“决定领导人能够有什么作为的，是事实，而不是宣传。”19世纪中叶的欧洲，似乎是两个人——拿破仑三世与俾斯麦的时代，但是，事实证明他们两人显然不是同一级别的对手：俾斯麦的务实精神，让他取得了不朽的功业；拿破仑三世就如现代那些依靠宣传来包装的政客，只是关注民众支持率而不做实事，最后彻底失败。俾斯麦从事着王朝的事业，却有着现代政治家的敏感。他们的区别在于：拿破仑三世经常为虚荣心所动，对什么都想利用，却对他所要利用的力量总是估计错误；而俾斯麦有胆量，且对他所要对付的力量有精确的计算。德法二国正因他们二人不同的作为，而走向不同的命运。

俾斯麦早年曾经也是一个怀疑主义者与旁观者，直到32岁的时候才开始步入政坛。当他在现实中施展手脚，立即显示出他是一个富有阅历、卓越不同的人物。巧合的是，也就是在这个年龄，恺撒才下决心放弃游手好闲的生涯，而在同样的年龄，亚历山大大帝已经完成他的事业，死在意欲征服印度的征程之中。相比之下，历史上有多少一闪而过的人，当时博得无数喝彩，侥幸获得成功，却终于被人们所遗忘。

俾斯麦是武士的后代，直到七八十岁，仍敢于与人拔刀相争；他终生保持着乡绅贵族的特色，简朴而爱好自由，又浸透着浪漫主义时代的孤傲与怀疑一切的精神。他似乎是个普鲁士主义者，但他又说：德国人的爱国主义其实只是针对自己所居住的地方的；他似乎是一个忠君主义者，但他又在一封信中坦率地说：我并不是主动为君主服务。其实，在他的心里，那些被认为具有永恒价值的东西都没有足够的证据，他不信灵魂的不朽，更不用说王国了。俾斯麦的精神，也许应该用他在 80 岁生日时所说的话来概括："有创造的生活，是从奋斗中得来的。无斗争则无生活。"这位伟大的奋斗家、斗士也许会认为，他的一生就是在与停滞和无所作为作斗争。

人生需要奋斗，成长则要靠实干。法国微生物学家巴斯德说："立志、工作、成功，是人生的三大要素。立志是事业的大门，工作是登堂入室的旅程，这旅程的尽头就有成功在等待着，来庆祝你努力的结果。"

当年约瑟夫·C·威尔逊创建施乐公司之前，只不过是纽约州北部一家小企业的目光远大的领导人，他从一个模糊的科学观点中，看到了开创一个新纪元的希望。于是，他赌上整个公司的前途，耗费 14 年时间开发这种技术，并最终发明了一种从方方面面使现代生活大大改变的机器。在此期间，威尔逊把自己的社会理想融入了企业的经营之中，并展现出非凡的实干精神和领导才能。最终，他留下了一个强大的全球性企业，鼎盛时的施乐公司拥有 119 亿美元资产，在"图像通信"这样的全球市场中占据着统帅地位。大胆的技术开发、强有力的管理、远大的抱负、社会责任感、经营的成功，这一切都是威尔逊成功的基石。

理想能够激发我们的勇气，它会使我们摆脱那些庸俗的作为。威尔逊先生是一位实干的理想主义者，造就了施乐公司威尔逊时代的勃勃生机和强大的生命力。同样，杰克·韦尔奇也是代表积极行动者，即使遭遇失败，前进的精神依然存在。他的风格给同事和其他商界人士留下了深刻印象，他的风格源自于他构建的未来不是稳健，而是超越。杰克·韦尔奇相信行动，不相信空谈。他总是积极进取，充满热情，但也脾气暴躁，有时声色俱厉。对于那些基于环境或性格原因而担任较低职位的人来说，看到自我标榜为疯子的实干家韦尔奇，备受鼓舞，热血沸腾。

今天这个时代并不缺乏理想者、梦想者，也不缺少理论家，缺少的是实干的精神。如果你不甘成为别人的附属品，那么请记住这样一句话：人生最宝贵的精神是实干的精神，最重要的行动是实干的行动。